坂茂の
建築現場

Shigeru Ban

坂茂

平凡社

坂　茂の建築現場

序文　建築家が現場を語ること

本書は、建築家坂 茂が長年にわたり建築雑誌に寄稿してきた作品解説文を全文・原文掲載を旨に収録したものである。

これらは、坂 茂の全建築現場を如実に伝えるものとなっていて、坂建築が直面し、切り拓いてきた世界を鮮明に示してくれるものになるに違いない。

竣工した建築を作品として逸早く発表する場に建築雑誌がながらく機能してきた。建築家にとっては、建築を作品として発表できる利点があり、発表には必ず建築家自身による解説文が添えられてきた。建築雑誌にはこうした掲載作品の解説文とその他に論考・論文のテキスト二本立てがながらく編集コンテンツとしてあるが、解説文と論考・論文とはいささか書き方が異なるようだ。建築雑誌の性格上、解説文には論文よりもよりジャーナル的な要素も必要になる。このことは建築家と建築雑誌との双方が暗黙の了解事項として成り立ってきたものだったと思う。

論文の華やかさに比べ、解説文は地味で影が薄い。どうしても作品写真が中心になり、建築家の関心もそれに向く。作品を見てくれればよい、として紋切り型の解説文も少なくないのである。槇文彦が『新建築』誌上で発表した論考「独りのためのパブリック・スペース」［二〇〇八年一月号］、「漂うモダニズム」［二〇一二年九月号］は私たちの記憶にいまだ新しいが、しかし、一般的にこれまでに心に残る作品解説文があったか、となると、掲載作品は記憶していても解説文の印象は極めて薄くなる。

一方、坂茂には論文は少ないが、圧倒的に解説文が多い。それだけ建築雑誌が掲載対象とする作品の数が多くあり、解説文を書く機会が多くあったことをそれは示していよう。また坂も、建築を伝える重要な機会として作品解説を書き続けてきた。

解説文には言及しなくてはならない事項が幾つかある。建築をつくるうえでの克服条件を整理し、対象地から抽出すべきコンテクストを読み解き、どのようにつくり、所定のプログラムに対して、技術的、デザイン的にどのように解決策を示しえたのかを伝えなくてはならない。これらの事項の根拠を建築の現場性と考える。したがって、作品の良い解説文とは、こうした建築の現場性が作家主義に陥らずよりリアルに伝わり、共有化されることが期待されることはいうまでもない。その上で、解説文には建築家のモノ作りへの姿勢が全面的に映し出される。これをジャーナル的としたものだ。

建築の現場とはなによりも、建築の生産の現場であることを忘れてはならない。生産を巡る問題意識群と現場との葛藤。それは、建築の社会性が炙《あぶ》り出される現場でもある。近年の建築現場への意識の希薄化が進む裡《うら》で、こうしたドキュメントをキチッと伝えることも作品解説文の重要な役割、と再認識される必要が今あるのではないか。その意味からも坂の莫大な作品解説文はシリアスな建築現場への貴重な手がかりとなる。本書の標題を「坂茂の建築現場」としたのにも故あることなのであった。坂の建築解説文を通して坂茂の建築現場への飽くなき探求心とギリギリのところでの決断力を読み解いてほしい。

本書が多くの建築家に大いなる勇気と閃きと希望を与えることと私は確信しています。

真壁智治

坂茂の建築現場　目次

序文　建築家が現場を語ること　真壁智治 002

1　1986 - 1995

紙の建築　弱い材料を弱いなりに活かす構造と形態へ 010
ヴィラTCG［1986］014
ヴィラK［1987］016
三枚の壁　建築家のスタジオ［1988］018
詩人の家の増築［1988］020
ぼくの建築武者修行 021
M邸［1989］024
水琴窟の東屋［1989］026
PTS（Paper Tube Structure）プロジェクト
小田原パビリオン・メイン会場東ゲート［1990］029
いかに壁を自立させるか 032
声楽家の家［1991］037
I ハウス［1991］039
建築の教育と体験 041
ヴィラクル［1991］045
プロブレム・ソルビング
PCパイルの家［1992］047
石神井公園の集合住宅［1992］050
路線脇のコンプレックス［1992］052
羽村の工場　電業社［1993］054
ダブル・ルーフの家［1993］056
紙のギャラリー［1994］058
ミニマムなキャンティレバーの二枚の壁
デンティストの家［1994］059
弱い材料を弱いなりに使った構造
家具の家 No.1［1995］061
ミース再読
カーテンウォールの家［1995］064

2 | 1995 - 2000

紙の教会 神戸 [1995] 068

紙のログハウス 神戸 [1995] 071

ルワンダ難民シェルターから始まる災害支援活動 074

紙の家 [1995] 079

2／5ハウス [1995] 081

ノバ オーシマ 仮設ショールーム [1996] 084

世界中で建築をつくれる国際貢献
NGO ボランタリー・アーキテクツ・ネットワーク(VAN)設立 086

形・材料・構造・工法そして地域性の整合
JR田沢湖駅 [1997] 100

アンチ・ミースィアン
壁のない家 [1997] 104

羽根木の森のふたつの試み
羽根木の森 [1997] 107

紙の舞台装置 [1997] 111

9スクウェア・グリッドの家 [1997] 112

アイビー・ストラクチャー 1 [1998] 114

家具の家 No.3 [1998] 116

出会いの構造
ねむの木こども美術館 [1999] 118

Phase1 ゼネコン現場用シート配布
トルコ西部地震緊急支援プロジェクト [1999 - 2000] 120

アイビー・ストラクチャー 2 [2000] 126

3 | 2000 - 2006

ハノーバー国際博覧会2000日本館 [2000] 130
ジーシー大阪営業所 [2000] 133
はだかの家 [2000] 135
今井病院付属託児所 [2001] 137
ベニヤ三角格子の家 [2001] 139
ピクチャー・ウィンドウの家 [2002] 140
竹の家具の家 [2002] 142
今井篤記念体育館 [2002] 144
紙の資料館 特種製紙総合技術研究所 PAM B [2001] 146
紙の資料館 特種製紙総合技術研究所 PAM A [2002] 148
服としての建築
ガラスシャッターの家 [2003] 150
写真家のシャッター・ハウス [2003] 153
ジーシー名古屋営業所 [2004] 155
展示物としてのパリ仮設事務所
紙の仮設スタジオ [2004] 157
移動不要な移動美術館
ノマディック美術館 ニューヨーク [2005] 159
ニコラス・G・ハイエックセンターのコンペへの参加 162
ニコラス・G・ハイエックセンター [2007] 163
L字形アングルと紙管
ブルゴーニュ運河博物館 ボートハウス [2004] 資料館 [2005] 167
ノマディック美術館 サンタモニカ [2006] 169
Lアングル構造
ガラス作家のアトリエ [2006] 171
メガストラクチャーからの応用
WTC跡地グラウンド・ゼロ コンペティション [2003] 173
羽根木の森 アネックス [2004] 175
プロブレム・ソルビングのデザイン手法
成蹊大学情報図書館 [2006] 177
ペーパーテイナー美術館 [2006] 181
ポンピドー・センター-メス 設計での問題意識 184
対談1 駆け抜ける建築家 素材、構造、ジオメトリー/海外近作をめぐる
三宅理一 [建築史家] ×坂 茂 [建築家] 186
津波後のキリンダ村復興プロジェクト [2005] 204
災害後、建築家に何ができるのか 207

4 | 2006 - 2013

ノマディック美術館 東京 [2007] 216
アルテック・パビリオン [2007] 218
紙の橋 [2007] 220
メゾンE [2006] 222
フィレンデールな女子寮 [2006] 224
カトリックたかとり教会 [2007] 226
災害支援と学校
成都市華林小学校 紙管仮設校舎 [2008] 229
楕円虚の家 [2009] 233
三日月の家 [2008] 234
今すぐハイチに屋根を!
ハイチ地震仮設シェルター建設ワークショップ 236
シェルターから仮設住宅へ
ハイチ地震支援活動 第二弾 243
植物学者の紙の家 [2009] 249
ポンピドー・センターとの七年間
ポンピドー・センター - メス [2010] 250
対談 2 手の感覚を持ち続けること
北山恒 [建築家] × 坂 茂 [建築家] 264
モダンさと韓国の伝統の狭間で
ヘスリー・ナインブリッジズ・ゴルフクラブ [2010] 281
ヴィラ・ヴィスタ [2010] 284
自分のできる範囲の災害支援 286
エルメスとの対比とハーモニー
メゾン・エルメス・パビリオン [2011] 293
羽根木公園の家 桜 [2009] 295
羽根木公園の家 景色の道 [2010] 296
女川町コンテナ多層仮設住宅 [2011] 297
ラクイラ地震復興支援仮設音楽ホール [2011] 300
メタル・シャッター・ハウス [2010] 302
タメディア新本社 [2013] 304

5 | 2013-

モニュメントとしての災害支援
紙の大聖堂［2013］ 308
京都造形芸術大学　災害支援センター［2013］ 314
災害支援活動の広がり 315
仙石原の家［2013］ 317
庭に開き、空に開く
レストラン CALYPSO［2013］ 319
多様なコンテクストを読み取る
アスペン美術館［2014］ 320
市民に愛される〝ハコモノ〟建築を目指して
大分県立美術館［2015］ 323
新しい復興のコミュニティ施設へ
JR女川駅［2015］ 328
LVMH子どもアート・メゾン［2013］ 331
ネパール復興住宅プロジェクト 1［2015］ 333
ネパール復興住宅プロジェクト 2［2015 -］ 336
ミース再読
無垢杉の家［2015］ 342
スコルコボ ゴルフ クラブハウス［2014］ 344
ゴーリキー・パーク仮設美術館 GARAGE［2013］ 346
幅広の集成材で組む三層の門型フレーム
Vin Sante［2016］ 348

あとがき　**坂　茂** 350
初出一覧 352
建築データ 354

※本書中の重複を避けるため、掲載時の内容を一部修正、編集しました。
また本文に掲載当時の年次を補足しました。

1

1986-1995

堺屋太一氏が理事長を務める、財団法人アジアクラブから「'89海と島の博覧会・ひろしま」に出すパビリオンの設計案を依頼されたとき、彼にはじめて紙管を主体構造に使う構想を打ち明けた。一級建築士の資格をもつ彼は、一瞬考え、次のようにいった。

「世の中にないものを考えついたとき、それは二通りの場合しかない。ひとつは、考えついた人が天才であるか、もうひとつは、今までにそれを考えついた人はいたけれど、突き詰めていくと何か問題があって実現せず、今まで世の中になかった場合のどちらかだ。少なくとも、君は天才ではないから、紙管の構造には問題があるのではないか」

それは、常に過去の歴史に範例を見つけることからアナリシスを始める堺屋氏らしい助言であった。そこで、紙管を構造に使うこと自体の問題を洗い出すだけでなく、紙管とそれ以外の似た形状の材料［塩ビ管、スパイラルダクト、丸太など］のそれぞれの長所短所を比較するようにいわれた。

紙管は、さまざまな太さと厚み、エンドレスな長さのものが製作でき、再生紙を使っているので安価、ボリュームのわりに軽量で施工性もよい。中空部分を構造的、設備的に利用でき、断熱性もある。工業製品ゆえに性能が安定していて、防水や不燃化もできる。木のような温かな質感があり、紙管は〝進化した木〟だともいえる。

松井源吾先生にはじめてお会いして、紙管の強度実験をしていただけないかとお願いに伺ったとき、先生はまず、「木の次が竹で、今度は紙か」といわれた。葉祥栄さんのこと

アジアクラブ・パビリオン（模型）

松井源吾先生［左］助手の手塚升さん［右］
詩人の書庫の現場にて 1990 年

をいわれているんだなと思ったが、ふたつ返事で引き受けてくださった。紙管の強度は、使う紙と接着剤の種類、紙を巻く角度と圧力によって異なる。

はじめて紙管を使ったのは、一九八六年「アルヴァ・アアルトの家具とガラス展」の会場構成に、間仕切り壁、天井、展示台としてであった。その後「'89海と島の博覧会・ひろしま」のパビリオンは実現せず、初の〝紙の建築［PTS=Paper Tube Structure］〟となったのは、「水琴窟の東屋［'89世界デザイン博覧会］」であった。紙管は、フジモリ産業製で直径330mm、厚さ15mm、長さ4m、圧縮31kg／cm²、引っ張り71kg／cm²、曲げ46kg／cm²のものを採用した。パラフィンで防水処理された四八本の紙管をプレキャスト・コンクリート・ベースに差し込み円形に並べ、上端を木製コンプレッションリングにより一体化し、スポーク状に張ったテンション材で軸を吊り上げテント屋根を張った。博覧会閉会後、六カ月間外部に晒された紙管を採集し、再度圧縮試験をし、経年変化を調べた。すると、初期に圧縮強度31・8kg／cm²だったものが、六カ月後に41・7kg／cm²と、風雨に晒されていたにもかかわらず、強度がアップしていることがわかった。これは、接着剤が乾燥し硬化したためと、紙自体つまり木の分子は、適度に紫外線が当たると分子同士が接近するために起こったらしい。

山橋敬一郎小田原市長との出会いは、PTSの開発に大きなチャンスをもたらしてくれた。市制施行五〇周年のイベントに、これからの小田原市発展の指標となるべくユニークなホールが欲しいと考えられ、折りから世界では森林伐採などの環境問題が深刻化し、そういう観点からも再生紙を使ったPTSが、市長の興味を引いたのだろう。プログラムは、完全空調された仮設の多目的ホールで、予算二億円余り、設計期間五カ月、施工期間三カ月半という非常に厳しいものであった。本来は、「水琴窟の東屋」のように紙管を主体構

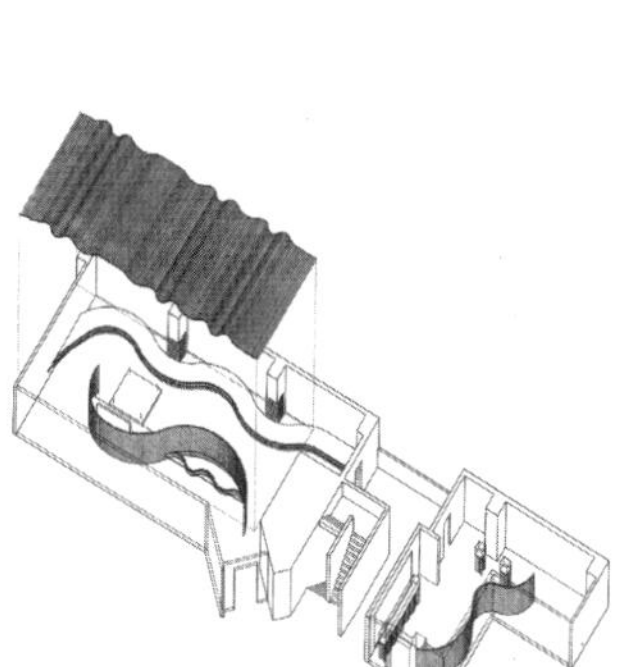

アルヴァ・アアルト展アクソメ

アルヴァ・アアルト展

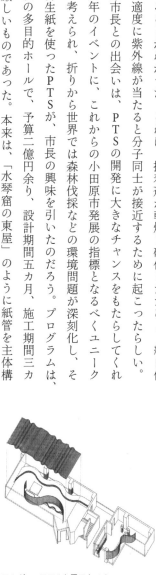

造とし、建築基準法第三八条の認定を受けたかったが、十分な設計期間がなかったため、それは断念した。最終的には、屋根を鉄骨で支えたスペースフレームとし、その下の内外壁はすべて直径53cm、厚さ15mm、長さ8mの紙管三〇五本と、内部をトイレブースに使う直径123cm、長さ8mの紙管一八本で空間を構成した。紙管と紙管の間のジョイントは、直径5cmの透明ビニールホースを入れ、隙間が3cmになるまで八の字状に押し潰し密閉した。このジョイントからは、ホールの中に光の帯が舞い込む。会場への入口には、紙管トラスのゲートを設計した。紙管は、昭和丸筒製で直径150mm、厚さ12・5mm、圧縮88kg/cm^2、曲げ145kg/cm^2のものを採用した。

松井先生は、紙管を使ったさまざまなトラスとジョイントの可能性を考案してくださったが、予算の問題と、紙管工場の既存の機材では端部を垂直にしか切れないことから最終案を決めた。今回は、紙管を圧縮材と考え中空を利用し中に鉄筋を通して、プレストレス形式とし、鉄筋ブレースを外に出した。ジョイントには、アングルを短く切ったものを二個溶接し立方体をつくった。

詩人の高橋睦郎さんに、書庫の設計を依頼され、はじめは家具としての本棚のみを主体構造にして建築を構成しようと考えた。高橋さんは「本棚が建築で、建築が本棚というのは面白い」、と気に入ってくださった。しかしその後、小田原の紙管トラスを発展させてつくりたいと話すと、今度は「本も紙でできてるんだから、書庫も紙でできててもいいかな」とこじつけるように、ご自分を納得させてくださった。ただ、ひとつの条件が「その有名な構造の先生が半永久的にもつといってくださったら」といわれたので、先生に伺うと、「まあ、僕が生きているうちは大丈夫だよ」といわれ、そのまま高橋さんに先生の年

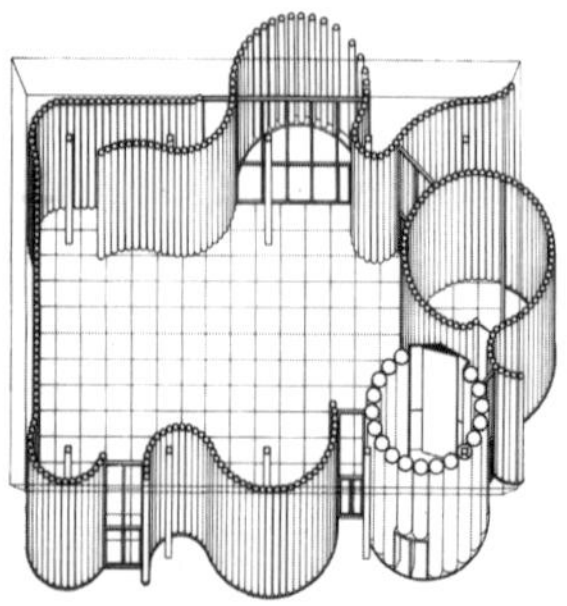
小田原パビリオンアクソメ

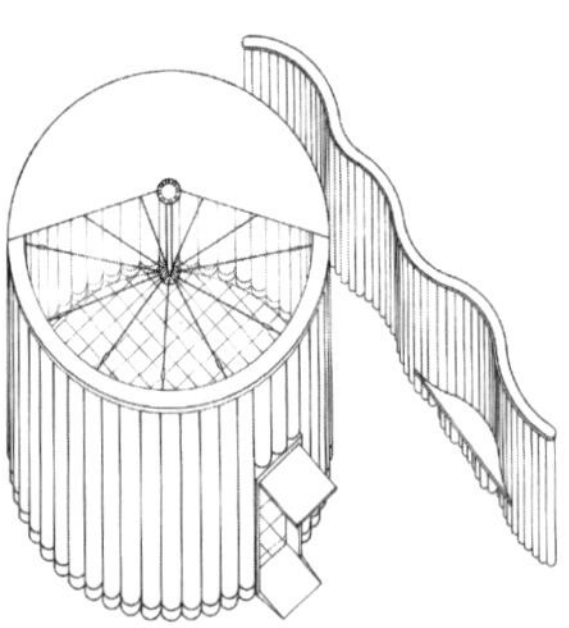
水琴窟の東屋アクソメ

齢をいわずに話し、このプロジェクトは始まった。

今回のトラスには、昭和丸筒製で直径100㎜、厚さ12・5㎜、圧縮103kg／㎠のものを採用した。形式は、小田原と同じプレストレス形式としたが、ジョイントは木製とし、溶接など特殊な技術を使わず、誰にでも簡単に組み立てられるシステムをつくり上げた。紙管は、これまで経年変化やクリープ変形の実験もし、構造として使う問題は出ていないが、今回は念のため紙管を室内に入れ風雨に晒されないようにした。四つの本棚は初期案のように、トラスとは縁を切り自立する構造体とした。

PTSは、紙管の強度アップと恒久的に使う開発が必要であるが、今までの構造的進歩のように、より強い構造体をつくったりアクロバットをするためだけでなく、弱い材料を弱いなりに工夫し、それにあった形態をつくり出していくことも重要なのではないだろうか。

詩人の書庫外観

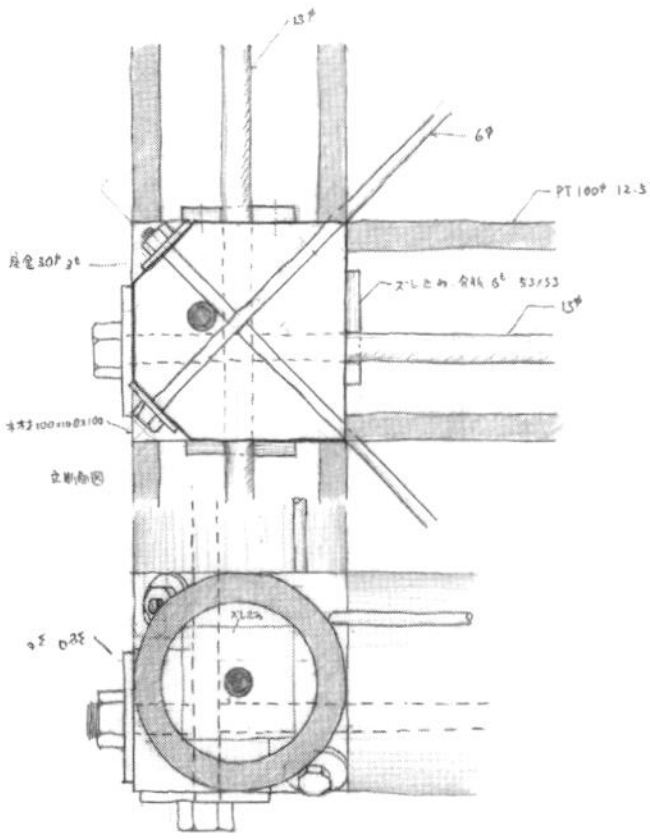

詩人の書庫ジョイント部ディティールスケッチ

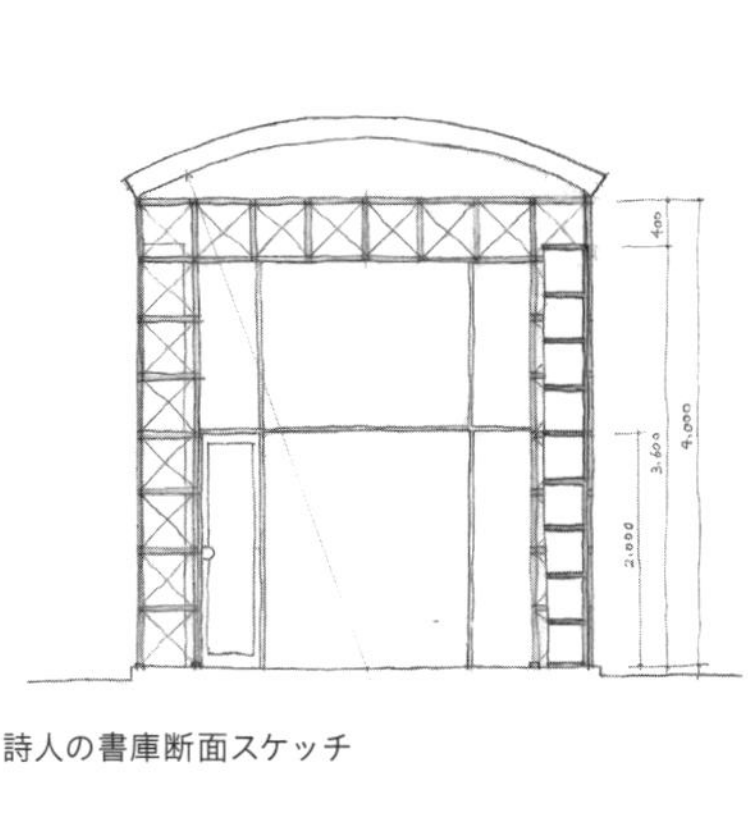

詩人の書庫断面スケッチ

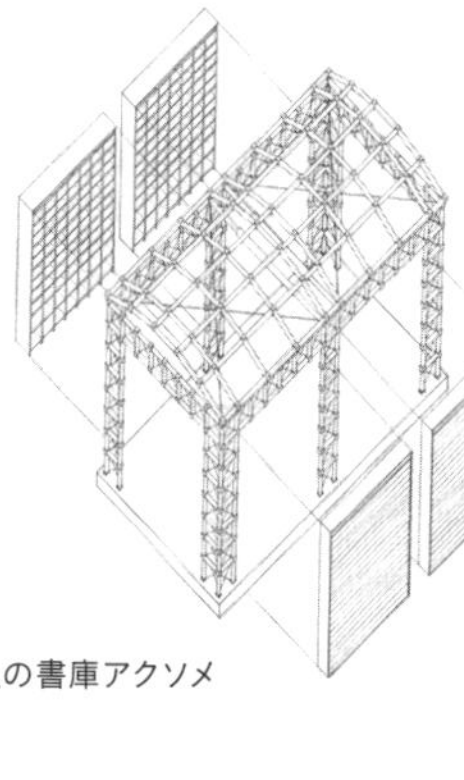

詩人の書庫アクソメ

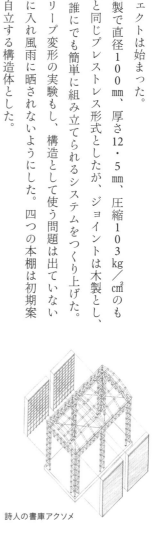

ヴィラTCG［1986］

蓼科高原の別荘分譲地の一画にあるこの敷地は、最後まで売れ残っていた土地のひとつである。それは、この敷地が比較的傾斜している上に、小川が敷地を二分し、さらに大きな石積みの炭焼き窯が敷地のほぼ中央に存在していたためであろう。この辺りは、別荘地といっても都会の周りにある何の特長もない建売り住宅地の別荘版といったふうであり、そのような別荘建設にはこの敷地は非常に悪条件なのである。しかし僕にとってこの敷地は、読み取るべきコンテクストを豊かにし、地域性のある建築をつくることを容易にしてくれた。

空間を構成するために、日頃テーマにしている「三枚の壁」のコンセプトをこのコンテクストの上にオーバーラップさせた。まず、道路に面する北側は、既存の炭焼き窯のイメージをそのまま残し、石積みの非常に閉鎖的な壁を立て、その中心に小さな開口を設けた。その壁は、さらに小川に沿って内に大きく入り込み、敷地の中に内部空間を限定する壁となる。二枚目の壁は、レッドシダーの竪張りの軽快な壁とし、その基礎部を延長した壁［二期工事］が小川の対岸を結ぶ。この壁には、階段や外部通路などのサーキュレーションが配置されている。三枚目の壁は、煉瓦でシリンダー状とし、その中心はプラン上のすべての操作の中心になっている。そしてこのシリンダーの中には、厨房、バスルーム、暖炉が集められている。

このように三枚の壁は、素材と機能により明確にアーティキュレートされて、それぞれの立面に違った表情をつくり出している。

敷地にあった石積みの炭焼き窯

配置

全景

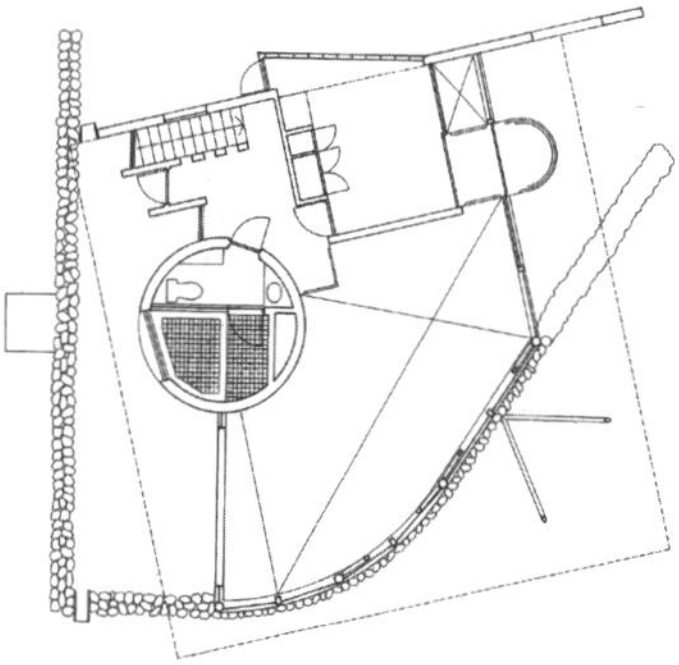
2 階平面

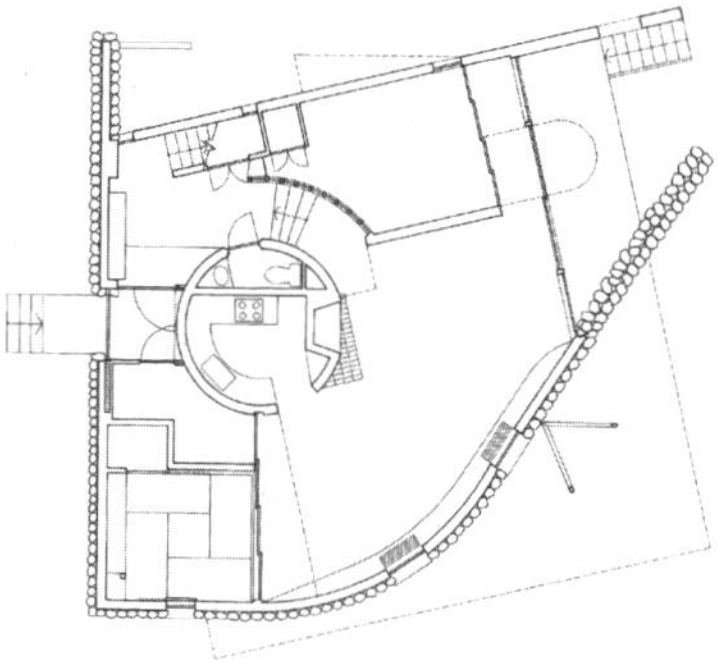
1 階平面

ヴィラK ［1987］

建築を設計するときには、大きく分けてふたつのマナーが必要であると思う。当然のことだが、ひとつは特定の敷地の〝場を読み取る〟ことであり、もうひとつは自分が常に考えているテーマ［コンセプト］をそこに実施することであろう。建築家の下で働いた十分な経験のない僕にとって、それらの建築の基本的なマナーを学ぶ場としては、実際にいい建築を見ることしかなかった。スタディという意味では、やはりクーパー・ユニオンを中心としたニューヨーク・ファイブの影響を否定する余地はないが、エクスペリアンスという意味では、フランク・ロイド・ライトとアルヴァ・アアルトの空間を好んで数多く見て回った。

「ヴィラK」は、前回の「ヴィラTCG」と同様「三枚の壁」によって構成されている。一枚目は、背景の山の力を分散させるよう円弧状の壁が空間を限定する。そこに、サーキュレーション［階段やブリッジ］が配された直線状の壁が挿入される。三枚目の壁には厨房やバスルームがシリンダー状に納められ、円の中心はプラン上のすべての操作の中心になっている。この敷地は比較的平らであるが、周りはうっそうとした林によって眺望が完全に遮られている。そこでアプローチは二階レベルまで上り、ブリッジの上から林越しに山々を眺めながら室内へと入る。三枚の壁と垂直投影面が正三角形の屋根は明確にアーティキュレートされ、それらの隙間にはすべてガラスが入れられていろいろな角度から光が

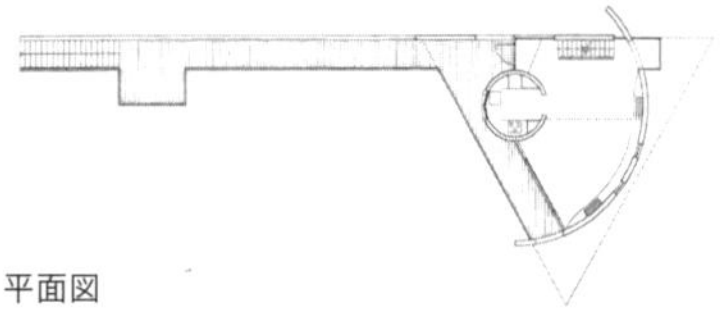

平面図

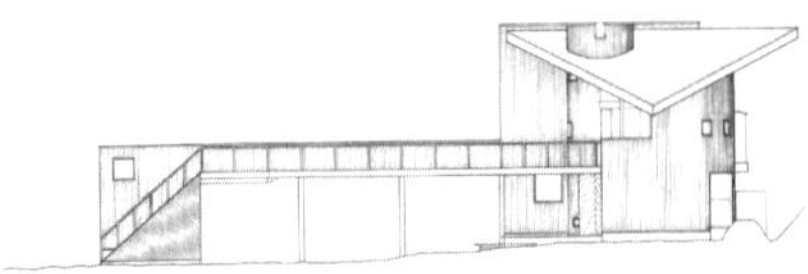

東立面

配置

入り込み、アーティキュレーションの効果を高めている。居間の大きなガラス面は、ちょうど正三角形の一辺と平行に30度東に振られ、その方向の八ヶ岳が前面に映り込むようになっている。ここ蓼科は非常に岩の多いところで、以前の「ヴィラTCG」では、既存の石積みの炭焼き窯の石とイメージを直接壁に利用した。今回の敷地には巨大なふたつの岩があり、ひとつはその岩に対比的にサーキュレーションの木の壁を配置し、もうひとつの岩は円弧状の壁に食い込む形になり、一階の和室より眺めることができる。

適切なモジュールの決定は、特に敷地が広大で、都会のような法規上の厳しい規制がない場合、プロポーションを決める上で重要になってくる。まず、最小の単位を1・5m［b］とし、サーキュレーションの壁を4・5m［a＝3b］の倍数で決めた。西側立面は、4・5m［a］×4・5mの壁と9m［2a］×9mの壁の間が、長さ3a高さaのブリッジで結ばれている。平面では、9m角の壁の中心上で、壁から3mの点が、半径1・5m［b］と6m［4b］の円の中心となっている。南側立面は、9mの壁から1・5m［b］幅のサーキュレーション、直径3m［2b］のシリンダー、そして円弧状の外壁まで4・5m［3b］の開口と続き、この立面も9m［2a＝6b］角の正方形の中に納まるようになっている。

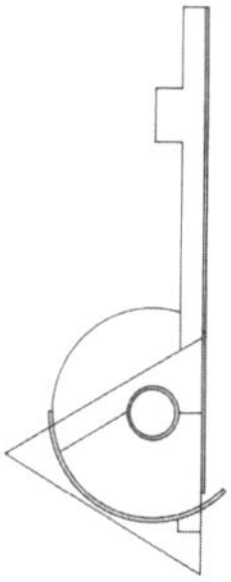
ヴィラK

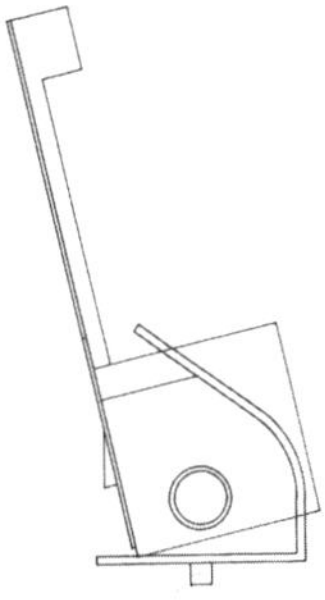
ヴィラTCG

全景

三枚の壁 建築家のスタジオ [1988]

このプロジェクトは三年半前［一九八五年］、私がニューヨークのクーパー・ユニオンを卒業後帰国し最初にデザインしたものだが、諸々の理由により実現が今になってしまった。その間いくつかの仕事が先に完成したが、このプロジェクトは学生時代から考えていたいくつかの建築的アイディアを現在の仕事へと連続させるコネクターとなった重要な作品である。

敷地は、東京の私鉄沿線の駅前にある典型的な商店街の中に位置する。前面南側は6m道路に面し、裏側は駅のプラットホームに面している。敷地の形状は、間口が5・7mの細長い長方形をしていて、二一坪前後という面積も、ごくありふれた条件で、これといってデザインの手がかりになるようなコンテクストも周りには見あたらなかった。ただ、建築的にはまったく価値のない周辺の建物も、それなりのストリートファブリックは形成している。このような条件下、それぞれ表情も機能［意味］も異なる〃三枚の壁〃による空間構成を試みた。まず、コの字型の型により空間的テリトリーを限定した。コの字型壁のファサードは、周囲の建物のように単純に開口を取り、またボリュームも合わせることにより既存のストリートファブリックに幾分同化するよう考えられている。内部空間［プライベートスペース］は、正面南側ではできる限り開口を取っているが、外部空間［パブリックスペース］とは直接接さずに、ファサードと開口面の間には吹き抜けたトランジショナル・スペースが設けられている。さらに、コンテクストによって決められたファサードの開口

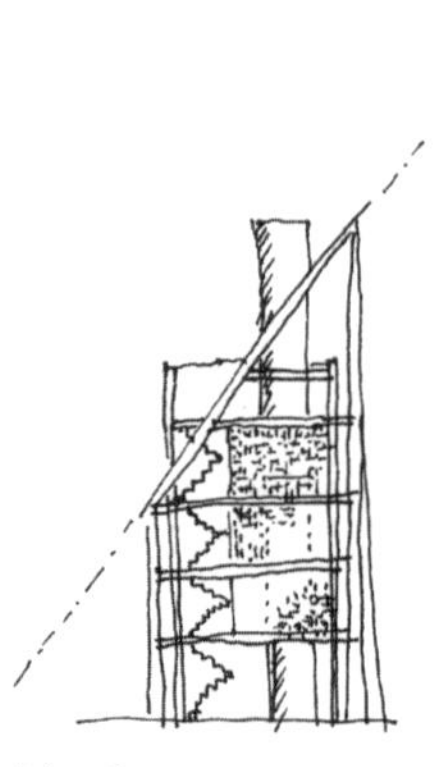

スケッチ

スケッチ

と内部の開口は大きくずれ、ずれたファサードの梁は接近した前の建物から視線を遮りプライバシーを守る役割を果たしている。

黒い玄昌石貼りの壁に沿って、階段や通路などのサーキュレーションが配置されている。この壁は、ファサードとは階段の踊り場によって結ばれ構造的に完結している。

R状のピンクの壁の回りには設備関係の機能が集められ、またメインスペースとそれに付随するスペースに空間を分ける役割を持っている。

このように「三枚の壁」は、それぞれ異なる意味とテクスチャーにより明確にアーティキュレートされ、それらの隙間にはすべてガラスやガラスブロックが使われ、さまざまな方向から光が入り込み、アーティキュレーションの効果を高めている。プラン的には、「三枚の壁」により各階まったく同一の間取りになっているが、二次的エレメント〔間仕切り家具や異なった天井高をつくるスラブ〕によってまったく雰囲気の違った空間をつくり出している。

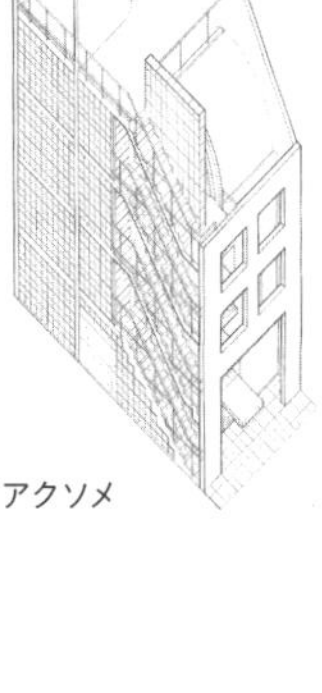

アクソメ

全景

内観

詩人の家の増築 [1988]

「書斎の書物の前の空きスペースから机の上、床、階段まで、骨董らしきものから玩具まで何の脈絡もなく雑然と並んで、人と物と、どちらが主でどちらが従かわからなくなってしまう」と詩人の高橋睦郎さんがどこかに書いていらしたように、本当にその家の中は本や骨董、アート作品などお気に入りの品々でいっぱいだ。

「自分のための家ではなく物たちのための空間、自分は彼らの守り番だ、と思っている」ともあったが、まさに高橋さんや来客は、物たちの隙間を使わせてもらっている状態だった。金子國義さんの絵の下に申し訳なさそうに置かれた来客用カウチと高橋さんのいつもの居場所の仕事机は、四谷シモンさんの等身大の人形と、彼が今まで出版した本が入った棚によって分断され、両方からの視線も向かう方向にこまっているようだった。そこで私は、「物たちのための空間」でなく、「詩人のための空間」をつくろうと考えた。

この増築部分は、既存のベランダの構造[三本の柱と梁]をそのまま利用し、本体の家の独特な雰囲気に溶け込むよう意図した。家の中からは来客用カウチと仕事机から空間ができる限り広々と感じられるよう、三角形が庭へ張り出し、角の柱をなくすため、枠は既存の梁から吊られている。既存の三本の柱の真中の一本は室内に位置し、高橋さんの詩集のカバーから取った朱色に塗られている。そこには外壁と同じ深緑にラッカー仕上げされたテーブルが付けられ、この三角のスペースだけは物たちに占領されないよう、あらかじめ置く場所を用意した。

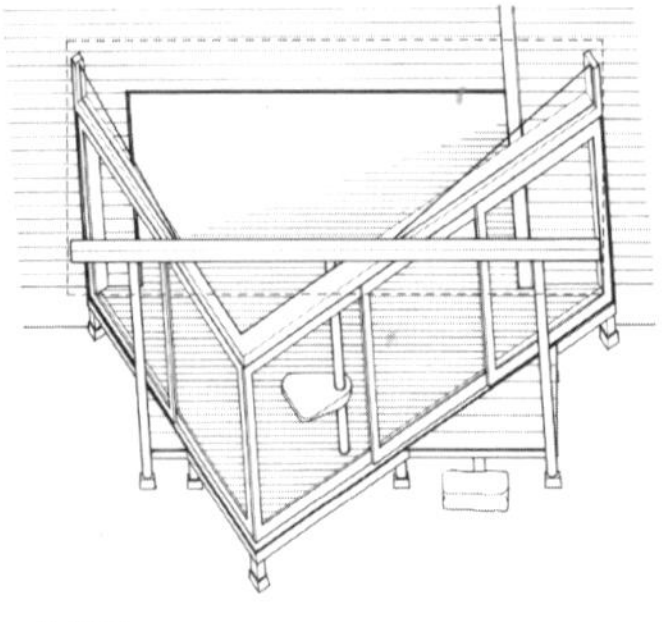

改築後

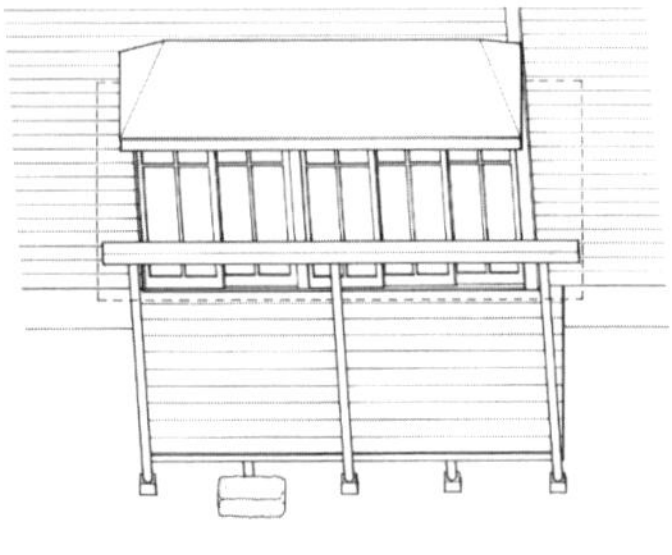

改築前

この空間は、物たちのためではなく、詩人のためにつくられたのだが、部屋中にある物たちのように、高橋さんのお気に入りの作品《もの》のひとつに加えてもらえたらと思う。

ぼくの建築武者修行

ぼくは日本での建築の教育そのものは受けていません。もともとものをつくるのが好きで建築家になりたかったのですが、日本にいた高校三年のとき、磯崎新さんの「群馬県立美術館」を見てすごく感激し、将来、磯崎さんの事務所で働きたいと思いました。

東京藝術大学入試のために行っていた予備校の先生の家で見た『a＋u』誌の「ジョン・ヘイダック」と「ホワイト・アンド・グレー」の特集号が、ぼくの将来を決めました。もちろんヘイダックの名前も知らなかったのですが、彼の作品を雑誌で見て、それまでぼくが抱いていた建築のイメージとまったく違うなと単純に思い、興味を持ちました。そこで、ヘイダックが教えているクーパー・ユニオンに入ることを目標にアメリカへ行くことになります。

最初、クーパー・ユニオンに入るまでの腰掛けのつもりで建築家レイモンド・キャップが校長をしていたロサンゼルスのサイアック［SCI-ARC］という開設間もない学校に偶

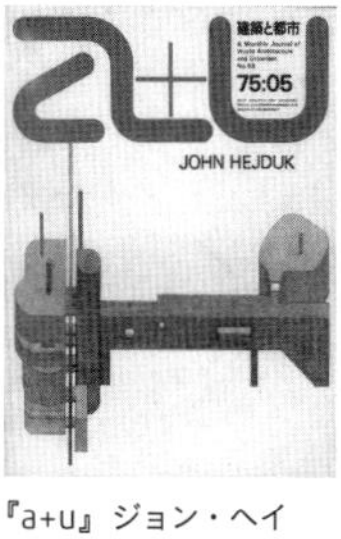

『a+u』ジョン・ヘイダック特集 第53号 昭和50年5月1日発行

『a+u』ホワイト・アンド・グレー特集 第52号 昭和50年4月1日発行

メモ

然入ったのですが、面白い建築家がたくさん教えていて結局三年間いました。卒業までもう少しという頃、やはり最初の目標だったクーパー・ユニオンに行きたいと考え、編入試験を受けました。

よく知られているように、アメリカの建築教育はプレゼンテーションが中心です。先生や他の学生の前で説明するときに、自分が設計した建築の基本的なエレメントひとつひとつについて、なぜそうしたのか聞かれます。もちろん感覚は重要だし、デザインしているうちに偶然そうなったということもありますが、人を説得するときには感覚だけでは十分でなく、ひとつひとつを意味づけるということを徹底的に鍛えられました。それは建築をやっていく上で必要なことで、学生時代に学ぶべきことだと思います。クーパー・ユニオンの二年生というのは、建築の基本的なエレメントの意味を考えるための非常に重要な学年です。

その課題の延長として行われた「ウインドー・ルーム・ファニチャー展」を一九八三年に日本でも開催しました〔アクシス・ギャラリー〕。もうひとつ非常に勉強になった授業は、建築の分析です。その課題を通して、建築家がどうしてそういうふうにしたかが少しずつわかってくる。それは建築を通して建築家が考えたことを辿る作業ですが、自分にとっては発見です。そこで建築の考え方とそのつくり方を学ぶわけです。しかし、日本人の建築は壁の曲げ方ひとつにしても、どうして曲げたのか曖昧でわからないことが多い。ひょっとすると建築にも、いい意味でも悪い意味でも日本人の曖昧さが反映しているのかな、とも思います。

これも非常にアメリカらしいのですが、授業で、建築家が訴えられたときの対処の仕方

クーパー・ユニオン外観

Statue of Peter Cooper (foreground) and The South Fasade of Cooper Union's Foundation Building. The Cooper Union Cable, 1984.

坂茂 1977年5月羽田空港よりアメリカへ出発

とか、建築家自身の守り方を教えるんです。また、そのことと通底するのですが、課題をやっていくときにも都市のコンテクストとか、いかに環境を考えるかが問われ、建築家の社会的責任を常に追求されました。日本は、学生時代に建築家としての責任とか社会的な義務を教え込まずに、資格さえ取れればみんな建築士となって建物をどんどん設計していきますね。最近、海外の建築家が日本で次々と仕事をしていますが、建築家がこんなに自由にデザインできる国は他にないと思います。アメリカの建築教育は五年間ですが、四年のときに卒業後どうしようかと非常に迷って、一年休学して日本で仕事をしてみたいと思いました。そのときに磯崎さんのところにぜひ行きたいと思って冬休みに面接に帰り、次の春から一年間、磯崎アトリエで働きました。磯崎アトリエは筑波の仕事がほぼ終わる時期で実施設計の仕事は少なく、実務経験にはならなかったのですが、今日本に帰ってきてこうやって仕事ができるのも磯崎アトリエのときの人間関係があるからだと思います。

クーパー・ユニオンを卒業し、アメリカで大学院に進もうと考えていたのですが、母に小さなビルの設計を頼まれ、とりあえず日本に戻りました。そのビルの工事が始まらないうちに、たまたま「ヴィラ TCG」の仕事を頼まれ、身内の仕事はそっちのけで、その仕事に打ち込みました。

「ヴィラ K」は「ヴィラ TCG」を見て気に入ってくれた人に頼まれました。今、世田谷に住宅を設計しています。別荘と違って都市の中では規制がいろいろ厳しいし、施主の要求も多いのですが、しかしネガティブなコンテクストも設計するときの手掛かりですから非常に重要です。敷地を見て法規的なものをチェックして、そこにいつも自分が考えているコンセプトをオーバーラップさせる。建築というのは真っ白なところに何かをつくる

クーパー・ユニオン留学時代の坂
Shigeru Ban, Yearbook Portrait. The Cooper Union Cable, 1984. Copyright

わけですから、常に自分のテーマを持っていなければならないと思うのです。そしてそのふたつがお互いに影響し合い、噛み合って建築ができると思うのです。

ぼくは、日本の建築教育でやるような、製図や法規、ディティールを習ったことは一切ありません。建築の実務的なつくり方というのは習うものではないと思っています。学校で教わることができるのはものの考え方、見方であり、その意味ではぼくはクーパー・ユニオンを中心としたニューヨーク・ファイブの影響、根本的にはル・コルビュジエの影響を受けているのは否定できません。しかし、コルビュジエの作品のように設計上の操作が写真と図面から読み取れる建築もありますが、アアルトの建築のように見に行かないとわからないものもあります。最近、若い人たちの建築には素材を限定する傾向があると思いますが、ぼくの建築は、煉瓦があったり石や木、いろんな材料を使っています。実際の建築をつくるときには自分が直接体験したものが出てくると思いますが、ぼくにとってそれはフランク・ロイド・ライトとアルヴァ・アアルトからの実体験だと思っています。

M邸 [1989]

この敷地は、世田谷の中でも特に閑静な住宅街の中に位置する。周囲には坂道が多く、

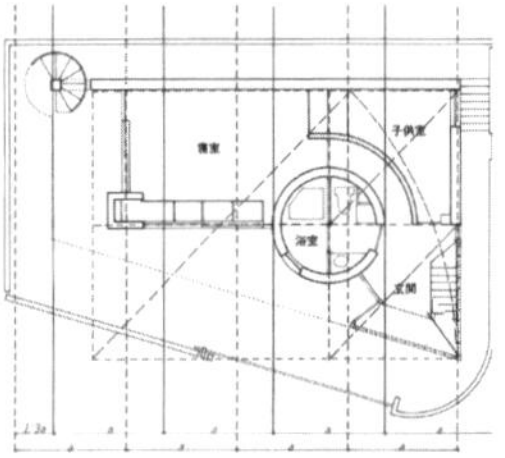

1階平面

Peter D.Eisenman

Richard Meier

Michael Graves

Charles Gwathmey

John Hejduk

ニューヨーク・ファイブ

出典：『a+u』第52号 昭和50年4月1日発行

樹木が生い茂り、住宅の各区画も大変広々としている。そんな中にあってこの敷地は、道路と川に挟まれた小さな三角地帯を、さらに三分割した四〇坪ほどの小さな土地である。もとはひとつの敷地だったためか、川に面するここの区画には、電気も電話も水道も、隣の家を経由して入っていた。その上、都市ガスもきていない。人はここを「世田谷のチベット」と呼ぶ。さらに、第二種多摩川風致地区に指定されていて、建蔽率四〇％、壁面後退北・東側それぞれ２ｍ、南・西側１・５ｍと、非常に厳しい規制がかかっている。それでいて、地価ときたら信じがたい値段が付けられている。そこで、都の緑地課に実状を訴えたところ、ある程度緩和してくれることになり、これでやっと、ある程度まともに設計ができるようになった。

しかし、この規制の中で施主の要望を叶えながら自分自身のテーマを追求し、しかもモジュールなどのプロポーションを厳密に操作するのは、ずいぶんと時間のかかる作業であった。そしてやっと設計がまとまると、今度はつくり手がいない。この時期、この規模の個人住宅は引き受けてくださる施工業者がいちばんいないときであった。

これまで、それぞれ機能の異なる「三枚の壁」により空間構成をしてきたが、今回はそれが少々変形してきている。Ｌ字形の壁は、全体の内部空間を包み込み、円形の壁の中にすべての水回りが納まる。敷地の角には、ガラスブロックでできた三角形のコアが自立する。そして、暖炉が納まった正方形のコアと、円形のコアによって屋根は水平に支持され、宙に浮く。Ｌ・〇・△・□のコアと水平な屋根の間には、すべて開口が設けられ、アーティキュレーションの効果を高めている。

このようにして、厳しい土地の条件の中で、苦労して設計したのだが、実はそれは周囲

全景

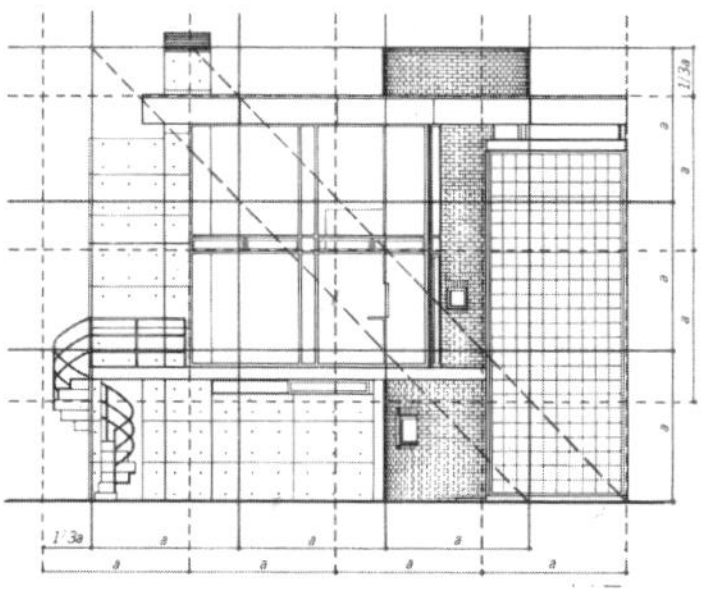
東立面

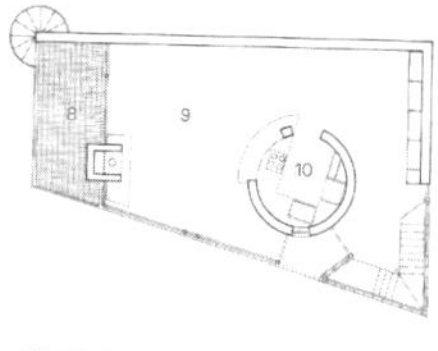

2階平面

の状況と施主の理解によって、ずいぶんといい方向にまとまった。なぜなら、南東に広がる聖ドミニコ学園の樹木と空を、ペアガラスの二層吹抜けの開口によって居間いっぱいに取り込むことができたからだ。そしてプライバシーは、居間を二階に上げたことと、縦型ブラインドにより微妙にコントロールされている。斜め前の必要以上に閉鎖的な家に住むユーミンはきっと羨み、素敵なガラスの家のことをいつか歌にするのではないだろうか。

水琴窟の東屋 [1989]

PTS [Paper Tube Structure] の開発

一九八六年、「アルヴァ・アアルトの家具とガラス展［アクシス・ギャラリー］」の会場構成で、紙管を自立する壁と天井全体にはじめて使った。そこで、紙管を他の材料の代用品としてではなく、それ自体の魅力を引き出すようにデザインし、その集合体としての美しさと、素材としての潜在的可能性に気付いた。

紙管は、木のような温かな質感があり、長さ、径、厚みもある程度自由に製作でき安価である。その上、丸柱コンクリート型枠材として使われるように、非常に強度があり防水性能も優れている。そこで、紙管が建築の内外装材、さらには構造材として使えるのでは

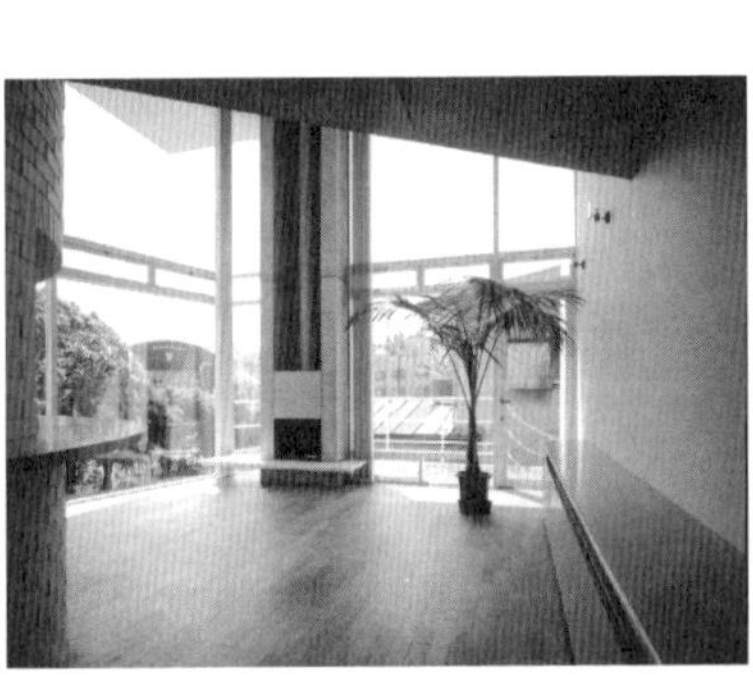

内観

水琴窟の現地でのメモ

ないかと考え、構造家と紙管メーカーの協力を得て、紙管の材料実験を開始した。メーカー側も、紙管のヤング率を出すような構造用データは今まで出したことがなく、引張試験、圧縮試験、曲げ試験、結露試験などのプログラムをつくりメーカー側研究所と都立工業技術センターに実験を依頼した。

今回の水琴窟の東屋は、最近身近に体験することができなくなった水琴窟を、博覧会会場の騒音と遊園地的な環境から東屋によって遊離し、人びとに観賞してもらうために計画された。構造的には、内径300㎜、厚み15㎜、長さ4mのパラフィンで十分に防水された紙管四八本をPCベースの上に差し込み円形に並べ、上端を木製コンプレッションリングにより一体化した。

もちろん円形に一体化することにより全体としてある程度の強度は期待できるが、今回は安全を見て、一本一本がキャンティレバーで自立しているという不利な条件で考えた。さらに、施工性や、ディティールをチェックするため、一度東京で組み立てて、暫くの期間を置いてから博覧会会場に移設した。ジョイントには、30φの透明ビニールホースを紙管と紙管の間に入れ、隙間が20㎜になるまで八の字状に紙管で押し潰し密閉させたが、博覧会会場ではジョイントをはずし風を通すようにした。この隙間からは、何本もの光の帯が室内に舞い込み、夜は逆に周囲に四八本の光の帯を放出し建物全体が照明器具と化す。

現在PTSの開発は、大きく分けてふたつの方向がある。今の段階では、水琴窟の東屋のように規模が小さく、博覧会の展示物あるいは工作物的特例を除き、PTSは主体構造として認められていない。そこで、来春［一九九〇年］開催される「小田原パビリオン」計画のように、主体構造は鉄骨のように既存の構造とし、PTSを自立する間仕切り壁と

水琴窟の東屋

して使う方法がひとつある［小田原では、内径500㎜、厚み15㎜、長さ8mの紙管を使用］。もうひとつは、さらに実験と開発を積み上げ、まずは公的な仮設構造としての認定を取ることである。その一環として、小田原の会場では、PTSのトラスもしくはスペースフレームのゲートを計画している。

いうまでもなく、紙管はボリュームのわりに、軽量で、施工性もよい。木のような自然の材料と違い、工業製品故に性能が安定し、不燃紙を用い不燃の紙管をつくったり、さまざまな加工が可能である。つまり紙管は〝進化した木〟だともいえる。この〝進化した木〟を使ってPTSならではの新しい空間が生まれるであろう。

外観

設計協力者の平賀信孝さん［右］
(1998〜坂茂建築設計 設計パートナー)

PTS (Paper Tube Structure) プロジェクト

小田原パビリオン・メイン会場東ゲート［1990］

一九八六年、「アルヴァ・アアルトの家具とガラス展」の会場構成をした。アアルトの建築は大好きで、ずいぶん見て回り、どうにかして展覧会場によって、アアルト建築の雰囲気を伝えたいと考えた。しかし、アアルトのようにふんだんに木を使う予算はなく、そこで木の代用品として紙管の使用を思いつき、自立する壁と天井全体をつくった。使ってみると、木の代用品ではなく、紙管の集合体としての美しさや、素材としての潜在的可能性に気がついた。紙管は、意外な強度をもち、さまざまな太さと厚み、エンドレスな長さのものが製作でき、防水や不燃化も可能である。また、ボリュームのわりに軽量で安価、そして中空部分を構造的、設備的に利用でき、断熱性・遮音性もなかなかよい。

そんな性能を仮設建築に生かせるのではないかと考え、最初に計画したのは、「アジアクラブ・パビリオン［'89海と島の博覧会・ひろしま］」であった。これは、財団法人アジアクラブの依頼で、従来のテントやハイテックなパビリオンでなく、アジア的なローテック［Raw-Tech］な建築表現として紙管を使った。しかし、まったく前例のない試みだからか、採用されなかった。その後独自に、メーカーの研究所と都立工業技術センターで紙管の強度実験を始めたところに、サウンドスケープデザイン研究機構の鳥越けい子さんより、名古屋の世界デザイン博覧会の会場に水琴窟をつくり、それを周りの環境から遊離させるための東屋を設計してほしいとの依頼があった。構造的には、外径33㎝、厚み15㎜、長さ4mのパラフィンで防水された紙管四八本を、PCベースに差し込み円形に並べ、上

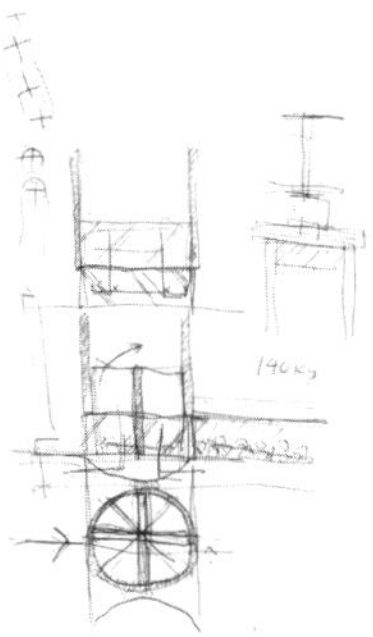

ディティールスケッチ

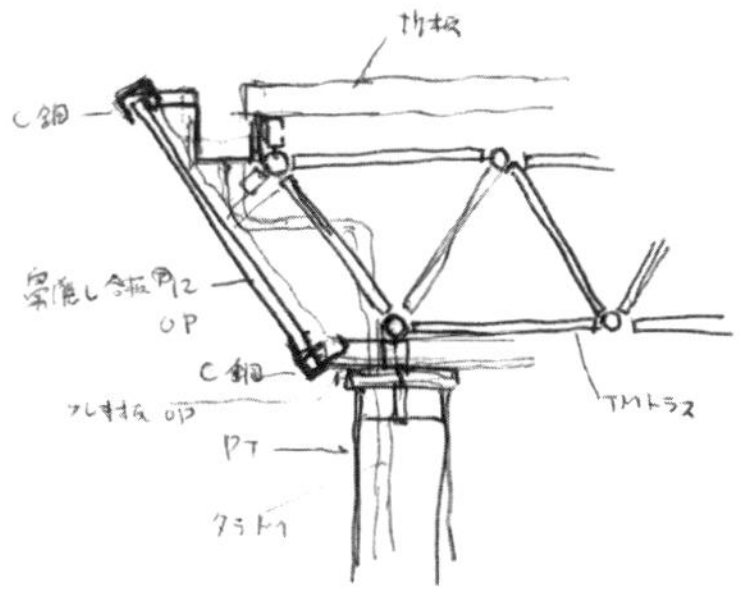

ディティールスケッチ

端を木製コンプレッションリングにより一体化し、テントの屋根を架けた。

今回の「小田原パビリオン」は、小田原市長の「木造の建物にしたい」という要望に、われわれが「進化した木」としての紙管を使ったPTSをプレゼンテーションし、採用された。本来は、紙管を主体構造として、建築基準法第三八条の認定を受けられるよう設計したかったのだが、設計期間が六カ月しかなかったため、構造方式は鉄骨造に置き換える必要があった。紙管が主体構造にならなく、半年間の仮設建築といっても名古屋の場合とは違い、このメインホールは１３００㎡もある多目的ホールであり、役所に紙管の正式な強度実験の報告書と施工方法を提出し、許可を得なければならない。そこで、その実験と全体の構造設計の監修を、松井源吾先生にお願いすることになった。

最終的に構造は、屋根を鉄骨に支えられたスペースフレームとし、その下の内外壁はすべて外径53㎝、厚み15㎜、長さ８ｍの紙管三〇五本と、トイレブースに外径１２３㎝、長さ８ｍの紙管一八本で構成した。紙管と紙管の間のジョイントは、直径５㎝の透明ビニールホースを入れ、隙間が３㎝になるまで八の字状に押し潰し密閉した。このジョイントからは、ホールの中に自然光の帯が舞い込む。紙管の足元は、基礎にアンカーで止めた十字の木製リブに差し込み、上端も木製リブから突き出たボルトに構造用合板を重ねてつくった笠木を、被せて止めた。笠木はさらに、約２ｍおきにスペースフレームのグローブと固定し、全体の壁を構成する。紙管自体が仕上げのいらない内外装材であり、下地もいらなく、８ｍの紙管一本で１３０㎏とボリュームのわりに非常に軽いので、はじめての施工にもかかわらず、非常に早く大きな空間を包み込むことができた。

会場への入口のゲートは、紙管のトラスを松井先生に設計していただいた。ホールでは

内観

外観

紙管を主体構造にできなかったので、構造的にはこのゲートが今回の目玉でもある。

松井先生は、何案ものジョイントを考えてくださったが、今回は、できるかぎりシンプルな案でいくことになった。紙管のトラスをさらに発展させていくためには、さらに強度アップした紙管とジョイントの細工のための加工機械をつくる必要がある。いずれも、今までの紙管の用途では単に必要とされなかっただけで、工業製品である紙管は、十分開発が可能である。また、経年変化の問題は、「水琴窟の東屋」として六カ月間外部に放置した紙管を、松井研究室で実験していただいた結果、紙と紙の間の接着材が硬化し紙管の強度はアップしていた。もちろん、紙管は木の代用となる材料ではないが、森林伐採が環境問題として深刻化していくなか、再生紙でできている紙管を恒久的に使っていく開発は必要となるだろう。ただ、今までの構造的進歩とは、より強い構造材をつくり軀体をよりスレンダーにしていくことであったが、弱い材料を弱いなりに工夫して、それに合った形態をつくり出していくことも重要なことではないだろうか。もしギリシャ時代に鉄骨造やRC造が存在していたなら、あのアクロポリス神殿のような荘厳な建築・空間は、生まれなかったに違いない。それゆえに、再生紙を使ったPTSは、PTSならではの新しい建築空間を生むであろう。

最後に、このような前例のない「紙の建築」を、小田原市制施行五〇周年の記念事業のために選んでくださった山橋敬一郎市長に、敬意と感謝を表したい。さらに、博報堂、ときめき小田原夢まつり実行委員会、小田原市建築課、小田原市建築協同組合の方々の熱意と労力のおかげで、このプロジェクトは実現したことを明記したい。

メイン会場東ゲート
ジョイント

メイン会場東ゲート 全景

いかに壁を自立させるか

ここに紹介する六作品は、それぞれに異なった諸条件に起因しているが、共通の空間的テーマを異なった構造方式によって実現させたものである。その共通の空間的テーマとは、東・西側に壁を立て、南・北側は壁や筋交いのない全面開口とし、内外部が融合した風通しのよい空間をつくることである。通常このような空間をつくろうとすると、ラーメン構造にするしかないが、二枚の壁によって挟み込まれた空間を強調するため、それぞれの諸条件に合った構造方式を考案した。

ヴィラ トリイ［1990］

「ヴィラ トリイ」の初期案は、敷地の形状に沿った一枚の壁の上に木製四角形格子梁と三角形格子梁屋根を浮いたように載せ、寝室棟と居間・食堂棟を構成する案であった。ところが、大幅に予算オーバーしたため、減額案を出し変更するのではなく、思い切ってまったく別案を考えることにした。

初期案では、敷地の東西に居間から見えるまわりの家を目隠しするために、東側に壁を配し、西側は半地下レベルまで床を落とした。しかし実施案では、それらの代わりに、二枚の木造壁を平行に立て、目隠し兼主体構造とした。残りの南・北側の素晴らしい景色に対しては全面オープンにするため、直交する壁や筋交いすら設けずに、二枚の壁を自立させたいと考えた。そこで、二枚の壁の上に90㎝ピッチで大梁としてマイクロラム［木目を

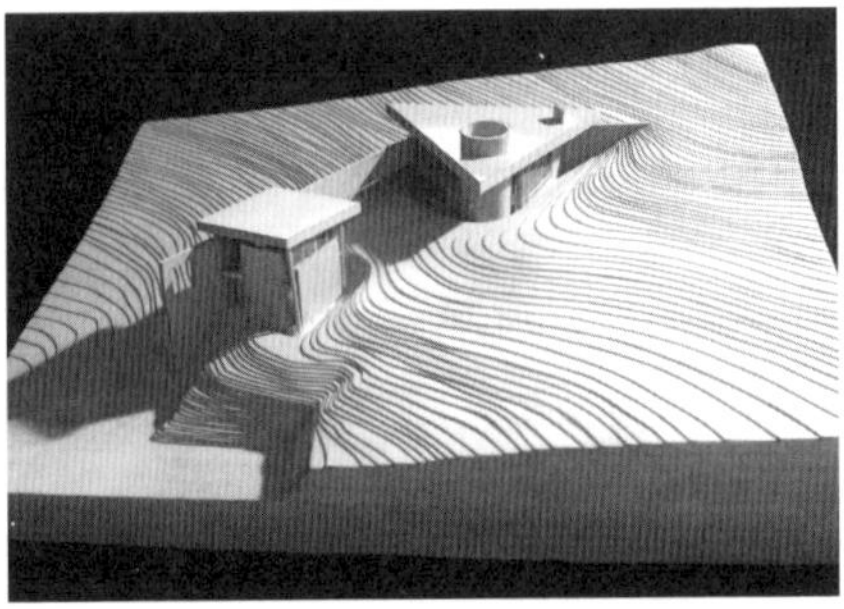

左・右／ヴィラ トリイ初期案（模型）

平行に向け合板状につくられた集成材」を載せ、マイクロラムと二枚の壁を同時に地面から外側に丸鋼で引っ張り、壁と床・屋根のバランスをとる構造方式を考案した。そして、直線状の主体構造の二枚の壁以外のエレメントは、メーソンリーのテクスチャーで自由な曲線を描き、二枚の壁とはまったく連続しないような構成で配置された。

二枚の壁は、実際には2×6材と構造用合板でつくられたパネルが二階床面により一、二階に分けられているので、壁と床・屋根の接点はピン状になっている。そこで、二階床梁と屋根の大梁「集成材」を別々に丸鋼で地面から外側に引っ張り、全体をバランスさせた。構造方式はあくまでも実現したい空間によって選ばれるべきであり、その実現したい空間とは外部と内部の連続性である。このテーマは、別荘建築だけでなく都市住宅を考えるときにも共通したテーマである。なぜなら、別荘地といっても最近は区画が小さくてプライバシーも保ちにくく、周りは見たくない家々で取り巻かれているという、都会と共通した問題があるからである。近年、建築家のつくる都市型住宅の典型は、外部を閉鎖的な壁で囲い、コートヤードによってのみ人工的な自然と接するタイプか、もうひとつは地下または地下のように壁で閉鎖的な内部空間をつくり、そこに計算されつくしたトップライトを採り入れ内部を演出するタイプの二種類が多いように思う。しかし、一度完全に閉鎖されてしまうと、その場のコンテクストを完全に否定したことになり、そこが大阪の住吉であっても、東京の中野であっても同じ空間をつくることになる。そこで、内外の連続性を持たせるために、まず最初に全部を開放し、ここからは見られたくないから壁を立てよう、ここは外を見たくないけれど光は採り入れたいからガラスブロックの壁を立てよう、という具合に壁を一枚一枚加えていき、そのコンテクストにいちばんいい環境を残してい

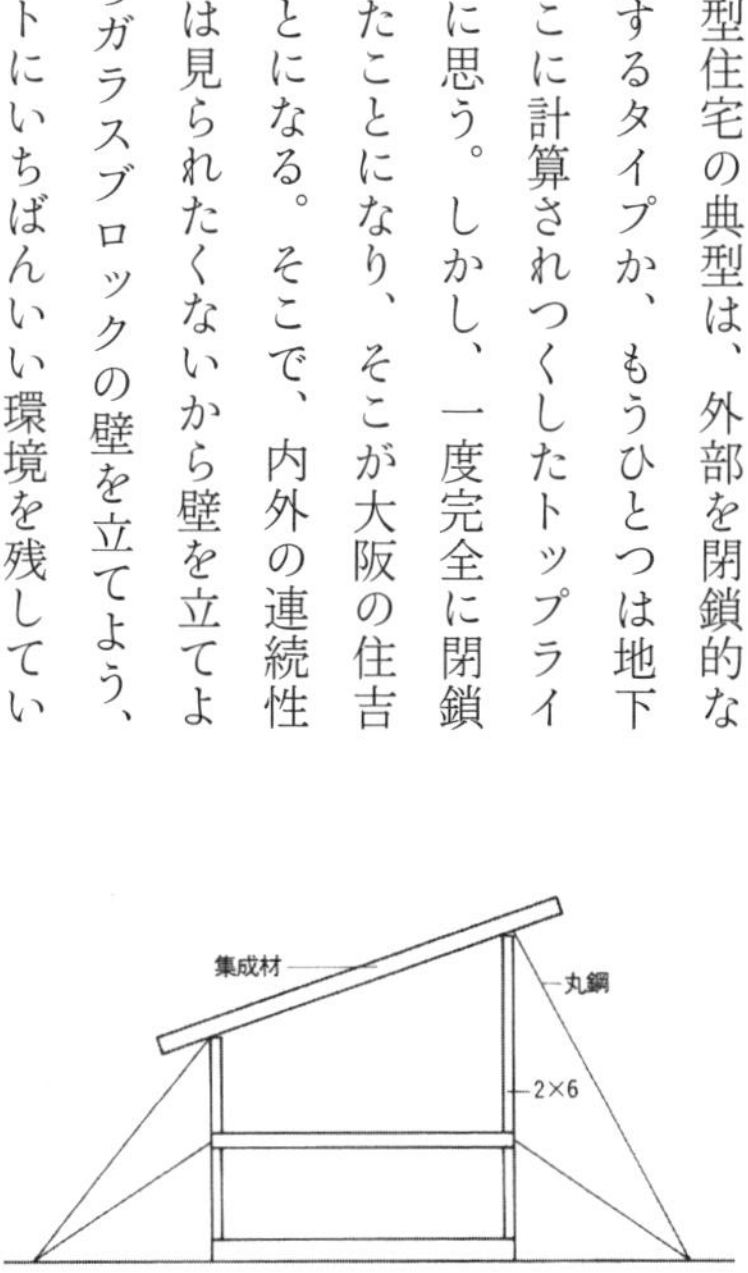

ヴィラ トリイ 構造ダイアグラム

くという手法をとっている。さらに、住み手にだけいい環境を提供するのではなく、周囲の環境にどう貢献できるか、建築家として考える必要があるのではないだろうか。

I ハウス [1991]

近頃の人手不足で建設コストが上がる中、いかにローコストを図るかと考えたとき、それは構法を工夫して工程を減らすことが最善であり、安い材料を使うことではない。そこで「ヴィラ トリイ」の構法をさらに単純化することにした。まず、二枚の平行な壁を120×20の角材の通し柱で構成し、二枚の壁のスパン6・2mを折板で飛ばし、屋根の架構をすべてなくした。さらに、二枚の壁の上端部を丸鋼で地面から外側に引っ張り、折板自体に二枚の壁をつなぐ引っ張り材としての役割を持たせ、全体のバランスをとった。

外観

内観

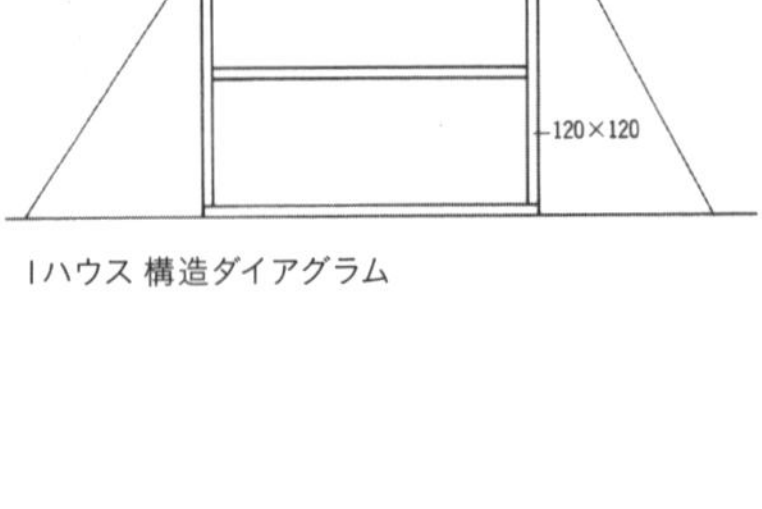

I ハウス 構造ダイアグラム

2/5ハウス［1995］

施主の要望は、外壁はコンクリート造にしたいが、内部は将来の家族構成の変化による改装工事が可能なつくりにしてほしいとのことである。予算は、RC造にするには十分ではないと思われた。そこで、東・西側に平行に二層分の高さのPC版［ダイナスパン］の壁を立て、その上に90cmピッチで集成材の大梁を載せ、壁から飛び出した梁の端部をPC版の基礎から引っ張ることにより三角形を形成し、PC版を自立させ水平による揺れも抑えた。これにより、固定端［PC版と大梁の接点］の曲げを逆に吊り上げる、中央の曲げが減り、減少したモーメントにより断面の梁を使うことができ、梁成が小さくなった。そして、このユニバーサルな二層分の架構の中に、独立した木造二階建ての個室棟が置かれ、将来の改装をしやすくしている。

石神井公園の集合住宅［1992］

RC造四階建ての集合住宅で、各ブロックごとにメゾネット型住宅が上下にある。ボイドラーメン構造を使わず、単純な壁構造で南・北面を全面開口にするため、住戸間の主要壁を少しずつ振って、スラブで連続させ、各住戸ごとには、xy軸方向どちらか壁量は足りないが、建物全体として壁量を満足させるように壁をレイアウトした。これにより、垂壁、腰壁、柱型が飛び出さず、すっきりした空間となるうえに、型枠工事も大幅に単純化される。

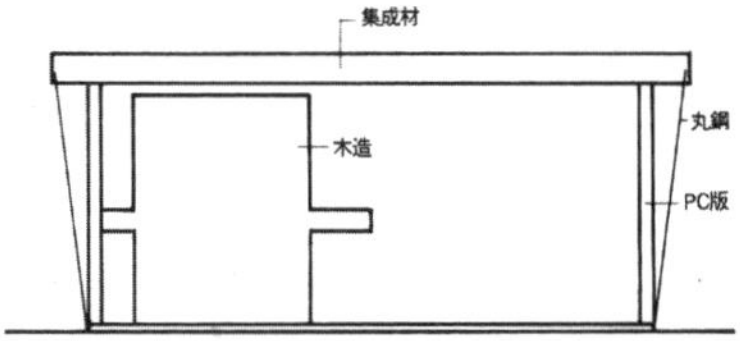

2/5ハウス 初期案

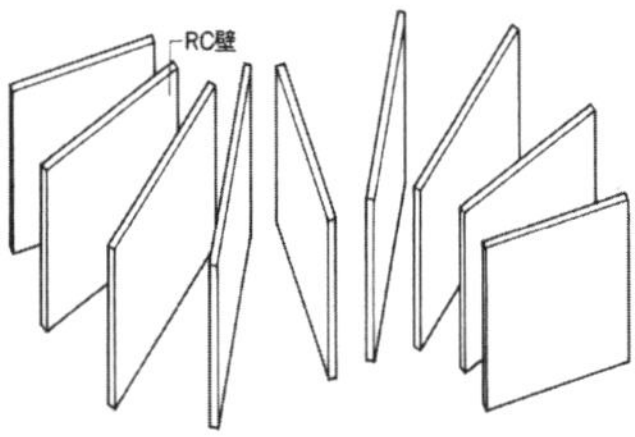

石神井公園の集合住宅

詩人の書庫［1991］

この作品の主体構造［柱・梁・屋根架構］は、紙管トラス構造なので他の作品とは大きく異なる。しかし、内部空間は他も同じように平行な壁面によって構成されている。実際はこの構築物には、外壁がない。つまり、紙管トラスとは縁を切った本棚が両側に自立し、それが外壁を兼ねているのである。本棚の縦間仕切り板の断面は横力によって決定し、家具として工場で製作され、現場で根太とボルトで剛接合されキャンティレバー状になっている。

外観

内観

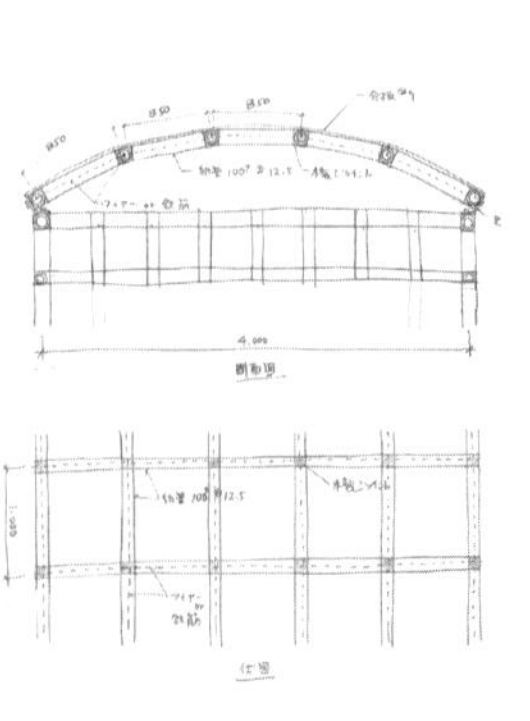
スケッチ

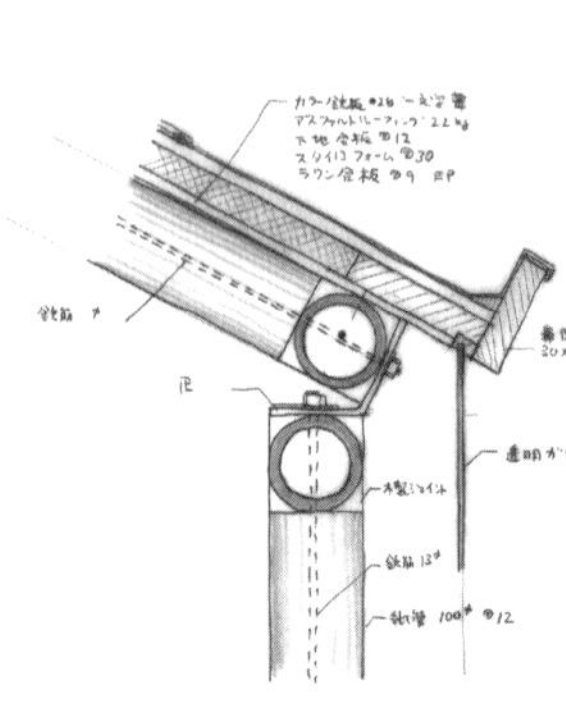
スケッチ

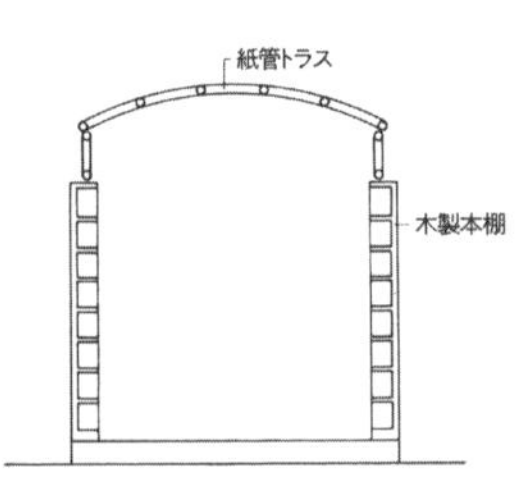

詩人の書庫

声楽家の家 [1991]

都市型住宅を設計する場合でも、できる限り開放的な空間をつくり、その場ならではの外部との関係つまり解をつくり出すことを心がけているが、今回はふたつの与条件から、はじめてコートヤードとトップライトにより内部空間の環境を整えた。

ひとつの与条件は立地条件である。敷地は私道の奥に位置し、三方隣家がぎっしり立て込み、周りには見るべき景色がない上、常に四方から見下ろされる四四坪ほどの土地である。ふたつ目は遮音の問題である。施主の御夫婦は声楽家で、家で練習をしたり、人を呼んで小さなコンサートが開けるホールがほしいとのこと。ただそのホールは、完全に閉鎖された音楽専用のものではなく、普段は居間としての快適性を十分持たなければならない。

建物の外形は、敷地の形状から、11m角の正方形とし、それを対角線でふたつの直角二等辺三角形に区切り、片方を内部空間に、他方を外部空間にした。対角線上には、水回りが納まった円形コアと、個室が納まった正方形コアが自立する。内部空間の三角形はさらに二等分され、一方の三角形は二層の空間になり、他方は吹き抜けて天井の高いホール空間を構成している。三角形の内部空間は、全体がユニバーサルな空間になるように、ふたつのコアで支えられたワッフルスラブの天井とした。ワッフルスラブは、従来の直方体の断面ではなく、ピラミッド型の断面とし、各頂点からトップライトが入るように工夫した。従来のワッフルスラブの型枠は非常に手間のかかるものであるが、このピラミッド型ワッフルスラブは、四枚の三角形の合板でできたピラミッドをコンパネの上に敷きつめるだけ

内観

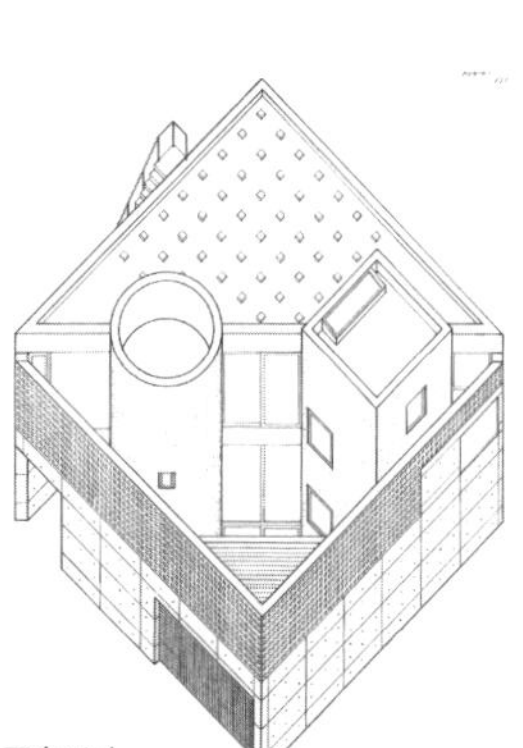
アクソメ

で、圧倒的に簡単である。そして、ワッフルスラブと外周の壁が接するところには鏡を回し、天井が軽快に連続するようにした。このワッフルの形状は、ホール内の音を乱反射させる役割も果たしている。

一般的には、生活と仕事という相反する世界を日常的に共存させ、バランスをとっている声楽家の住まい〔仕事場〕を設計するに当たって、ここで実現できたことは、開放性と閉鎖性、単純な幾何学的操作による平面と複雑な断面、といった相反する要素の微妙な融合であった。

外観

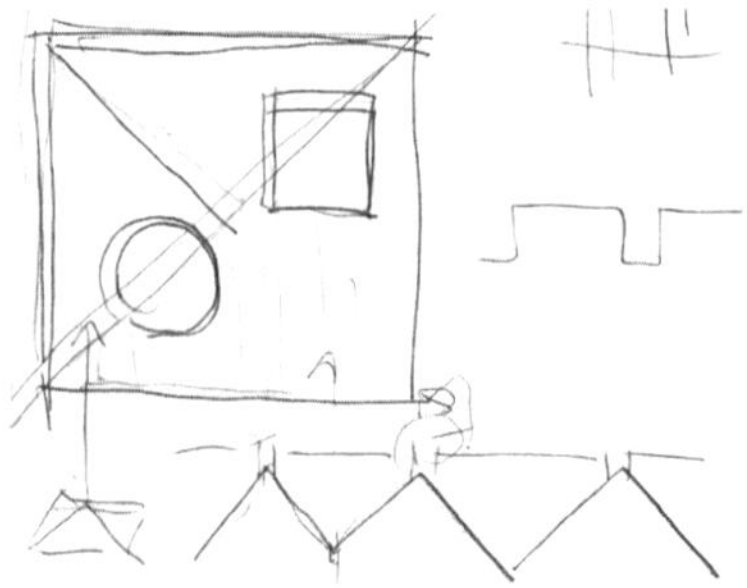
コアプランとワッフルスラブのスケッチ

外観

I ハウス［1991］

構法面からローコストを図る

延床面積三〇坪、総工費一五〇〇万円と予算を聞いたとき、従来のローコスト住宅のような安い材料を使うのではなく、構造型式や材料の考え方自体を新たに提案しなければならないと考えた。

敷地は武蔵小金井の新興住宅街の三六坪ほどの土地である。目の前の畑も、長くこのままとは考えられない。そこで将来南側に住宅が立て込んでも居間からの視界がある程度保たれるよう、境界に45度振って正方形のプランを配置した。それにより、従来の配置では住宅の周りに庭以外は通路ほどの中途半端な土地がぐるりと残るが、45度振ることにより三角形のまとまった広さの土地が四つ得られる。しかも、北側の隣家にも影をつくることが少なくなる。

構法的には、ひとつのものにふたつの機能を持たせることにより、材料と手間を省く方法をとった。まず、東・西側に平行な壁を立て、二階の居間では南北に景色と風が抜けるよう全面開口にした。この二枚の壁を、直交する壁や筋交いなしに自立させるため屋根に折板を載せ、二枚の壁と折板を同時に外側へ地面より丸鋼で引っ張り、横力を受けるよう考えた。つまり、折板には屋根材と引っ張り材のふたつの機能を持たせ、小屋組みも仕上げも必要ない居間の空間が出来上がった。また、二枚の壁自体の筋交いはツーバイフォー的に構造用合板を使ったが、室内側構造用合板にＯＳＢ［アメリカ製柳の木を固めた合板］を

東西側壁面 仕上げ材はOSB

使いそれをそのまま仕上げ材とした。ここでもＯＳＢに構造材と仕上げ材のふたつの機能を持たせ、内部空間を演出している。

しかしながら、ローコストを実現するには、施主の理解と、なによりもやる気のある優秀な施工業者にめぐり会うことがもっとも重要で、今回は非常に幸運であった。

全景

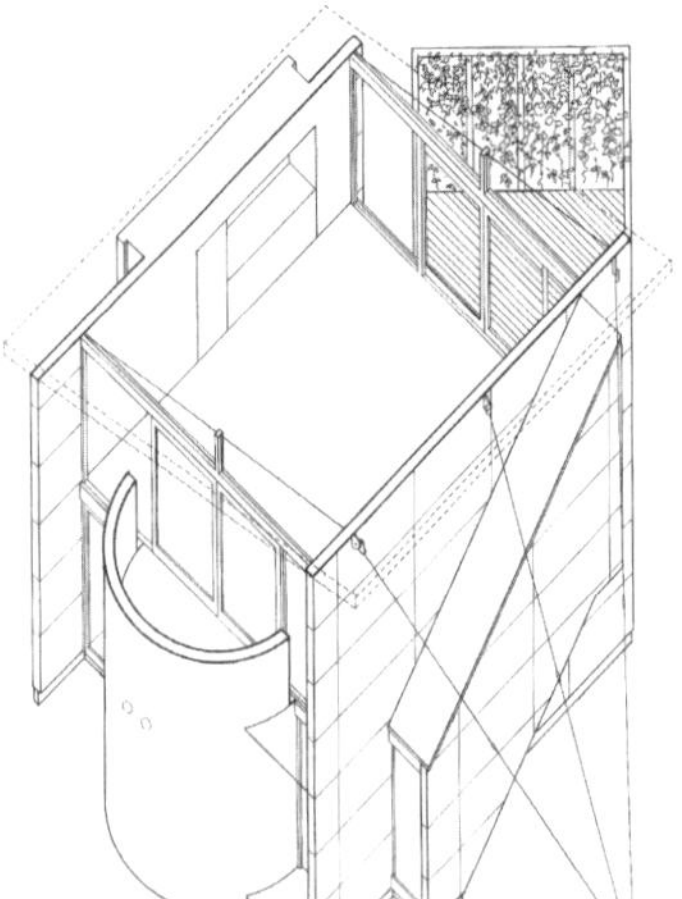
アクソメ

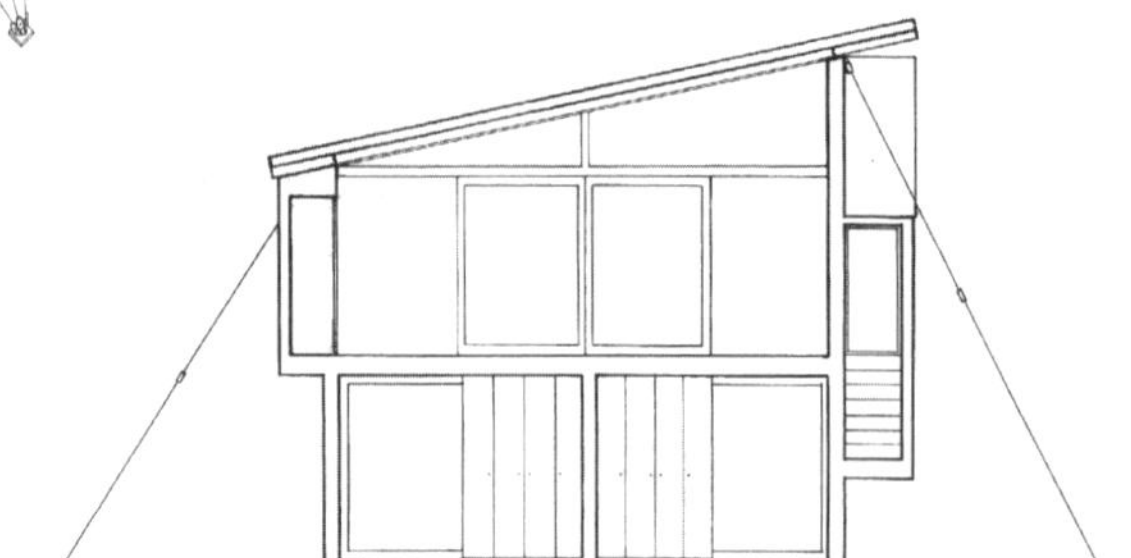
断面

建築の教育と体験

壁とコアによる空間構成

壁には多くの建築的意味と機能を持たせることができる。壁は内部の空間を包み込むと同時に、それ自体の形により敷地独自のコンテクスト、たとえば、敷地の形状、高低差、自然環境や近隣との関係などとの関わり方を表現する。構造的には、垂直荷重と同時に、横力を受けることができる。また、表面の仕上げによっても、さまざまな表情を与える。しかし、個々の部屋を細かく区切ることなく、空間に流動的なシークエンスを持たせるには、壁によって内に包み込まれた大きな空間に、核となるコアを配し、空間内部にヒエラルキーを与える必要がある。フランク・ロイド・ライトは、住宅の設計において常に暖炉のコアを空間の核として使い、それを実現させている。個別の空調機や機械からダクトにより空調を自由に引き回すことが主流になった現代では、現実的には暖炉は住宅の核にはなり得ない。そこで私は、キッチンやバスルームの納まった水回りのコアを住宅の核としている。さらにそのコアを常に円筒としているのは、もちろん四角と違い方向性を持たないコアにより、より流動感を空間に与えるためだが、何よりそれは、私の学生生活での体験が原因しているようだ。

私が学生生活の最後の三年間を送ったクーパー・ユニオンのファウンデーション・ビルディングは、一八五九年に建設され、一九七四年に建築学部長のジョン・ヘイダックによって外壁をそのまま残し、内部を構造もろともリノベーションさせた。当時ヘイダックの

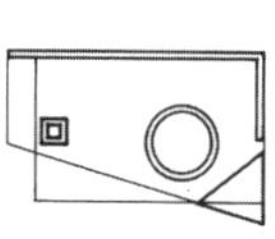

M邸

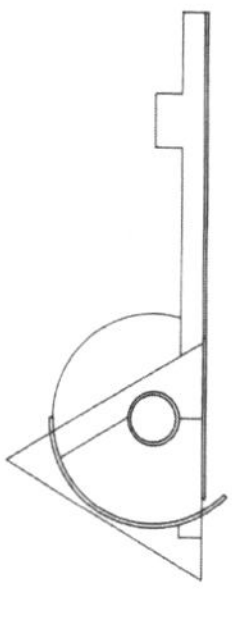

ヴィラK

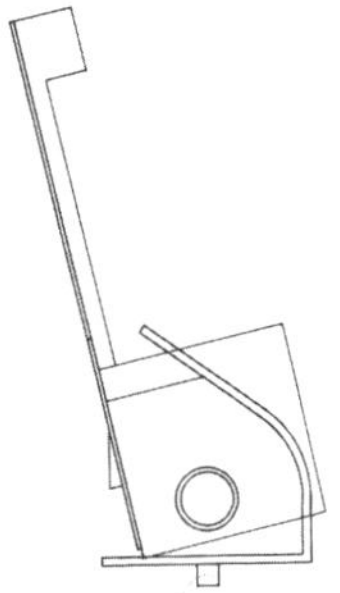

ヴィラTCG

唯一実現した作品であった。各階にはホールがあり、その空間は、講評会、展覧会、パーティと多目的に使われる大きなエレベーターホールである。円形の内部を持つ円筒形のエレベーターコアは、公会堂、図書館、ギャラリー、各学部フロアを貫通する軸であり、ホール空間の秩序を治める重要なエレメントである。そしてその日常的体験は、建築の原風景として私の中に残っていった。

現在、壁とコアによる空間構成を設計に取り入れているが、実は機能分化した最小限の壁によって空間構成をする試みは、私の学生時代の設計のテーマであったが、コアの考え方は当時まったくなく、日本に帰り、日本の無秩序な都市と空間の中で生活しているうちに、自然に設計に表れてきたように思う。

ジョン・ヘイダック

ところで、私がクーパー・ユニオン、とりわけジョン・ヘイダックのもとで勉強したいと考えたのは、高校時代に『a＋u』一九七五年四月号ホワイト・アンド・グレーの特集号と五月号のジョン・ヘイダックの特集号を偶然見てからだった。ニューヨーク・ファイブ、そのうち三人〔ジョン・ヘイダック、リチャード・マイヤー、ピーター・アイゼンマン〕が教えるクーパー・ユニオンに興味を持った。特にそこで学び、建築学部長を務めるヘイダックの作品には、建築を学び始める前の私にも、当時興味を持っていたモンドリアンの絵や、キュビズムの作品のような魅力を感じた。

ヘイダックの教育手法と、彼の初期の作品の基本には「九つの正方形のグリッド」〔9 Square Grid〕がある。彼はこの課題について次のように説明している。

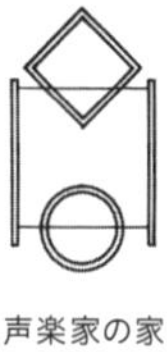
声楽家の家

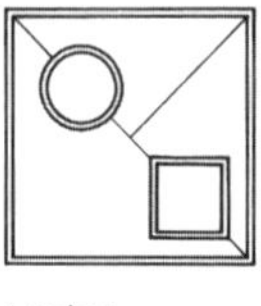
I ハウス

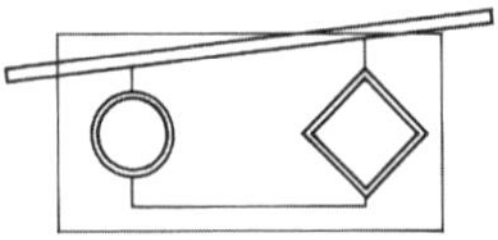
ヴィラ クル

「九つの正方形のグリッド」の課題は、新入生に建築というものを紹介するための教材として使われるものである。この課題に取り組むことにより彼らは、格子・杭・梁・柱・壁・床・周囲・領域・エッジ・線・平面・拡張・圧縮・張力・変換など建築のボキャブラリーを発見して理解し始めると同時に、平面図・立面図・断面図、そしてディティールの意味に気が付き、それらを描き始める。さらにアクソノメトリックを描き、立体模型をつくることにより空間を発見し、二次元的図面と三次元的模型の相互関係を学んでいく。

この概念は、ヘイダックの作品「テキサス・ハウス」や「ダイヤモンド・シリーズ」などに強く表れている。またヘイダックの「建築の詩学」という言葉に示されるように、建築を題材としてものを考え、建築を表現手段として、詩を三次元化していく試みは、教育活動にも、彼自身の作品にも色濃く表れている。実際、学生は詩のクラスを必修で取らされる。そうかと思うと、彼は構造力学に非常に力を入れ、五年間の必修科目になっている。これは、彼がローマ大学に留学したとき、ピエール・ルイジ・ネルヴィについたことでもわかるが、以下の彼の言葉により、詩学と構造力学の関係を表現している。

The architect can create illusion which can be fabricated.［建築家は、実際につくり上げることのできる幻想を創造することができる］

フレーベルの理論

建築家になるために、学校での建築教育以上に重要なのは、実際に建築を見て歩き、体験することであろう。私もずいぶん見て回ったが、アメリカにいたおかげで、多くのフランク・ロイド・ライトの建築を見た。ある意味では、ライトの有機的で、コンテクスチェ

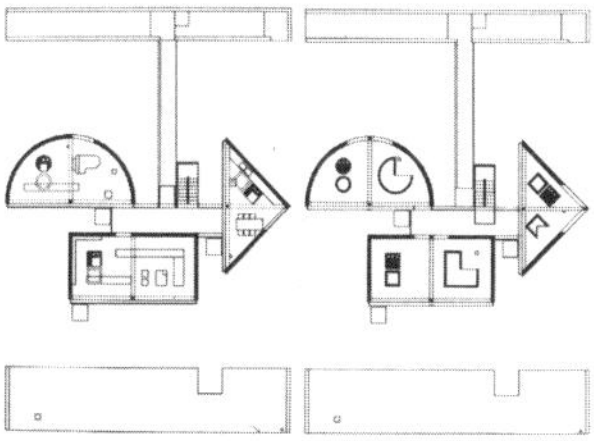

1/2シリーズ House 14（J. ヘイダック 1967年）

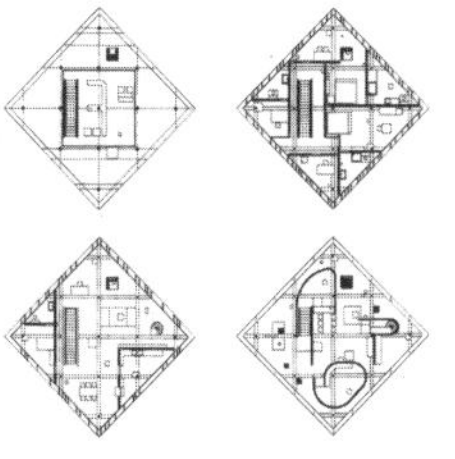

ダイヤモンド・シリーズ House 8（J. ヘイダック 1966年）

クーパー・ユニオン ファウンデーション・ビルディング（リノベーション J. ヘイダック 1974年）

出典：『住宅特集』1992年3月号

アルな建築は、身近に接していたインターナショナル・スタイル、そしてヘイダックの考え方とは相容れないようにも思われた。コルビュジエの建築は、学問として彼の理論と作品を、本を通して学び、実際に見に行っても今まで学んだことを再確認するような体験であった。それに対してライトの作品は、本からでは理解しきれず、あまり好感を持っていなかった。しかし実際に数々の作品を見ていくうちに、ライトの手法が少しずつ理解でき、魅了されていった。ヘイダックとライト、一見無関係なふたりの作品にどうして特別な関心を持ったのか、自分自身疑問であった。あるとき、その謎は解けた。それは、「フレーベルの理論」である。ライトは少年時代に、ドイツの教育家フリードリッヒ・フレーベルの教育を母より直接実行された。フレーベルの教育理論は、自然に内在する法則を幼児に理解させるため、フレーベルの恩物〔独：Gabe、英：Gift〕と呼ばれる原色で彩色された球、立方体、円筒などを与えて遊ばせるものである。ライトは、木のブロックでつくられた四角〔立方体〕や円〔球〕や三角〔四面体または三角錐台〕でよく遊び、デザインの基本として、そしてまたすべての形の裏にある基礎的幾何学としてのシステムを学んだ。一方、ヘイダック自身も、また他の誰も言及していないが、彼の教育手法や理論の基本になっている「九つの正方形のグリッド」の考え方や、それによって生み出される彼の作品は、非常に「フレーベルの理論」に共通するところがあるのではないだろうか。そしてこのような体験と教育を受けたことにより、私の考え方や、作品にも大きく影響しているのではないだろうか。

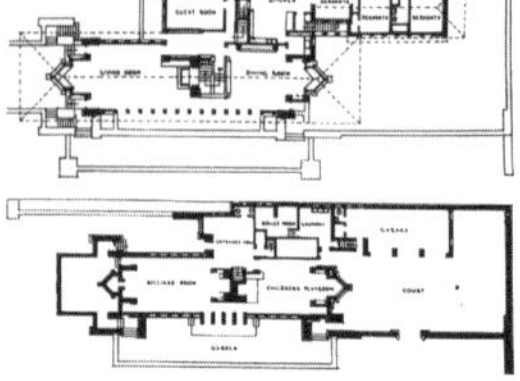

ロビー邸（F.L.ライト 1908年）

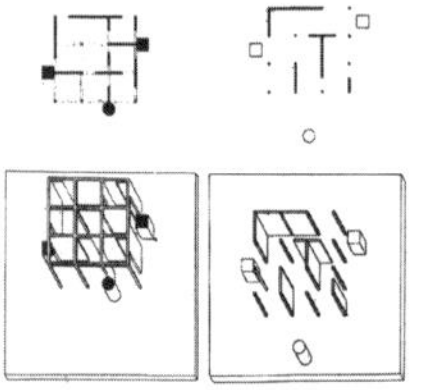

「9つの正方形のグリッド」課題 設計例

出典：『住宅特集』1992年3月号

ヴィラ クル［1991］

敷地は、長野県美ヶ原高原に近い「美しの国」という別荘地内にある。標高1570m、道路から東南に約20度の下り勾配で、八ヶ岳、蓼科山、浅間山、斑尾山、根子岳が一望できる素晴らしいスポットである。もちろん設計においても、この景色をいかに見せるかということが最大のテーマになった。

9m×18mの長方形の長手のセンターライン上に、RC造の直径3・6mの水回りが納まる円形コアと、それが内接する大きさで寝室が納まる正方形のコアを配置し、それらと道路に平行な直線状の壁により全体の空間を構成した。全体の構造は、ふたつのコアに垂直荷重と横力を依存している。床はセンターラインより4・5mプレストレスを入れた片持ちのスラブとし、屋根は敷地の勾配に合わせた片流れとし、ふたつのコアに架けた二本の集成材梁により支持された木造になっている。この集成材梁はパララムといってダグラス・ファア［米松の一種］の単板を人工乾燥し、約12㎜幅で繊維方向に切断して欠点を除去した断片を、耐水性フェノール樹脂接着剤で高周波圧縮接着したもので、従来の集成材より強度がある上に表面がマーブル模様のように美しい。道路と平行な壁は、粗々しいブロックが積まれ、屋根とは完全に分離され自立している。この壁は、道路側から建物が地に根付き、環境に溶け込む姿勢を表す。しかも来訪者に道路側から景色を完全にブロックし、小さな入口から壁に沿って前室、玄関と通り、緩やかな階段を下り、居間にたどり着くまで素晴らしい眺めを見せない演出をする役割を持っている。このようにして、必要な機能

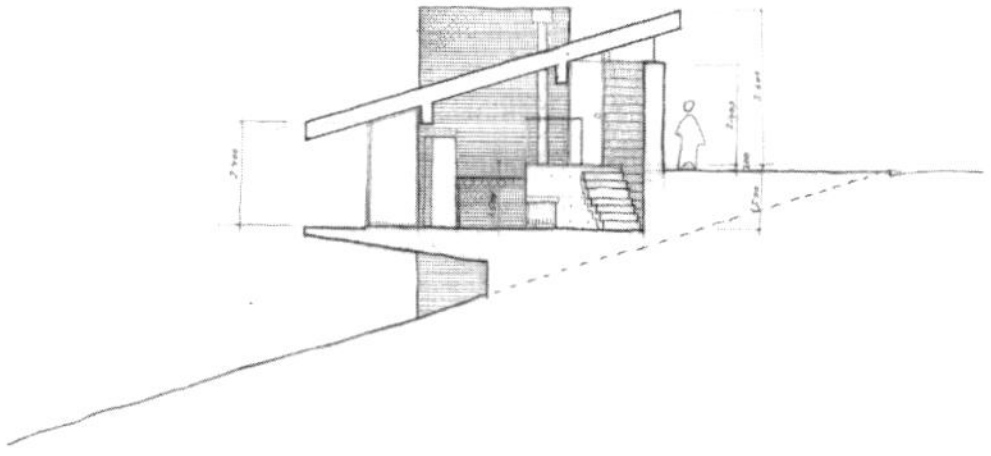

断面スケッチ

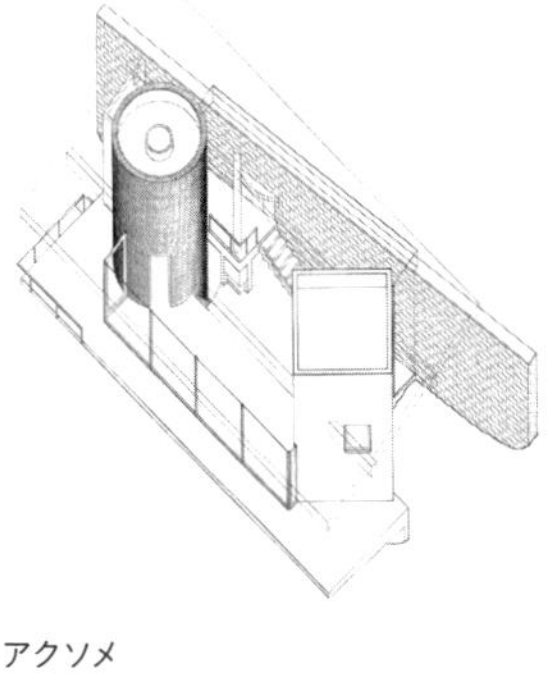

アクソメ

の納まったふたつのコアと、コンテクスチュアルな壁は、完全にアーティキュレートされながらも適度に閉鎖的かつ開放的に、この場独自の潜在的状況を反映し、表現している。

内観

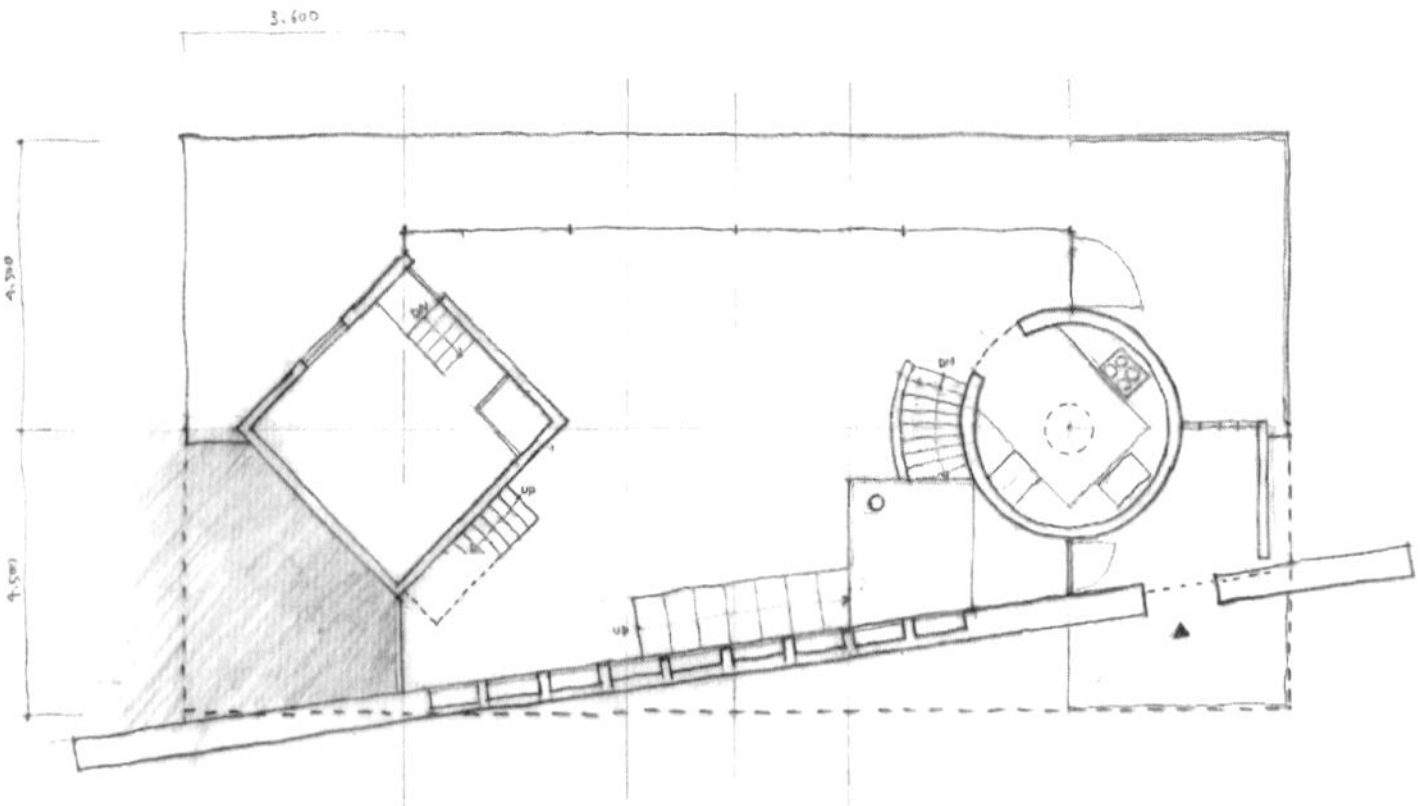
平面スケッチ

プロブレム・ソルビング

PCパイルの家 [1992]

デザインをするという行為は、プログラムとして与えられた課題と、あえて自ら課す継続的なテーマ、その両方のプログラムの解を見出していくことである。今回のプロジェクトのプログラムは、写真家がアトリエとして使うことと、敷地が急斜面にもかかわらず、特別基礎に予算をさく余裕がないローコストを要求されたことである。そしてその中に、敷地の特性を最大限引き出す開放性を実現するテーマを課した。

PCパイルの柱

敷地は、東側の前面道路から場所によっては45度以上も上がる傾斜地であった。当然、道路脇では景色が悪い上に、プライバシーを守ることも困難である。よい眺望を得ようとすると、最低でも7mは地盤面より床を上げなければならない。しかし、それをRC造の基礎でつくるには予算の面から無理であり、またS造でも意外に高くつく上に、錆のメンテナンスの面からも問題がある。そこで、杭としてつくられたPCパイル［C種、300㎜φ 前面ℓ＝11m］を、ボイド抜きされた独立基礎に差し込んで立て、それに直接床と屋根を支持させることを考えた。床は、できる限り軽く、十分な水平剛性がとれるよう、マイクロラム［構造用単板積層材］の大梁二本で前面［道路側］、後面のPCパイルをそれぞれ挟み込み、その上に10mのTJI［木質I型構造材］を、455㎜ピッチで渡し、構造用合板で版状に固めた。PCパイルとマイクロラムのジョイントは、当初は工場であらかじ

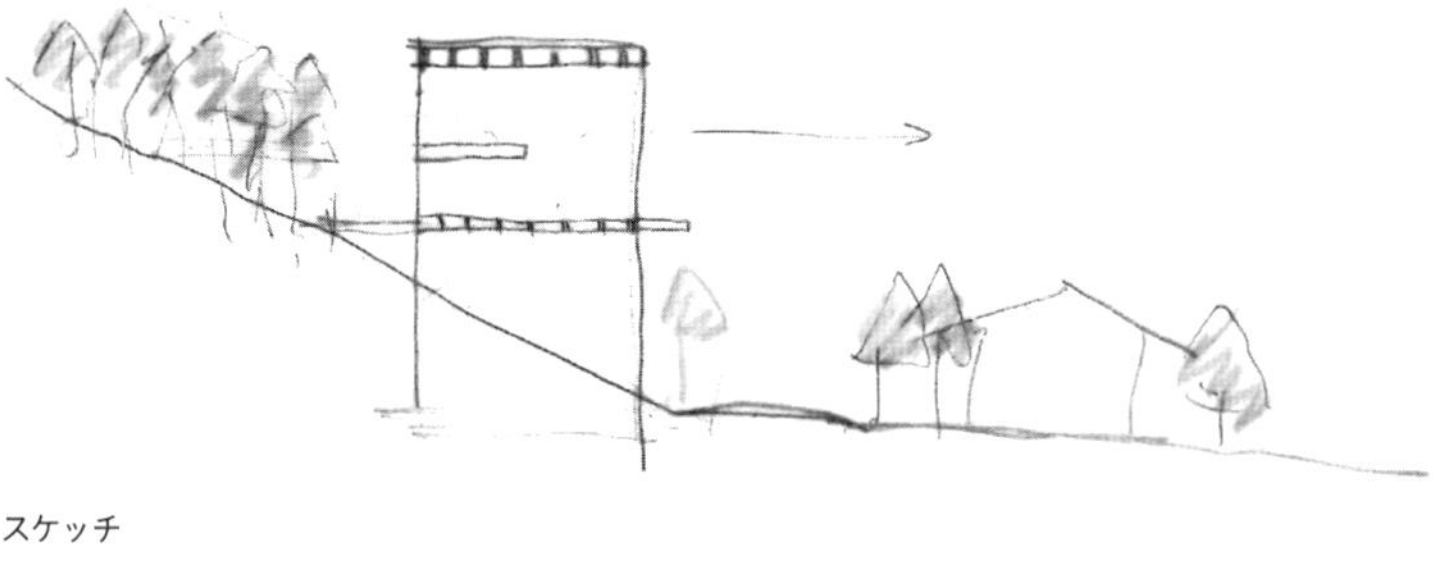

スケッチ

めＰＣパイルにスチールプレートを鋳込み、そこに梁の受けを溶接しようと考えたが、一本11ｍで五万円しかしないＰＣパイルに、プレートの鋳込み代が八万円かかるということでこの方法は断念した。そこで今回はＰＣパイルに、ＰＣ鋼線を切らないよう穴をあけボルトを通すことにした。素地のままのＰＣパイルは、軽快で水平方向に景色を切り取る二枚の白い面［床と天井］と対照的に、地面から室内へと力強く、粗々しい表情で屋根まで貫通していく。屋根の架構も、できる限り単純化するため、ＰＣパイル柱頭のエンドキャップに前面・後面一本ずつＨ型鋼をのせ、折板のタイトフレーム受けを兼ねさせた。ＰＣパイルは、柱脚と床で十分固定され、屋根の短面方向は、折板のみの架構となっている。

発泡粒の壁

床は、地上８ｍの高さにフロートした。その空中面に立つと、東と南面は素晴らしい眺望が望めるが、西は背後の粗々しい急斜面、北側隣家が見え、しかも寒冷地ゆえに西北の壁に断熱性を期待する必要がある。そこで、東側は全面ガラス、南側は全面ガラス引戸で室内とテラスを一体化したが、西と北の二面は、４５５㎜ピッチの間柱の両面を透明のポリカーボネイト中空複層パネル［ポリカツイン］で挟み、間柱と間柱の間に発泡スチロールの粒［発泡粒］６㎜φを充塡した。それにより、断熱・保温性に優れたポリカツインと断熱材の発泡粒を組み合わせることで、いっそう断熱性の高い壁が完成した。しかも、この壁は発泡粒自体とその隙間から、時間を追って移りゆく表情の柔らかな光を室内に通す、軽やかな壁となった。

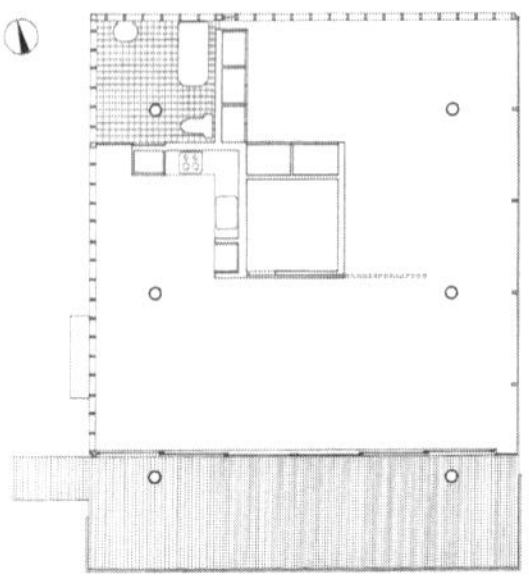
1階平面

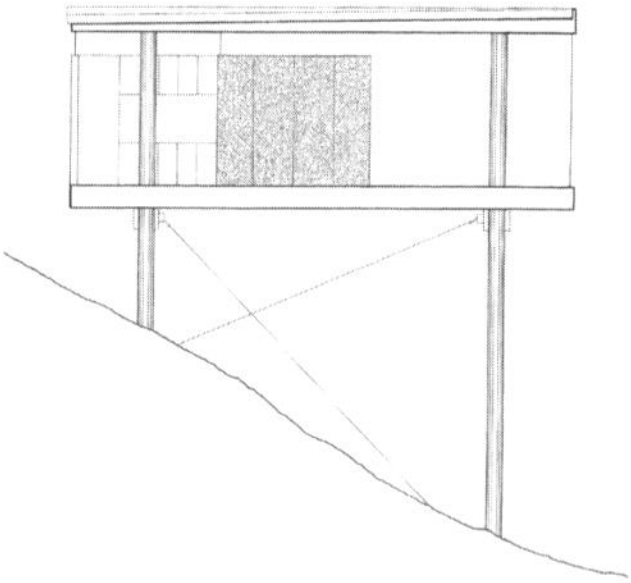
断面

発想の展開

今回は、ＰＣパイルを主体構造の一部として使ったが、ＰＣパイルを杭以外の用途に使う試みは以前から行っている。一九九〇年に、「紙の建築」小田原パビリオンが完成し、長さ８ｍの連続した紙管の隙間から光がもれる空間が素晴らしく、そんな空間を都市空間の中にもつくりたいと考えた。そこで、敷地南側が小田急線と接する「線路脇のコンプレックス」では、線路と〝く〟の字形に接する境界線に沿って３００㎜φのＰＣパイル五四本が隙間をあけながら連立し、ビルとの間のコートヤードを形成している。ここでは、ＰＣパイルを工作物として使ったが、それを主体構造へと発展させたのが、「ＰＣパイルの家」である。

ところで発泡粒にはじめて出会ったのは、イタリアのザノッタ社のサッコというソファーの中身としてである。サッコは、布袋の中に発泡粒が入っているだけで、座り方によって自由自在に形が変わるソファーである。後にそれが断熱材だと知り、光を通す断熱材へと発想が展開していった。現在では、ガラスの間に発泡粒を挟み、しかもガラスブロックのようにモジュール化したスクリーンを開発している。こうして、発想は将来のプロジェクトへ向かい次々と展開している。

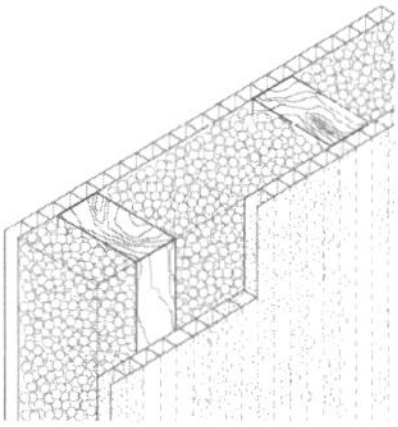

壁の断面スケッチ

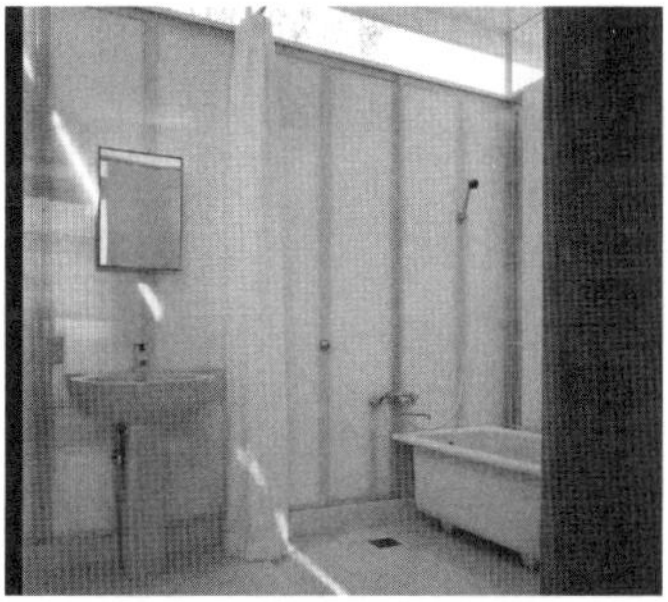

発泡粒を充塡したポリカツインの壁面

外観

石神井公園の集合住宅［1992］

敷地は、公園と釣堀そして緑道に三方を囲まれた開放的な環境に位置している。そこで集合住宅の設計においても、今まで住宅の設計でテーマにしていたことと同様、外部に対し開放的な空間をつくり出すことにした。しかし、プライバシーと開放性のバランス感は、非常に個人差があり、個人住宅と違い集合住宅では住み手が特定されていないので、その設定が難しい。ただ、一度閉鎖的にされた空間を開放的にすることは不可能であるが、開放的な空間をその場にあった量だけ閉鎖的にしたり、時間・季節に合わせてコントロールする小道具はいろいろとある。

予算面では、施工床面積で坪当たり一〇〇万円程度、それを鉄筋コンクリート造で考えた場合、壁式構造のほうが有利である。しかし壁量の問題で、通常壁式構造では閉鎖的な空間になりがちで、開口部も壁に穴を開けたような表情になる。そこで九枚の壁を、ふたつの中心をもつ扇状、つまりS字型にドミノゲームのように配置した。それにより、二枚の壁に挟まれた個々のユニットでは一方向の壁しかないが、横力をスラブで建物全体に伝えることにより、ほかのユニットの壁が逆方向の横力を受け、全体としてXY軸両方向の壁量が満足する壁の配置となった。二次的な薄い壁は、水回りの周囲にあるが、南北の外部と接するエッジは、壁と壁の間と床から天井まですべてを開口部とすることができた。この屋上に突き出た垂直方向にリジットな壁により、個々の独立性が高いメゾネットタイプのアパートが上下に配され、屋上にはプライベートなテラスが形成されている。

内観

内観

円筒コアには、一階から三階までは油圧式エレベーター、四階にはキッチンが納められ、直線状の壁よりは数十倍効きのいいベアリングウォールとなっている。この円筒コアと九枚の壁は、配置的にも色彩的にも明確にアーティキュレートされ、空間の透明感を高めている。

夜景外観

全景

路線脇のコンプレックス［1992］

敷地は、間口約9m、奥行約25mの変形した五角形で、南面を小田急線と地下鉄千代田線の線路に面し、前面道路のすぐ上を旧山手通りが渡る複雑な条件の場所である。ここに、店舗・事務所・住宅のコンプレックスをRC造で建てることが要求された。

旧山手通りは拡幅計画が決まり、敷地のほとんどの部分の容積率が一〇〇%加わり四〇〇%になったが、斜線制限により地下を使わない限り容積を十分に使いきることができない。そこで地下一階の階高を高くし、地下二階の機械室を、地下9・6mにある支持地盤に直接基礎として載せ杭工事をなくした。平面構成としては、変形五角形の最長辺である北側隣地境界に沿って、21m×7mの長方形を居室として配置し、道路側と線路側にそれぞれ性格の異なる不定形な余白［トランジショナル・スペース］をつくり出している。まず、道路に沿った二次的構造のブリーズ・ソレイユは、街のスケール［ストリート・ファブリック］を汲み取り、プログマティカルに決められた各階の階高やスラブラインとは大きくずれた、道路との緩衝空間を形成している。

線路側境界に沿っては、直径30cmの杭用PCパイル五五本が並び、この建物のキャラクターを形成するセミパブリックな吹抜け空間を内包させている。この空間は、三年前［一九九〇年］に「小田原パビリオン」の紙管［直径53cm、長さ8m］三五〇本で構成したような空間を、都市の中に挿入するよう構想された。隣に線路があるからと、完全に閉鎖的な壁で建物を囲い、コンテクストを頭から否定するのではなく、その場独自の都市的ダイナミッ

PCパイルの列柱と外部階段

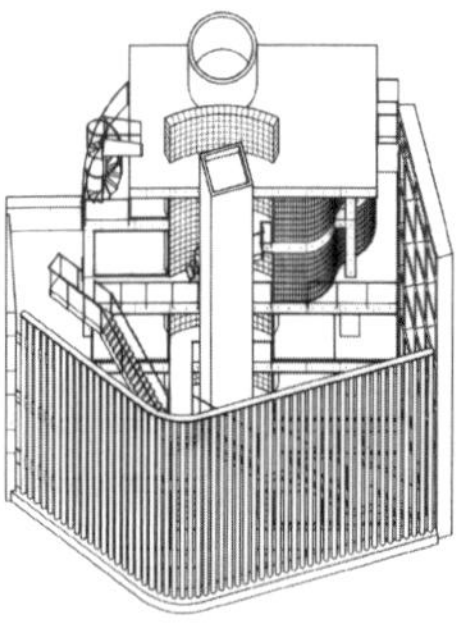
アクソメ

クな動きの断片をポジティブに汲み取る装置としてのスクリーン。しかも風を通し時間を追って移りゆく光と陰の帯をつくり出す。ＰＣパイルは工場生産品ゆえに、品質が高い上一本五万円と非常に安価である。今回は、外部階段を支持するだけの工作物的扱いであるが、この高強度で安価、しかも錆びないＰＣパイルを主体構造として使用したのが「ＰＣパイルの家」である。ここでは、急斜面に独立基礎でＰＣパイルを六本立て、それに床と屋根を直接支持させた。

PCパイルの列柱を見上げる

線路側全景

羽村の工場 電業社 [1993]

構造テーマの継続と展開

構造方式は、与えられたプログラムとそこに実現したい空間から選ぶべきであり、デザインとして構造を考えるべきではない。これまで、建物の東・西側にのみ壁を立て、南北面には壁やブレースがない全面開口をつくり、内外部が融合した風通しのよい空間をつくるために、いくつかの構造方式を提案してきた。そのひとつ「ヴィラトリイ」では、平行に自立する木造の二枚の壁の上に集成材の梁を載せ、地面から鉄筋で梁と壁を外側に引っ張り、横力を処理する方法を考えた。また「石神井公園の集合住宅」では、RC造四階建てを壁構造で、それぞれの壁をドミノゲームのようにS字型に配置しスラブで連続させることにより、各ユニットでは一方向の壁しかないが、建物全体でXY軸両方向の壁量を満足させるような構造形式を採った。

電業社においては、予算、工期面、そして重量機械を多層に配置する条件により、鉄骨造とプレストレスのPC版［DTスラブ］の併用を考えた。まず、東・西側にこれまでの壁の代わりに四層分のフレームをS造で立てる。それぞれのフレームは基礎も地上もつなぎ梁がなく、建物全体の横力をすべてこのフレームにおいてラーメン＋ブレースで取る。そしてその12m離れたフレームの上にDTスラブをピン状に置いていく。つなぎ梁をなくすことにより、材料費が削れるだけでなく、クレーン車がフレーム間を自由に動けるため、DTスラブの設置も楽になる。そして、全横力が両側のフレームにより処理されて

外観

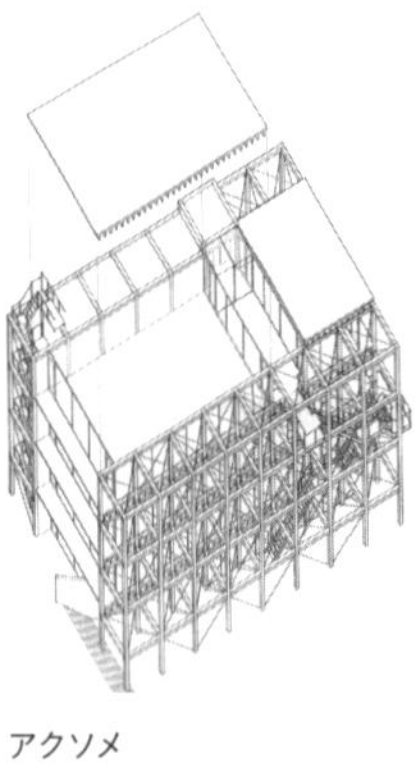

アクソメ

いるため、南側の市の保存林と北側の山々の景色を壁やブレースに邪魔されないだけでなく、年に何度も機械の配置を換える必要があるだけに、非常にフレキシビリティの高い作業場ができたわけである。

従来DTスラブは、RC造の壁や大梁に載せるように使用されるが、DTスラブがPC化［工場製作］されるのにそれを受ける軀体が現場打ちのため、プレキャスト、プリファブリケートのメリットが、構法全体では一貫されない。ところが、このようにS造との併用により、PC、PFの考え方が一貫し、工費・工期の上で非常にメリットが多い。

西側フレームには、個室や設備スペースが納まり、空調・電気の配管は必要な所に必要なだけ、DTスラブの小梁の間を利用して作業所内にディストリビュートされることにより、このDTスラブの形態的特性をより強調している。東側のフレームには、サンディバイスとしてファイバーグラス製グレーチングと屋外階段が納められ、将来は小スパンごとの小部屋がプラグインできるような、道路との緩衝空間となっている。現在進行中の「デンティストの家」では、地面よりキャンティレバー状の二枚平行な三層分のRC壁に、各階集成材梁を載せている。RC壁は、床が木造で軽量であれば、XY軸両方向の横力が処理できることが計算で確認された。このように、構造テーマは次のプロジェクトへと継続し展開されていく。

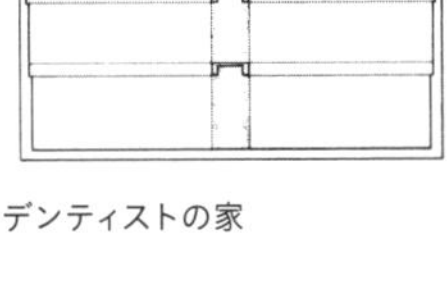

デンティストの家

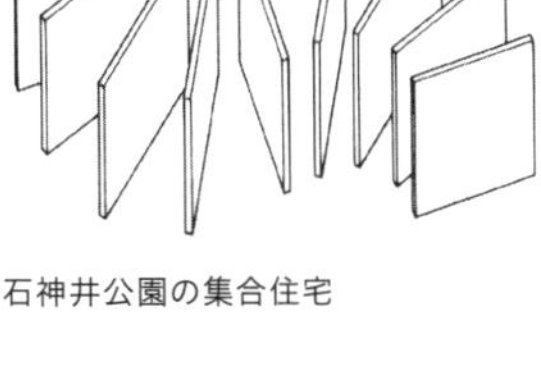

石神井公園の集合住宅

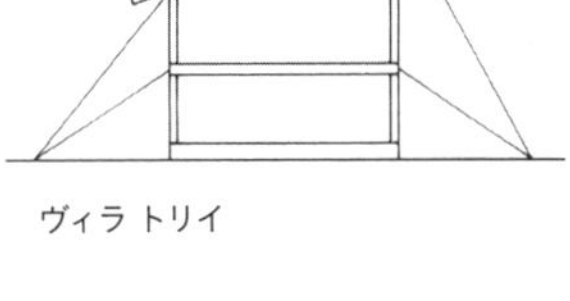

ヴィラ トリイ

ダブル・ルーフの家［1993］

応力とたわみの隙間

土地は、山中湖を望む急斜面に与えられた。まず、予算上の制約により基礎工事費を最小限に抑えるため、道路脇に道路に沿って5m×18mの細長い平面とした。

これまで積雪地帯に何軒か家をつくってきたが、そのつど、設計面でも工事費面でも不自由に感じていたことが、積雪荷重による屋根の架構の大きさである。当地では、垂直最深積雪量1m、200kg／㎡を屋根の架構の設計において考慮しなければならない。つまりこのようなL・L《ライブロード》［積載荷重］のために、まれな積雪時以外の形態も大きく左右され、費用もかかるわけである。そんな不合理に悩んでいるある日、いつものように松井源吾先生が他のプロジェクトの略算を目の前で、あやしい計算尺を使ってやってくださっているとき、そのアイディアは浮かんだ。

梁の断面を決めるとき、まず応力のチェックをする。そしてたわみのチェックをするわけだが、応力上OKでもたわみが三〇〇分の一を越えたので当然もうワンランク上の梁のサイズを考える。これは構造設計としては当たり前の作業だが、たとえ積雪時にたわみが三〇〇分の一または2㎝以上となっても、屋根が天井と縁が切れていればよいのではないか。つまり応力的にもつ最小限のサイズの屋根が全体をおおい、それとは別な天井の架構が独立してあれば、そこにはL・Lがほとんどない薄い構造となる。しかもこのダブル・ルーフには、積雪時には直接居室を冷却することがなく、真夏にも直射日光を遮る効

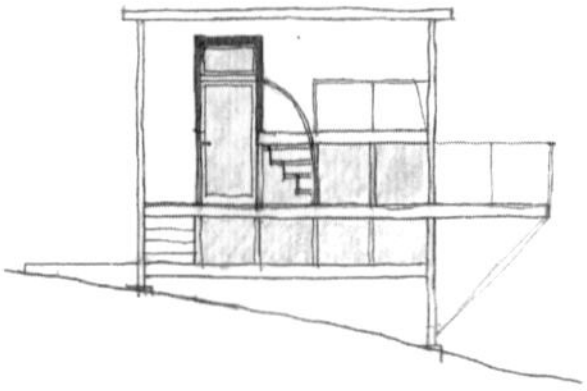

立面スケッチ

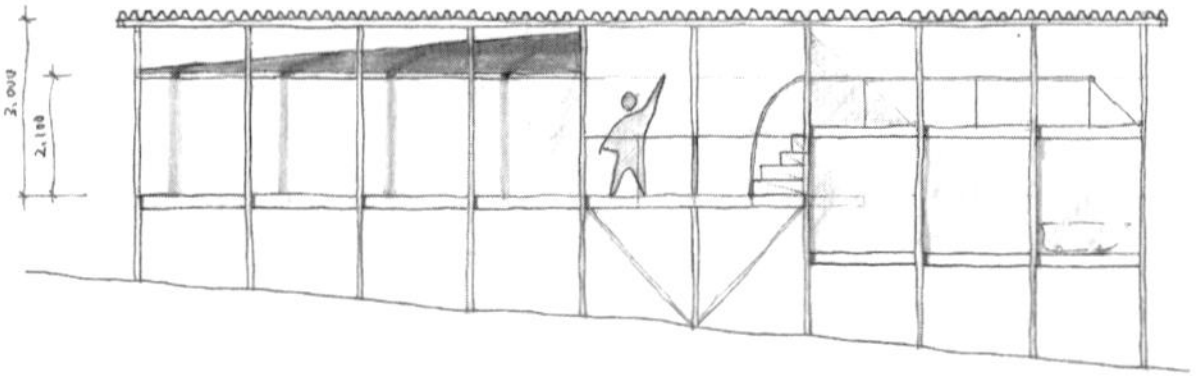

立面スケッチ

果がある。

上の屋根は、鉄製折板を使い5ｍのスパンをつなぎ梁なしで飛ばした。全体の架構は、小量で通常の鉄骨工事とすると非常に割高になるので、重機なしに手軽に組み立てられるように、関西の仮設工事で使われる鋼管バタ角［60㎜×60㎜］を折板の受け梁にし、柱をダブルで使用した。下の架構はすべて木造で、大梁はバタ角梁と同じように幅60㎜としてダブルの柱で挟んでボルト留めとした。

ＬＤＫと寝室・バスルームは大屋根の下の外部テラスで結ばれている。寝室・バスルーム部分は自然の地形の下がりに合わせてＬＤＫよりは半階分下げ、その屋上は湖を望むテラスとした。

従来の構造をデザインの中心に置くひとつの建築的流れがあるが、それを「見える構造表現」とするならば、このプロジェクトの方向は「見えない構造表現」といえるのではないだろうか。

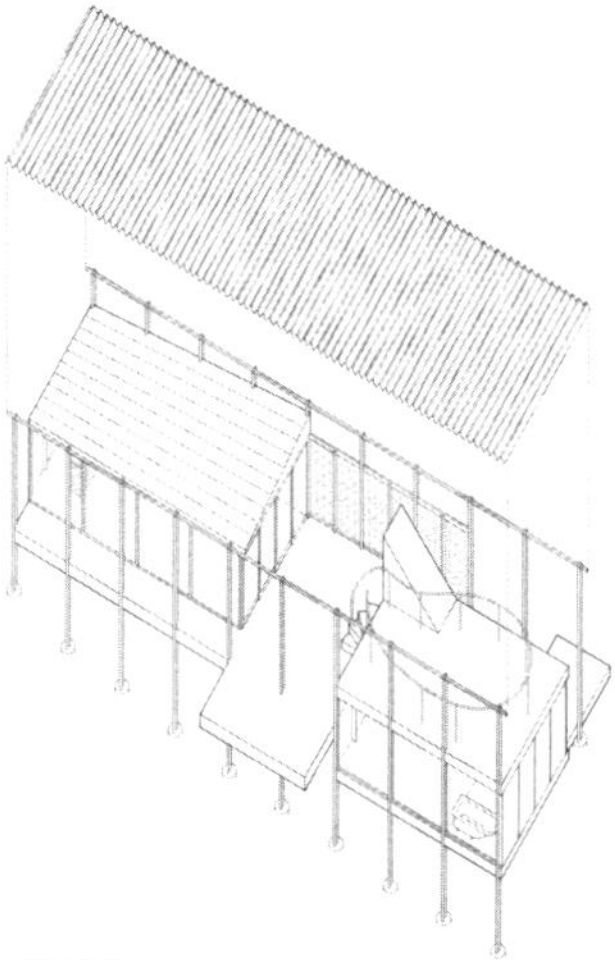
アクソメ

内観

外観

紙のギャラリー［1994］

このプロジェクトは、北山創造研究所のプロデュースで、ローコストの紙の建築をつくり、敷地の斜め前に本社を構える三宅デザイン事務所にギャラリーとして使ってもらおうということから始まった。

再生紙でできた紙管を主体構造に使う「紙の建築」［PTS］は、現在［一九九四年］山中湖に工事中の「紙の家」において、建築基準法第三八条の認定と建設大臣認定を取得した。それは、紙管を垂直荷重を支持する圧縮材として使う認定と、横力を床からのキャンティレバーとして支持する紙管と木製リブをラグスクリューによって一体化するジョイントの認定である。しかし今回の敷地は防火地域で、紙管を主要構造に使うための外壁耐火構造の簡易耐火建築物［イ］とする必要がある。そこで、垂直荷重はすべて紙管の柱に支持させるが、耐火構造の外壁に横力を負担させることにより、紙管と床のジョイントは、ずれ止めだけの簡易なものとした。

敷地は、20m×6・5mの長方形で長辺が道路に面し、建蔽率から建築の平面形状は自然に16m×5・3mの1：3の矩形となった。この細長い矩形の空間にだぶらせたイメージは、ギリシャのアゴラで体験した柱と影だけの空間である。前面の紙管の列柱によって床にできるストライプ状の影は、時間を追って生き生きとした表情をつくり出す。背後の空間を仕切る紙管の壁には、天井の影を曲線状に映し出し、三次元的ボリュームを二次元的に視覚化している。

椅子とテーブルも紙管で、この空間のためにつくった。

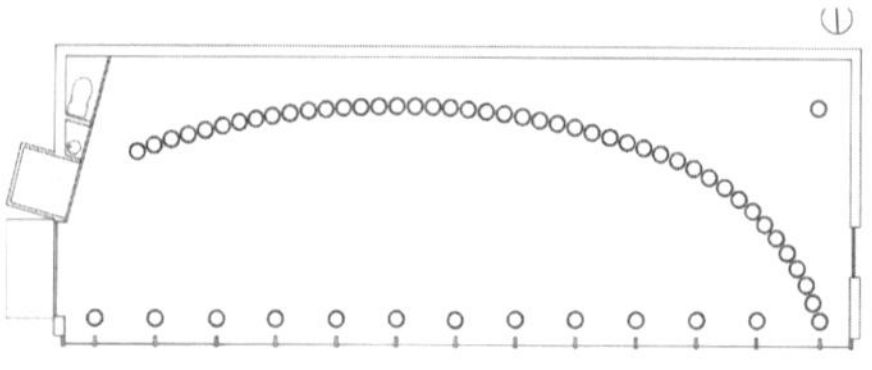

平面

内観

ミニマムなキャンティレバーの二枚の壁

デンティストの家 [1994]

敷地は、短辺を道路に接し、地盤面が2mほど高い約9×19mの細長い形状である。隣地との南の角には、区の保存木に指定された巨大な桜の木があり、はじめて敷地を訪れたとき、すべての部屋からこの素晴らしい桜が眺められるようにしたいと考えた。

地階にデンティストの仕事場、一、二階に住宅を配置し、そのすべての部屋から桜が見えるよう、8×18mの長方形の短辺を二等分し、南側半分を外部空間、残り半分を三層の内部空間として各部屋を長辺に沿って並列させた。これまで、南北の景色や通風を壁やブレースに邪魔されることなく、全面的に獲得するため、いくつかの試みを行っている。「ヴィラトリイ」と「I ハウス」では、東・西の二枚の木造の壁をワイヤーで引っ張り自立させた。また「石神井公園の集合住宅」では、RC壁構造の住戸間の主要壁を少しずつシフトさせ、横力をスラブで伝え、x-y軸方向の必要な壁量を建物全体で満足させるよう壁をレイアウトした。このように引っ張ったり、シフトして自立させた壁を、今回は短辺方向に二枚のRC壁を地面よりキャンティレバー状に立て、x-y軸方向の横力を負担させることを考えた。

また地盤が悪く、全体をRC造にすると杭工事が必要になるため、建物自体をできる限り軽量化する必要があった。そこで床をすべて木造にすることによって、床自体も軽くなり、RCキャンティレバーの壁だけで横力が処理できてしまうことが計算で確認された。二枚の平行なRC壁の間隔は18mあるため、中間に円筒コアを配し、集成材のジョイスト

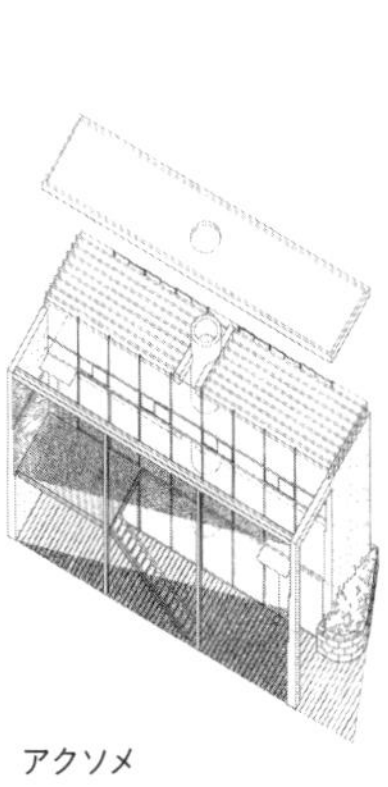

アクソメ

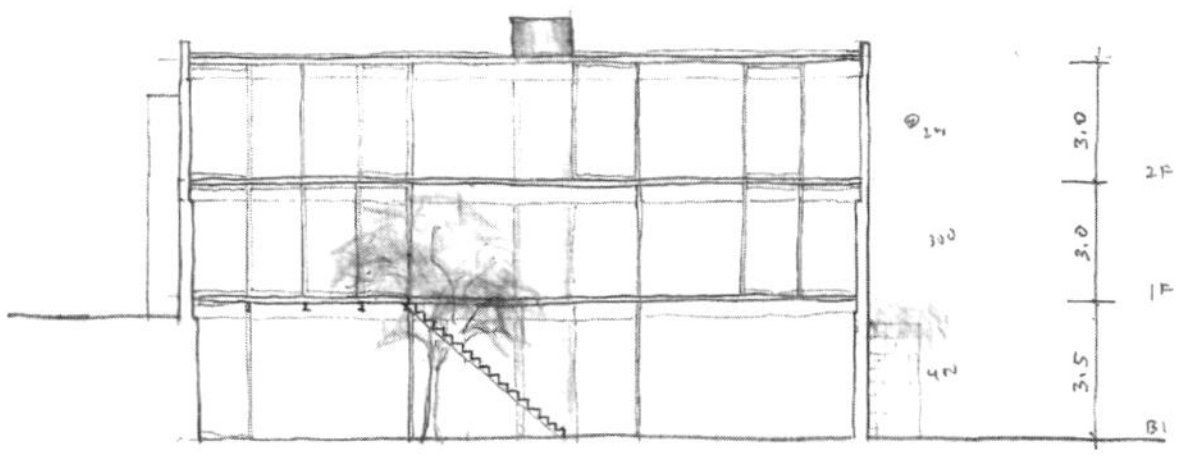

立面スケッチ

状の梁をいったんここで受けた。キャンティレバーの壁は上階にいくに従い薄くなるので、この壁厚が薄くなった部分に集成材を腰掛け状に載せ、ずれないようプレートで留めた。

南側隣地面は、壁により完全に閉鎖的なコートヤードをつくるのではなく、必要なだけプライバシーを守り、必要なだけ風や木漏れ日が通るトランスルーセントなアイビー・スクリーンで被った。そして建物の南・北面は、全面ガラスと集成材マリオンのカーテンウォールとしている。北面においては、集成材梁で隠れる梁背分は通風用の引違い窓とし、床から梁下までは十分断熱しつつ全面から柔らかい光が入る面にしたいと考えた。そこで、以前「PCパイルの家」においては、間柱の両面をポリカーボネイト中空複層パネルで挟み、その間に発泡スチロールの粒［発泡粒］6㎜φを充填したが、今回はポリカーボネイト中空複層パネル自体の中空部隙間に発泡粒2㎜φを充填し、北側ガラス面内側に引違い戸のように入れた。

近年、都市型住宅の典型は、外部に対し非常に閉鎖的であったり、外周に閉鎖的な壁を回しそれに囲われた人工的なコートヤードのみに開放しているタイプが多い。このようにその場特有のコンテクストを全面的に否定するのではなく、できる限り開放的な室内をつくり、必要な場所に必要なだけの被膜を、そしてひとつひとつは薄い被膜であってもそれを多層にまとい、また季節・時間により脱いでいくという、景色や風や光を楽しめる都市型住宅のつくり方もあるのではないだろうか。

最後に、原設計では三層とも集成材の梁を使って構造上成立していたが、役所でこのような構造形式のカテゴリーがないというだけで計算書を見てもらえず、建築センターに送る時間もなかったため、地階はRC造のジョイストスラブとしている。

内観

外観

弱い材料を弱いなりに使った構造

家具の家 No.1 [1995]

このたびの阪神・淡路大震災で、多くの人命を失うことになった大きな原因のひとつに、クロゼットやタンスなどの家具が倒れ、人の上に載ったり避難路をふさいだことが挙げられる。それほど頑丈で凶器にもなり得る家具の潜在的強度を、住宅の主体構造として使えないだろうか。

「家具の家」の考え方のきっかけは、紙管トラス構造で「詩人の書庫」[一九九一年]を設計したときにあった。このプロジェクトの構造の考え方は100㎜φの紙管トラスで門型の柱と梁を二層分の高さで形成し、その間の外壁部分に本棚を入れる。そこで本棚自体に外壁と断熱材を付加し、本棚の縦枠を床からのキャンティレバーとして鉛直力と横力を負担するよう設計する。本棚は工場で組み立てて現場に搬入し、床根太と固定する。紙管トラスの架構と本棚は縁を切り、本棚には自重や本などの鉛直力を負担させただけで、屋根の荷重は紙管トラスに負担させた。このプロジェクトでは紙管トラスがテーマだったのだが、本棚が外壁の機能を兼ね、工場組み立て・現場取り付けという施工面・コスト面のメリットに加えて、自立するだけでなく建物全体の構造[鉛直力と横力]も負担できるという潜在力に気がついた。

この考え方をもとに、旭川の家具会社・西脇工創の協力を得て、通産省[現・経産省]系の「産業高度化資金」のプログラムによる助成金を使い、北海道林産試験場において基礎実験を始めた。この「家具の家」のシステムは、フルハイトの工場生産された「家具」[ク

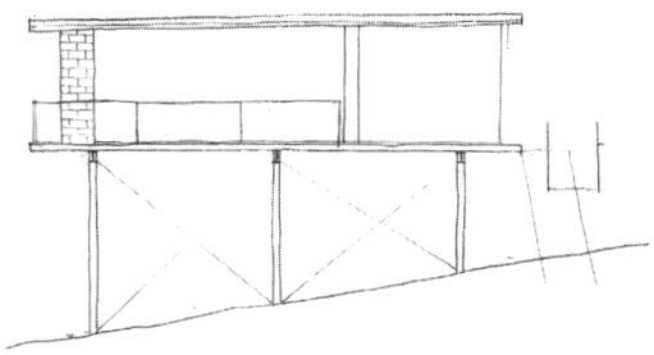

初期案スケッチ

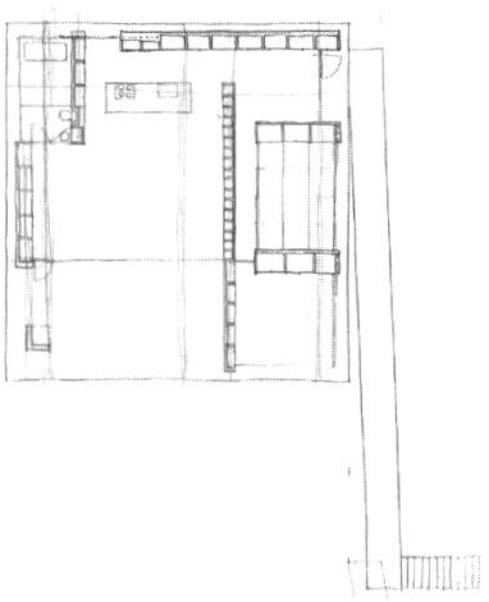

初期案スケッチ

ロゼット、本棚、キッチン等」に構造的そして空間構成的役割を併せもたせている。そのことで、現場での大工工事に比べ、機械化され完全にコントロールされた工場の環境の中で家具職人の手で内外装の塗装工事まですませることができ、高いクオリティを得られる。また、躯体と家具を兼ねることにより、材料と手間が減って現場工期が短縮され、総工費は大幅に軽減される。

今回使用したユニットの寸法は、高さ240cm、幅90cm、そして奥行は本棚ユニットが45cm、それ以外は70cmの二種類である。それらを、間取りと構造［鉛直力と横力］を考慮して配置する。工場で完成した「家具」の輸送は、従来の工事のように多種多様な材料を頻繁に搬入し、残った材料を搬出するのに比べると非常に手軽である。また単体ユニットで約80kgなので、ひとりで動かすことができ、さらに配置と固定も、二面［二方向］を固定しないと自立しない従来のパネル工法と違い、ひとりで施工できる。

施工の手順は、基礎の上にコンパネでフラットにした床を敷いて「家具」を配置し、まず隣接する「家具」同士をラグスクリューで固定。次に「家具」と床をラグスクリューで固定する。ここまでの作業は半日程度で完了。そしてプレカットした梁［今回はTJI―木質I型複合梁を使用］を「家具」の上に載せて釘で止め、その上に構造用合板を敷き水平剛性を確保する。ここまでが合計二日間ほどで終了である。

このシステムは、基本的には枠組壁構法に則った構法なので、二階建て以上も可能である。ただ従来の枠組壁構法との大きな違いは、壁に厚みがあるところである。「詩人の書庫」の本棚は、幅のある縦材を床根太と固定することにより、長辺短辺両方向の横力を負担するように設計したが、「家具の家」の場合は「家具」背板［長辺方向］のみをカウント

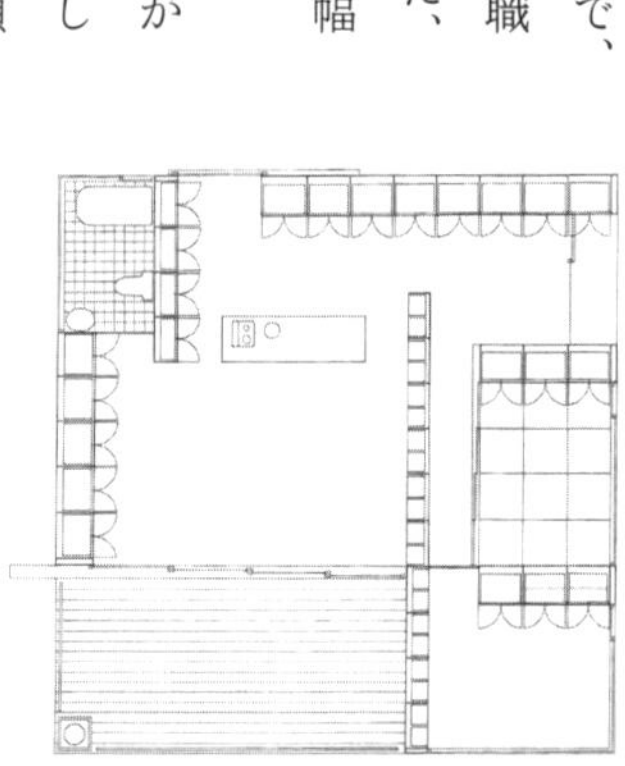

平面

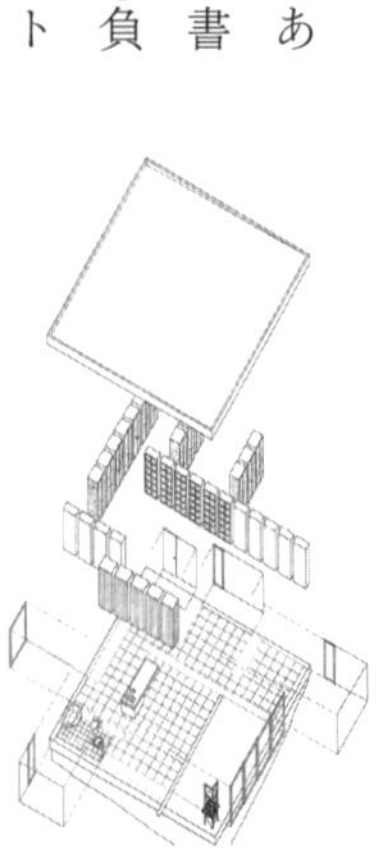

アクソメ

し側板［短辺方向］は余力として計算には入れなかったので、耐震性にも非常に優れていることになる。

現在設計中の「家具の家No. 2」は、このシステムの商品化を念頭に置いた、一般的な都市住宅のコンテクストにおける、延床面積三五坪、家族四人のローコスト住宅である。ここでは「家具」ユニットに単体「壁」ユニットを加えることによって、タイトな条件下でも空間的配置のフレキシビリティを豊富にしている。また計画中の「ガラス作家のアトリエ」は、ホームセンターなどで市販されているスチールアングル材の組み立て棚を主体構造にしたプロジェクトである。建築基準法ではスチールの最小断面の規定がないので、50×50×2・3㎜のアングル材でも構造になり得るのである。

これらの「家具の家」の考え方は、「紙の建築」で実践している「弱い材料を弱いなりに使った構造」の延長線上にあるといえる。

外観

内観

屋根の施工

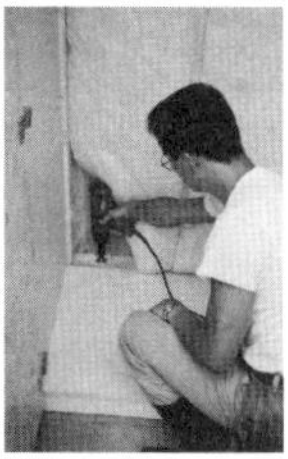
家具をラクスクリューで固定

家具設置完了

「家具」の搬入

ミース再読

カーテンウォールの家［1995］

日本的なカーテンウォール

施主の家にはじめて招かれ、古い日本家屋の一階の和室でご夫婦の「家」について、そしてライフスタイルについてお話をうかがった。ガラスの引戸は全開にされ、濡縁のすぐ外は背の低い生垣、その外の街路に知人が通ると気軽に挨拶を交わす。この土地に代々住んでこられた施主は、いまだによき日本の下町的で開放的な生活を楽しんでおられた。

近年よくある、外周に閉鎖的な壁を回しそれに囲われたコートヤードに開放的な空間をつくる、コンテクストを否定した自己完結型都市住宅ではなく、外部にできる限り開放し、必要な場所にその場にあったトランスルーセント［半透明］な薄い被膜をまとい、季節・時間によって可変する都市型住宅、そんな試みをしている。「デンティストの家」の三層分の自立するアイビースクリーンもそのひとつで、ランドスケープというより建築の壁の一種と考えている。そのような手法で、この施主の潜在的ライフスタイルを引き出しさらに拡張するための薄い被膜［カーテンウォール］として今回はキャノピー用のテント地のカーテンを使い、建物外周を包み込んだ。従来のガラスのカーテンウォールは、たとえばミースのファンズワース邸にしても、視覚的には完全に内外を一体化するトランスペアレント［透明］な壁である。しかし空間的には、完全に内外を分けるメーソンリーな閉鎖的壁となっている。近年ガラスのカーテンウォールは、複層ガラスを使ったり、二重になったガラスの間にブラインドを入れたり、またその中を空調したりと、室内環境コントロール

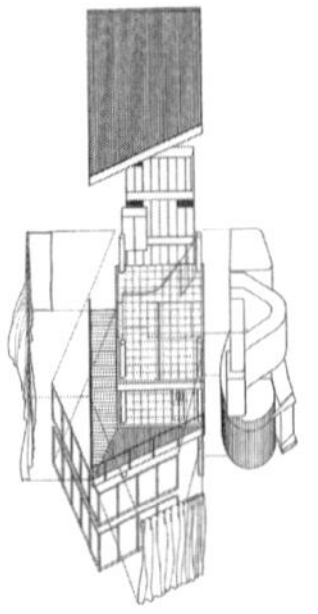

アクソメ

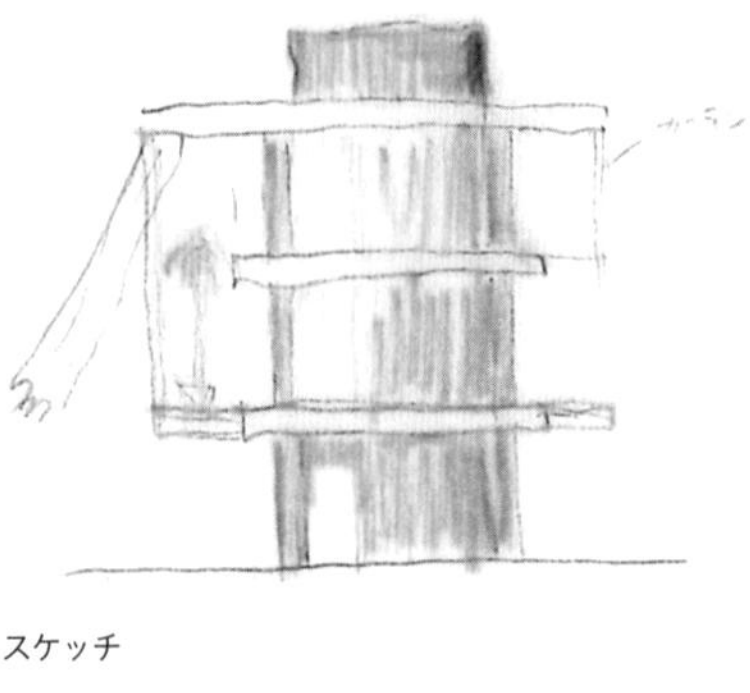

スケッチ

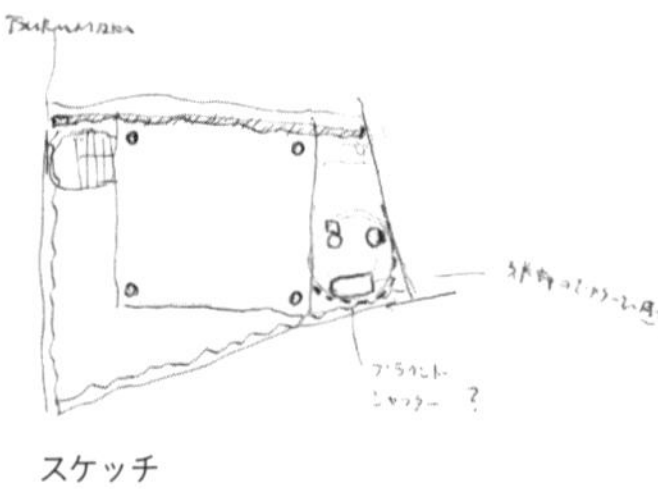

スケッチ

の名のもとにどんどん重装備化されている。まさに透明なガラスのカーテンウォールは、西洋的でメーソンリーな重い外壁に近づいているように思う。

それに対してこの布のカーテンは、実に日本的なカーテンウォールといえる。視線を遮ったり、遮光したり、また冬季には内側のガラス引戸を閉めてカーテンを完全に閉める［カーテンはデッキに固定可能］と、そこは断熱スペースとなる。日本の伝統的な家では、障子・襖・雨戸・簾など、ひとつひとつは非常に薄く可変性のある被膜を、着重ねたり脱ぐことにより時間や季節の移り変わりに合わせていく。つまりそうした日本の伝統的な開放性と室内環境コントロールのやり方を、このカーテンウォールで再現している。

そしてこの施主が今まで続けてきた、よき下町的でおおらかな生活は継承されるであろう。

外観

全景

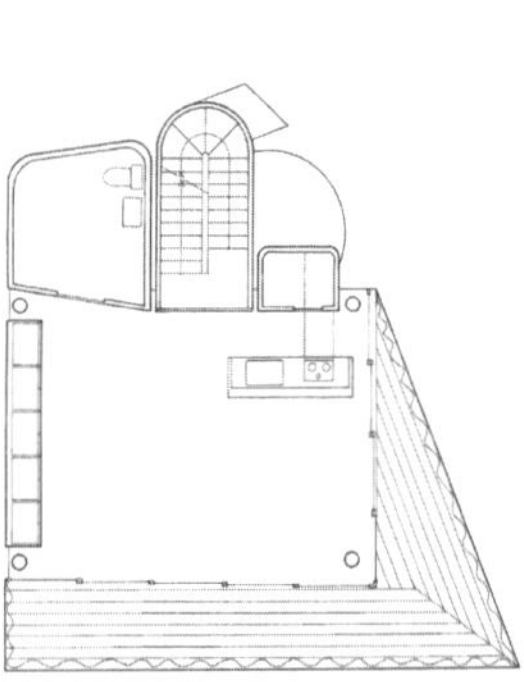
平面

2

1995-2000

紙の教会 神戸［1995］

今年［一九九五年］一月一七日の阪神・淡路大震災はショッキングな出来事であった。自分が直接設計した建物ではないにせよ、建築により多くの人命が失われたということは、建築家として責任を感じずにはいられなかった。そんなとき、再びルワンダのときと同じように、医者たちや一般人・NGOはすぐにボランティアに駆けつけているが、建築家には何ができるのであろうかと考えた。私は一月末、長田区の鷹取教会に多くの元ベトナム人難民［いわゆるボートピープル］の人びとが集まっていることを知り、とりあえず何か手伝わせてもらおうと教会へ行った。

聖堂は焼失したが延焼を免れたキリスト像の脇には、避難所や公園のテント村よりさまざまな国籍の人びとが集まり、青空の下で焚火を囲み気持ちをひとつにしてミサを行っていた。この鷹取教会は教会自体全面的に被災しているにもかかわらず、地域復興のためのボランティア基地となっていた。そんな鷹取教会とそこに集まる人びとのために何かお手伝いができないかと思い、ミサの後神田裕神父に「紙の建築」による仮設建築の提案をした。すると神父は、「聖堂は周囲の街が復興するまで再建するつもりはない。しかし紙を使って、ボランティアの手でつくれるような建物ならそれを地域の住民皆で使えるコミュニティの場にしたい」といわれた。そこで、建設費の義援金と建設ボランティアをすべてこちらで集めるという条件で、この計画はスタートした。

義援金は十分に集まらず、いまだに募金活動をしているが、建材としてTSP太陽が

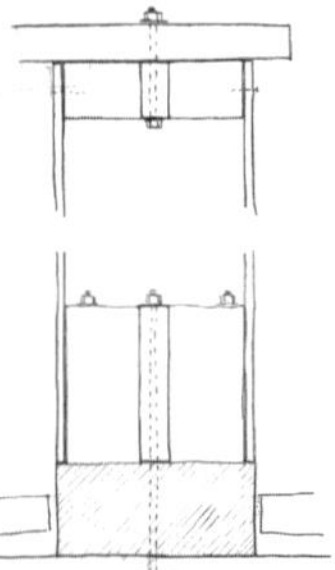

紙管柱頭・基礎
ディティールスケッチ

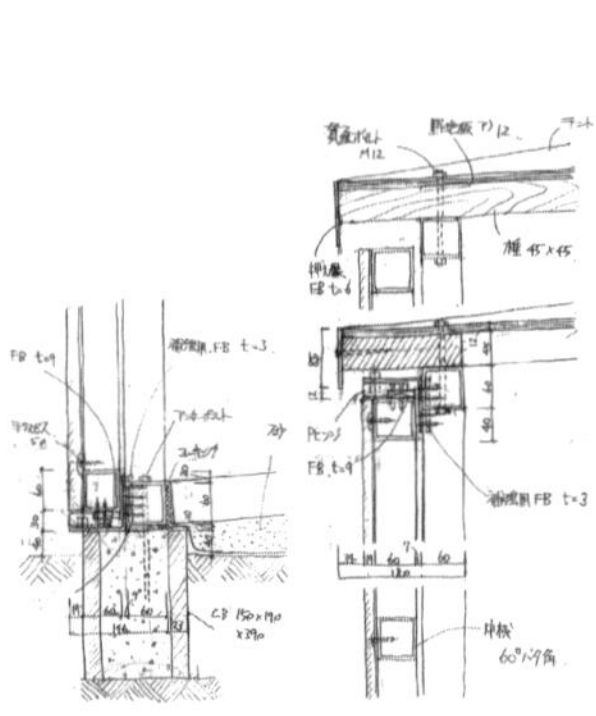

ディティールスケッチ

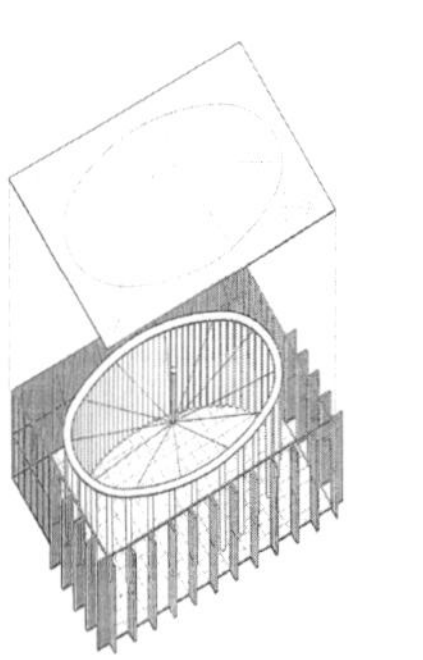

アクソメ

テント、タキロンがポリカーボネートの波板、太陽セメント工業がインターロッキング、東洋シャッター・オーシマ事業部が金物、大光電機が照明器具などを寄付してくださり、どうにか七月末に着工できた。そしてこの夏休みに全国から学生を中心に一六〇人以上のボランティアが集まり、彼らの信じられないほどの前向きな力により、去る九月一〇日、見事に「紙の教会」は完成した。この建物は、ミサにも使用するが、もちろん最初の主旨通り地域復興までさまざまな人びとが多目的に使う開かれたコミュニティ・ホールである。ただここは、通常の空間だけが用意されたニュートラルなホールではなく、寄付をしてくださった人びとや企業、そして建設に参加したわれわれボランティアの皆の精神がこもった場として、あえて「紙の教会」と呼びたい。

設計のクライテリアとしては、設計期間や実験する余裕がないため、「紙の建築」の構造で今までにつくってきた建物の応用とした。さらに、ローコストでしかも学生ボランティアで重機を使わずに簡単に、そして安全に組み立てられる工法とする必要があった。またこの地域が復興し、仮設のコミュニティ・ホールの役割を終えたとき、別の被災地やルワンダなどこの建物が必要とされる場所に移設できるよう、組み立てのみならず解体もしやすいように考えた。

建物の形状は10m×15mの長方形を、外被としてのサッシュで包み、中に約八〇席が配せる楕円形を五八本の紙管［長さ5m、直径33cm、厚み15mm］で形成した。楕円の奥の長周は紙管を密集させ、ステージや祭壇の背景となるようにし、その裏にバックスペースが取れるようにした。楕円の入口側の長周は紙管と紙管の距離を離し、前面サッシュを全開すると内外の空間が連続するようにした。それにより空間的には、素晴らしい聖堂に入るときに

ボランティアによる建設の様子

猫車で材料を運ぶ様子

体験できるような、回廊を通ってメインスペースへ入る空間のシークエンスと、天を見上げ引き込まれるような構成とした。

全景

内観

紙のログハウス 神戸 [1995]

震災後、行政は避難所の人たちが全員移れるだけの仮設住宅を至急建設すると約束した。そこで私は、仮設の集会場をつくるようなコミュニティ支援へまわった。ところが六月に入っても多くの人びとが仮設住宅へ移らず、公園で貧しいブルーシートのテント生活をしていることを知った。教会に通うベトナム人に聞くと、彼らは長田区のケミカルシューズ工場で働くか、贅沢な日本人が捨てたまだ使えるＴＶやバイクなどさまざまなものを修理しベトナムへ輸出する仕事をしている。だから一時間以上も通勤にかかる仮設住宅に移ると雇ってもらえない。また、外国籍の子どもたちの多い長田区の小中学校にやっと馴れた彼らの子どもたちは、外の学校に行くといじめられるのではないかと心配し、公園のテント生活を続けざるを得ないのである。だからといって、雨が降れば床は水浸し、天気の日には室内温は40℃にもなる非衛生的な生活を続けるわけにはいかない。そこで急遽「紙のログハウス」を設計し、まず一軒自力で建てることにした。

設計のクライテリアは、安く誰にでも簡単に組み立てられ、夏冬の断熱性能を有し、さらに景観的にも美しいものでなければならない。そこで、基礎に砂袋入りのビールケース、壁に紙管「直径１０８㎜、厚み４㎜」、天井と屋根にテントを使用し、ログハウスのようなキャビンを設計した。ビールケースは、メーカーより借用し、組み立て時には脚立代わりにもなる。壁の紙管と紙管の間には、粘着テープ付の防水用スポンジテープを挟み両側から締めつける。テント屋根は天井と二重にし、夏は妻面《つまめん》を開けて風を通し、冬は閉めて暖気

左・右／ボランティアによる建設風景

を溜める。材料費は一軒16㎡あたり約二五万円である。ほかの仮設住宅、たとえばプレファブやコンテナの改造版と比べても「紙のログハウス」は、材料費が安く素人でも短時間で組み立てられるメリットがある。またそれだけでなく、仮設の問題点は、解体のしやすさ、残材の処分、リサイクルのコストであり、その面でもビールケースと再生紙の紙管を使った「紙のログハウス」は優れている。これから各自治体は仮設住宅の備蓄の問題を考えなければならない。何万軒の単位で必要なのか何十万軒なのか想定は難しい。さらに、それを備蓄する場所の問題もあるし、ほかの自治体から運ぶにしても緊急時の交通の問題もある。その点「紙のログハウス」のシステムなら、自治体はマニュアルを保有するだけでよい。必要なときに必要なだけ供給することも可能だし、ルワンダのプロジェクトのように紙管の現地生産も可能であろう。ちなみに、一軒16㎡という単位は国連難民高等弁務官事務所［UNHCR］のアフリカ向けシェルターの基準面積である。そしてこの断熱性能のある「紙のログハウス」は、温暖な地域以外の難民用シェルターのプロトタイプとしての開発も兼ねている。一軒16㎡といっても、ほとんど昼間の生活を屋外でするアフリカ難民用には一家族五人が住み、長田区では大きな子どものいる家族には二軒を基本に考えた。そして二軒の間には2mの間隔を取り、そこに屋根を架けコモンスペースとなるよう考えた。

七月初めに長田区の南駒栄公園に建てた一軒目は非常に評判がよく、鷹取教会の神田神父を中心とした被災ベトナム人救援連絡会の支援で、ベトナム人と日本人用に三〇軒建てようということになった。そして組み立てには、「紙の教会」のために集まったボランティアと鷹取教会に集まっているボランティアが一緒になり、南駒栄公園に一一軒、新湊川

全景

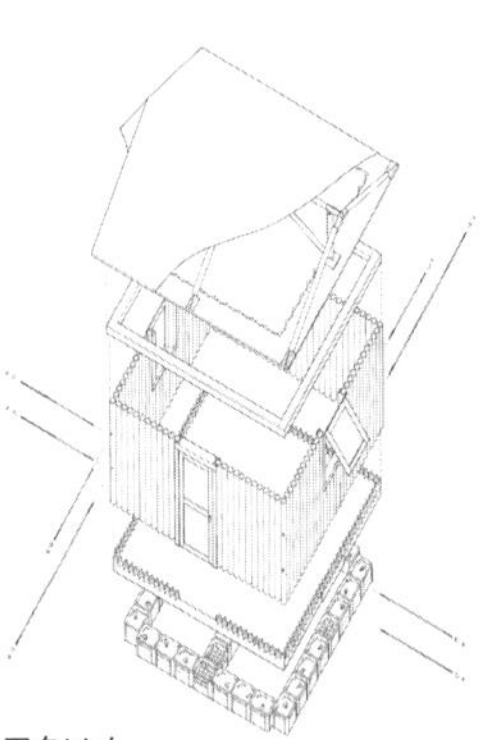

アクソメ

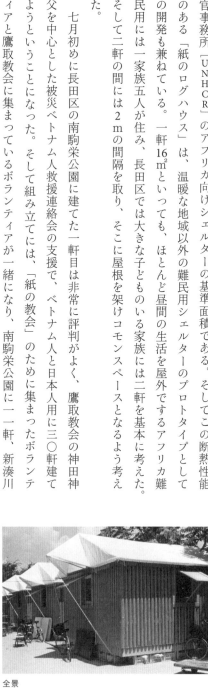

公園に八軒、その他全壊した家などの敷地に建て、夏の終わりまでに二二軒が完成し、現在もつくり続けている。

神戸はインフラストラクチャーを中心に着実に復興しているが、いまだ二五〇〇人以上が暮らす公園のテント村の問題は解決の糸口が見えない。多分これから冬を迎え、新たな局面を迎えると思われ、われわれの支援も継続的に、そして状況に合わせて変化していくであろう。

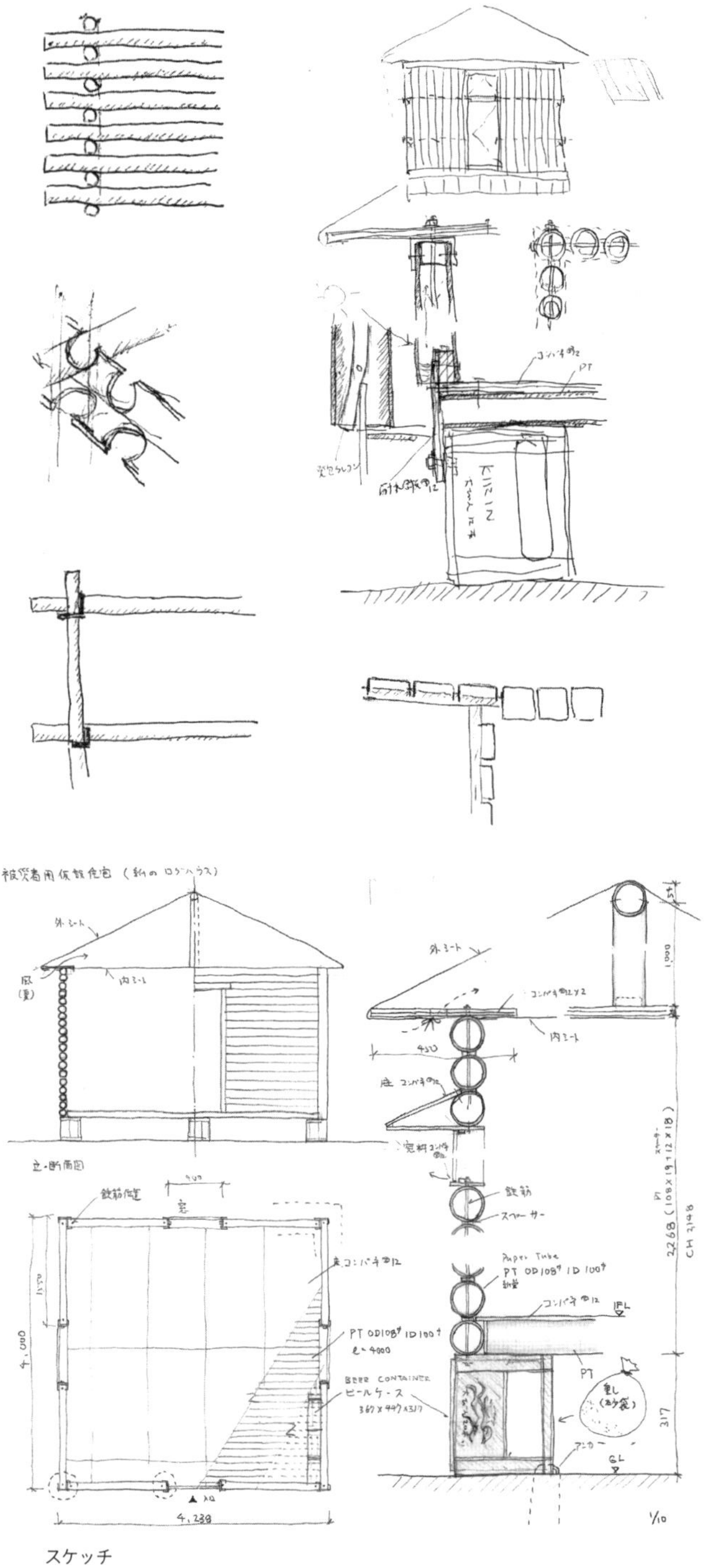

スケッチ

ルワンダ難民シェルターから始まる災害支援活動

建築家の社会性

ずっと以前から、「われわれ建築家ははたして社会のために役に立っているのだろうか?」という疑問をもっていた。自己のエゴの表現としての浪費的デザインや、デベロッパーの金儲けの手先、そんな建築家の姿ばかりが最近目につく。特権階級〔行政、企業、金持ち〕のために素晴らしいモニュメントをつくること、それを建築家の仕事として否定するわけでは決してない。歴史的に見てもそれは人類の重要な遺産である。しかし二〇世紀に入り、産業革命後都市化が進み、また大戦により多くの人びとが家を失い、ローコストの住宅が大量に必要となった。そこで建築家は〔巨匠たちも〕、集合住宅や工業化住宅の課題に取り組み、量のみならず数々の名作を生んでいる。このことは、建築のモダニズムの技術面やスタイル面以外の大きな業績である。つまり二〇世紀に入り建築家は一般大衆のための仕事を始めたわけである。

現在、東西冷戦は終わったがそれにより世界のいたるところで、民族紛争や地域紛争が勃発し、多くの難民が発生している。さらに世界規模でのホームレスの問題、そして頻発する大災害による被災者など、一般大衆以外のマイノリティ層の人たちが大量に生み出されている。モダニズムの一側面が、一般大衆のための建築だとすれば、よくモダニズム以後などといわれるが、これからは建築家がいかに社会のためにそしてマイノリティ層のために仕事をしていくかということは重要な要素になるのではないだろうか。

国連難民高等弁務官事務所用紙のシェルター

そんなことを考えていた昨年〔一九九四年〕の夏、連日のようにマスコミでルワンダの民族紛争による難民の問題が報道された。そこで常に前面で貢献しているのは、NGOの医者である。建築家の姿はどこにもない。九月からルワンダは雨季に入り、国連難民高等弁務官事務所〔UNHCR〕からシェルターとしてプラスチックシートしか与えられていない難民キャンプでは、寒さのせいで肺炎が流行り始めた。そのニュースを知り、紙管で断熱性能のあるシェルターをつくってはどうかと考え、UNHCR本部〔ジュネーブ〕の担当者に資料を送り、一〇月にジュネーブへ直接会いに行った。ところが、紙で断熱性能のある、より居住性の高いシェルターの提案は以下の二点の理由によりあっさり否定された。まず現在UNHCRで難民に与えているシェルター〔プラスチックシートとアルミパイプ〕は一家族五人用で約三〇ドルが予算で、それ以上のコストはかけられない。そしてあまり居住性がよく難民が定住してしまっては困るので最低限のものしか与えられないとのことである。しかしまったく別の視点でその担当者ノイマン氏は「紙の建築」に興味を示した。

現在使われている難民用シェルターのいちばんの問題点は、プラスチックシートの支持材である。なぜなら、当初難民〔ここでは、ルワンダやスーダンなどのアフリカの難民を指し、気候が温暖なのでテントのみで生活できる人びと〕には、プラスチックシート〔4m×6mの日本でいうブルーシートと同等品〕のみを与え、難民たちは周囲の木を伐採しフレームをつくった。ところがルワンダ難民だけでも二〇〇万人以上の人びとが近隣国へ押し寄せ、シェルターのフレーム用や料理用に森林伐採したことにより、深刻な環境破壊へと発展した。そこでUNHCRは木に代わる代替材料を探した。たとえば、竹は安くてフレーム材には適し

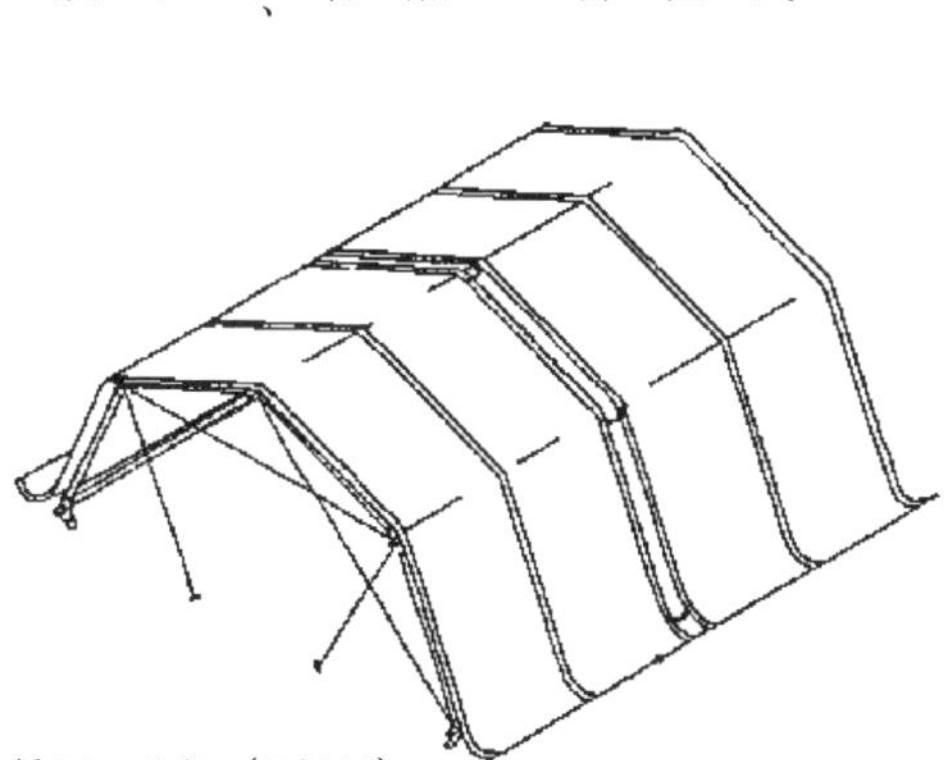

紙のシェルター（アクソメ）

ているが、緊急時に大量に中国などから買おうとすると、値段が高騰してしまいUNHCRとしてそのようなローカルマーケットを破壊するようなことはできない。またPVCのパイプのような材料は、難民キャンプを解消しようとしたとき、UNHCRはそれを集めて処理する費用がないうえ、捨てても土に還らないし燃やしてもガスが出るので、そのような環境に悪い材料は使えない。そこで少々高価であってもアルミのパイプを支給し始めた。ところが難民はアルミパイプをお金のために売り飛ばし再び木を切り、元のシェルターに戻ってしまい、UNHCRとしては解決策がないまま困っているところであった。そこでノイマン氏は、紙管が最適な代替材料になり得るのではないかと考えた。そしてその方針に沿って、ヨーロッパでの紙管協力メーカーを探し打ち合わせを重ね、この計画は今年［一九九五年］三月に公式なUNHCRのプロジェクトとなり、私もコンサルタントに採用された。

　今回紙管が難民用シェルターに適しているもうひとつ大きなメリットが打ち合わせ中にわかった。それは、難民シェルターのもうひとつの問題点である輸送問題に対するメリットである。アルミにせよ紙管にせよ軽いといっても陸路難民キャンプまで輸送するのはたいへんである。ところが紙管はコンテナに入る程度の簡単な機械を運べば、現地でも生産が可能である。もちろん紙管の原料の再生紙のロールは海外から運ばなくてはならないが、UNHCRのオペレーションはさまざまな国や企業からの紐付の寄付金により、それらの国の製品を買うことは自然なことである。さらにこのプロジェクトが採用された大きな原因は、ノイマン氏の「紙の建築」への興味であろう。実は、彼はドイツで建築を学び、その後アメリカでルイス・カーンのもとで働いていた正統な建築家である。

紙のシェルター

ビュンバ・キャンプ

オーブ・アラップ社とヴィトラ社のサポート

昨年［一九九四年］九月運よく、関西国際空港のオープニングのために来日したイギリスの構造事務所オーブ・アラップ社のジョン・マーティン会長とお会いすることができ、「紙の建築」による難民用シェルターの開発の構想について話した。すると、難民用シェルターという人道的、社会的視点と、紙でエレガントな構造体をつくるという可能性の両面から非常に興味をもたれ、アラップ社としてぜひ協力しましょうということを即座にいわれた。そして一〇月ジュネーブのUNHCRの帰りにロンドンのアラップ社へ行くと、先月までルワンダ難民キャンプへ行っていたというスタッフを含め五人の人材を集めて打ち合わせを組んでくれた。そして次の日には、RedR［Register of Engineers for Disaster Relief］という団体と打ち合わせを組んでくれた。RedRは、世界中のさまざまな災害時に登録された適切なエンジニアを現地に派遣する組織で、アラップ社も一員であり、各企業は派遣されるエンジニアに有給休暇を与える。このように、社会貢献に対するイギリス企業のバックアップや組織の整備、そして個人の熱意には敬服した。

アラップ社で打ち合わせの後、工業デザイナーの友人ジャスパー・モリソン氏に会って難民シェルター・プロジェクトの話をした。すると、スイスのヴィトラ社［フランク・ゲーリーの家具の美術館・本社工場、安藤忠雄のセミナーハウス、ザハ・ハディドの消防署の建設で知られる家具会社］の社長フェールバウム氏がそういう社会貢献には興味をもってくれると思うから後でFAXを流しておくといってくれた。次の日、突然ホテルにフェールバウム氏より電話があり、近々その話を聞きたいので夕食にでも招待したいといわれた。あたかも同じ国にいるかのように、しかもヴィトラ社の社長があまりにカジュアルに誘うのには驚いたが、

現地での紙のシェルター設置を行う坂 茂

組み立て風景

私も同じノリで二日後にはスイスのバーゼルにいた。初対面の夜、夕食をしながらプロジェクトについて話をした。するとその場で、このプロジェクトの意義を理解し、サポートを約束してくれた。現在、バーゼル近郊のヴィトラ社の工場敷地内のフランク・ゲーリー設計の工場とアルヴァロ・シザ設計の工場の脇で三種類の「紙の難民用シェルター」のプロトタイプの設営実験中である。さらに、ヴィトラ社と紙管のオフィス用パティッション・システムを開発している。

　このように、ヨーロッパの多くの企業の積極的なフィランソロフィーに対する姿勢と決断の速さ、そしてますますヨーロッパがボーダレスになっている現状には驚くばかりである。

ヴィトラ社での紙のシェルター試作風景

紙の家 [1995]

再生紙の筒「紙管」を建築の主体構造として使う「紙の建築」の開発は、一九八六年にアルヴァ・アアルト展の会場構成［アクシス・ギャラリー］において紙管をはじめて内装に使用したのがきっかけとなった。その後いくつかの実現しなかった計画案を経て、一九八九年世界デザイン博の「水琴窟の東屋」で紙の建築が完成した。そして、一九九〇年「小田原パビリオン」、一九九一年「詩人の書庫」が完成し、建築基準法第三八条の評定を取得するため、この「紙の家」の設計に取りかかった。

申請の事前打ち合わせに建築センターへ行ったが、センター側も紙の構造は前例がなく、審査に当たる専門家の先生方をどの分野の誰に依頼するか困っていた。しかし松井源吾先生と先生のこれまでの実験のいくつかをこなしてこられた手塚升氏のおかげで、一九九二年二月に評定は下り、一九九三年二月に建設大臣認定が下りた。その後、確認申請は下りたが、「紙のギャラリー」の設計に取りかかったため、「紙の家」はやっと、この夏［一九九五年］に完成した。

平面的には10m×10mの床に一一〇本の紙管［長さ2700㎜、直径280㎜、厚さ15㎜］をSの字状に並べ、正方形と円弧の内外にさまざまな空間を形成した。小さい円形は、風呂場とその坪庭を囲い込み、外部の紙管は非構造の目隠しスクリーンとして自立している。構造として使われる八〇本の紙管により大きな円形を構成し、内部に居住空間と外部に回廊空間を形成している。その回廊にある直径1230㎜の紙管は、独立した柱であり、内部

外観

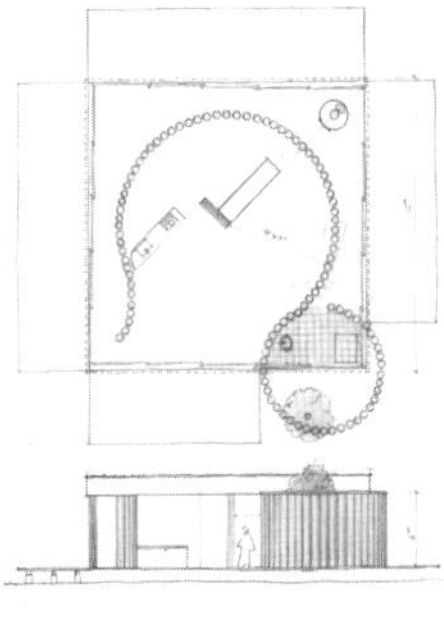

最終案スケッチ

はトイレとなっている。

大きな円形の居住空間は、独立したキッチンカウンターと、引戸と、間接照明を内蔵した可動式クロゼットのみが点在するユニバーサルな空間である。しかし引戸を引くと空間がLDKと寝室に二分され、さらに可動クロゼットを斜めに配置すると寝室をふたつに分けることができる。外周部のサッシュ［引戸］を引きまとめると、水平な屋根が完全に紙管の列柱により支持された、構造上純粋な状態となり、回廊部と外部テラスが連続した空間となる。実は、このテラスの幅は天井高と同じ2・7mで、四分割されたテラスが跳ね上がり雨戸となるように計画していたが、予算上実現できなかった。

「紙の建築」は、今年［一九九五年］一月の大震災で被災した神戸の教会の仮設建築「紙の教会」と、公園のテント生活者のための「紙のログハウス」としても完成した。そして現在、国連難民高等弁務官事務所との間で、難民用シェルターとして開発が進んでいる。このように「紙の建築」は紙管ならではの空間と用途が広がりつつある。

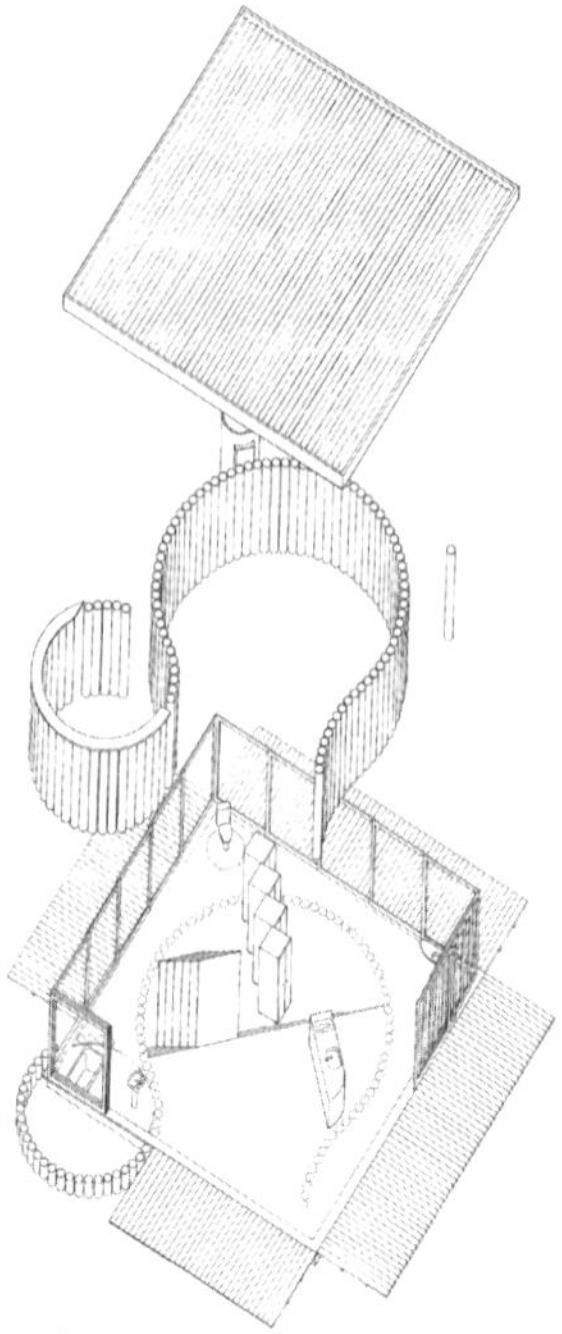
アクソメ

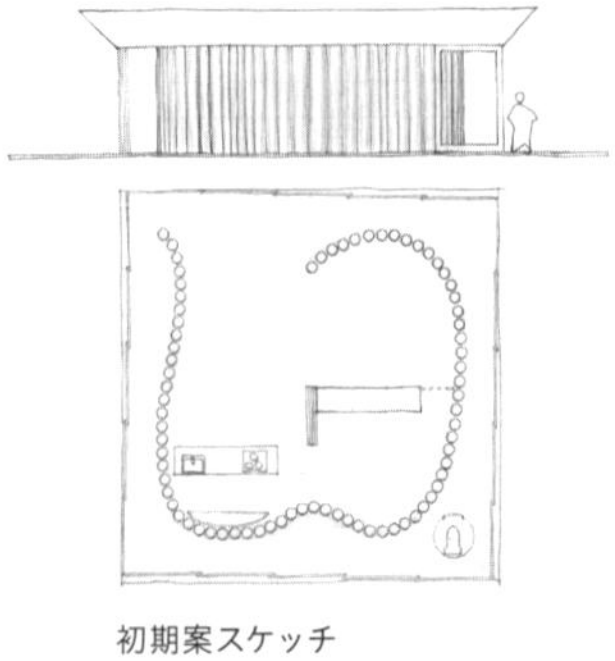
初期案スケッチ

内観

2／5ハウス［1995］

最近、立て続けに住宅が完成し、それぞれ個別なテーマをもつように見えるので、よく「今度は何をやるんですか?」と聞かれることがある。実は、個々のアイディア［テーマ］はまったく個別なものではなく、少しずつ枝分かれし展開を試みている要素［あるいは系譜、ボキャブラリー］である。だから、そう毎回新しい要素を抽出できないということもあるが、枝分かれし個別に展開するだけでなく、それぞれの発展した要素を組み合わせ、統合していく試みも必要であると考えた。今回の住宅は、面積的にも予算的にもこれまでのプロジェクトよりは余裕があり、その「統合」を試みるチャンスが与えられた。

ユニバーサル・フロア

敷地は南北に長い18m×28mの長方形で、前面道路［南側］以外の三面を三、四階建てのマンションに囲まれている。景観的にも汲むべきコンテクストがないばかりでなく、設計与条件としても最大限のプライバシーの確保が要求された。

この住宅で統合しようとした要素は、単純に枝分かれしてきただけでなく、目標とする「ある室内」を実現するための構成要素である。その「ある室内」とは、「時により可変性のあるユニバーサル・スペース」での意。この時とは、季節、一日の中の時間、オケージョンがそれに当たる。このユニバーサル・スペースは、ミースのユニバーサル・スペースのようにひとつの天井の下にニュートラルな室内環境をつくり出すのではなく、床のみを

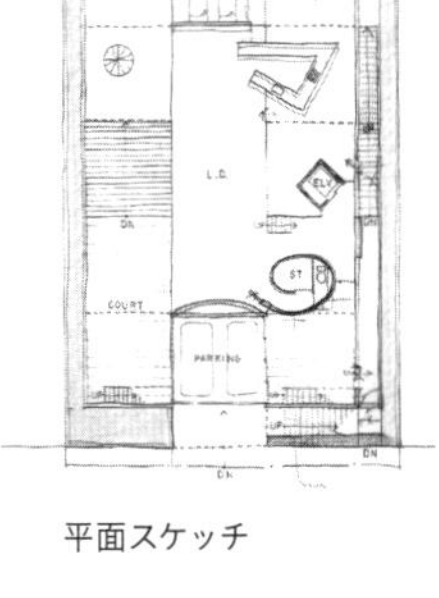
平面スケッチ

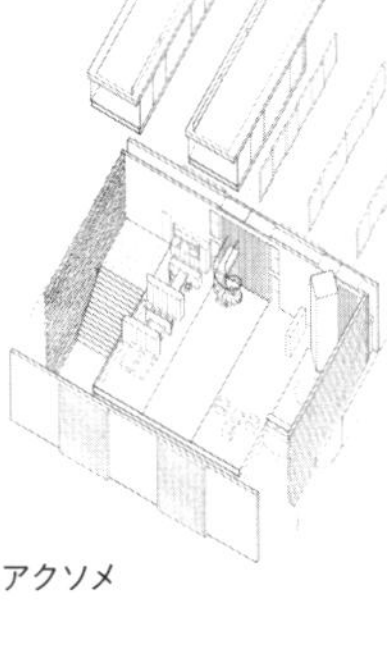
アクソメ

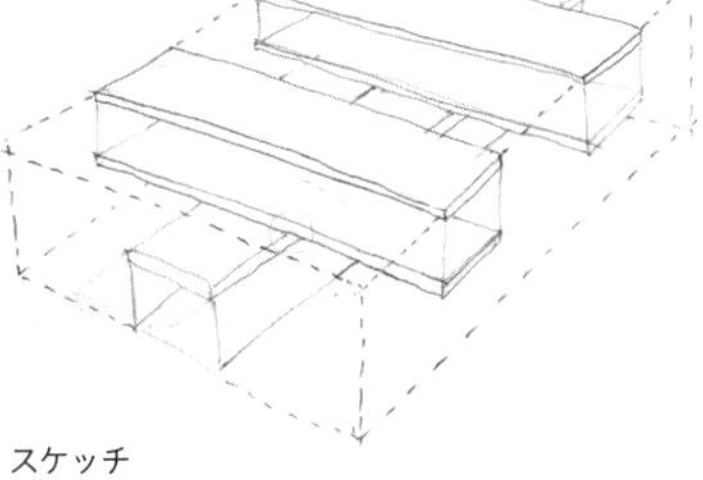
スケッチ

共有する「ユニバーサル・フロア」として、さまざまな機能［キッチン、ダイニング、階段、浴室、トイレ、ベッドなど］が見渡せるように配置され、屋外・半屋外・半屋内・屋内が時にしたがって、垂直の可動スクリーン［透明ガラス引戸、不透明引戸、ブラインド、カーテン］や水平の可動スクリーン［テント屋根］によりさまざまな組合せ、閉鎖・開放性がコントロールできる。

要素

ユニバーサル・フロアは、15m×25mの長方形で、東西方向に二層分の高さのRC壁が自立し、南北面を全面オープンとしている［「ヴィラ トリイ」、「デンティストの家」など］。この長方形を短辺方向に五等分し、南側から前庭・屋内・中庭・屋内・後庭と、15m×5mの空間を並列した。五等分されたうちのふたつが室内になっているので「2／5ハウス」と名づけたが、これはジョン・ヘイダックの「1／2ハウス」や「3／4ハウス」がヒントである。

道路側のスクリーンは、都市的な表情として楕円形の穴をもつアルミのパンチングメタルをジグザグに折板状にした。折板状にすることで、構造的には風圧による曲げに耐え、楕円のパンチングは水平方向からは細長く見えて道路側からの視線が気にならなくなる。そして車庫入口のシャッター部分は、ジグザグがそのままアコーディオン状に開閉する。北側のアイビースクリーン［「デンティストの家」］は、既製品の塩ビ横樋をプランターボックスとしてストライプ状に吊り、厚みのあるスクリーンとした。

各室内と庭は、壁の外に引き出せるガラス引戸で可変的に仕切られている［「ダブル・ル

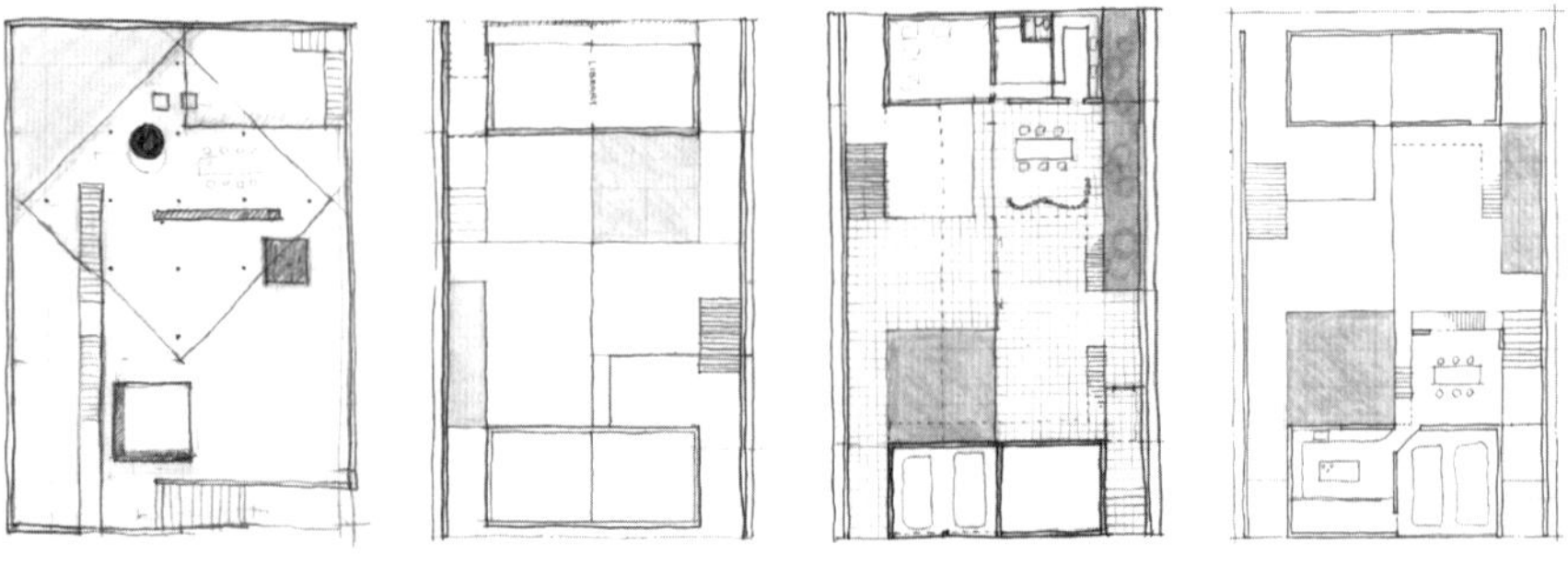

ーフの家」、「家具の家」など」。中庭上部の可動テント屋根は、単に日陰をつくるためというより、「カーテンウォールの家」で使った外部カーテンのように、半屋外を半屋内に、またその逆へと空間を変質させる要素である。

このように、一階の15m×25mのユニバーサル・フロアには夫婦の必要最小限の機能を配し、突然やってきて突然いなくなる、子どもやゲストのスペースを二階に、そして生活をサポートする機能［書斎、メイド室、倉庫、車庫、機械室］を地下へと配置した。

屋上を見る5等分された空間のうちふたつが室内

ガラス引き戸をすべて開けたユニバーサル・フロア

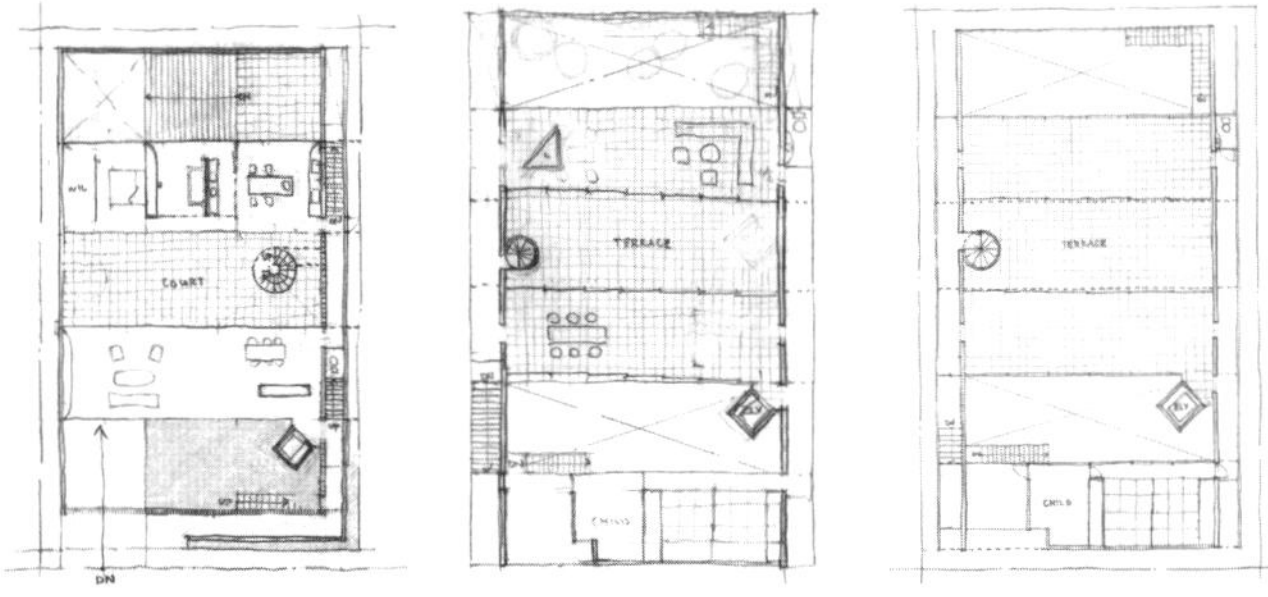

初期案スタディスケッチ（右ページも）

ノバ オーシマ 仮設ショールーム［1996］

代官山のヒルサイドテラス隣に大きな空地がある。そこに、一カ月間家具の仮設ショールームをつくりたいという依頼がきた。そして、このショールームは、ほかの空地へ移動可能なようライトな構造としたいが、夜間、家具が安全に保管できるようにしてほしいとのことであった。

そんなある日、都内を車で走っていると道路工事の用具保管用のシャッター付レンタルコンテナを目にした。約2m四方で、運送しやすいようフラットにたたむこともでき、ボディーもシャッターもきれいなアルミ製である。このコンテナを家具のショーウィンドーとし、コンテナ自体を「家具の家」のように主体構造とし、その上に軽いスチールフレームとテント屋根を載せる。夜間はシャッターを閉め鍵をかければ安心である。

これも一連の作品でやっている、ひとつのものにふたつ以上の意味や機能をもたせ、部材を減らしローコストを図ったり、ものの潜在的能力を引き出して利用する構法の考え方である。

今、この原稿をルワンダで書いている。一週間ほど前に急に、医療NGO・AMDA［アジア医師連絡協議会］と共同で外務省の資金を使い、ルワンダの帰還難民のために家を二〇〇軒つくってほしいとのことで、至急現地に入ることになった。この原稿の締切りがあったのに、毎日疲れ果てて原稿に手がつかなかったのだが、ここ現地まで『新建築』の催促のファクスが入り驚いている。

外観

編集部には迷惑をかけたが、これからもこういうことがちょくちょくありそうである。

ところで、『新建築』一九九七年二月号で正式に発表させてもらうが、昨年〔一九九六年〕八月VAN〔Voluntary Architects' Network〕というNGOを旗上げした。現在いくつかのプロジェクトが進行している。そこで、ルワンダの帰還難民用住宅に従事するメンバーと、今年〔一九九七年〕八月にカンボジアのスラムの住宅改善ワークショップを地元NGOと協働するスタッフを募集している。どうも、われわれが活かされるフィールドは世界中にたくさんありそうである。

レンタルのアルミコンテナをベースにした鉄骨のフレームとテント屋根

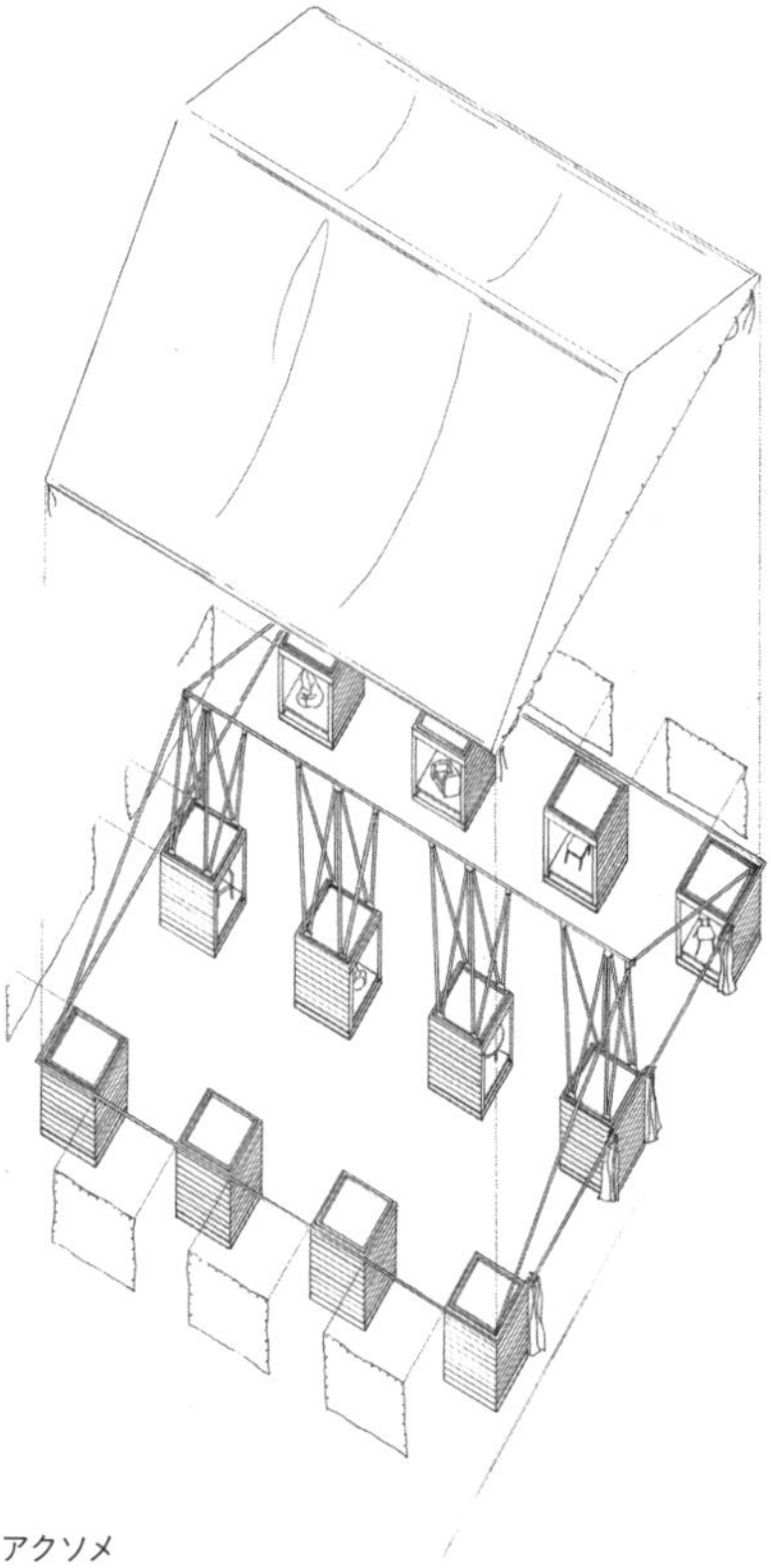

アクソメ

NGOボランタリー・アーキテクツ・ネットワーク(VAN)設立

背景

以前『新建築』一九九五年一一月号に「作品づくりと社会貢献の両立を目指して」と題した文章をまとめた。建築家の仕事として、特権階級［行政、企業、金持ち］のために素晴らしいモニュメントをつくること以外にも、別のディメンションで社会との接点をもつ活動［決して社会貢献などと大袈裟に考えているわけではない］が、世界で必要とされていると強く感じる。二〇世紀初頭にモダニズム建築の巨匠たちが取り組んだ一般大衆向けの集合住宅や工業化住宅のプロジェクトも、当時の時代背景からはモニュメントづくり以外の社会性のある仕事としての側面があったと思う。しかし、近年特に東西冷戦後世界の至るところで発生する、民族・宗教・地域紛争による難民問題、資本主義経済の副作用としてのホームレス、スクウォッター［不法居住者］問題、そしてまた環境破壊とも関連する自然災害などの問題は、二〇世紀の繁栄と裏腹にどんどん複雑化し悪化する一方である。そしてそれらすべての問題において、住宅が共通の問題として残る。この自然または人為的にかかわらず起こる災害後の住宅問題は、大きな視野と豊富なアイディアをもったわれわれ建築家が取り組まなければ、行政に任せておくと場当たり的で乏しい解しか実施されないことは実例として目の当たりにしてきた。

日本のように、民族紛争が起こり得ず、ホームレスといってもほかの国のそれと比べものにならないほどシリアスではない国にとって、いちばん身近な災害対策問題としては、特に阪神・淡路大震災以後は、各地域とも身の周りの地震に対する防災の準備のみに思われる。しかし、災害とは予期できぬ状況が起こるわけで、昨年［一九九六年］の北海道のトンネル崩落事故でも、少々飛躍するがペルーの日本大使館占領事件でも、行政はまったく手が出せない状態が続いた。そしてわれわれ日本人にとっては、たとえばルワンダやボスニアでの事件は、われわれの日常生活とは無縁の対岸の火事というより、実にメディア上のドラマでしかないのではないか。しかし、日本ほど経済的・国防的に外国に依存している国はないように、世界の平和なくして日本の繁栄はあり得ない。つまり、われわれは身の周りに起こり得る地震の準備をするだけでなく、どんどん海外へ出て日本の技術や経済力を利用し国際貢献をしなければ、われわれの将来はないのではないだろうか。

紙の難民用緊急シェルター

一九九四年のルワンダの民族紛争により二〇〇万人以上の難民が、ザイール、タンザニアへ流入した。国連難民高等弁務官事務所［UNHCR］は、シェルターとしてプラスチックシートのみを与え、難民たちは周囲の森林を伐採しシートを被せるためのフレームをつくる。それにより大量の森林伐採による深刻な環境破壊へと発展した。そこで、UNHCRにシェルターを再生紙の紙管でつくる提案をしたところ、森林伐採を抑制するための木の代替材料として紙管を使った緊急用シェルターの開発プロジェクトが始まり、私もコンサルタントとして採用された。

これまで日本においては「紙の建築」によりいくつかの仮設や本設建築物を建設し、建築センターにより建築基準法三八条認定や建設大臣認定を得てきたが、難民用緊急シェル

伐採された木々の光景

ルワンダでの典型的な難民キャンプの光景

ターとしては、特殊な状況下における紙管の利用なので、今までには実施していないいくつかの問題に対しての検討と実験が必要となった。

防水処理

今までの日本のプロジェクトでは、パラフィン処理された紙を表面に巻いたり、透明ポリウレタン塗装を施してきたが、現地の豊富な安い労力を使い安く防水処理をするため、ポリウレタン液にドブ浸けすることとした。

シロアリ対策

東アフリカの難民キャンプでは、木製フレームのシェルターにおいて多くのシロアリによる被害が出ている。そのために再生紙の紙管を使ったシェルターにおいてもシロアリ対策は必要と思われる。そこで、シロアリ問題に詳しいオランダ・アムステルダムのオランダ熱帯研究所のフランク・ロマーダ博士に、この件についてご意見をうかがった。それによると、木造住宅で行われているようにシロアリがアクセスしそうな表面を塗装するのが効果的である。そしてシロアリは、人前には出たがらず、木の内部を喰う。そこで、中が空洞でポリウレタンをドブ浸けにしてある紙管であればシロアリに対しては非常に効果的と思われる。しかし、実際には難民キャンプでのフィールド・テストにより実験する必要がある。

伐採された木のフレームとUNHCRのテントでできたシェルター

シェルター用の木を集める様子

三タイプの試作

ＵＮＨＣＲのノイマン氏の指導のもと、紙管はソノコ・ヨーロッパ社［ヨーロッパ各地に工場をもつヨーロッパ最大の紙管メーカー］、プラスチックシートとジョイントは太陽工業、そして試作の建設と放置実験はヴィトラ社［スイスのバーゼルに本社をもつ家具会社で、Ｆ・Ｏ・ゲーリーの家具美術館やザハ・ハディドの消防署をもつ］がこのプロジェクトの人道的意義を理解し協力してくれた。シェルターの試作としては三タイプをつくり、紙管の強度、防水性能の観点から放置実験を行った。なお、紙管用の付属ジョイントは実際にマスプロダクションされる際には、軽量化とコストダウンのために成型プラスチックによりつくられるべきだが、試作ではアルミ型材を使用した。

このようにして、三タイプの紙のシェルターは、最終の仕様［紙管のサイズと防水方法］を決めるため、ヴィトラ社の工場において放置実験を繰り返し行った。そして最終決定された仕様の三タイプを、スイス・バーゼルのヴィトラ社工場より、昨年［一九九六年］七月にジュネーブ国連本部の庭に移築し、ＵＮＨＣＲの緒方貞子高等弁務官など幹部へプレゼンテーションを行い、「Application of Paper Tube Technology for Improved Emergency Shelter」という最終報告書を提出した。現在、次のステップへの準備を行っている。次のステップは、紙管の現地［難民キャンプ］生産のためのフィジビリティースタディである。紙管は軽量であるが、緊急時に敏速に大量に支給し、輸送コストを最小限にするため、紙管製造の機械と原材料［再生紙のロール］を輸送し現地生産を考えている。紙管の製造機械は非常に小さく仕組みも単純なので、専門家を機械と一緒に現地へ派遣し、二〜三人のＮＧＯスタッフを使えばそれが可能である。そこでそれを実証し、製造までのコストと時間などの問題点を把握するため、今年［一九九七年］二月にフランスのボルドーで、フランスのNGO国境なき医師団［MSF］の技術スタッフとソノコ社の協力で、紙管の現地生産のシミュレーション実験を行う。そしてそこで生産した紙管をアフリカへ輸送し、三月にウガンダの北の国境近くのパケレ・スーダン難民キャンプで紙の難民用緊急シェルターのタイプ1を一〇〇軒程度、難民に与えつくってもらい、現地でのモニタリング実験を行う。このように、次の大量難民発生に備え紙の難民用緊急シェルターの開発は着実に進んでいる。

ルワンダ帰還難民用住宅

昨年［一九九六年］秋のルワンダ軍によるザイールの難民キャンプに隠れるルワンダ旧政府軍への攻撃により、難民と旧政府軍が切り離され難民はルワンダに帰還を始めた。それに対し日本政府は昨年一二月、国連平和維持活動［PKO］協力法に基づき、人道支援分野でのはじめての官民合同国際平和協力隊をルワンダに派遣する方針を固めた。協力隊のメンバーとしては、現地で活動しているNGOが中心となる。この決定は日本政府としては画期的なことで、別のいい方をすればこれからの国際貢献はNGOの協力なくしてはあり得ないことを物語っている。このNGOは、私が今まで協力体制をつくってきた、アジア医師連絡協議会［AMDA］とアフリカ教育基金の会［AEF］が中心である。私はAMDAと協働で、外務省の「草の根無償資金」を使い帰還難民用住宅をつくるプロジェクトを指揮するため、急遽昨年一二月にルワンダへ入った。ルワンダは、一昨年［一九九五年］行ったときは、幹線道路の至るところに軍隊の検問所があり、いちいち車から降ろされ、厳しい身体検査を受けさせられたが、今回は車から降ろされず検問でストップするだけとなっ

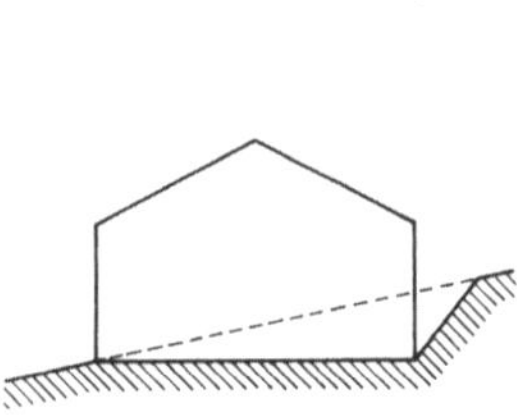

標準プラン

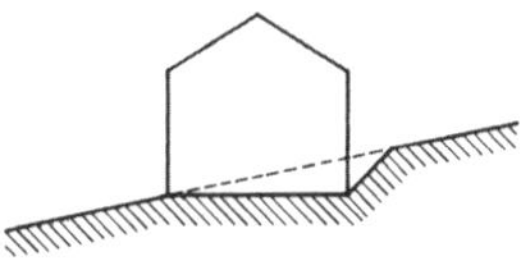

改良プラン

帰還難民用住宅の提案模型

ており、国内の治安はよくなっているように感じた。

今回建設する帰還難民用の住宅は、プラン、仕様などすべてルワンダ復興省で決められている。プランは6m×7mの42㎡の3ベッドルームで、使う材料は、壁を日干しレンガ、その上に木の小屋組み鉄の波板で屋根を葺くというものである。打ち合わせのため、復興省、UNHCR、ローカルNGOの帰還難民用住宅の建設現場などを回ったが、どこにも建築家はおらず、何も疑問をもったり、工夫したりもせず、同じ仕様の家をつくっていることがわかった。そこでわれわれは、42㎡の3ベッドルームと壁に日干しレンガという仕様は復興省の標準を守り、いくつかの改良を加えようと考えた。まず、プランを田の字型から直線型にする。それによるメリットは、①表面積が約16㎡小さくなりレンガの使用量が少ない。②すべての建設予定地が斜面のため、家の奥行が小さくなると、基礎のために斜面を削る量が減る。③屋根の小屋組みが小さくなるため、材料と手間が減る。④各部屋が同等の日照を得られ、風通しもよくなる。⑤主寝室と子ども部屋を離すことができる。⑥スパンが小さいため、屋根を日干しレンガのアーチにすることができる［アフリカの民家では、マサイ族が伝統的にアーチではないが屋根も土でつくっているが、中近東的日干しレンガのアーチの採用は、防水方法、コスト、工期、新しい空間への適応など、さらなる調査を必要とする］。

ふたつ目の改良案は、屋根と小屋組みの材料である。ルワンダ国内では、ザイールやタンザニアの難民キャンプと同様、無秩序な森林伐採が行われており、材木の値段も上がっている。そして鉄の波板は、天井を仕上げない彼らの家では断熱上不適切であるうえ、すべてを輸入に頼り、材質が悪いわりに、ほかの自給できる材料に比べて高価なものとなっている。そこで、それら木と鉄の波板の代わりに竹を使ったらどうかと考えた。アフリカには竹がないという先入観をもっていたし、伝統的に建材としてはまったく使われていないが、首都キガリの至るところで柵として使われていることに気がついた。建設関係者に聞くと、建築には使われないが同じサイズの木よりは安いし、国内に産地があるそうである。まず、小屋組みの木を竹に代えることは、世界中至るところの民家でやられてきたように問題はない。そして屋根の鉄の波板の代わりに竹をどう使うかというと、竹を半割りにし節を取り除き、スペイン瓦のように上下逆に組み合わせ葺いていく。竹は半割りにしてもある程度曲げに効くため、従来の瓦のように細い下地の垂木や母屋は不要となる。そして、竹の建材としての利用や家具などをつくり、新しい職業教育や、竹の植林により少しでも森林伐採抑制へとつながればと思う。

カンボジアのスラムに洪水にも耐える家を

昨年［一九九六年］九月末カンボジア、メコン川の洪水により、流域は二〇年ぶりの大被害となった。一〇月に入り、ＡＭＤＡのアレンジにより現地へ入った。被害は大きく分けて、田畑の浸水と、住宅の倒壊であった。カンボジアの多くの川の流域はもともと洪水が多いため、住宅は高床式となり、階下には家畜を飼っている。しかしプノンペン市内の川に沿ったスラム地域では、住宅のつくり方が粗悪なため特に被害は大きい。カンボジアでは、八〇年代のポル・ポト時代に政治家や知識層［建築家や技術者を含む］とその親子親戚がほとんど虐殺されたため、国を立て直す人材がいない。それゆえに、スラム地域の問題など政府としてはまったく手がついていない。プノンペンでスラム地域の問題にかかわる国連人間居住センター［ＵＮＣＨＳ］のジョナサン・プリンス氏と面談し私の構想を話した。

左・右／カンボジア、メコン川の洪水の光景

それは、まずスラムの住宅はいろいろ問題はあるが、逆にそこにはそれなりの安くて手軽に家をつくるノウハウがあるのではないかと考え、スラムの現在の住宅の材料と工法を調査することにより、継承していけるノウハウと改善すべき点を分析し、洪水にも耐えられる家をつくるプロジェクトへとつなげる。UNCHSはこのプロジェクトに興味をもち、協力とローカルNGO・CATDG［カンボジア唯一の建築大学Royal University of Fine Artsの大学院生中心のグループ］との協働のアレンジをしてくれることとなった。そして幸運なことに、上記の大学へたまたまUNESCO客員教授としてこられている建築家の佐藤康治氏も協力してくださることになり、今年［一九九七年］夏、VAN［P・97参照］とCATDGで協働ワークショップを行うこととした。ワークショップのもうひとつのテーマとして竹の利用がある。カンボジアの民家やスラムの住宅を見て回り疑問に思ったのは、東南アジアでは一般的に建築の構造材として使われている竹が、カンボジアでは床やスクリーンなど非構造材としてのみ利用されていることである。現地の建設関係者やUNCHSのプリンス氏に聞いても明確な回答は返ってこなかった。まして、国際通貨基金［IMF］も再三指摘するように、洪水の大きな要因である川の上流での大量の森林伐採を抑制するためにも、竹の利用を促進することは有効である。

神戸の仮設住宅脱出用家具のアパート

一昨年［一九九五年］の阪神・淡路大震災後、「紙の建築」でボランティアの人たちと一緒に仮設集会場「紙の教会」と仮設住宅「紙のログハウス」を建設した。昨年［一九九六年］は、震災より一年を過ぎ、仮設建築をつくる時期は終わり本建築をつくり仮設住宅を

紙のログハウス 神戸

紙の教会 神戸

脱出する時期となった。行政やデベロッパーによる集合住宅は次々に建ち始めたが、長田区などもともと小さな木造賃貸アパート［通称文化住宅］が密集していた地域ではいっこうに元のようなアパートに再建されない。そこで、以前そのようなアパートをもっていた大家さんたちに話をうかがうと、ほとんどの方が高齢でご自身も被災し仮設住宅に住んでいる。そして、もう今さらアパートを再建する精神的・肉体的・経済的余裕はなく、土地を売って自分たちはマンションにでも住めばそれでよいと、どなたもいわれた。その気持ちはよくわかるが、彼らが一度土地を手放してしまえば、元あったような低家賃の木賃アパートは再建不可能であり、住人たちはもとの町へ戻ってこれなくなるわけである。そこで、これまで開発してきたプレファブ住宅のシステム「家具の家」を使ってローコストのアパートを建設するボランティアを始めた。阪神・淡路大震災の際、家具が倒れ人を怪我させたり、逆に家具の隙間にいたおかげで屋根が落ちてきたけど助かったというような話をよく聞いた。家具は人を傷つけたり助けたりするほど頑丈にできている。その強度を計算と実験により確認し建築の主体構造とするのが「家具の家」のシステムだけに、それを使い阪神・淡路大震災の復興住宅をつくるというのは理にかなう。しかも、復興の建設ラッシュで阪神地区は材工とも高く、職人不足であるうえ、長田区など被害の大きい地域は道路が狭く土地の区画も小さい。その点「家具の家」のシステムは、内外壁断熱も仕上げも完了した家具を、地方の家具の産地で機械化された工場でつくり現場に搬入する。家具のユニットはひとつひとつが小さい［幅90㎝、高さ240㎝、奥行45〜75㎝、重さ70〜130㎏］ため、運搬、建て方にトレーラーやクレーンを必要とせず、簡単に組み立てられるため、阪神地区の人手不足や狭い道路や土地という悪条件にも適したシステムである。さらにアパート

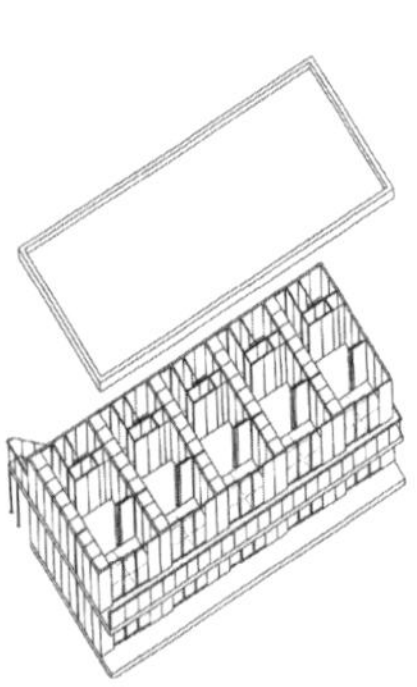

家具のアパート アクソメ

家具の家 No.1

の間取りは繰り返しが多く、隣部屋との境も壁一枚より家具があれば、音も伝わりにくく「家具の家」はアパートとしてメリットが多い。

ゼネコン名前入り現場用シート計画

アーティストのクリストのプロジェクト、特に都市を舞台としたものに、これからの世界規模でのNGOによる人道支援のひとつの模範を見る思いがする。パリのポンヌフ、ベルリンのライヒスタークを見てもわかる。まず、状況を把握し計画を立案する。そして行政との交渉、ファウンド・レーズィング［お金集め］、ボランティア集めにパブリック・リレーション［広報活動］。一般市民はそれも知らず［知る必要はないのだが］、結果としてでき上がった梱包された歴史的建造物の、歴史的意味とフォルムの美しさを再認識する。最後に、プレミアつきの布を切り売りし次のプロジェクトの資金を集める。

日本では伝統的な美徳として「不言実行」、つまりいいことをするとき名前も名乗らず黙って行い去るというのがよしとされてきた。しかしこれからの国際社会ではそれは通用しない。日本と違い、多くの民族、言語、宗教が入り交じった世界では、人びとは日本のように同じ価値観を共有していないため、誰が、何を、何のために行うか事前に理解してもらう必要がある。そして、それを単発的な行為で終わらせず、継続的な活動とするためPRし、資金集めも行う。一般的に日本では、ボランティア活動をただで行う慈善行為と思われがちだが——もちろん個人の単発的なそのような慈善行為も非常に重要なのだが——本来は個人の出費などの負担をかけず、活動を長期的・組織的に行うため専属スタッフを養っていかなければならない。つまりお金をつくり出さなければならないわけである。

ただ、株式会社とＮＧＯ・ＮＰＯとの違いは、株式会社がお金を個人の利益のために稼ぎ還元させるのに対し、後者はお金を次の活動のために稼ぐわけである。

これまで、神戸、ルワンダ、カンボジアの被災地を回り、水、食料、薬以外に共通して緊急時に必要なものに、雨風をしのぐためのプラスチックシートであることに気がついた。ＵＮＨＣＲや国際赤十字は自分たちのロゴ入りのプラスチックシートを緊急時のために備蓄している。そこでわれわれもシートを備蓄し、まずはルワンダやその近隣国で使用するため、日本中のゼネコンからゼネコンの名前入りの中古現場用シートを寄付してもらおうと考えた。そしてそれを被災地で使い、たとえばルワンダの難民キャンプの屋根に日本中のゼネコンの名前が出て、それを世界中のマスメディアが報道する。日本でも、日本のゼネコンはこんな素晴らしい国際貢献をしているのかと話題になるだろうし、寄付してくださった方々も具体的に寄付したものが有効に利用されているのを見れば、また引き続き支援しようという気持ちにもなっていただけるのではないだろうか。とりわけ、一昨年〔一九九五年〕日本中の人びとが神戸のために寄付し、それがどう使われているかまったくわからず、がっかりした経験があるだけに、支援の結集が具体的に広報されるということは、次の活動につなげるという意味で人道支援にとって非常に重要なことである。それゆえに、ＵＮＨＣＲや国際赤十字でもお金をかけてでも支援物資にロゴマークを入れているのである。そういった意味で、これからの国際貢献では、クリストの戦略はたいへん参考になるのである。これを読んだ全国のゼネコンの方々、何枚でも結構ですから中古の現場用シートとそれの輸送・手続きの費用として一万円を添えて是非ともご協力お願いします。

シェルターで使ったゼネコンシートの屋根

VANの設立とメンバーの募集

これまで述べた背景のもと、実際に進んでいる活動の資金を、公的助成にもとめるため、昨年［一九九六年］八月正式にNGOボランタリー・アーキテクツ・ネットワーク［VAN］を設立した。正式にといっても政府のNPO法案が決まらない現在は、公的助成団体が実績、規約、収支報告などをもとに、NGOと認め助成対象となったということである。

現在メンバーは、プロジェクトごとに募集するだけに留めているが、世界中のネットワークづくりは始めている。そのひとつの手段として、インターネットのホームページがある。これは昨年［一九九六年］開催されたインターネット・ワールドエクスポ'96の一環で、南條史生氏プロデュース、大日本印刷の企画で、ほかオノ・ヨーコ氏、津村耕佑氏［ファッションデザイナー］、野村万之丞氏［狂言師］、宮島達男氏［アーティスト］とそれぞれホームページをつくるチャンスに恵まれた。私はもともと、自己宣伝としてのインターネットのホームページには興味がなかったが、世界中のネットワークづくりとしての可能性には注目していた。そこでVANのホームページでは、これまでの神戸、ルワンダの活動の紹介以外に、難民・ホームレス・スラム・自然災害などの問題に取り組む世界中の一三〇余りの国連・政府・学校・企業などの機関とリンクを張っている。

もうひとつのネットワークづくりは、イギリスに本部を置くRedR［Register of Engineers for Disaster Relief——直訳すると災害救援のためのエンジニア登録団体］とである。RedRは、世界各地の戦争や自然災害での救援活動を技術的にサポートするため、構造家、建築家、各種土木技術者、電気・機械関連技術者などにより組織された英国の慈善団体で、そのサポートにオーブ・アラップ社が深くかかわっている。私は、RedRとの連帯関係をつくる

VAN最初のホームページ
1996年

ため、ロンドンで面接試験を受けメンバーとなった。

現在［一九九七年］、ルワンダの帰還難民用住宅の建設指導に携わるメンバーを募集している。仕事の内容はすでに述べたように、外務省の「草の根無償資金」を使いＡＭＤＡと協働し現地の労働者を使い、帰還難民用住宅建設のスーパーバイザーをすることである。もちろん、やる気と能力があれば未経験者でよく、ルワンダのキガリに二カ月から半年ほどの派遣となる。

一昨年［一九九五年］から、建築の作品づくりに費やす時間と、ここで紹介したボランティア活動に費やす時間が半々ぐらいになってきた。だからといって作品づくりが疎かになったわけでなく、時間的両立に非常に苦心している。よく単純に「なぜこんなことを一所懸命やるの?」と聞かれる。もちろん根本には、社会的使命感はあるが冷静に自己分析してみるとそれ以外にふたつモティベーションがあるように思う。ひとつは、一一年前に大学を卒業し日本へ帰国し、まったく実務経験のないまま建築づくりを始め、これまでは経験のないゆえ、ひとつひとつ仕事を取り、設計し、つくり上げていくだけでもとても苦労してきた。ところが最近は建築の規模にかかわらずある程度コントロールできるようになり、上司や師匠のいない自分にとって新たなフィールドでの自己トレーニングと、新たに挑戦する世界が欲しかったのだと思う。もうひとつは、アメリカで建築教育を受け、その後、欧米社会の建築ばかりに目を向けていたが、最近それ以外の世界の考え方、技術、材料に非常に興味を引かれるようになったことである。近年、新しいハイテックな技術や材

RedR ホームページ

料の開発は、企業などが大きな資本と人員を投じないと不可能で、昔のように一個人ではそのようなことはできなくなっている。しかしまだまだ個人でできるのは、先入観をなくし、既存の技術や材料の読み替えをしたり、潜在的な能力・可能性を引き出すことではないだろうか。そういう意味で私が今進めている「紙の建築」や「弱いものを弱いなりに使う」考え方は、発展途上国で建築に携わると無限の可能性が見えてくるような気がする。

ＪＲ田沢湖駅［1997］

田沢湖町とＪＲの合築駅

はじめて公共建築を設計するチャンスをいただいた。それも駅舎という特殊な条件の公共建築で、ＪＲ東日本と田沢湖町の合築駅であるという。設計を進めるにあたっては、主観的なデザインを主張するのではなく、客観性と必然性のあるストーリーづくりが重要になると思われた。

最初の基本構想段階では、まったく考え方の違う三案の提出を求められた。その中から、駅前広場に向かって円弧状にひろがった案を平面計画として気に入っていただき採用された。ところが立面は、以前から町側で考えられていた正面に向かって浅いボールト形状の屋根をかけてほしいというご要望をいただいた。そこで、まったく別な経緯から出てきた、平面的円弧と立面的ボールト屋根というふたつの要素に、整合性をもたせて結合させることが最大の設計テーマとなった。

このような流れとは別に、設計当初に町側より、秋田らしさを出してほしいということと、最大限木を使ってほしいという要望があった。また、ＪＲ側からは、「紙の建築」はもちろん、新幹線の駅として木造建築も採用できないことを聞かされた。

ＰＣパイルのキャンティレバー柱

まず秋田杉のまっすぐ上に伸びる森のイメージから、円柱の列柱を考えた。この敷地は、

全景

地盤が悪く通常の鉄骨造でも杭工事が必要となる。ところが、工期は新幹線の開業に間に合わせるため七カ月半しかない。そこで列柱により鉛直荷重を分散させることにより杭工事をなくし、そのかわりに杭［PCパイル］を列柱として採用した。PCパイルを構造体として使う試みは以前から続けてきた。まずは、「路線脇のコンプレックス」でそれまで紙管の連続で構成した外壁と光の帯の空間を、はじめてPCパイルの連続した外壁で実現した。次に、この安価で非常に強度の高いPCパイルを主体構造に使ったのが「PCパイルの家」である。ここでは、急斜面に簡単にピロティをつくり、そのPCパイルが基礎から床を貫通して屋根をも支持した。

今回は、広場側とホーム側に二六本ずつ計五二本のPCパイルを2・1m間隔で並べた。「紙の家」の紙管で柱を床からのキャンティレバーとしたが、今回はキャンティレバーにするため基礎のボイド抜きした穴に差し込み固定し、一本のPCパイルが全体の横力を五二分の一だけ支持できる強さのジョイントとした。それにより柱頭と梁は簡単なピン接合となる。

鉄板と集成材の複合梁

PCパイルの間にかけ渡す梁の形状は、応力に合わせて弓形とし、力の流れを視覚化したいと考えた。本来は集成材を使えば、そのような弓形の梁をつくることは容易であるが、木造は使えない。だからといってスチールのビルトHでその形状の梁をつくることはコストが高いうえに、PCパイル柱との組合せとして表情も淋しすぎる。そこで考えたのは、計算上の応力は16㎜厚の鉄板でもたせる方法である。つまりフランジなしのウエッ

PCパイルの家

内観

プのみの状態で、それだけではたわんでしまうので、両側を集成材で挟み剛性をもたせた複合梁とする。単板の鉄板を応力に合わせ弓形にカットするのは容易であるし、集成材もたわみを抑えるだけなので、特注で大きな梁をつくるのと違い、在庫の集成材断片をボルトで鉄板の両側につなぎ合わせればよく、安あがりで納期も短くてすむ。そして何より、この案を役所に相談したところ、計算上の応力を鉄板でもたせている以上鉄骨造のカテゴリーに入るといわれたおかげで、JR側からも木造でないということで許可をいただけた。町側も木造のように見えるのでたいへん気に入られたが、この仕掛けがわかるように集成材の間の鉄板の厚み［ライン］をあえて出すことにした。

形と構造の整合性

さて、次に町側の要望の浅いボールト屋根形状についてであるが、正面中央に向かってPCパイルの長さを徐々に長くし、柱頭の高さをボールト形状になるように変化させるには、一三種類の長さのPCパイルをつくるか、柱脚の高さを一三通りに変えるかである。ところが正面の駅前広場に向かって円弧を描くような平面計画を求められたおかげで、円弧状に二六本のPCパイルを2・1m間隔で並べ、屋根はプラットホーム側と平行の直線とすることにより、中央に向かって屋根の庇の出が徐々に大きくなる。梁のキャンティレバーが両妻面の500㎜から中央で5100㎜まで大きくなることで、柱頭部の梁背は200㎜から600㎜になる。それにより屋根正面の形状は中央に向かって600㎜ほどのライズで自然に浅いボールト形状を描くことになる。つまりまったく別な要因で決定し、与えられた平面と立面の形態に整合性が生まれたわけである。

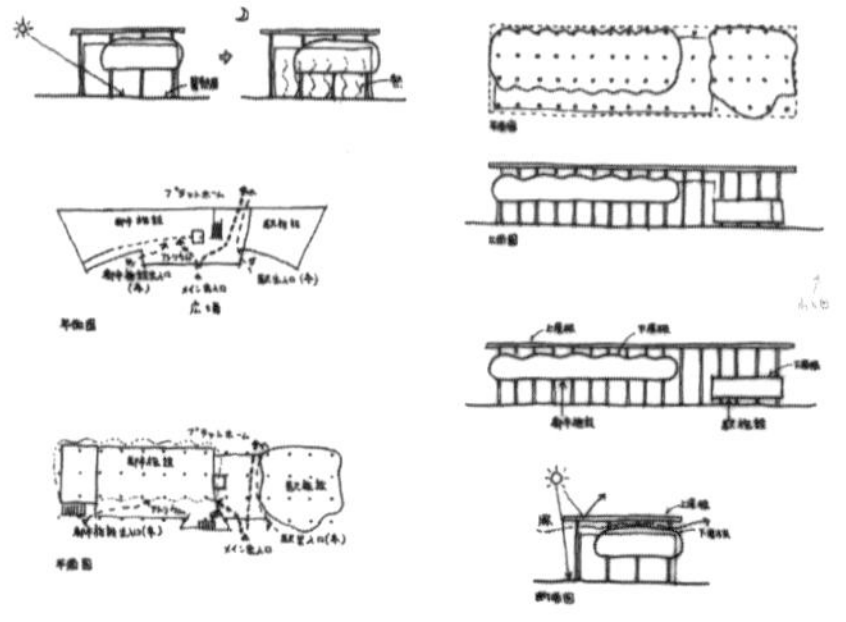

スタディスケッチ

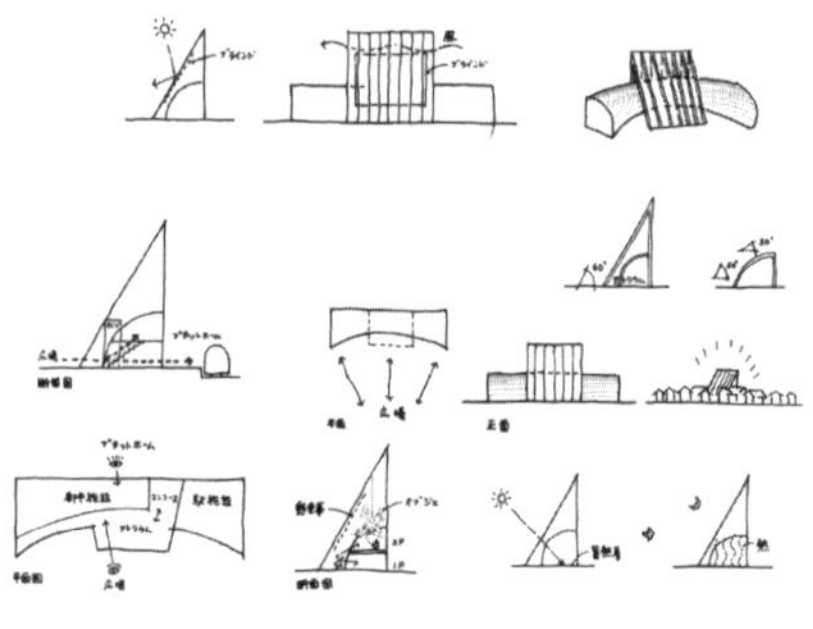

スタディスケッチ

ダブル・ルーフ

建築全体の構成としては、以前に設計した「ダブル・ルーフの家」と同様、空間全体を覆う大屋根により、積雪荷重をすべて受け、その下にライブロードをまったく受けない薄い屋根をもった個々の諸施設のボリュームを挿入した。大屋根下の大空間［コンコース］は空調せず、冬は入れ子になった空調された諸施設は断熱性が高く保たれ、夏は大屋根の両妻面が開放されて風が通り、室内環境が調整できるようになっている。

これらの仕掛けにより、駅前広場側はヨーロッパの古典的駅のような大きな町からの流れを受け止めつつ、駅を透かして下部には新幹線の出入り、上部には背後の山が見える透明感のある建築となった。

最後に、今回の構造設計は松井源吾先生の遺作となった。昨年［一九九六年］一月に亡くなられた先生は、一昨年入院されているときも、「見舞いならこなくてよいが、打ち合わせならきなさい」と、一二月ぎりぎりまで相談に乗ってくださった。これまでの私の構造的試行錯誤の過程は松井先生のサポートに負うところが大きく、これらの作品の集大成のようなこの作品の完成を松井先生にお見せできなかったことはとても残念である。

ダブル・ルーフの家

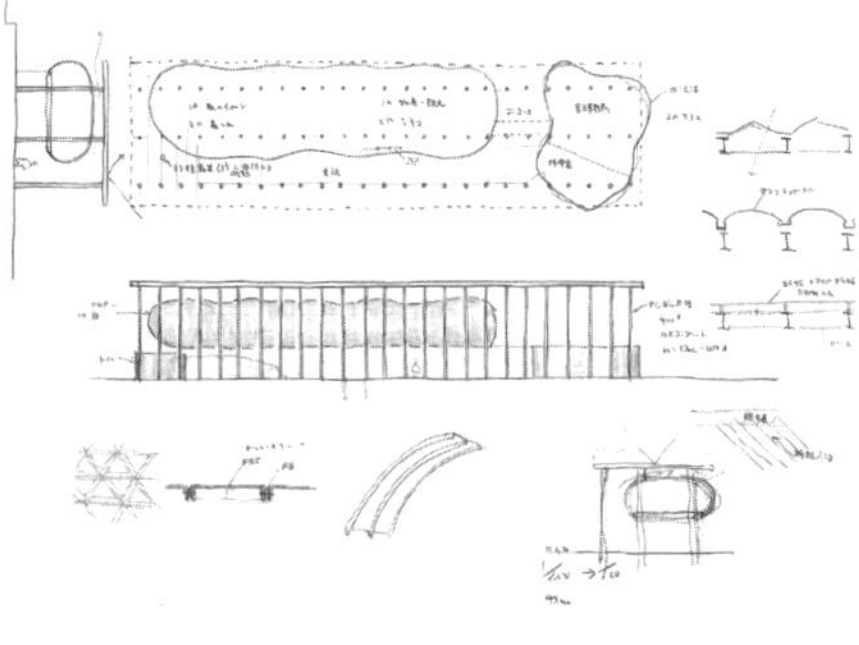
スタディスケッチ

アンチ・ミースィアン
壁のない家［1997］

バルセロナ・パビリオン

私のもっとも好きな建築のひとつに、ミースのバルセロナ・パビリオンがある。しかし見に行くたびに気になるのは、石貼りの壁は実際にどこまで横力を受けているのだろう、ということである。もちろん、あの十文字断面の柱と間仕切り壁の構成は完璧な完成度をもっているが、常に壁かサッシュのそばに置かれている十文字の柱がたとえなくとも、地震のないバルセロナでは、XY方向にある壁とサッシュの方立で十分に構造的には成立してしまうのではないだろうか。

これまで私はローコスト化を図るため、ひとつのものにふたつ以上の意味や機能をもたせることにより、部材と手間を省く試みをいろいろと行ってきた。たとえば「家具の家No.1」では、工場製作される家具に、収納、間仕切り、鉛直荷重の支持、横力の支持という四つの機能をもたせた。この試みは、ミースの水平面、垂直面、線材、ボリュームといった形態の完璧なアーティキュレートに対する、逆の行為である。そこで今回は、バルセロナ・パビリオンのように形態のみのアーティキュレートから、さらに構造の意味まで完全にアーティキュレートすることを試みた。

鉛直力と横力のアーティキュレート

敷地は斜面だったので、基礎工事をできるかぎり軽減するため、床面の後ろ半分は斜面

外観

外観

を掘って床を下げ、前半分は後ろの残土を盛るようなかたちで床を上げた。斜面を掘った後辺は、山留めをして無理やりキャンティレバーの垂直壁をつくるのではなく、床スラブをR状に屋根までめくり上げ、土圧を自然に床に流した。水平な屋根面の後辺は、めくり上がったスラブと完全に固定させることにより、すべての横力を床スラブへ流す。それにより、前面に唯一ある三本の柱は、まったく横力を負担せず鉛直力のみ負担する、最小限の55㎜φの柱断面となった。

ユニバーサル・フロア

以上のような構造上の考えを純粋に表現するため、構造にもなり得るすべての内外壁とサッシュの方立をなくし、可動の引戸とした。このことは、空間的には「2/5ハウス」で試みた「ユニバーサル・フロア」の考え方で、ミースの「ユニバーサル・スペース」のような大屋根の下に外とは遊離した流動的空間をつくり出すのではなく、内部空間の各機能空間相互や内外部空間までが、その使い方によって組み合わせたり連続させられるフレキシブルな空間になっている。屋根の両側面は、壁面後退のルールにより軒が出せないので、下げれば雨戸代わりになるファブリックのオーニングが、内外空間を曖昧に連続させ、視覚的に風と光を感じさせる装置となっている。

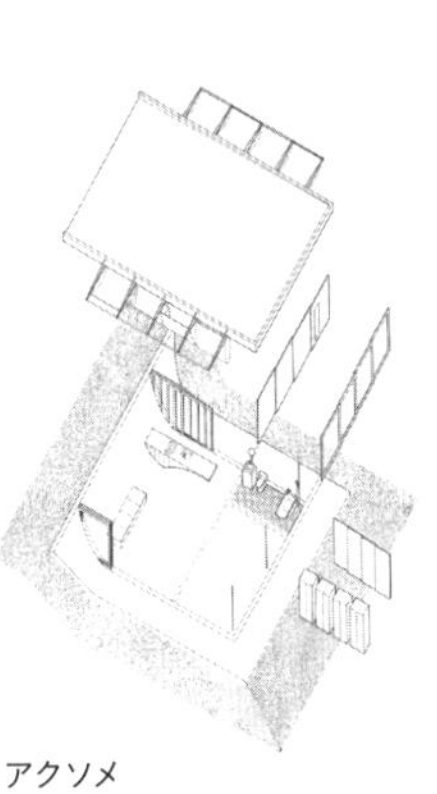
アクソメ

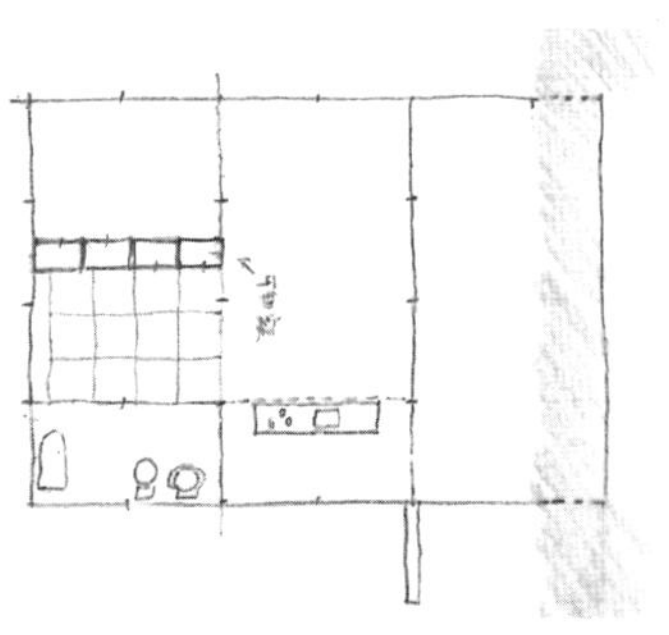
平面スケッチ

めくれ上がった床スラブが自然に土圧を床に流す

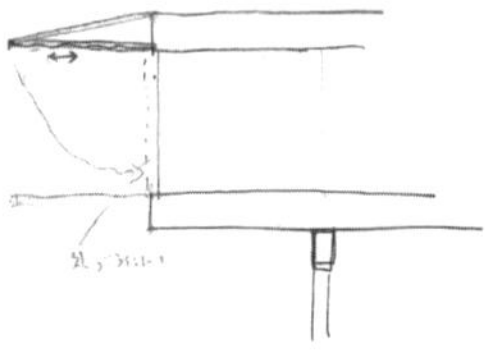

スケッチ

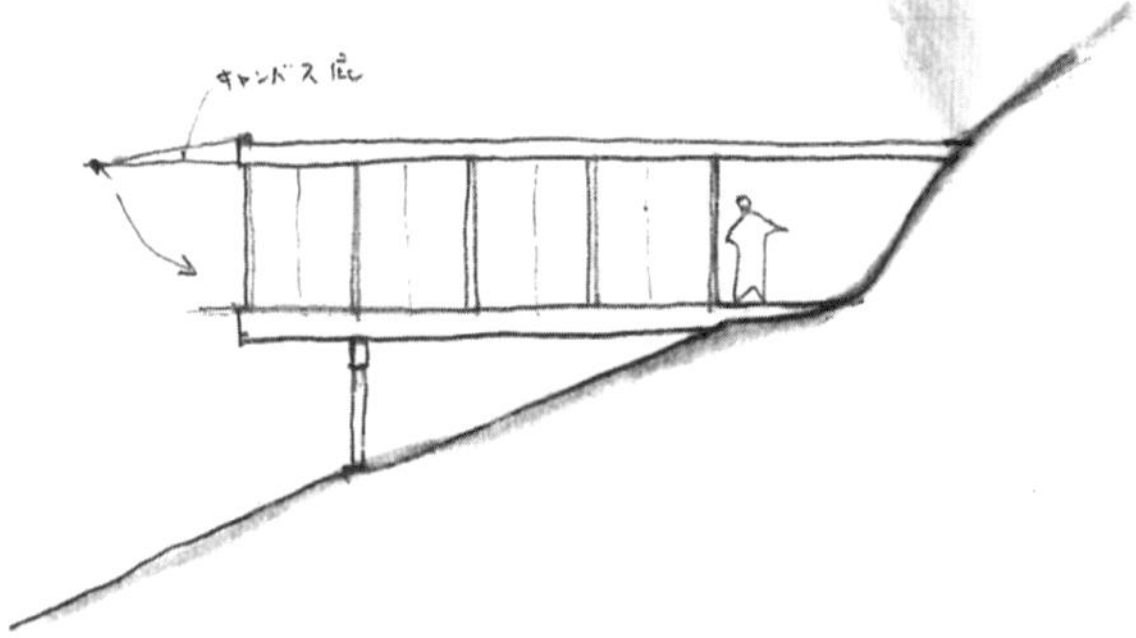

スケッチ

羽根木の森のふたつの試み

羽根木の森［1997］

森の中にジオメトリーを探す

世田谷区の閑静な住宅街に、三一二坪の土地に二七本の大木を森のように残している場所があった。しかしオーナーは、ついに税金の負担に耐え兼ねて集合住宅を建てる決断をした。その条件は、既存の木を一本も切らないこと。そのため、容積はいっぱいに使わなくともよいが、採算が合うように建築費を押さえることであった。

まず木の位置、幹と枝の立面上の位置を測量し、地面を掘り、根の位置や状況を確認した。当然木の位置はアトランダムにあるので、矩形の構造グリッドを入れようとすると柱・梁が木とぶつかる。かといって木を避けた不規則な柱の配置では、柱の径、梁の形状、柱と梁の仕口角度などすべて場当たり的になり、無秩序な設計で建築費も高くなってしまう。そこで、このアトランダムな木の配置に合ったジオメトリーを探すことにした。木が一本あるところは円形に、木が二本以上あるところは楕円形に空間を抜き取るため梁を取ったり、重要な根があるところでは地中梁を取っても安定しているジオメトリーとして、一辺4mの正三角形のグリッドを見つけた。これにより円や楕円で抜けることによるキャンティレバーの梁も適度な長さに納まり、ブレースなしで水平剛性もある。このシステムの中に、各住戸が均等な環境をもち［それぞれ木々に囲まれている恩恵を得る］森を歩いて各住戸にアプローチするよう、一～三階で一住戸となる長屋形式とした。これにより、共有部がなくなり各住戸の独立性が高くなるうえ、共同住宅という特殊建築物でなくなるため、

建設前の羽根木の森

鉄骨の耐火被覆が不要となる。グラウンド・レベルでは、森の中を歩く感覚を残すため天井高を３ｍとしているが、素ピンの柱梁を露出し正三角形のジオメトリーを強調することにより、有機的な自然と対比させている。

さらに、森に迷い込んだようにするため、最小限の個室はその場に応じ独立した角度に配され、鏡とミラーガラスにより存在感をなくし森の木を増幅する。あとは、独立したレンガ積のトイレと空調室外機のユニット［GHPなので大きいうえ、消音カバーを施してある］により、玄関の空間が囲まれ、扉がシンボルのように独立して立っている。

各住戸は、板状の各階スラブの間に挟まれたフルハイトの家具［クロゼット］によって分けられ、その厚みのみが、ガラスやガラスブロック面に表れ、要素のアーティキュレートと住戸間の遮断効果を高めている。

建築のグローバライゼーション

このプロジェクトでもうひとつ些細な挑戦をした。それは、最近頻繁にヨーロッパへ行くたびに日本との大きな差を感じさせられるのは、建築の組み立て方［人材と材料の使い方］である。つまり、適切なコンサルタントや素材・製品をヨーロッパ中から集め建築を構成していることである。日本では、地理的問題や膠着したゼネコンのシステム、そして設計料の問題もあるが、各分野のコンサルタントが少なくメーカーに依存せざるを得ない現状がある。たとえばヨーロッパでは、軀体の構造と、サッシュやガラスを含めた二次構造が、ファサード・エンジニアリングとして独立している。材料にしても、日本のゼネコンや下請けは、石を除いては材料だけ海外より輸入し取付けのみを行うことをいやがる。そこで、

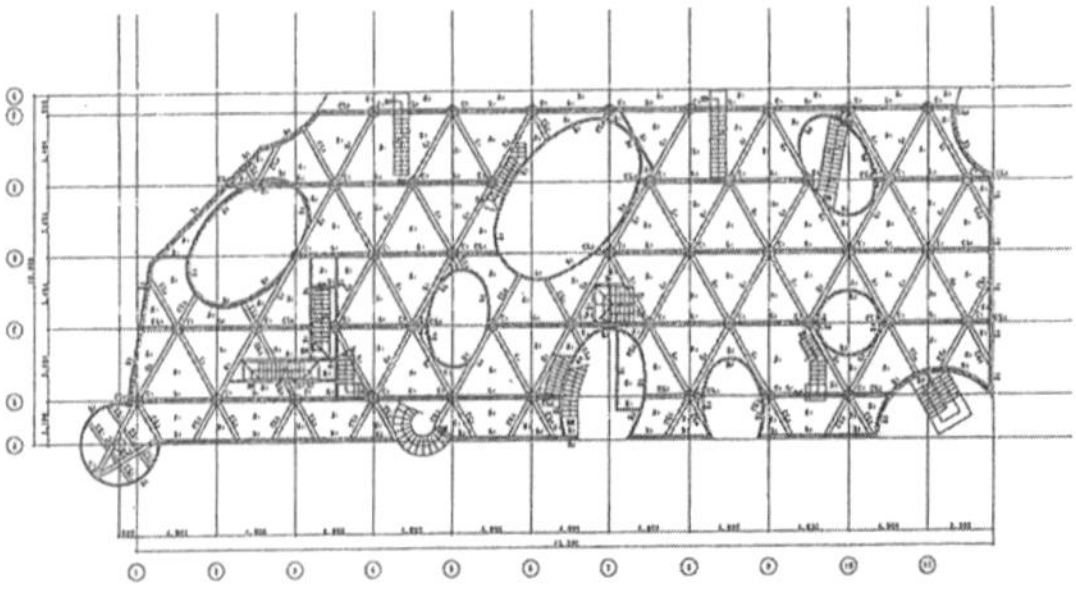

最終プラン

木を活かしたボイド空間

このプロジェクトでは、ガラスブロックとガラスと外付けブラインドを輸入した。ガラスブロックは日本では一社が独占し、デザインと価格をコントロールしている。今回は、木を囲む円と楕円の開口部すべてガラスブロックとしたため、曲線がきれいに出る長方形のガラスブロックを探したが、日本のものでは、サイズとデザインの種類が少なく気に入ったものがなかった。そこで価格も安くデザインも豊富なイタリア製を日本のメーカーと摩擦を起こしながらも使った。ガラスはペアガラスを使いたかったが日本では三社が値段をコントロールし高すぎるので、韓国製を輸入した。日本ではメーカーの圧力によりフロートガラスに高い関税をかけているが、ペアガラスは特殊ガラスとして例外となっている。そこで韓国のメーカーの工場を見学し交渉し小ロットにもかかわらず輸入していただいた。韓国では、新しい建物の九〇%以上にペアガラスが使われているため、ペアガラスは大手のガラスメーカーでなく、何十社とある中小のガラス加工メーカーが技術と価格を競っていて、値段は日本の一〇分の一ほどである。外付けブラインドは、これほど遮光に効果的でヨーロッパで広く普及している製品が、日本にまったくないというのもおかしなことである。そこでヨーロッパ各地に視察と打ち合わせに行き最終的にベルギー製を使用した。今、日本で、このようなヨーロッパ的な建築の組み立て方ができるのは、岡部憲明氏しかいないであろう。氏の日本での活動がたいへん興味深いが、このままでは、日本の建築家はヨーロッパから大きく水をあけられてしまう。これからは、スタイル面でなく、もっとグローバルな視点で建築の組み立て方を勝負していかなければならないのではないだろうか。

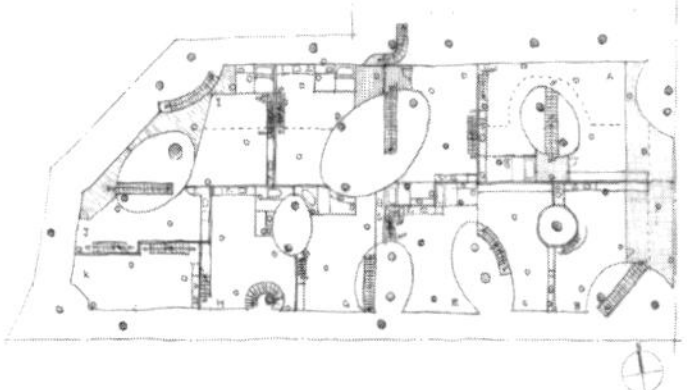

スケッチ

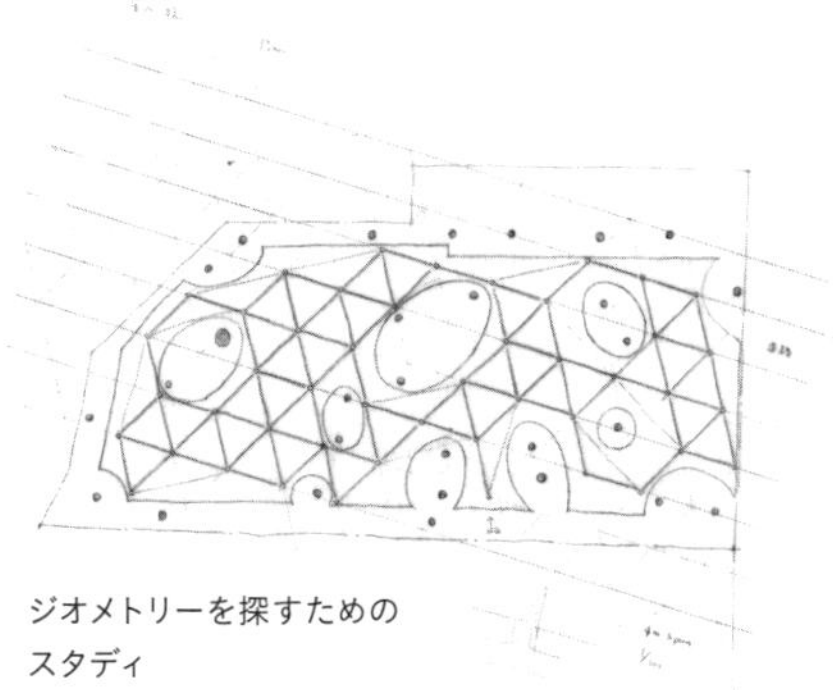

ジオメトリーを探すための
スタディ

全景

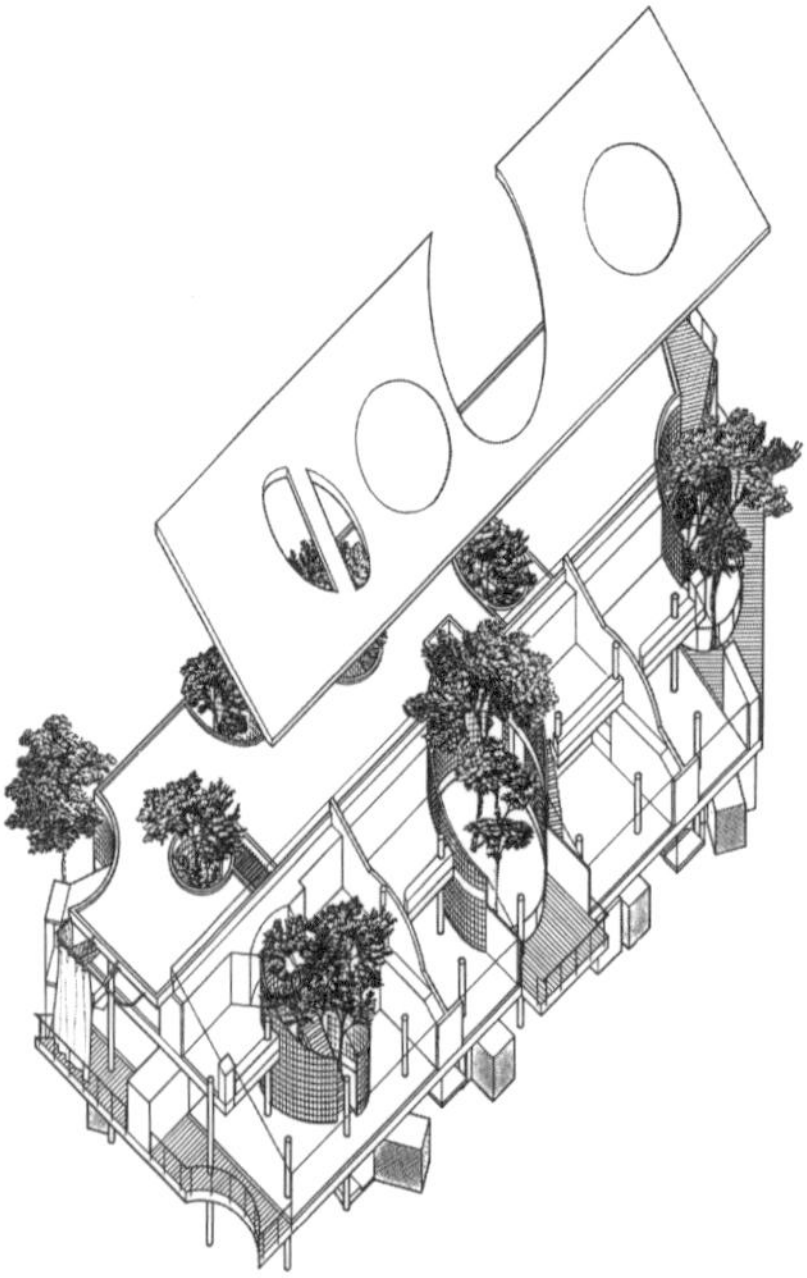
アクソメ

外観

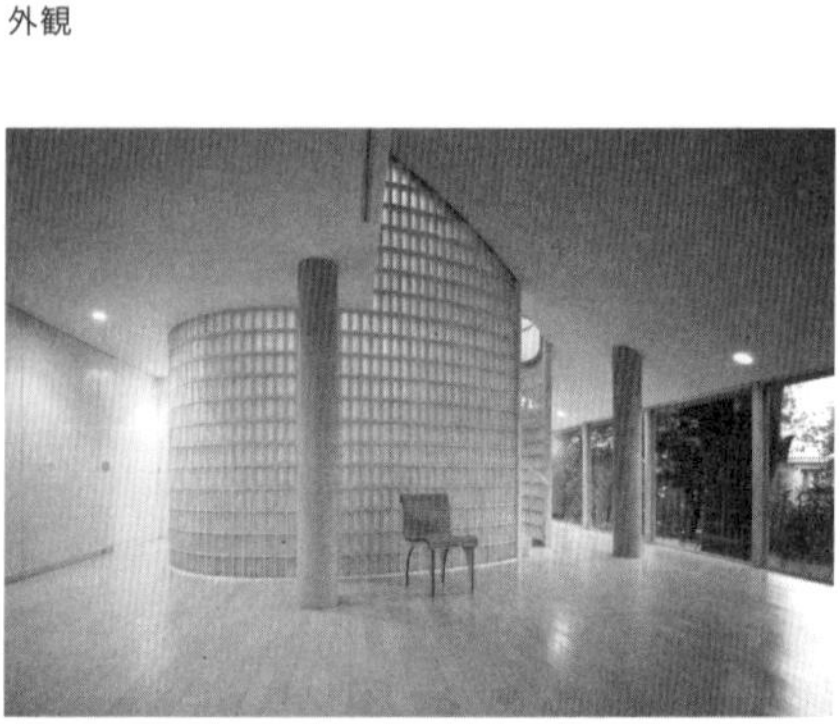
内観

紙の舞台装置 ［1997］

狂言師・野村万之丞とのコラボレーション

野村万之丞氏との出会いは、一九九六年のワールド・インターネット・エクスポで、南條史生氏の企画でインターネット上の大日本印刷館にお互いのホームページをつくったときである。それ以来、万之丞氏の企画で「紙の巡回劇場」をつくろうという話が進んでいる。

今回は、万之丞氏の総合演出で、日中国交正常化二五周年を記念して、狂言と中国の京劇の競演が歌舞伎座で行われ、その舞台美術を担当させていただいた。演目に合わせて舞台は、狂言「棒縛」、京劇「棒縛」、狂言「舟渡聟《ふなわたしむこ》」、楽劇「唐人相撲」の四パターンと休憩時の計五パターンを紙管を使い変化させている。搬入は前後だけで、変化させるために使える仕掛けは、回り舞台、吊りバトンと幕と照明家・中川隆一氏の演出である。狂言時には四本の紙管で日本的な間を意識させ、京劇時には列柱で大陸的な雰囲気をつくった。休憩時には回り舞台を回転させ幕の裏から紙管の大きな円弧の外面を出し、最後のスケールの大きな万之丞氏独自の楽劇の世界を予感させるような光と影の空間をつくり出した。そして最後の開幕と同時に円弧を回転させながら幕を上げ、日中の総勢五六人の役者を包み込む大空間を出現させた。

このように、再生紙の紙管の配置のパターンと、光の演出だけという単純な構成の中に、日本と中国の伝統と万之丞氏の役者に留まらないスケールの大きさが表現できたのではないだろうか。

舞台光景

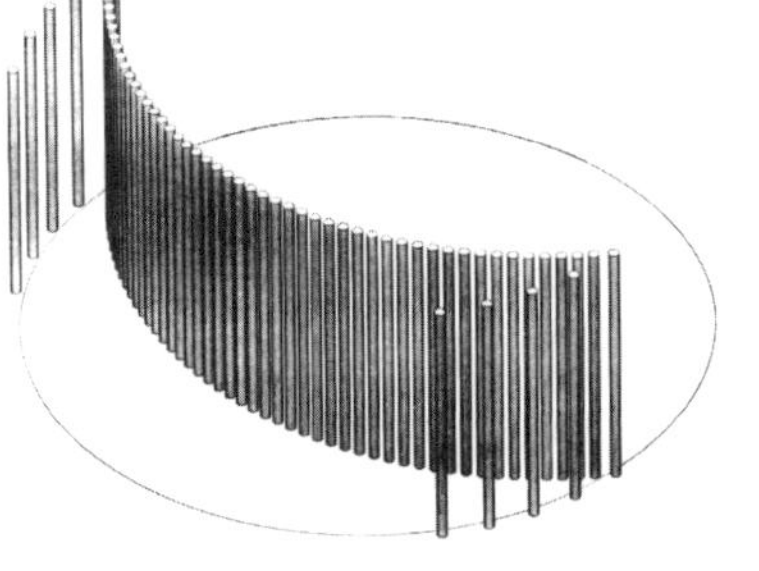

アクソメ

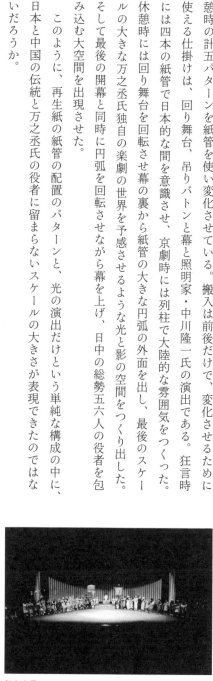

9スクウェア・グリッドの家 [1997]

スチール家具構造

これまで開発してきた、工場で製作したクロゼットや本棚などの家具を住宅の主体構造として使うプレファブ工法「家具の家」のシステムを、木製フレームに替わって今回はスチール材で構成することにした。

スチール材は、最近各大手鉄鋼メーカーがアメリカのシステムを導入した、「スチールハウス」の部材をメーカーの協力のもと使用した。「スチールハウス」の構法は、単なる2×4材より安いが、システムをそのまま導入するにはいくつかの問題点がある。まず、既存の大工を使えない。施工者から訓練しなければならないのでは、材料代が少々安い程度では引き合わず、住宅メーカーが急にこのシステムを採用できるわけがない。次に、敷地の狭い日本の現場では、スチール材を現場で切断すると騒音により近隣の迷惑となるため、部材はすべて工場でカットしてこなければならない。また、材がスチールゆえに木よりも結露しやすい。そして部材がとても軽いため、プランによっては、扉を強く閉めると壁が揺れる可能性もある。

しかし、このスチール材を「家具の家」の工法に利用すると、いままで家具の長手背面壁のみを構造にカウントしていたが、スチールの強度があるため側面壁もカウントすることができる。さらに、家具自体を軽量化でき、上記の「スチールハウス」のさまざまな問題点も解決することができる。まず「家具の家」では施工現場での組み立てが簡単で大工

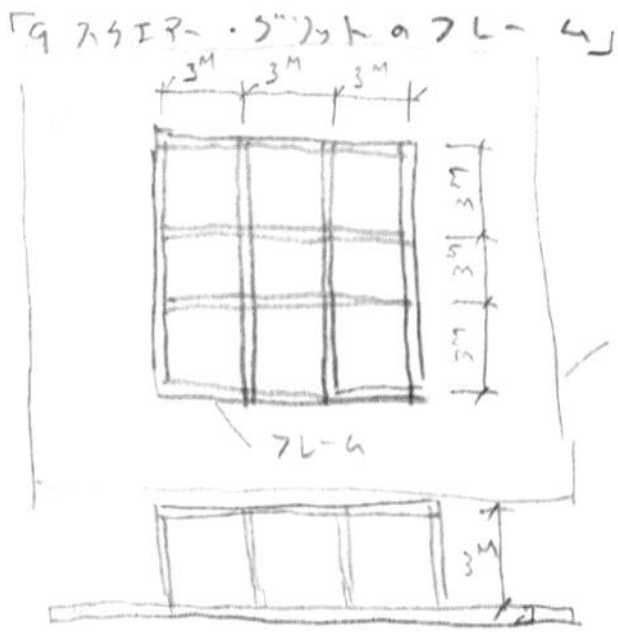

スケッチ

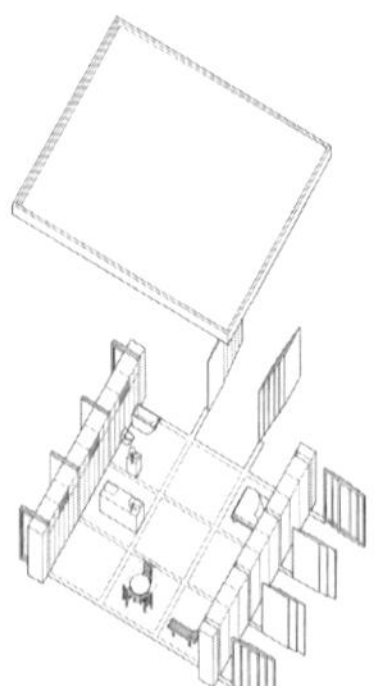
アクソメ

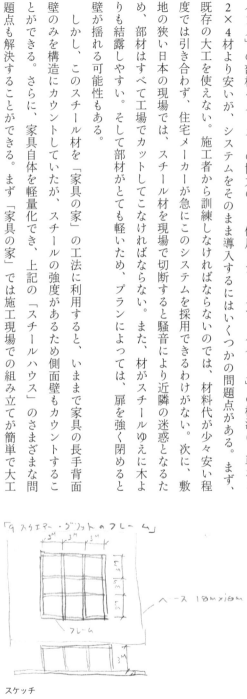

の必要がないうえ、家具自体を工場で製作するため騒音の心配もない。そして、これまで試みてきたように、断熱用発泡ウレタンの充塡が家具製作時にでき、部材の結露を防ぐことができる。また、家具自体厚みがあるので、扉を閉めても揺れる心配はない。今回、10・35mの二列の家具壁間のスパンも、「スチールハウス」の梁部材［300×50×20×1.6］をダブルで使って大きなスパンが取れ、しかも集成材やTJIよりも軽々と人の手で建方ができた。

空間構成

空間としては、これまで設計した「ヴィラトリイ」や「Iハウス」のような、家具による平行な「二枚の壁」の構成である。そして「二枚の壁」の間にできた空間は、「2／5ハウス」や「壁のない家」で試みてきた「ユニバーサル・フロア」の考え方を使い、住宅の中のすべての要素——キッチン、バス・トイレ、家具、ベッドなどがひとつのユニバーサルな平面に散在している。しかも、ミースのように不動のコアや家具［実際は動かせるが、家具のデザインや配置は完全に計算され移動できない］によって、一見流動的な空間の中に見えない壁をつくるようなことはせず、全体の10・35m×10・35mの正方形の空間は9スクウェア・グリッドを引戸によって分割している。引戸は季節や機会に応じてさまざまな分割が可能で、さらに南・北面のガラス引戸を開放すれば、内外の空間は物理的にも連続していく。

「ユニバーサル・フロア」の考え方は、この提案を喜んでくださり、創造的に楽しんでくださっているカップルとの幸運な出会いにより、思い描いていた最終型をつくり上げることができた。

内外の一体性のあるユニバーサルフロア

アイビー・ストラクチャー 1 ［1998］

敷地は、間口9m、奥行24mと東西に細長く、両側には隣家が境界ギリギリまで迫って建っていた。六五坪という敷地の面積のわりには窮屈に感じる、特色のない住宅地の一角である。この周囲四方からの視線が気になる環境にあって、できるかぎりフルに土地を活用し、三世帯五人の家族の開放的な生活をいかにつくり出せるかが、今回の空間的なテーマであった。

まずは、土地を有効に使うため敷地を南北に細長く半分に割り、南側半分を外部、北側半分を内部空間のブロックとした。北側ブロックの二階にすべての個室［個室4＋バスルーム2］を集め、その一階すべてを共有の大空間とした。共有の大空間を北側の外部空間とできるかぎり連続させ「ユニバーサル・フロア」とするため、その妨げとなる壁や柱をすべてなくしたいと考えた。

いま、新しい構造のテーマに取り組んでいる。それは、内部空間や内部と外部のエッジをできるかぎり自由にするため、たとえばゴシック建築のフライング・バットレスのように、外部に内部の構造を負わせる方法である。しかもただ構造を外に出すのでなく、もともと外部で必要な機能を併せもたせることである。この敷地においては、接近する南側隣家自体とこちらからの視線をある程度遮るため、長い南側隣地境界に沿って二層分のアイビー・スクリーンの壁を配置した。アイビー・スクリーンといっても二層分の高さとなるし、風圧も大きく、ずいぶん立派な構造体を必要とする。そのことは、「デンティストの

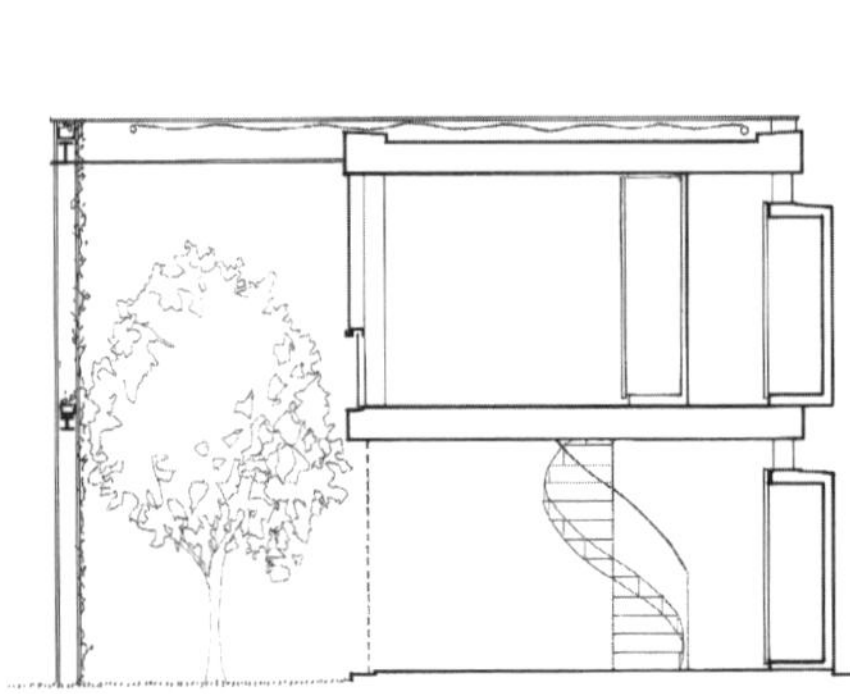
断面

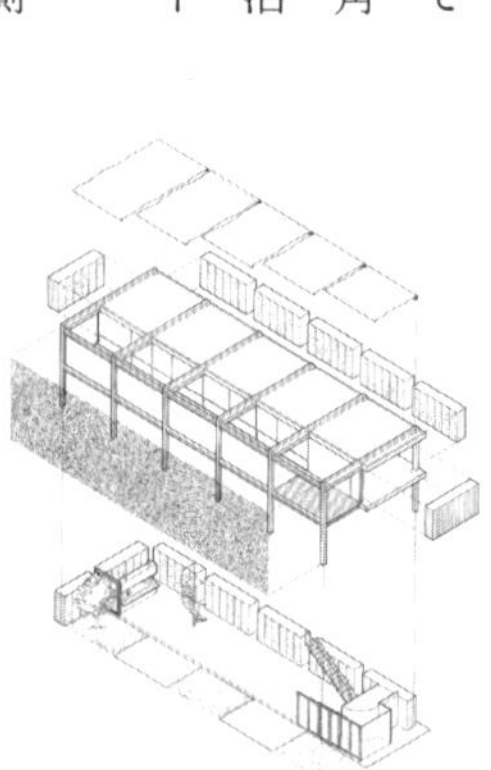
アクソメ

家」のアイビー・スクリーンで実感した。それなら、そのアイビー・スクリーンに本体の鉛直荷重や横力をもたせたらどうかと考えた。そこで、北側ブロックの二階部分の南側半分の構造をアイビー・スクリーンに負わせ、二階床を吊ることにより、一階の大空間と外部空間との間はまったく柱のない連続性の高い空間となった。

もうひとつの試みは、外部の遮光や外部に半屋内的空間をつくり出す、可動メンブレーン〔テント膜〕である。「カーテンウォールの家」では、テラスの外部エッジにカーテンを張り、遮光、プライバシーを守る効果と半屋内空間をつくり出した。また「羽根木の森」では、外部ブラインドを使った。今回は、屋根面と南側外部空間をすべて被うメンブレーンを、二階ブロックを吊る大梁をレールとして使い動かせるようにした。この南側屋外空間の上のメンブレーンは、南ガラス面の遮光と外部空間の半屋内化の役割をもつ。また屋根の上のメンブレーンは、ダブル・ルーフ効果で夏場の二階屋根の遮熱に有効である。

空間構成は、これまで述べた意味をもつ鉄骨フレームに、東・北・西面すべてに自立する家具が外壁を兼ねてはめ込まれ、隣地に対し閉鎖的な表情をつくり、南側の全面ガラスの開放面との対比をなしている。

内観

外観

家具の家 No.3 [1998]

「家具の家」の開発

一九九五年に完成した「家具の家 No.1」は平屋の建築だが、モジュール化した内外壁の塗装まですべてを家具工場で製作するフルハイトの家具を主体構造として設計されたはじめてのプレファブ構法の試みであった。

その後、一九九六年に完成した「家具の家 No.2」は、このシステムの商品化を目指し、二階建て、延床面積三五坪の四人家族用住宅のプロトタイプとして設計した。二階建てといっても構法的には平屋とまったく同じで、水平剛性を確保した二階床の上に同じ手順で家具を並べ、一階同様ラグスクリューで家具同士と床の梁とを固定する。ユニット的にはモジュールを変えず、新しいバリエーションとして、洗面台、キッチン、階段、空調入りクロゼットなどを加えた。また、家具のついていない単体の壁ユニットを加えることにより、プランのバリエーションは大きく広がった。

今回の「家具の家 No.3」においては、建方をいっそう単純化するため、一列の連続した壁ではせん断に効く部分が両端だけであることを考慮し、両端の壁のみをラグスクリューの代わりにホールダウン金物で土台や梁と緊結し、間の壁のラグスクリューを省略する試みをした。また断熱性能を高めるため、工場製作の利点を生かして、家具内部の間柱の間に発泡ウレタンの注入を行った。

敷地は、住宅地には珍しく、二階からの眺望が素晴らしかったため、家具ユニットをL

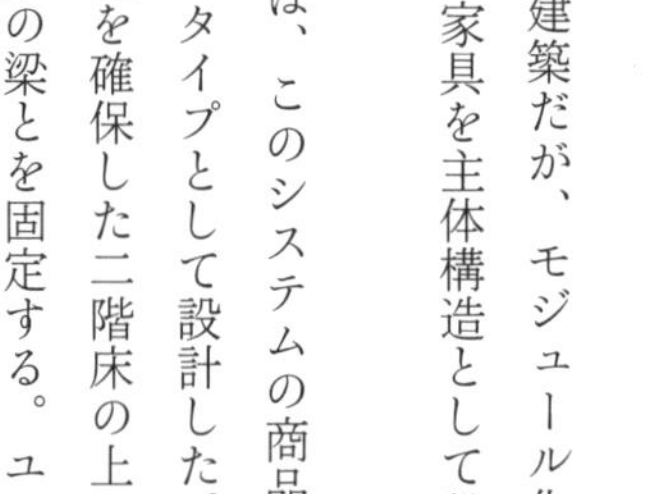
外観

字型に並べて二面すべてを開口部とした。建主より二台分の屋根付駐車場がほしいという要望があり、また陸屋根への日光の直射を遮るため、二層の家具構造の上に独立した折板屋根を架け、ダブル・ルーフとした。その屋根フレームからのV字のブレースにより、二階のL字型家具ユニットの配置による変形を押さえた。また、フレームの火打材から下の軽い屋根「ダブル・ルーフにより、この屋根には積載荷重がかからない」を吊り、L字型開口の角の柱をなくして開放感を高めた。

　このプレファブ住宅の商品化へ向けて開発はまだ続くが、このシステムは日本よりもアメリカなど熟練大工に頼らない風土に合っていると考え、北米の特許をすでに取得した。

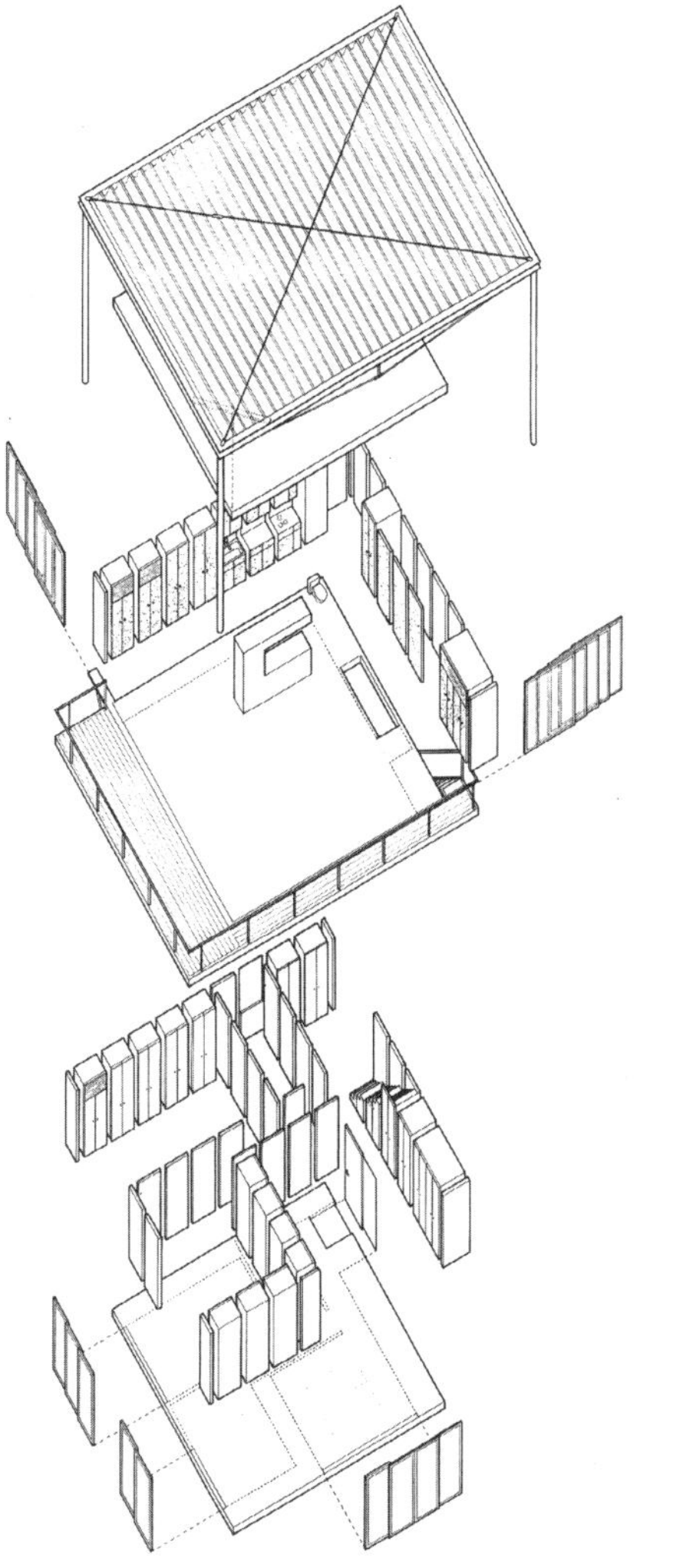

アクソメ

内観

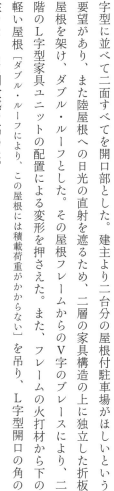

出会いの構造

ねむの木こども美術館［1999］

宮城まり子さんとの出会い

欧米ではよくエスタブリッシングした人［実業家もミュージシャンもスポーツ選手も……］は社会的活動を始めるが、日本ではあまり聞いたことがない。それどころか、そのような行為を「売名行為」と呼んだり、歴史的に英雄は善行をして名乗らず去っていくものと決まっていた。そんな日本で、日本人離れした宮城まり子さんのねむの木学園の活動は、いまさら説明は不要であり、まして「売名行為」などという言葉はもはや死語といわざるをえない。そんな憧れの宮城まり子さんに、知り合ったばかりの毎日新聞の南奏諠氏から「お会いしてみませんか」といわれ、昨年［一九九八年］春にねむの木学園にはじめて連れていっていただいた。

ねむの木学園は、掛川市の山の谷間にあり、さらに山の奥の茶畑や花畑の隙間に敷地が点在する。そんな道ももうなくなりかけたような奥の緑の谷間にとても魅力的な三角形の敷地があった。そこに子どもたちにも馴染みやすい紙をつかって緑を背景に子どもたちの絵が展示できたらという話にいつの間にかなった。

紙のハニカム構造

「緑を背景に絵が観られたら」ということと、もうひとつ宮城さんに提案したのは「自然光だけで絵が観られたら」ということだ。天気のよい日と悪い日では絵の表情も違うし、

全景

ハニカム組み立ての様子

「暗くなったら閉館しちゃいましょう」という話にもなった。そんな、自然光を全面から取り入れられる屋根の構造を紙でと考えたとき、ちょうどそのとき悩んでいた「ハノーバー国際博覧会２０００日本館」の紙管グリッドシェル構造の妻面の紙のハニカム構造とリンクした。この再生紙の紙のハニカム材は、グリッドコアと呼ばれるアメリカで開発された材料である。一般の紙のハニカム板は、ハニカムのリブ材に表面紙を接着してできているが、グリッドコアは表面とリブ材が片面ずつ一体成型され、中心で接着されているため構造的には一般ハニカム材よりだいぶん強い。耐部には合板をいれ補強した二枚のハニカム板を、二枚の八の字型アルミプレートで挟んだ60度のオープン三角形が基本ユニットである。それが３ｍのハニカム板の主材に両側からふたつ取りつくジョイント、それが三つ集まり三角形のアルミダイキャストパイプに取りつくジョイント、そしてそれが六つ集まり六角形のアルミダイキャストパイプに取りつくジョイント、と三種類の単純なコネクターを設計した。

この紙のハニカム板の三角格子構造を日本館では垂直の壁として、これも日本館の屋根のために開発した紙膜を張り表面から光を入れる。この美術館では、六角形のジョイントと柱を固定し水平な屋根とし、上に防水のためにＦＲＰ折板を葺き断熱の空気層を取り、ＰＶＣ膜材をハニカム板の三角格子に張り光を拡散させた。

この紙のハニカム構造は、当然日本で建築基準法三八条認定と建設大臣認定を取得し、ドイツでも認定作業を進めている。

内観

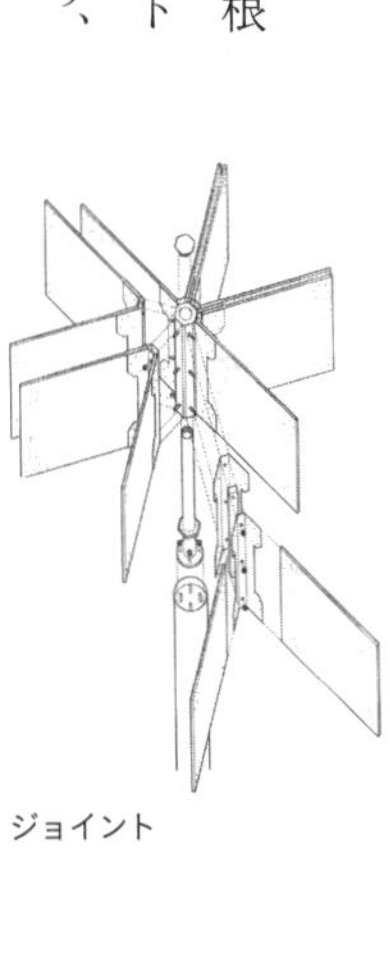
ジョイント

Phase1 ゼネコン現場用シート配布

トルコ西部地震緊急支援プロジェクト [1999 - 2000]

八月一七日〔一九九九年〕イスタンブールの東約90kmにあるイズミットを中心にトルコ西部を襲った大地震による死者の数は一九九五年の阪神・淡路大震災を遥かに上回り、九月下旬で一万五〇〇〇人にのぼり、まだ、二万人以上が行方不明とも報道されている。われわれボランタリー・アーキテクツ・ネットワーク〔VAN〕では、阪神・淡路大震災での経験を元にトルコ西部大地震直後に緊急支援プロジェクト第一弾として緊急時のシェルターの支給を開始した。

ゼネコン現場用シート計画

阪神・淡路大震災直後より学校や公民館で多数の人は避難生活を始めたが、さまざまな理由で多くの人びとはもとの家の近所でテント生活を始めざるをえなかった。そんなとき、ブルーシートを使ったテントがほとんどであったが、ブルーシートは耐久性がなく、シートはいくらあっても足りない状態が続いた。また、地震などの自然災害だけでなく難民キャンプなどの設営でもシートは欠かせない支援物資であることを、ルワンダを中心とした国連難民高等弁務官事務所〔UNHCR〕での活動を通しても認識した。そこで、以前からゼネコンが現場で使用しているPVCシートを集めて被災地で配布してはどうかと考えていた。現場用シートはブルーシートと比べても非常に耐久性があり、それほど高価でもない寄付であれば会社側も即支援を決定できる。そして、重要なことはゼネコンの名前がシ

現場用シートにとても喜ぶ人びとと坂茂
トルコ軍のテント村にて

ートに入っているということである。

日本人［国］はこれまで世界中の災害時に多くの国際支援を行ってきている。しかし、とかくお金ばかりで目に見える支援をしていないといわれてきた。その原因のひとつとして伝統的にPRが下手、または不足しているという事実がある。昔から日本のヒーローは名も名乗らずに去っていくことが格好よく、不言実行が条件であった。しかし、国際支援では、習慣、言語、宗教などさまざまなバックグラウンドの異なる人びとに支援する場合、相手の立場を理解し、支援する側もどこの誰がどのような目的で何を支援するのか、はっきりとプレゼンテーションし、さらに活動後はそのプロジェクトの成果を発表し、次の活動へつなげると同時に活動資金集めに利用すること、つまり有言実行が重要である。そういう意味で、何に使われたのか成果が目に見えない義援金のみの寄付ではなく［もちろんそれも重要であるが］、ゼネコンの名前入りシートは被災地でその有効利用がわかりやすい。

プロジェクトの成功は出会い次第

今回のこの計画がスピーディに進んだのはいくつかの幸運な出会いがあったおかげである。まずは七月末に大阪建設業協会の機関誌『O-WAVE』で鴻池組社長の鴻池一季氏と対談させていただいたことである。その対談の中で、以前から考えていた被災地にゼネコンの名前入りシートを送る支援アイディアを話したところ、鴻池氏が大変興味を示してくださった。その後、八月一七日にパリでトルコ西部大地震を知り、連日ヨーロッパの新聞の一面に掲載された被災地の悲惨な写真と、日に日に増す死者の数にいてもたってもいられなくなった。そこで、ヨーロッパから鴻池氏にファクスでトルコに現場用シートを送

トルコ軍がつくった狭いテント村

る計画の協力をお願いした。帰国後お電話するとすぐに海外建設協会と大阪建設業協会を中心に現場用シートとそれを輸送するための義援金を集めましょうといってくださった。その結果九月下旬までに五一社三個人より六四三枚のシートが集まった。それを太陽工業の協力で東松山工場に集め、マクミラン・ブローデル社の梱包用強化ダンボール箱と山雄工業のパレットを安く提供してもらい、ボランティアの学生の手で梱包し、九月二六日にトルコ航空の協力でイスタンブールへ空輸した。

次の幸運な出会いは、トルコ現地のNGO：ヒューマン・セツルメント・アソシエーション［HSA］とであった。現在ヘルシンキの近代美術館KIASMA［設計：スティーブン・ホール］で一一月五日にオープンする「Cities on the Move」展の会場構成を担当しているのだが、その展覧会のキュレーターでスイス人のハンス・U・オブリストがイスタンブールのキュレーターの友人バシフ・コルツンに私の阪神・淡路大震災の活動についてEメールを入れた。すると、バシフから自分がかかわっているHSAと一緒に紙の家をトルコにつくってくれないかというファクスが私の元に九月中旬に届いた。そこで、集めているシートのトルコでの荷受人とその配布を手伝ってくれるように、HSAに依頼し、私も荷物が届く九月下旬にハノーバーよりイスタンブールへ入ることを決めた。

第三の幸運な出会いは、九月中旬、HSAと計画のコーディネートを始めた頃、イスタンブールで、ヴィトラとノルの家具を扱うMozaikという会社の社長エルツラン夫妻からの突然のファクスで始まった。何でも、新しいショールームをつくってオープニングセレモニーをやろうと思ったら地震がきて、被害はなかったがセレモニーを取りやめ、この緊急時に適したことを代わりにやりたいとヴィトラの社長ラルフ・フェルバーム氏に相談し

HSAのメンバーによる既成のテントの補修 アダパザール郊外にて

たらしい。フェルバーム氏は以前、私がＵＮＨＣＲで開発している紙の難民用シェルターの実験に協力してくださった人物で、それでエルツラン氏に私を呼んで地元の建築家に阪神・淡路大震災での経験を話してもらってはと推薦したらしい。私もちょうどイスタンブールへ行くことになっていたので、われわれのプロジェクトのスポンサー集めを兼ねた講演会を彼らのショールームで開催してくださることになった。

支援物資［シート］紛失

トルコ航空で空輸した荷物はすべてＫＩＺＩＬＡＹ［トルコの赤十字］に集められる。そこから荷物を引き出し、自由にわれわれの手でシートを配布するためＫＩＺＩＬＡＹのもとで活動する団体シヴィル・コーディネーション・センター［ＣＣＣ］に荷物を受け取ってもらった。ＣＣＣは荷物を、震源地イズミットの東33kmに位置するアダパザール市［人口三五万人でもっとも被害の大きかった町］にすでに輸送したとのことであった。アダパザールの町中の建物の倒壊状態はひどく、まだ解体も手つかずの状態で、多くの人がいまだに埋まっているためいたるところで死臭がする。そんな町に私とＨＳＡのメンバーは荷物を引き取りに行った。ところがＣＣＣも混乱状態でどこに運んだのかわからなくなってしまったといわれ、一時は支援物資が紛失したことをいかに支援者に説明するかまで考えた。

しかたなく役所、トルコ軍の仮事務所などをしらみつぶしにまわり、やっと六つ送った箱のうちのひとつをある役所のコンテナ事務所の横に発見した。そして残りの五つが町から三〇分くらい離れたトラック組み立て工場の倉庫にあるかもしれないという情報を得た。そこに行ってみると、巨大な倉庫に雑然とさまざまな支援物資が山積みにされていた。そ

道端のテントの補強に用いられた現場用シート

の中に残りの五箱を発見できた。われわれの箱はお迎えがきて心なしか嬉しそうに見えたが、他の世界中の多くの人びとの善意による支援物資はこの緊急時の混乱で倉庫の中に雑然と積み上げられ、有効に利用されるのか疑問である。

シートの配布

次の日、現場シートを何カ所かのテント村へ配布した、テント村といっても二タイプに分けられる。ひとつはトルコ軍が運営している町の郊外に設営された巨大なテント村である。ここのテントはすべてKIZILAYの小さな円錐形コットンテントである。このテントは、古くて防水性がなかったり、穴があいていたりで雨が漏るため多くのテントの上には薄いビニールシートが被せてある。そんなテント村で、われわれのシートは取り合いになるほど好評で、軍の人にテントの傷み具合により配布するよう整理してもらった。

もうひとつのタイプのテント村は半壊した建物が残る町中の道の脇や小さな空地に個人でつくられたとても貧しいテント村である。阪神・淡路大震災後も同じような状態であったが、このようなテント村に住む人びとは、いろいろな理由がある。たとえば仕事を続けるため郊外には住めない家族、半壊した家の家財道具を盗まれないよう見守っていたり、そしてまだ家族が埋まっているなど、元の自宅の近くに自家製テントで住んでいる。彼らはわれわれのシートで新たにテントをつくったり継ぎ接ぎのテントを被い補修したりと大変喜ばれた。

子どもたちが紙くずを紙管に詰め、断熱性を高める

ボランティアによる建設風景

トルコ版紙のログハウス計画

これからのトルコにはとても厳しい冬がやってくる。いくらシートで補修してもこのようなテントでは冬を越せない。もちろん政府は仮設住宅の建設を計画しているが、神戸より混乱した状況下、短期間で十分な仮設住宅が完成するとは考えられない。しかも町中で自家製テントに住む人びとには仮設住宅は与えられない。そういう人びとのために次の支援活動として、私が阪神・淡路大震災後に学生ボランティアとつくった仮設住宅「紙のログハウス」の建設をＨＳＡが準備している。現在［一九九九年］建設中のハノーバー万博日本館建設のために使う紙管を供給してくれているソノコ社が偶然被災地の近くブルサ市に工場をもっていて、「紙のログハウス」用紙管を協力的に供給してくれる約束を今回トルコに入る前に取りつけた。ＨＳＡもすでにトルコ最大のビール会社 EFES・PILSEN 社のビールケースを家の基礎として無料で必要なだけ供給してもらう約束を得た。そして、トルコ版「紙のログハウス」をつくるため、一般的家族構成とベニアの既製サイズより一軒の平面を決め、断熱性能を増すため紙管に古新聞を入れたり、部屋内に段ボールを貼ったりと、ＨＳＡの建築家がさまざまなアイディアを盛り込み改善を加えている。そしてその仕様による一軒目のプロトタイプが一〇月中旬に Mozaik のショールームの前の広場に完成する。ＨＳＡはこのプロトタイプを使って、建設ボランティアの学生のトレーニングとさらに建設資金集めを行う。

内観

完成

アイビー・ストラクチャー2［2000］

アイビー・ストラクチャーのアイビー［蔦］にはふたつの意味を込めている。

直接的には建物の周囲のアイビーの壁が、外構的スクリーンとしてだけでなく、建物本体の主要構造も担っていることである。ふたつめは、アイビーという植物自体の何か別の構造体に頼らないと自立できないという特色が、この建築の特性を表しているという点である。

今回の前ステップとして、「アイビー・ストラクチャー1」で、細長い庭全面に一階室内空間が柱もなく開放的に連続するように、二層分の門型鉄骨フレームの半分がアイビー・スクリーンを構成する外部フレームとして、そこから二階部分を吊る構造を試みた。本計画地は、隣にマンションと大きなレストランのビル、裏に大使官邸を背負った斜面が、前面道路で対角方向に切り取られたかたちの敷地である。そこに、地下一階地上三階の単純な13m角［170㎡］の正方形ガラスのキューブを道路に平行に配置した。そのキューブの周りには、敷地のエッジ三面にアイビー・スクリーンを全面的に配し、ある程度プライバシーを守り、また、室内からも周りの見たくない建物を覆った。

単純な正方形の四層は、住宅、オフィス、ギャラリーなどさまざまなプランがつくれ、将来的にも構造的制約もなくプランの変更ができることが要求された。そこで、まず均質な空間をつくるため、13m角の正方形に9スクウェア・グリッド状の鉄骨の丸柱を配置した。プランの自由度を増すためにブレースや耐力壁をなくし、さらにグリッドを決定づけ

全景

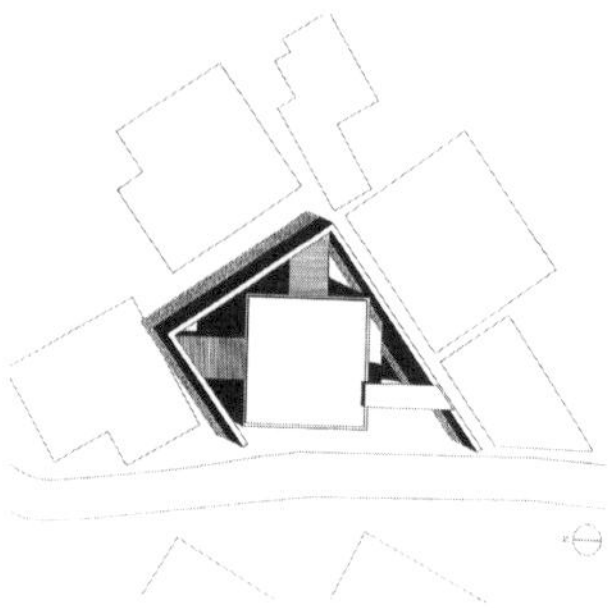

配置

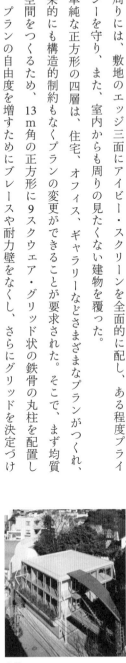

る太いラーメンのフレームもつくりたくない。そこで、丸柱にはできる限り横力を負担させないようにゴシック建築のフライング・バットレスのような部材で9スクウェア・グリッドのフレームの四隅と、テラス部分を周囲のアイビー・スクリーンのフレームと結び、横力をアイビー・スクリーンに負担させた。それにより丸柱の径が最小限となり、さらに上階にいくに従い柱径は細くなった。

ガラスのキューブは、全面ペアガラスが標準で単純な断面のイタリア製のクラディングを採用した。そして南・西面は外付ブラインドで遮光し、屋上は全面プール状に水を溜め夏季の断熱を施した。

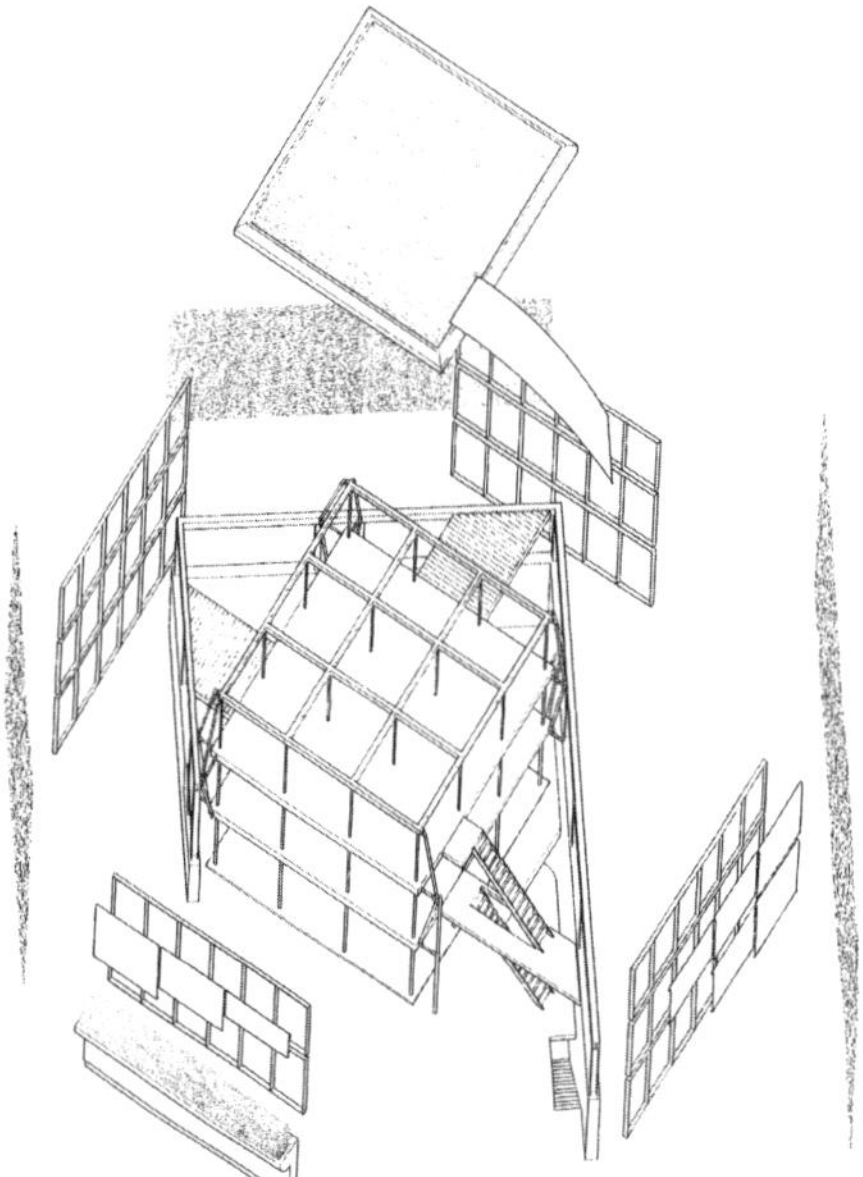
アクソメ

内観

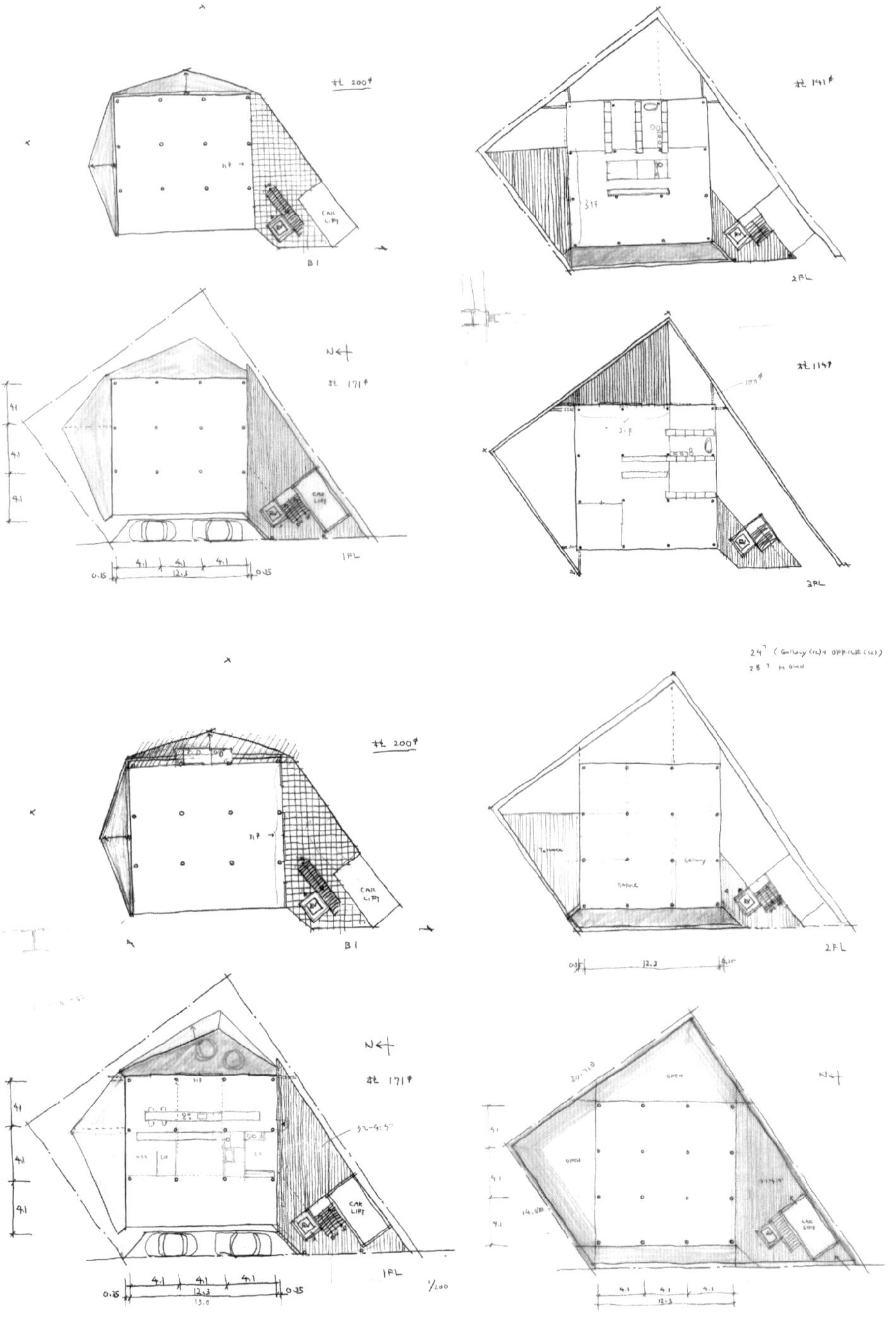

スケッチ

3

2000-2006

ハノーバー国際博覧会2000日本館 ［2000］

ハノーバー国際博覧会は、一九九二年リオデジャネイロの国連環境開発会議で提唱された「サステイナブル・ディベロプメント」を受けたもので、環境問題が最大のテーマである。日本館の設計理念として、博覧会後にパビリオンを解体しても、産業廃棄物ができる限り出ないよう、ほとんどの建材がリサイクルまたはリユースできることをデザイン・クライテリアとして材料や構造を考えている。

基本的な構造材は紙管である。しかし「紙のドーム」で感じたのは、安い紙管に対する木製ジョイントのコストに占める割合の高さである。そこで、いくらでも長いものがつくれるという紙管の特性を考え、ジョイントがないグリッドシェル状の紙管アーチとしている。ただし、このトンネルアーチは長さ約74m、幅約35m、高さ約16mほどになり、長手の風による横力がもっともクリティカルになるので、横力に対して有利な高さと、幅方向に窪みをつけた三次元曲線のグリッドシェルとし、内部空間にも変化をもたせることにした。

紙管同士のジョイントは布の帯が使われている。二本の紙管の交点は下から押し上げられ三次元のグリッドシェルになる過程で角度が開きテープのジョイントに適度な張力が加わる。さらに紙管自体も回転し平面的に緩やかなS字を描くので、三次元的な動きを許容するジョイントとした。

また、紙管のグリッドシェルに剛性をもたせ、屋根と紙膜材を固定して、建設中やメン

フライ・オットーさんとの月1回の打ち合わせは夢のような体験だった

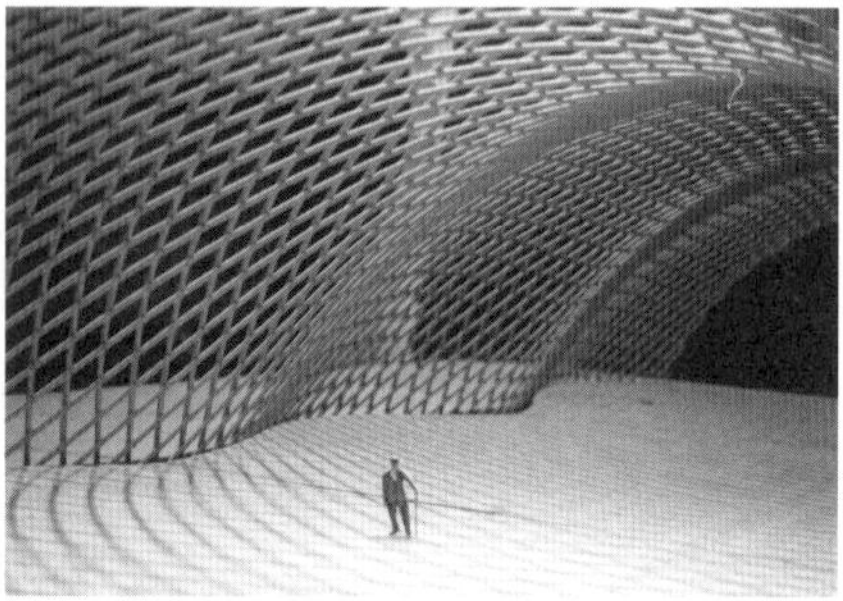

細い紙管の1/30グリッドシェル模型

テナンスにも使えるはしご状のアーチ［ラダー］と、それと直交するラフターという木製のフレームが組み合わされている。

妻面は面剛性ももたせる必要があるので、木製アーチで紙管グリッドシェルの端部を挟み込み、基礎からケーブルを60度のグリッドで張った。その面に一辺1・5mの正三角形のペーパーハニカムで格子を構成し、排気用ガラリと膜を張っている。ペーパーハニカムは「ねむの木こども美術館」と同様、ハニカムボードをアルミでジョイントしたものを使用している。

基礎は、スチールフレームと足場用板で構成したボックスの中に砂を充填して、解体後リユースしやすいようにしている。

屋根膜もリサイクルを考え、不燃紙をグラスファイバーで補強しポリエチレンの不燃フィルムでラミネートしたサンプルを繰り返し実験して、必要強度と耐火性能を得ることができたが、突如、防火基準の変更が強いられ、紙膜の上から透明塩ビ膜を張ったものとなっている。

構造の純度からすると多くの妥協を強いられて完成したが、フライ・オットー氏とのコラボレーションにより多くを学ばせていただいた。彼の協力なくしては紙の建築の飛躍はあり得なかったであろうと感じている。

布のテープを使った
紙管のジョイント

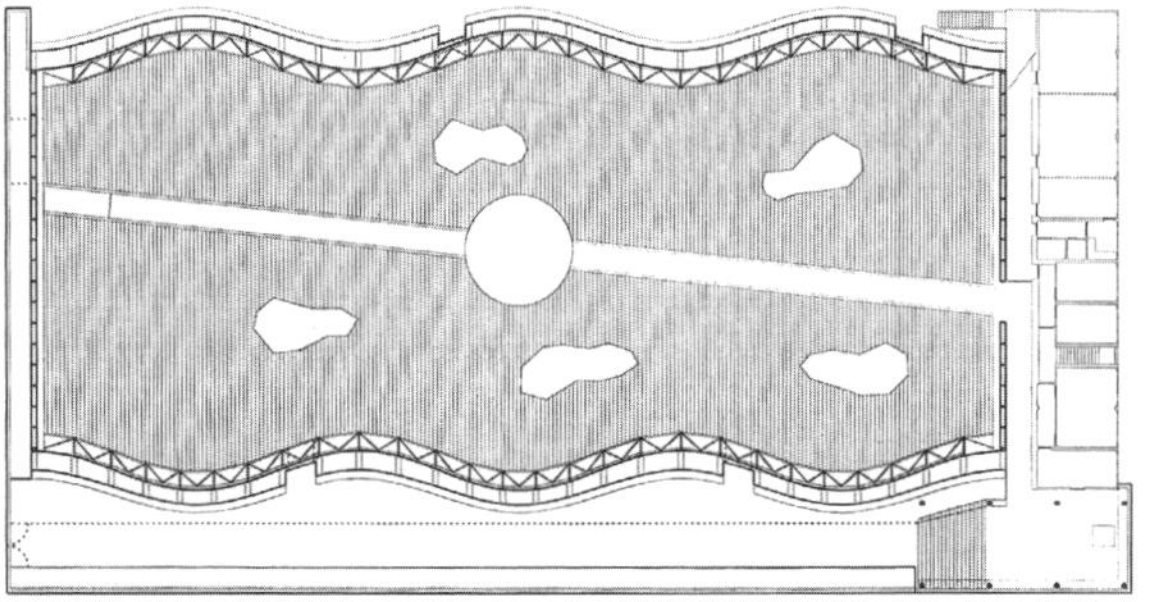
2階平面図

ジーシー大阪営業所［2000］

木製耐火被覆の開発

「家具の家」の考え方の基本は、ひとつのものにふたつの機能を持たせることにより、材料を減らしたり、施工手間を減らすことにある。クロゼットや本棚に収納という機能以外に、その建物のメインの構造としての機能である、必要な垂直力と水平力を持たせたわけである。今回のプロジェクトのメインテーマである「木製耐火被覆」の考え方も、同じように、一つのものに二つの機能を持たせることにある。従来、鉄骨構造を耐火構造にするため、耐火被覆材を鉄骨に吹き付け、その周りに仕上げの下地としてプラスターボードをまわし、その上に仕上げとして石や木などを貼り仕上げるという結構手間のかかる工程である。そこで、木造の耐火の考え方「燃えしろ設計」の考え方を鉄骨造の耐火被覆に応用できるのではないかと考えた。構造として必要な木の断面の周りに三〇分耐火なら30㎜の余分な厚み［燃えしろ］、一時間であれば45㎜の木を施すことにより木の耐火被覆になるのであれば、その木の燃えしろを鉄の周りに貼れば、鉄骨の耐火被覆になり、さらにそれ自体が同時に内装の仕上げになり、材料や施工手間が減らせるはずである。その考え方を実現するため試験体を作り、加熱試験をし、実証し、建設大臣認定［三八条認定］を取得した。

*平成一二年以降、建築基準法が改正となり、三八条認定は現在ない。このプロジェクトは木製耐火被覆を使った日本初［世界初］となったが、当時は現在のように木造建築のブームでなかったため、このアイディアを開発し製品化する企業が見つけられず、このプロジェクト限りで終わったが、現在はこの考え方

加熱試験に用いた試験体断面

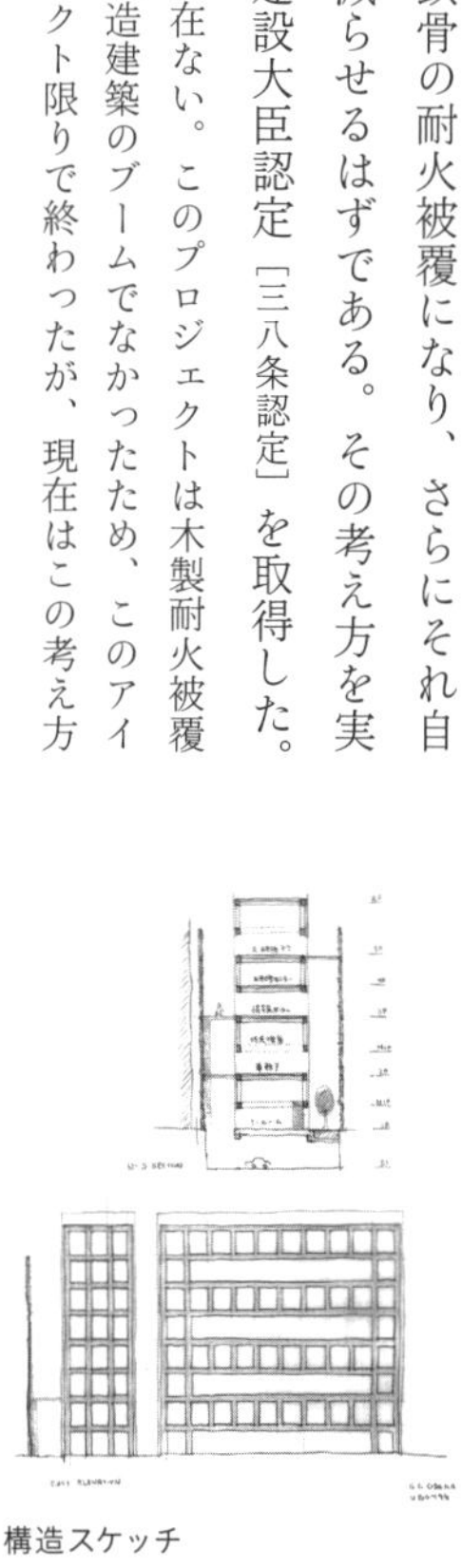

構造スケッチ

を使い複数の企業が木製耐火被覆を施した鉄骨柱・梁を製品化するに至っている。

六層フィレンデールトラスの構造

この大手歯科医療器材メーカーの大阪営業所ビルの敷地は、大阪市内の中層のオフィスビルやマンションが混在するエリアで、敷地は間口が狭く東西に奥行が深い。南側にはとても醜悪な六階建てマンションが敷地境界ぎりぎりに建ち、北側は比較的良好な状態であった。そこで、この細長い敷地をさらに細く東西にほぼ三分の二の北側に建物を配置し、南側は植栽を施した各階テラスを外部階段に沿って設け、隣地のマンションはすべてアイビースクリーンで覆った。8・5m×30mの細長いプランの東西両端にエレベーターとユーティリティコアを配し、その間の22mのスパンは、一階おき［二、四、六階］にフィレンデールトラスで飛ばした。フィレンデールの階には必要とされる小部屋を配し、フィレンデールトラス階に挟まれた一、三、五階は無住空間に合わせ、ショールーム、オフィスや大会議室など、フレキシブルな空間を配し、南側の緑豊かな空間と開放的に一体感を持たせた。

全景

外観

内観

はだかの家［2000］

住宅の設計を依頼されたとき、引き受けるかどうかとても悩むことがある。毎回、どんな新しいことができるか、そして建主はその特殊解を受け入れてくれるかどうか。もちろん私は妥協はしたくないし、建主も妥協するべきではない。

今回の建主とは一度会ったのち、しばらく自分なりに悩んでいるときに、建主からのファクスで、建てたい住宅の要望書が送られてきた。予算は二五〇〇万円前後。家族構成は母［七五歳］、夫婦［共に三九歳］、長男［九歳］、長女［七歳］、犬一匹。「倉庫のようなガランとした一室の空間。プライバシーはありませんが、食事をしたり、本を読んだり、好きなときに好きな場所で自由に暮らせ、それでいてひとつの空気を家族全員が共有できる。そんな仕掛けをしていただけたらと思います」。これを読んだとき、この仕事はぜひやってみたい、と決めた。

敷地は、周りを畑と川に囲まれ、温室が点在する場所であった。そこで温室的な形を、木のスタッドにＦＲＰの波板で縦横方向を変えた二重の壁をつくり、内壁はすべてマジックテープで着脱可能なメンブレーン［膜］で形成した。壁の中は、果物の梱包用の蕎麦状の発泡ポリエチレン製緩衝材を防煙加工し、ポリエチレンフィルム袋に詰めたものを固定し、さらにポリエチレン製気泡パッキング材で断熱効果を高めた。その断熱材を通して柔らかな光が透けて室内に入るようにした。

内部は、大きな一室の空間の中に、最小限の大きさの畳敷き個室がキャスターで可動式

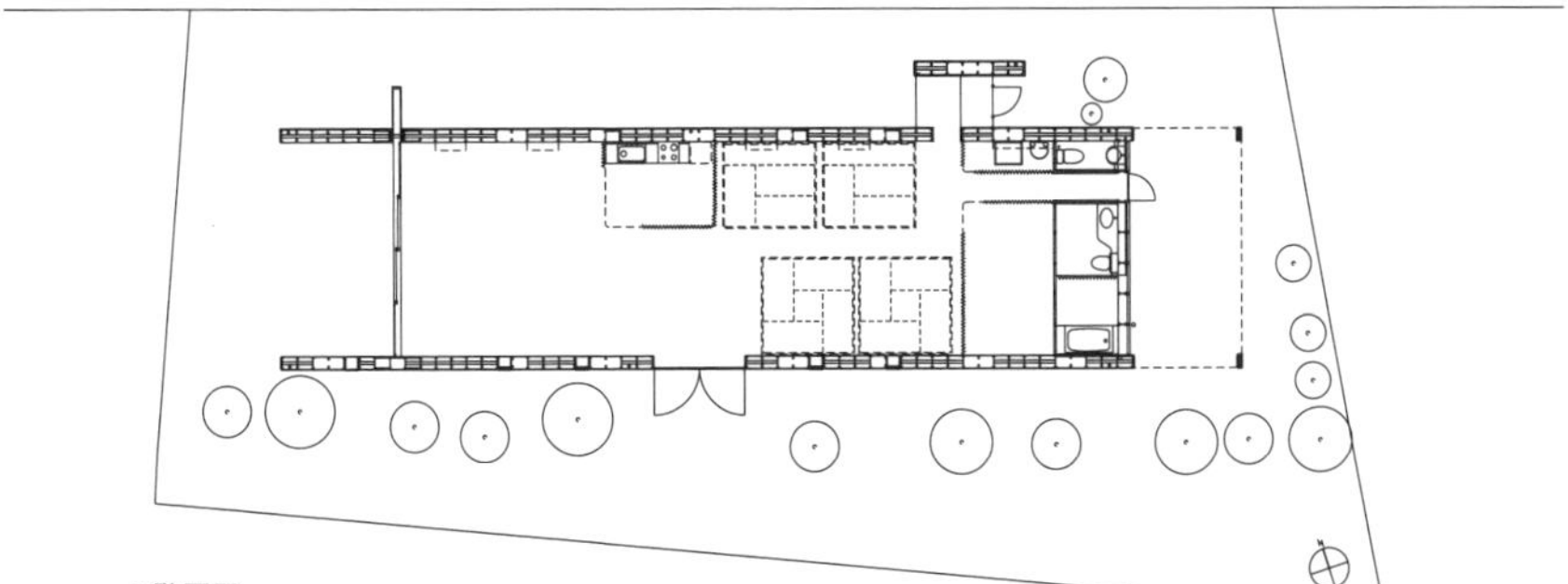

1階平面

に置かれている。可動式の個室は、そこに多くの役割をもたさず、そして軽くて可動性がよくなるように洋服ダンスなどなく、最小限の私物を入れるだけにする。それにより家族は大空間をシェアしたり、子どもたちは個室を連続させた上で遊ぶこともできる。洋服などは家族全員分をバスルーム横のカーテンで仕切られた場所に開放的に置き、そこで着替える。エアコンは大空間の壁にだけついていて、個室にはつけられていないが、必要なときは必要な人だけが自分の個室を壁面にピッタリとつけて、エアコンの風が個室に吹き込むようにアレンジする。個室は、引戸を外して個室同士をつけると細長い和室として使える。また個室を庭に出して内部を何もない大空間としても使える。

これらの仕掛けはすべて、建主の要望からアイディアが膨らみ、フレキシブルで楽しそうな生活がイメージされ、形となったものである。

全景

内観

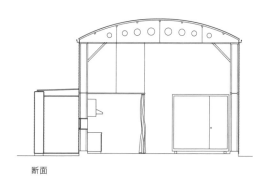

断面

今井病院付属託児所［2001］

「ハノーバー国際博覧会2000日本館」の設計で組んだ、フライ・オットー氏とのコラボレーションの第二弾として、岩国市に建設予定であった「宇野千代記念館」［市長交代により中止］の設計に取り組んだ。敷地が風致地区であり、瓦屋根の載った和風建築が条件であった。しかし、単に和風の大屋根の形を作為的につくるのではなく、その放物線の屋根に構造的合理性を見つけ出そうと試みた。そこで薄いLVL［集合ベニヤ材］で網代を構成し、それを吊構造として和風屋根に近い放物線を自然につくり出した。

大館市での託児所においては、LVLの網代構造を圧縮材としてトンネル状のアーチを形成し、縦横のLVL材格子の穴から室内に適度な自然光が入る空間を考えた。当然LVL材は引っ張りで使うより圧縮で使うことで厚みが増し30㎜となり、網代状に編むことが困難であることに気がついたとき、この敷地のある大館は名物として「曲げわっぱ」があることを思い出し、「網代構造」というより「曲げわっぱ構造」となった。この地は多雪地域で、積雪荷重450kg／㎡を見込む必要があることから、落雪する45度の勾配屋根をLVLのトンネルアーチの上に載せ、円弧のLVLと正方形の勾配屋根木製下地材の間に細いスチールのラチス材を立体的に入れることにより、薄いLVLの剛性を確保した。

屋根には、LVLの穴の部分の上に採光のためのFRP折板がくるようにスチール折板と組み合わせた。LVLの穴にはガラスがはめ込まれ、屋根との間の空間はダブルスキン的

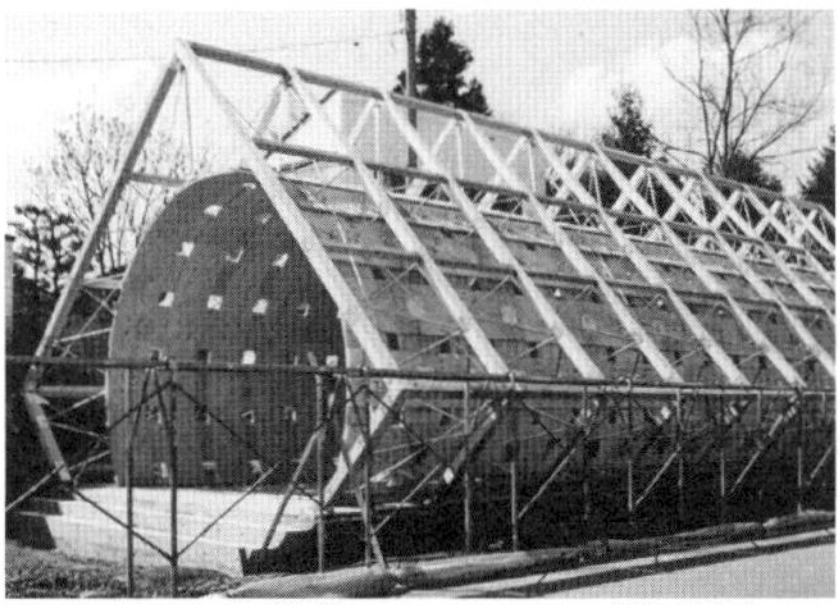

工事中の今井病院付属託児所

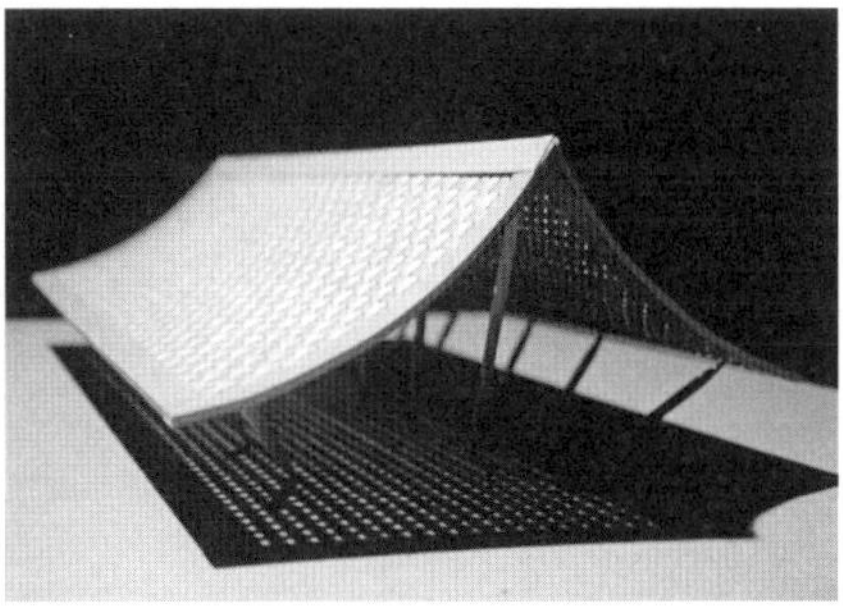

「宇野千代記念館」計画の模型

に室内環境のコントロールに利用されている。

病院内の古い託児所のある場所には、現在〔二〇〇一年〕、体育館を計画しており、LVL構造の次のステップとなる。形態的には20m×28mの楕円のドーム状空間を、いかにLVLでつくるかが課題であった。LVLを三次曲面に成形することは困難であるので、楕円のドーム形状に合わせ二次曲面に曲げたLVLを〝なりに〟配置すると、今度は積雪荷重も含めて20mのスパンのアーチをどう形成するかという問題となる。そこで、二方向のLVLを楕円のドーム面に〝なりに〟合わせるのでなく、あえて水平投影で二方向のLVLが完全に直交するよう二次曲線のアーチを描くようにすると、二方向のLVLは面的にでなくエッジで線的に接し、間に空間〔厚み〕ができる。つまり上下弦材としてのLVLの間を、直交方向のLVLをラチス材として結び立体的なLVLのラチス・アーチが形成される。現在このアーチの実大実験の準備が進んでいる。

紙でも使い方次第で構造材になり得るように、薄いベニヤ〔LVL〕でも大スパンの構造が可能となり、従来の大断面集成材でつくるアーチと比べ、圧倒的に木材の石数が小さい構造となる。

外観

内観

ベニヤ三角格子の家［2001］

米国農務省の研究団体〝Forest Product Laboratory〟により考案された、段ボール古紙を再利用し、表面層とリブ半分を一体成形したハニカムパネル［グリッドコア］を構造材として使う開発をしてきた。

「ねむの木こども美術館」では屋根、「ハノーバー国際博覧会2000日本館」では妻面の三角格子構造を、それぞれグリッドコアにより製作した。今回の住宅の屋根では、その両者の構造で開発したアルミのジョイントを利用し、グリッドコアの代わりに構造用合板を面材として使った三角格子とした。この三角格子屋根は、構造家具とサッシュのマリオンにより支持させ、屋根と下部構造体を視覚的にも施工的にも完全にアーティキュレートした。それは、敷地が遠方で施工監理がしにくい一方で、その工程の精度を確保することに起因するものである。

空間的には、母屋である10・8m角の正三角形と、ホームオフィスとゲストルームの納まった5・4m角の菱形が、テラスの光が入る三角格子屋根でつながれている。家全体の空間は、テラスのガラス戸の開閉の仕方により、使い勝手や季節に応じて、フレキシブルに仕切ったり連続させたりと、広がりや環境をコントロールすることができる。

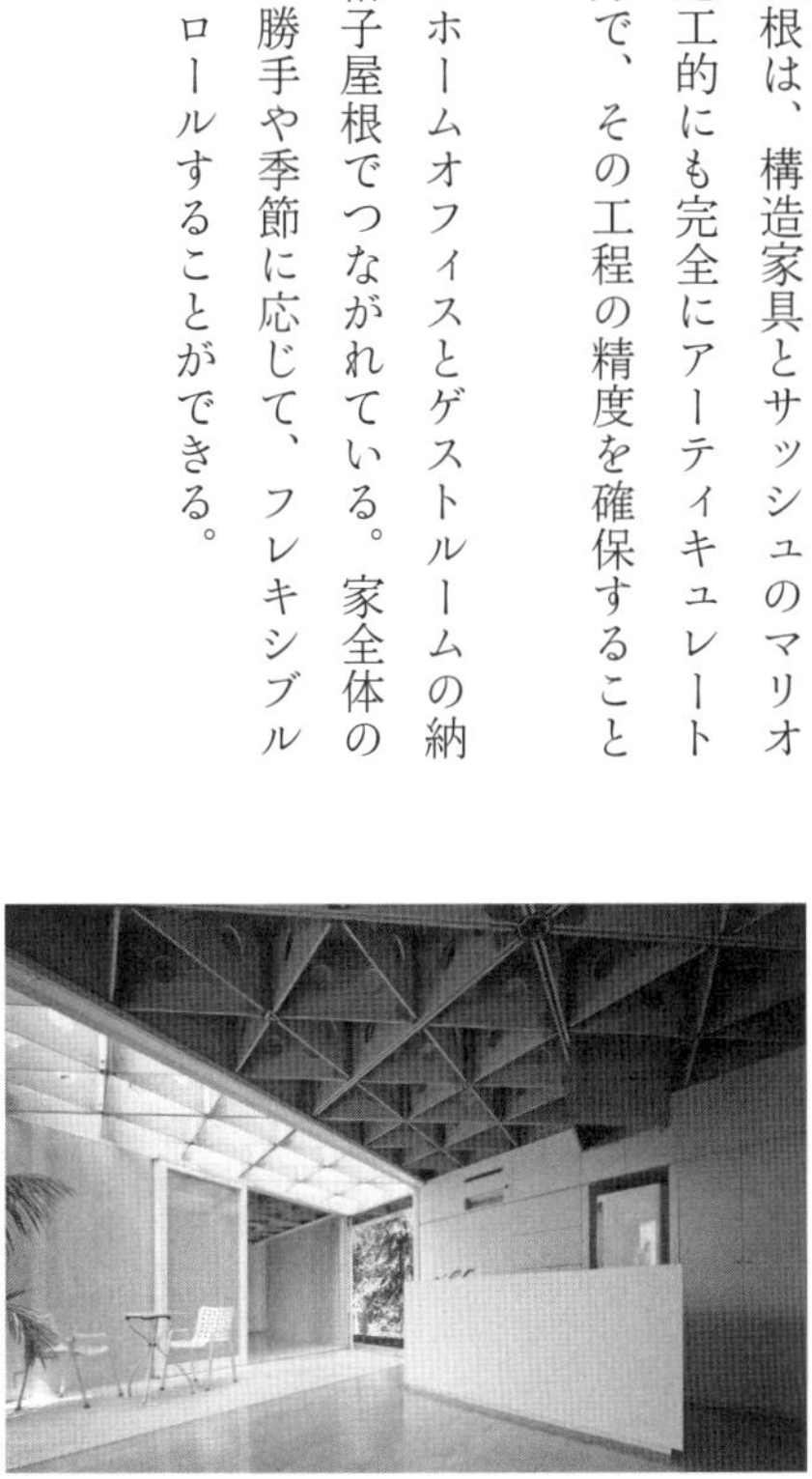
内観

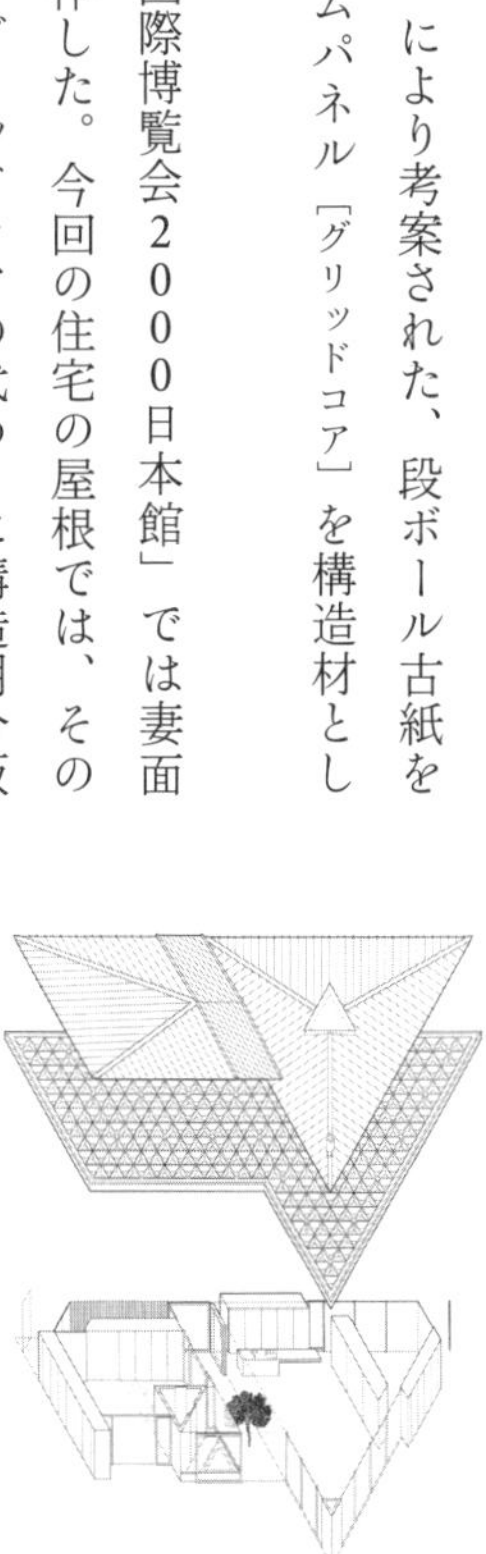
アクソメ

ピクチャー・ウィンドウの家 ［2002］

海から続く小高い丘のほぼ頂上に位置する敷地からは、日本では珍しく、気になる邪魔なものが視界に見あたらない。敷地にはじめて立った瞬間、この水平に広がる素晴らしい景色を切り取りたいと思った。つまり建築自体をピクチャー・ウィンドウと見立てたわけである。そしてその海からの自然の流れを、建築で仕切るのではなく、建築を通過して裏の雑木林へと連続させたいとも考えた。そこで二階全体を梁成とした20mスパンのトラスを構成し、その下に20m×2・5mのピクチャー・ウィンドウをつくった。

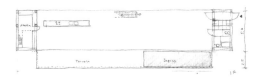

平面スケッチ

内観

外観

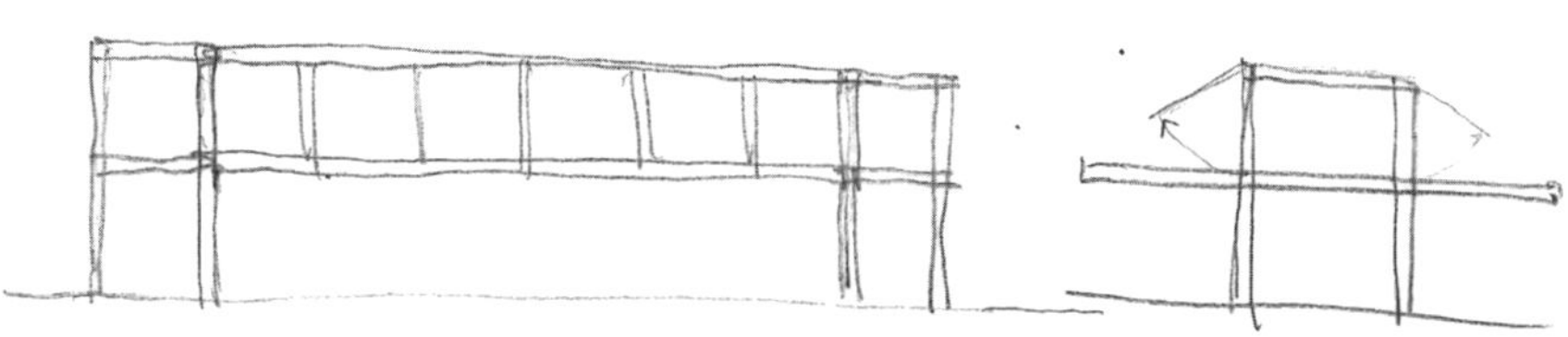
立面スケッチ

竹の家具の家 [2002]

万里の長城を望むこの山腹の敷地は、美しいというより荒々しい大自然に囲まれている。その敷地に立ったとき、まず、中国の伝統的な民家に見られる中庭を囲んだ平屋のこぢんまりした家を頭に思い描いた。

敷地を訪れた帰り、中国独自の材料を使いたいと考え、北京郊外で多くの建材店が軒を並べる場所を回った。木造住宅は一般的ではないからか、木材の種類は限られていて、構造用合板すら見つけることができなかった。そこで目に止まったものは、血の色をした合板で、よく見ると薄く裂いた竹が編んで接着してあった。聞くと、この竹の合板はコンクリートの型枠として使われているとのことであった。そのとき、合板が竹でできるのであれば、竹の集成材がつくれるのではないか、と考えた。

また、現場が遠い上に、十分な設計料が払えないので、現場監理をクライアントが自分たちでやるとのことであった。そこで、現場監理が比較的楽な、これまで開発してきたプレファブ住宅システム「家具の家」での家具を、竹の集成材のフレームを梁、そして編んだ竹の仕上げ材で構成した。

このようにして構想は素晴らしかったのだが、実際にこのような開発に協力してくれる、技術力のある優良な合板工場と家具工場がなく、リーズナブルな価格では品質の高い家具をつくることができなかった。さらに現場監理ができなかったので、随所が現場で勝手に変更されてしまった。

内観

全景

さまざまな問題を抱えたプロジェクトではあったが、将来性あるクライアントのレッドストーン社とともに、中国の巨大なポテンシャルの中で仕事ができ、また、竹集成材という将来につながる材料の開発が始められたことはとても幸運なことであった。

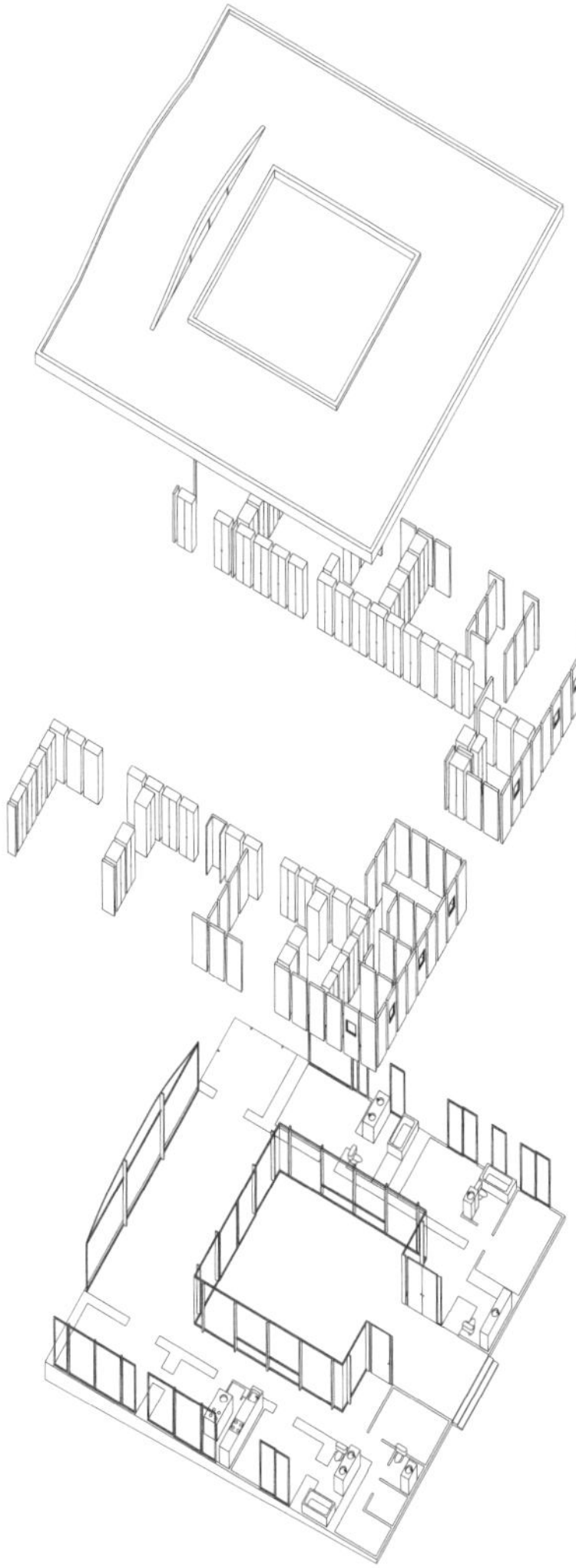

アクソメ

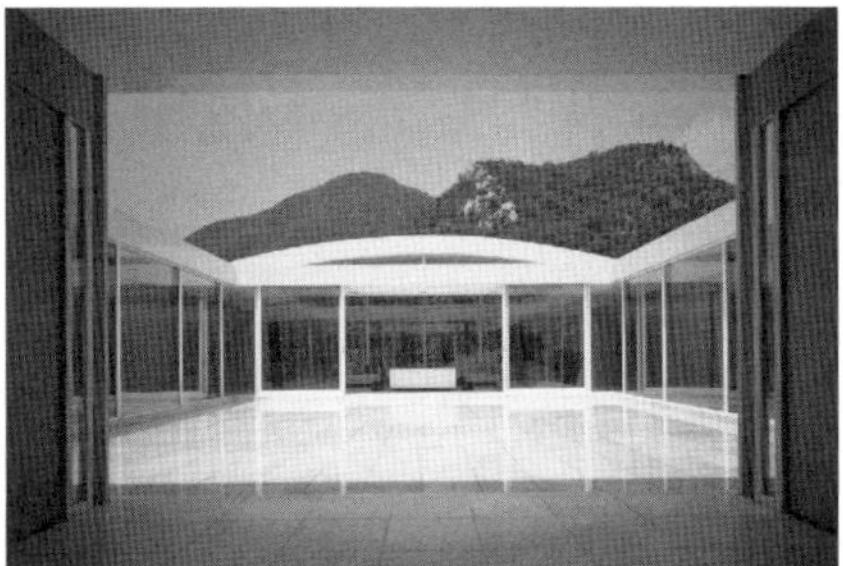

コートヤード

今井篤記念体育館［2002］

一九八七年八月に完成した私の二作目の作品「ヴィラK」をご覧になって、その直後秋田県大館市で病院を営む今井篤先生夫妻が突然車で訪ねてこられてから一四年。三年前に亡くなられた今井篤先生の記念体育館の設計を幸せにも依頼された。

敷地の周りには、託児所や二階建ての病院や民家があり、体育館のボリュームを並べるには大きすぎると考え、屋根から下を地下に埋設することにした。

体育館の平面は、敷地周囲の建物に対し新たな対立する軸を発生させないため、ちょうどバスケットボールコートが収まるベルニーニの楕円形［20m×28m］とし、付属諸施設をその周りに配置した。

これまで、薄いLVL［集成ベニヤ材］で網代吊構造を開発したのに端を発して、同病院の託児所「今井病院付属託児所」を、LVLの「曲げわっぱ構造」でつくった。今回の体育館では、LVLの代わりにLSL［Laminated Strand Lumber］を使い、「曲げわっぱ構造」をさらに発展させ楕円形のドーム屋根を考えた。まず三次元の楕円ドームの屋根表面を形成するため、短手スパンにアーチ状に曲げたLSLを放射状に並べた。それらの直行長手方向もLSLを放射状に並べるとシェルができるが厚みがないため構造として成り立たない。そこで長手方向のLVLを放射状でなく水平投影で平行になるように並べると、短手アーチに対してラチス状になることに気づき、短手上弦下弦材アーチの間に、長手アーチとラチス状になるよう短板を加えてトラス状のアーチを形成した。この方法でできたアー

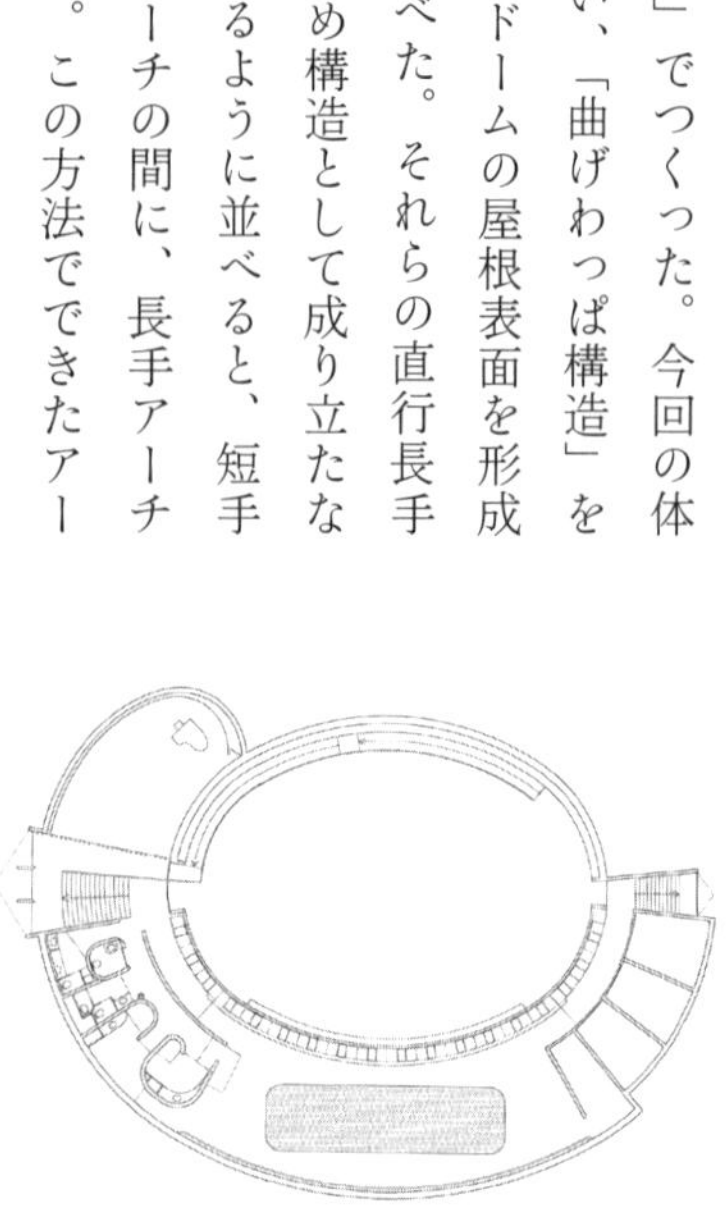
地下1階平面

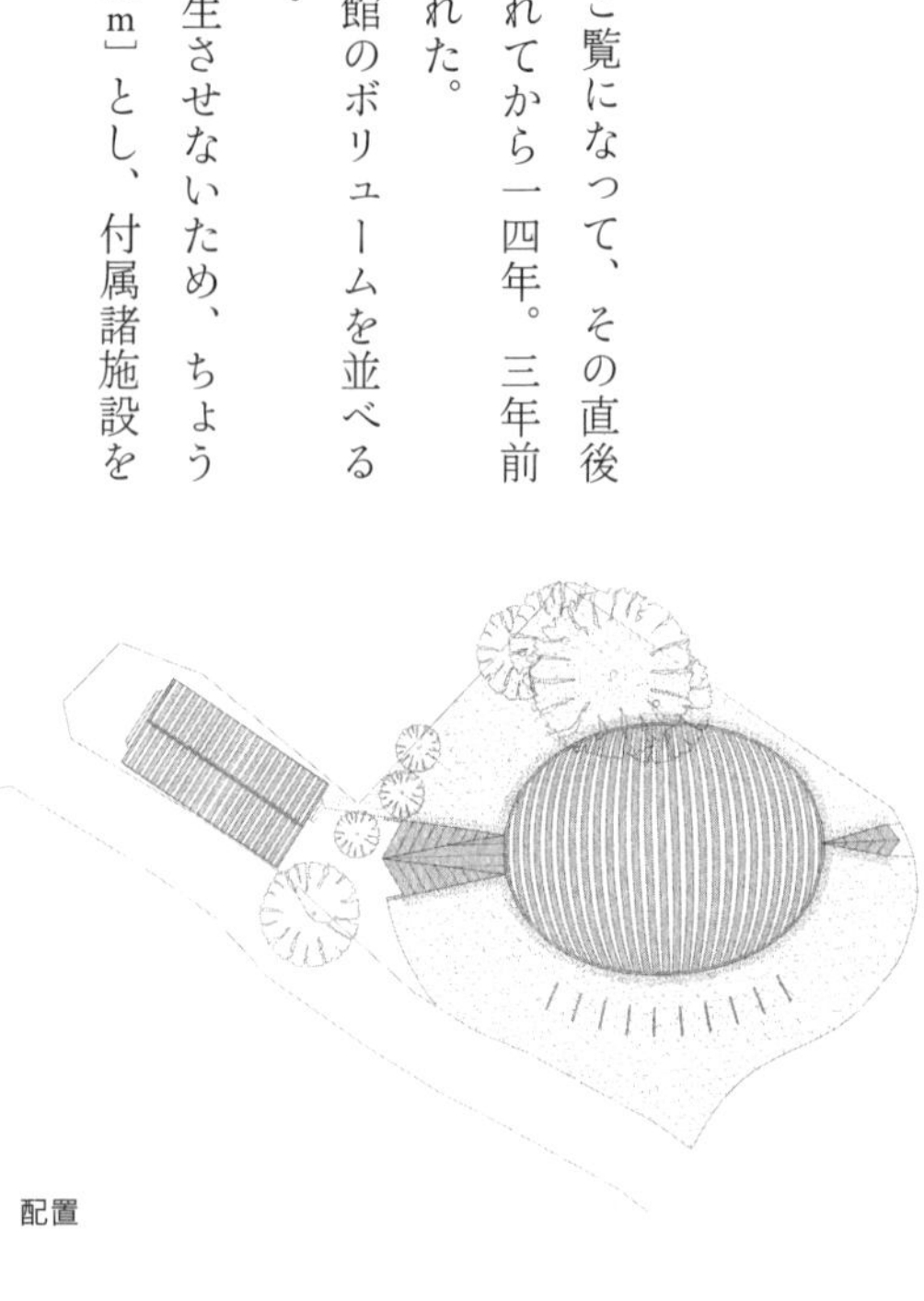
配置

チは中央部に向かうに従い徐々に薄くなり積雪がなければ適切な断面だったが、積雪荷重450kg／m²で中央に溜まる雪の偏荷重を考慮し、厚みが均等なアーチとした。本来は、短手と長手アーチが最小限のジョイント金物で接続する構造を発想したが、このような構造形式自体に前例がないため構造の今川憲英さんの適切な指導のもと、長手方向に最小限の鉄骨を入れ設計し、アーチの実大実験を行い建築センターで構造評定を受けた。

　この体育館での、薄いベニヤでいかに合理的な形態と構造を獲得するかという試みは、それと同時にいかに美しい光と材質感を表現するかという試行錯誤でもあった。そして付属するスイミングプールでは、材質感を消し、体育館とは対照的な光と影の空間をつくった。

全景

内観

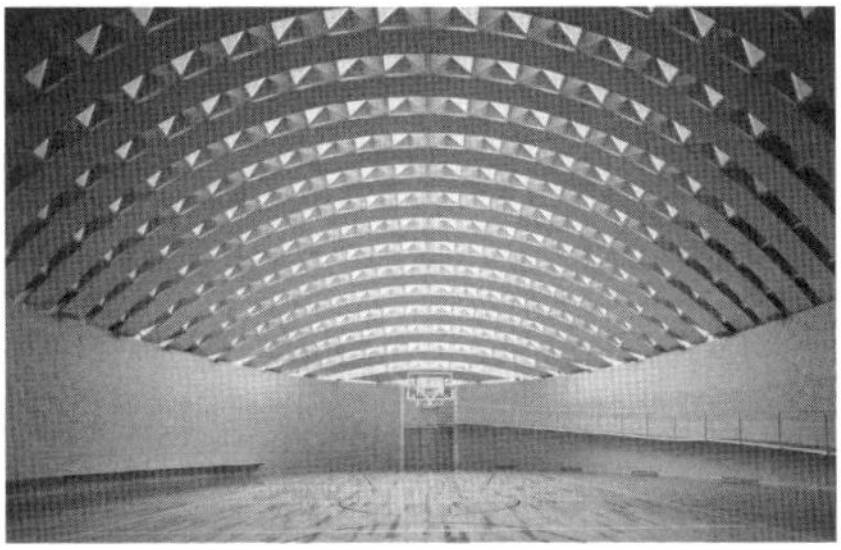

内観

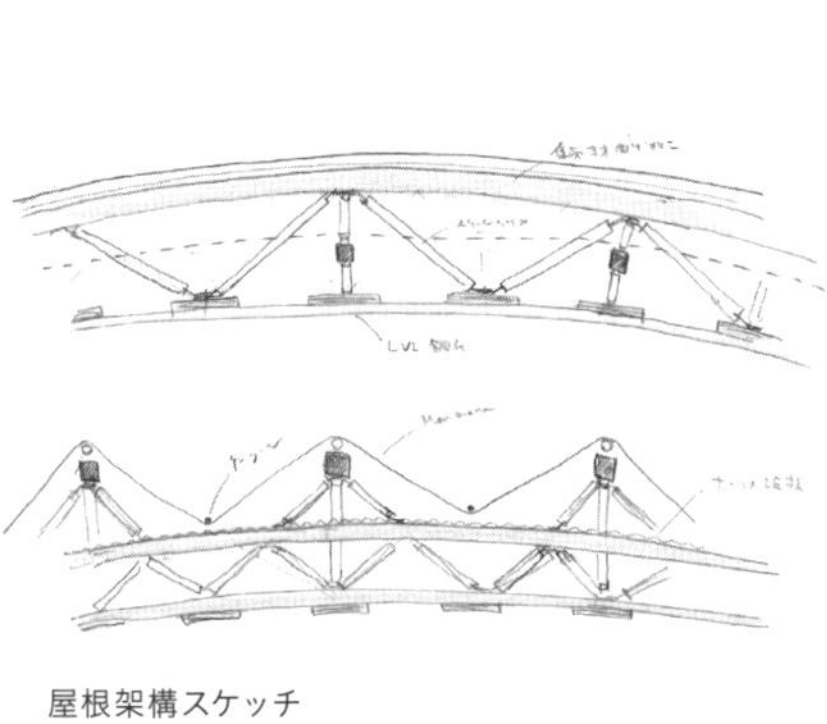

屋根架構スケッチ

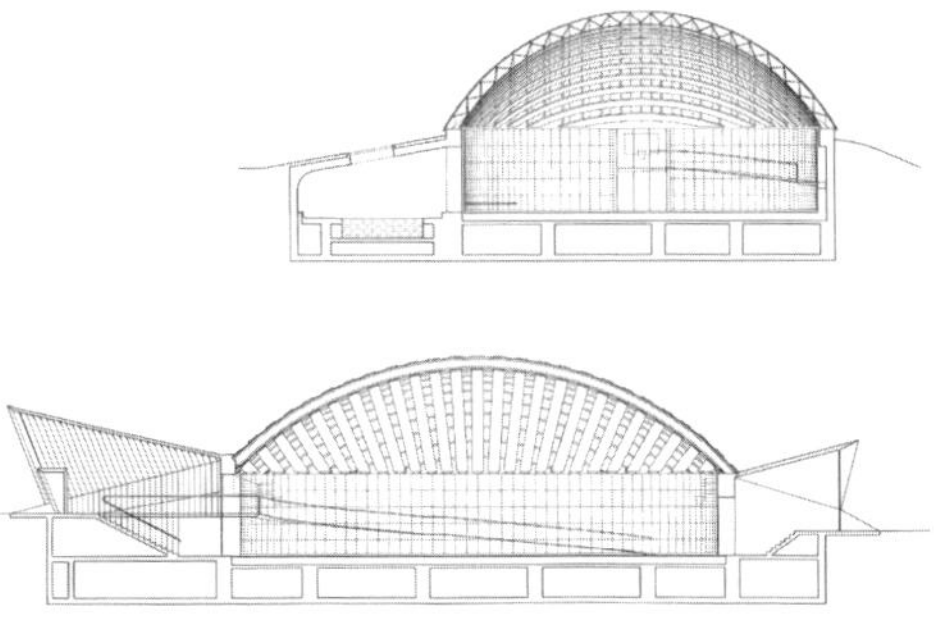

断面

紙の資料館　特種製紙総合技術研究所　ＰＡＭＢ［2001］

グラフィックデザイナー田中一光氏が長年新しい紙の開発を指導されてきた特殊紙のメーカー「特種製紙株式会社」が、その役割を終えた既存の実験工場［S造］と研究所［RC造］の再生計画を、田中一光氏とクリエイティブ・ディレクターの小池一子氏によるコミッティが立て、われわれにその建築計画を依頼してくださった。

まず現行法規での構造検討の結果、実験工場は第一期計画としてギャラリー空間［ＰＡＭＢ］に改修することとし、ＲＣ造の研究所は一九七〇年竣工で新耐震基準に合わないので解体し、第二期計画「紙の資料館［特種製紙総合技術研究所ＰＡＭＡ］」として建て替えることとした。

実験工場はS造の単純な平屋陸屋根の工場建築であるが、そこにローコストで元の工場らしさを残しながら魅力ある多目的イベントスペース兼ギャラリーとすることを求められた。この既存の建物にはまったく魅力はないが、南側は三〇年前に植えられた楠の林が特色的であった。そこで南側を整備して庭とし、イベントによってはギャラリーと一体利用ができるように考えた。そのため、既存の建物の南側の庭に面する外壁と間柱をすべて撤去し、その全面から柔らかいディフューズされた光をギャラリー内に取り入れたり、イベント時に庭とギャラリー内を連続させるため、既製品のFRP製オーバースライディングドア［シャッター］で、南面全面を覆った。このシャッターは通常部屋内に引き込まれて開くが、それを建物外にレールをキャンティレバー状に出すことにより、シャッターが開

内観

外観

くとそれが６ｍもの奥行の庇となることにより、木デッキ床は縁側のような気持ち良い中間領域をつくり出した。

　庭はランドスケープ・アーキテクトの田瀬理夫氏と協働した。特に気を使ったのは、敷地両側の住宅群に対し視感的にも遮音面でも緩衝帯をつくることであった。そこで、隣のＲＣ造研究所解体時に出たコンクリートを石のような大きさに砕き、鉄カゴに入れて積み上げ、つる植物で被われる土塁を築き、雨水浸透層として、廃材の再利用を図った。

外観

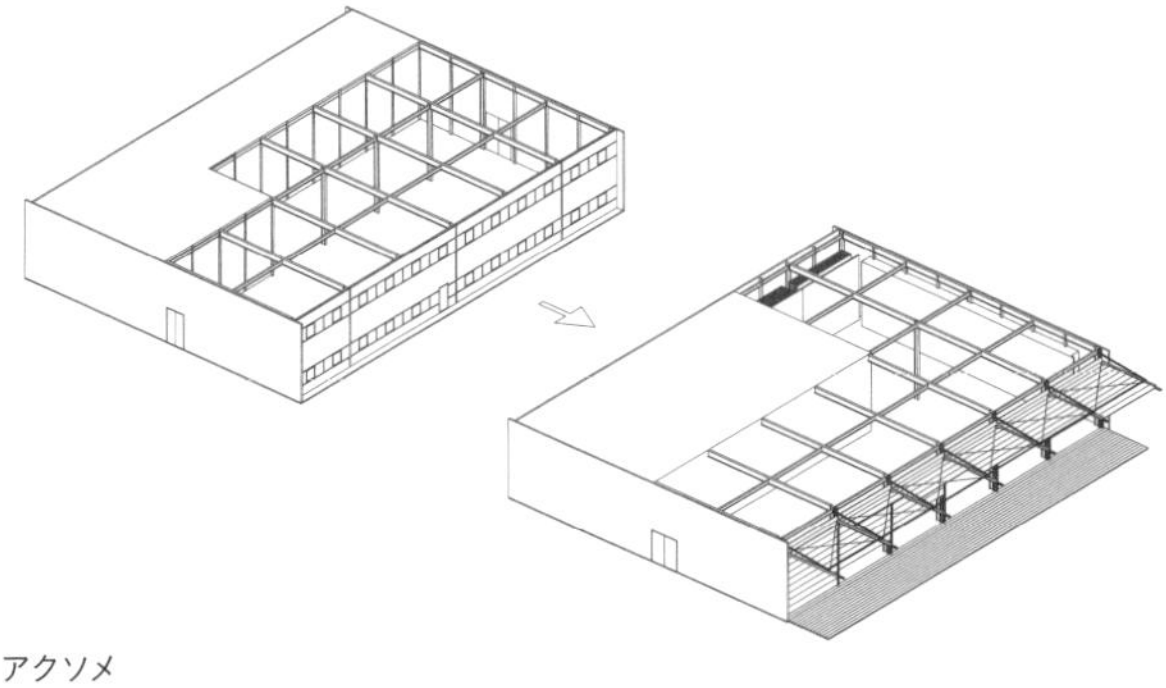
アクソメ

紙の資料館　特種製紙総合技術研究所　ＰＡＭＡ［2002］

故田中一光氏が、長年新しい紙の開発やさまざまな文化活動に携わってこられた紙のメーカー「特種製紙株式会社」が、氏の総合プロデュースにより展示、開発、販促の場として「ＰＡＭ」を設立した。昨年［二〇〇一年］秋にオープンした「ＰＡＭ Ｂ」は、既存の実験工場を最小限改修し企画展用ギャラリーとした。ここで唯一空間的操作のため使用した仕掛けは、庭に面した壁を撤去し、柱と柱の間に既製品ＦＲＰ製オーバースライディング・シャッターを裏表逆に取りつけた開口部である。シャッター閉鎖時には室内に柔らかな自然光を入れ、開放時はオーバーハングしたシャッターが庇となり室内と庭の間に中間的領域をつくる。このたび完成した「ＰＡＭ Ａ」でも、既製品のシャッターが重要な役割を担っている。

「ＰＡＭ Ａ」には、事務・商品開発・打ち合わせ・応接［四階の応接室は後から加わったプログラム］などのオフィス機能と、三つの展示空間という二つの異なる機能がある。そこでまず単純な正方形のプランを三等分し、庭の景観を楽しめる南側にオフィス機能を、そして直射日光の入らない北側に展示空間を配置し、その中間に多様な機能［ＰＡＭ Ａ、Ｂの各室への導線、展示空間へコントロールされた採光、一時的な展示・イベント空間］をもった三層吹抜けのアトリウムを設けた。この南・北の三層のブロックは完全に独立した構造とし、その独立性と半屋外的空間の特性を強調するため、膜屋根で覆いブリッジを渡し、南・北面をフルハイトのＦＲＰ製スタッキング・シャッターで開閉できるようにした。

開放時外観

閉鎖時外観

このシャッターは、「ハノーバー国際博覧会２０００日本館」建設のため敷地のメッセ会場へ通っているとき、建築材料をメッセで探し当てた。シャッター自体の初の輸出と、Butzbach社がシャッター専用に開発した複層ＦＲＰパネルを、シャッター以外のための単品として使わせてもらうことに消極的だった同メーカーを、やっと説得し使用することができた。シャッター以外の外周部すべてのＦＲＰパネル面はダブルスキン［南・北面はパラペット部による自然換気で冬・夏の環境制御、東面は空調の給排気のシャフト］として機能している。さらに南面庭園側は、ＦＲＰパネルが蔀戸《きみど》として開閉する。

南・北の個々の構造体は、東西のコアの間の17・5ｍのスパンを二階部のフィレンデール・トラスで結び、グラウンド・レベルに内外の空間が連続するユニバーサル・フロアを構成する。また各階の床は、レンタル用中古のスペースフレームにハーフＰＣ版を上弦材とした複合の床をつくり、設備関係をその隙間の中に納め、天井全体を膜材で覆い光の方向性の少ない天井面をつくった。

上記のように、構造やスキンのさまざまな工夫を説明したが、これらは単純な箱の中に、あるいは箱の内外のつながりの中に、季節やさまざまな用途に合わせた多様性を生み出す試みである。

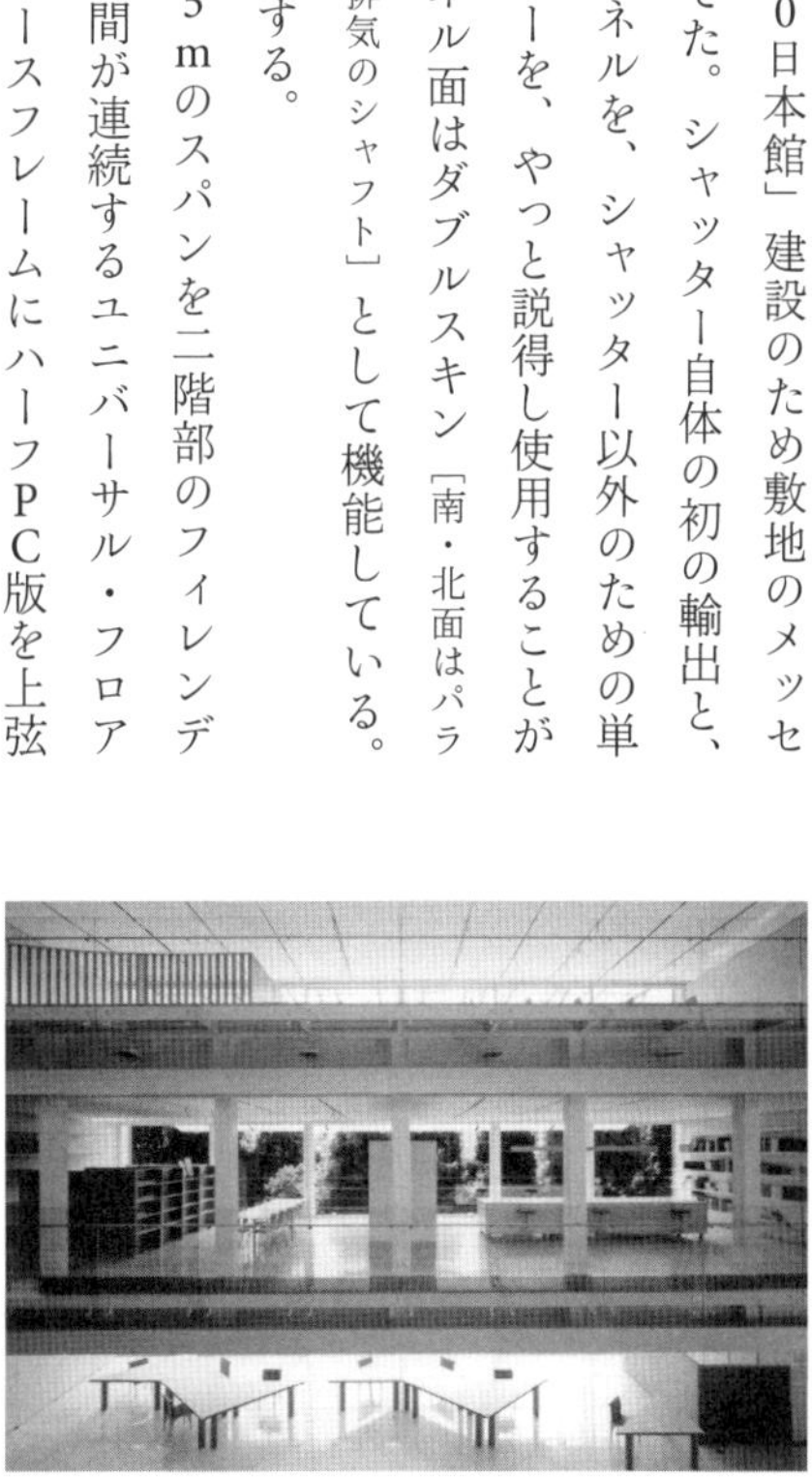

内観

1階平面

ガラスシャッターの家［2003］

敷地半分の計画道路

敷地に計画道路がかかっていることはよくあることだが、今回の場合敷地の前半分が完全に計画道路の指定を受けた、非常に制限の大きい敷地であった。周知のように計画道路内には、二階建てまでの鉄骨造しか建てられない。しかしながら、この厳しい制限に屈したような、ネガティブな表現をもった設計にはしたくない。そこで奥半分の制限のかからない範囲を三階建てとし、その屋根で前面道路際まで被い、その下前面半分を三層吹抜け、残り半分に二階床を延ばしその上二層分を吹抜けの空間とした。それにより「計画道路内は二階建て」という制限をクリアしつつ、ネガティブでない積極的な空間構成とすることができた。

生活パターンと空間の整合性

クライアントの土井善晴氏は料理研究家であり、生活と仕事が一体し融合したような日々を送られている。この建築に求められたプログラムは、レストラン、キッチン・スタジオ、居室の三つであるが、それをダイアグラム化してみると、マスター・カードのマークのように、レストランの円と居室の円がオーバーラップし、そこにキッチン・スタジオが存在することになる。つまり、キッチン・スタジオはオケージョンにより多機能で、レストランのキッチンの補完的役割や、特別なお客様のダイニング空間でもある。また名前のごとく、日常的な料理の研究、教育、撮影、打ち合わせに使うだけでなく、居室の応接、

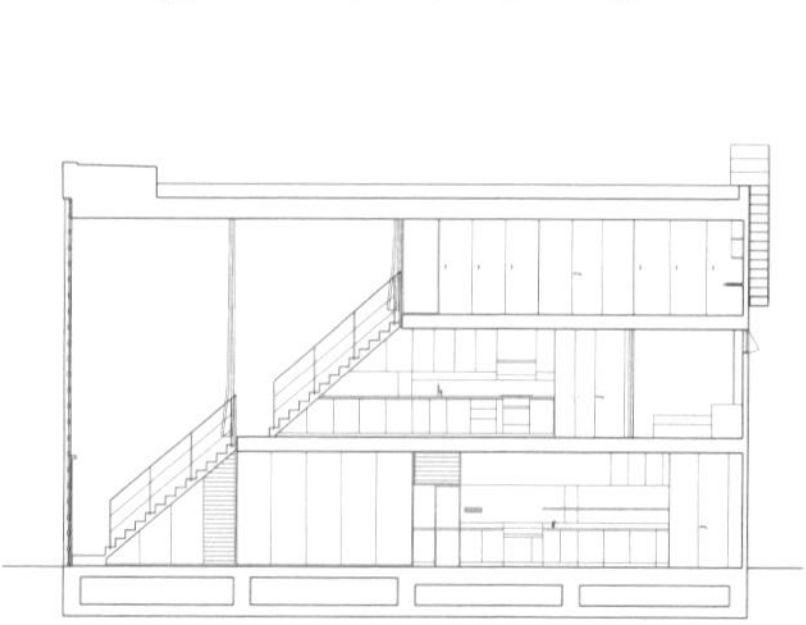

断面

ガラスシャッター開放時

ガラスシャッター閉鎖時

リビング、ダイニング的にも使われる。そこでこの二階にあるキッチン・スタジオの空間が、単に位置的に一階のレストランと、三階の居室の中間にあるというだけでなく、空間的に連続したり、仕切られたりと、さまざまなオケージョンにアジャストできる空間の配慮と仕掛けが必要となる。その意味で、計画道路の制限のポジティブな解釈から導き出された空間構成は、多様な生活パターンと整合性をもちえたわけである。またそのアジャストは、簡単な、カーテンや引戸、紙管の自立するパーティションなどで日常的に行われている。

ガラスシャッター

これまで、内外の空間をドラスティックに連続させたり区切るためのデバイスとして、工業的にスタンダード化されたさまざまな種類のシャッターを利用してきた。最初に使ったのは「紙の資料館 特種製紙総合技術研究所 PAM B」で、既存倉庫をギャラリーに改装し、シャッター・オープン時に庭の木製デッキの庇となるようにFRP製のオーバーハンギング・シャッターを使った。「PAM A」では、ドイツ製のFRP複合板のスタッキング・シャッターにより、三層吹抜けのオフィスとギャラリーの中間のアトリウムを屋内化したり、半屋外化させた。

今回の敷地は、駅前の商店街を少し外れた商業地域にある。周りはほとんど三階建ての商業ビルで、一階に商店、その店舗には前面シャッターという見慣れたファサードが続く。このストリート・ファブリックに対し、あえて異質な形態やファサードを新たに挿入するのではなく、周りと同じような素直な長方体に前面シャッターというありきたりのボキャブラリーを設定した。唯一違うのは、前面シャッターの代わりに全面シャッターという漢

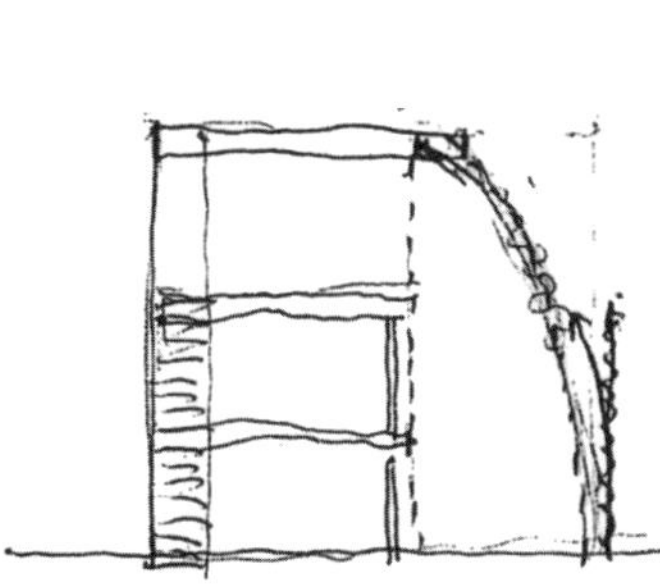

フェンス初期案

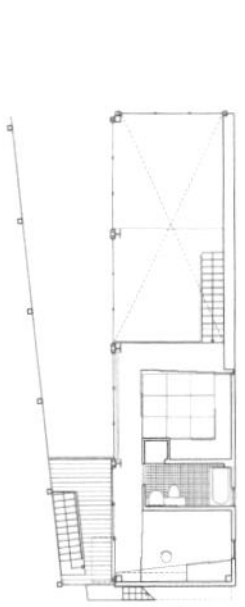

3階平面

2階平面

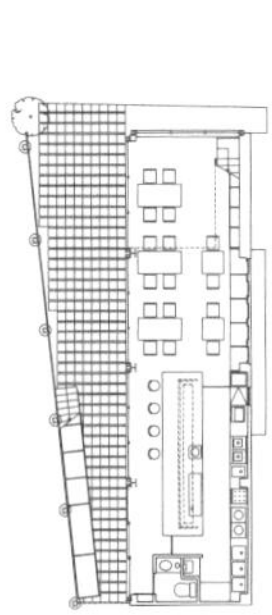

1階平面

字の微妙な一文字の違いである。

このように前面のファサードは周囲の建物に合わせたが、一般的な建蔽率の残りをプライベートな裏庭に取るところを、ここでは敷地の西面を道路から敷地裏境界まで空地をいっぱいに取った。この側面のコートヤードを道路に開き、前面の完全にパブリックなファサードと、側面のセミパブリックなファサードというヒエラルキーをつくった。このコートヤードに面するファサードも、フルハイトのガラスシャッターで構成することにより、シャッターが閉まっているときにはコートヤードはパブリックな道路の延長としてセミパブリックになるが、シャッターを全開した途端にコートヤードは、セミプライベートな内部空間の延長となる。

シャッターの内側には三層の高さと、二層の高さのカーテンが、次のレイヤーを構成している。前面の三層のカーテンはシャッターから少し後退することにより、冬はレストラン入口の風除室的な役割と外から内への中間的領域をつくる。内部空間と外部空間の関係は、シャッターをすべて閉めたり、側面のみ開けたり、半開したり、またカーテンとのコンビネーションにより、さまざまなオケージョンに合わせたシチュエーションをつくり出すことが可能となる。これは、いつも様相を変えないはずの建築が、季節やオケージョンに合わせて人が服を変えるような建築へとなったわけである。

土井氏が、「完成する前はこんな家に本当に住みこなせるか心配だったけど、住んでみたら季節が感じられてとても住み心地がよい」と感想を話された。そして「今度は私が建築に負けない料理をつくる番です」といわれ、建築を着こなしてくださっていることがとても嬉しかった。

1階レストラン

什器も坂 茂のデザイン

写真家のシャッター・ハウス［2003］

敷地は東京の一等地にありながら、道の向かいには四階建てのマンション、そして接近した三階建ての隣家と大使館の高い塀に囲われ、奥行が深く、あまり外に向かって開放的になれないコンディションであった。ここに、本格的な写真スタジオを併設した住宅を挿入することは、非常にチャレンジングである。建主は建築写真を撮ることもあり、「もしミースが生きていたら彼に頼みたかったのだけど……」と、私に設計を依頼した理由を正直に話された。

この閉鎖的にならざるを得ない敷地に、一辺4mと2mのタータンチェック模様のグリッド・モジュールを被せることにより、各部屋が連続しつつも、常にそれらの部屋の間にはコートヤードが配されるような構成とした。各部屋の大きさは、タータンチェックの大小モジュールをそれぞれの部屋に適切な大きさになるよう組み合わせた。その中でも最小の正方形の単位は、横力を負担するコアとして、地下階から二階までを結ぶサーキュレーションとした。また屋根面での面剛性の不足分は、細いルーバー状のキャノピー面も利用し、それを補っている。

コートヤードに面する各部屋のエッジは、すべてガラスを使うことでビジュアルに内外を連絡させているが、そのガラス面をスタッキング式シャッターで構成することにより、それを開けると全面がコートヤードに開放し、フィジカルにも内外の空間を連続させることを可能としている。それにより平面的にも断面的にも、季節やオケージョンに合わせて

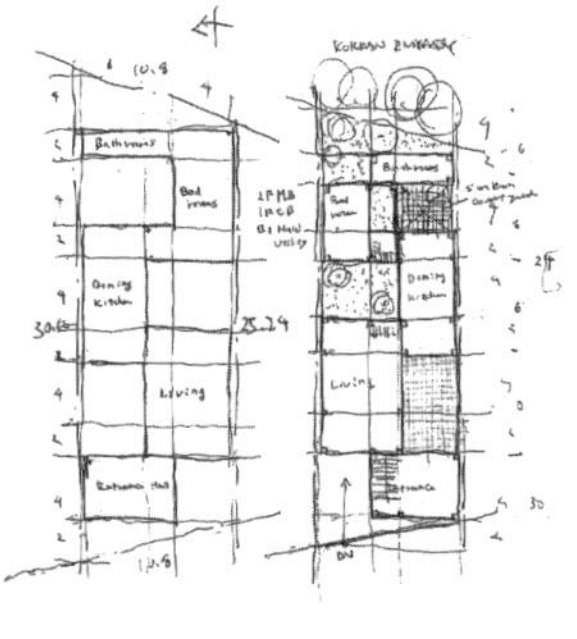

平面スケッチ

全景

空間の流動性をコントロールでき、ミースのユニバーサル・スペースに対しユニバーサル・フロアを形成している。

敷地の境界に面するコートヤードの一面は、チェッカー状の緑化面とし、最小限プライバシーを守る程度の垂直ガーデンとなっている。

完成後、建主が「ミースに頼むよりよかった」とポロッといわれ、ホッとした。

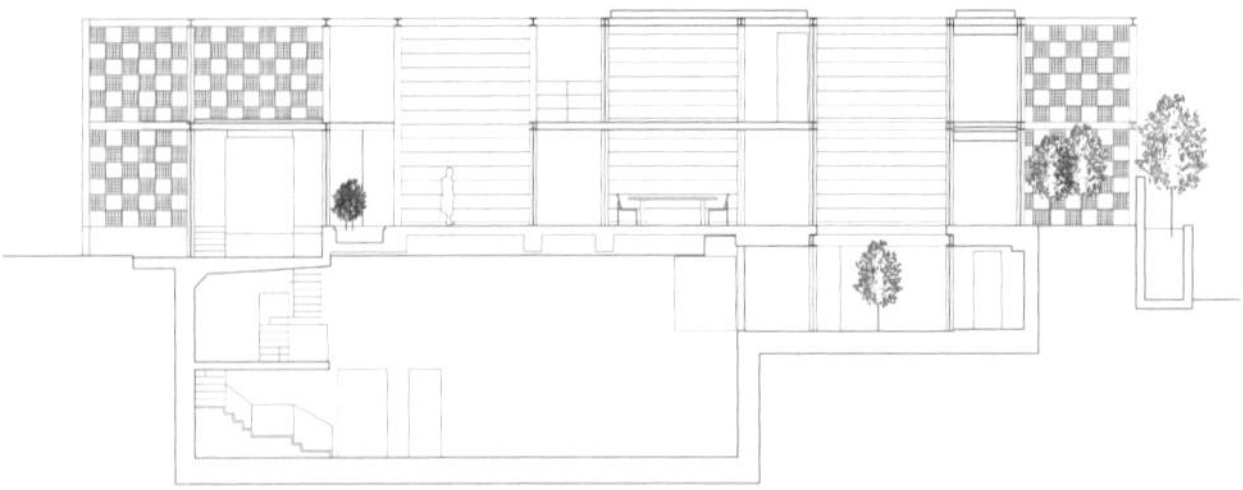
断面

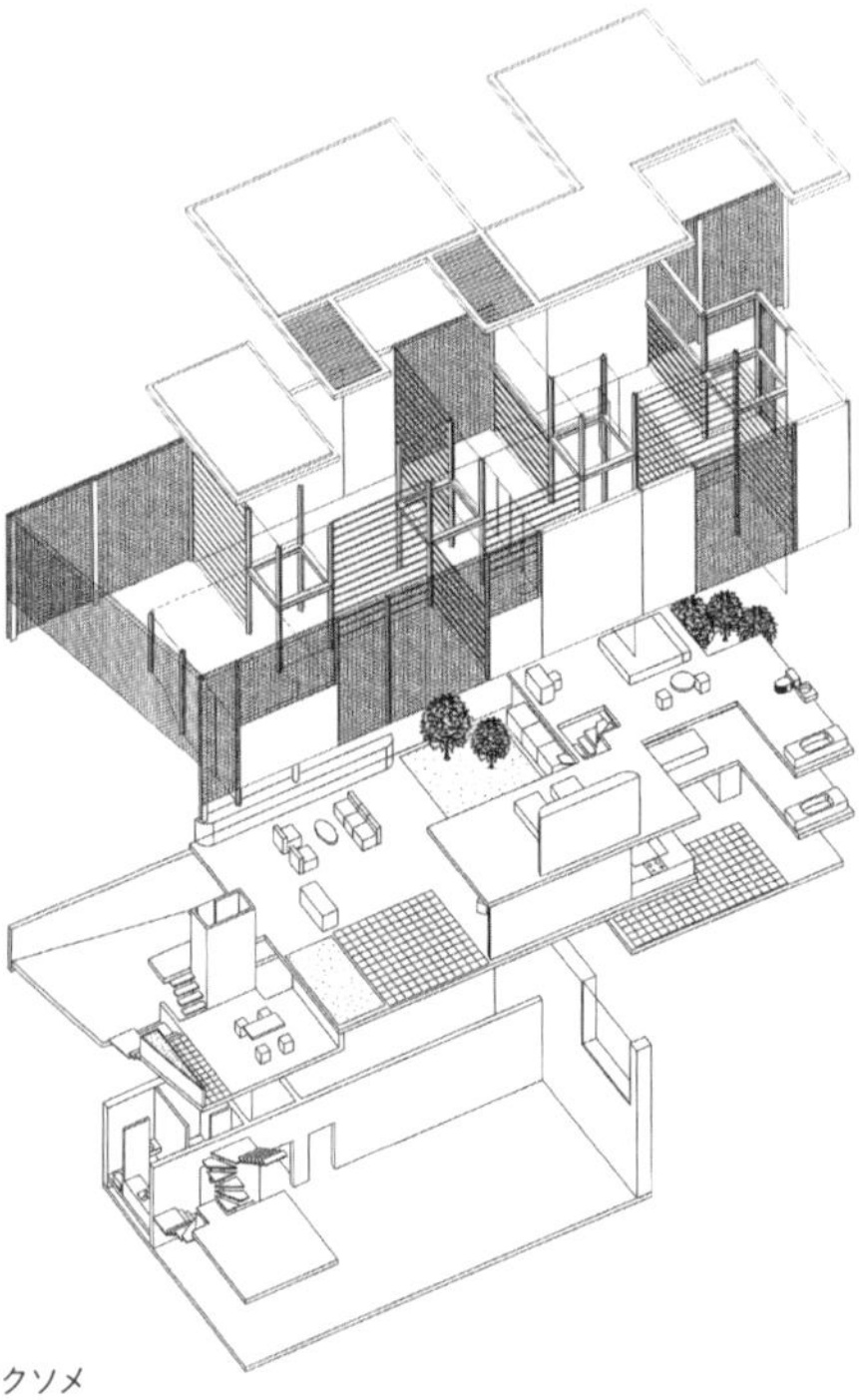
アクソメ

内観

ジーシー名古屋営業所 [2004]

街への開放

先に大阪営業所を手がけたデンタル機器を扱う会社ジーシーのオフィス、セミナー施設、ショールームをいかに街に開放するか。そして、近所にある巨大な歯科大学と病院の先生や学生に対しても、気軽に立ち寄ってもらえるコミュニティの場としたい。さらに、近隣に住む一般の人びとにもギャラリーとして、また休息する場として開放したい。そんな強い意志と機能を建築に持たせたいと考えた。これらの機能と空間を実現するために、外と中の中間的領域として、西の街路側には吹抜けの展示や飲食ができるギャラリーを、南側には緑が壁内にあり、スカイライトが入るアトリウムを配した。街路とギャラリーは三層分のガラスシャッターで、また事務所・セミナー空間とギャラリー、アトリウムは簡単なガラス引戸で仕切ることにより、それらを開閉し、季節やオケージョンに合わせて、空間をフレキシブルに連続させた。

このガラスシャッターによる空間の連続を持たせる試みは、「紙の資料館 特種製紙総合技術研究所 PAM」、「ガラスシャッターの家」、「写真家のシャッター・ハウス」から、さらに「ポンピドー・センター - メス」へと続く。

開放時外観

閉鎖時外観

シャッター開放時内観

展示物としてのパリ仮設事務所

紙の仮設スタジオ［2004］

パリ・ポンピドー・センターのテラスに仮設スタジオをつくる

メス市［パリの東、ドイツ国境近く］に二〇〇七年完成予定のポンピドー・センター［ＣＰＭ］の国際コンペに優勝し、パリ・ポンピドー・センターの館長、ブルーノ・ラシーン氏との最初のミーティングで、「海外の事務所としてパリに事務所を借りるに十分な設計料ではない。それゆえに、もしポンピドー・センターのテラスを貸してくれれば、自分で仮設事務所をつくるんですけど」と、ほとんど冗談のつもりで話した。すると、「それは面白いかもしれない。少し考えさせてください」と意外な返事が返ってきた。それから一週間、複雑で知られるフランスのアドミニストレーションとしては異例の速さで「ぜひやってください」との答えが戻ってきた。ただその条件は次のようなものであった。

1――ＣＰＭの完成まで約三年間無償でテラスを使ってよいが、残りはすべて自費でやる。

2――一般の美術館を訪れるビジターに、ＣＰＭがどのようにして設計されているか、ギャラリーからなるべくわれわれの事務所の中が見えるようにする。

3――ＣＰＭ完成後は、仮設事務所から出て、建物をポンピドー・センターに寄付する。

建設に当たって、建設可能な場所を三カ所［正面のプラザの片隅や、ブランクーシのアトリエの庭、六階テラス］を案内してもらい、もっともプライバシーが得られ、パリの絶景が楽しめる六階のレストラン脇の細長いテラスを選んだ。ただその時、セキュリティが高いナショナルモニュメントの上に仮設とはいえ建築を建設するということがどれだけ困難であるか想像

外観

学生による建設の様子

もしなかった。

まずは、レンゾ・ピアノ氏をパリ事務所に訪ね、図面とCGの完成パースを見ていただき、彼の許可を取る必要があった。レンゾは、彼らもポンピドー・センターのコンペに勝ち、まずセーヌ川のボートの上に仮設事務所をつくったので、われわれも仮設事務所をつくることに大賛成してくださった。ただ、CPMの場合、メス市とポンピドー・センターと二者の施主がいるので、一方だけに近づきすぎる〔テラスに事務所があること〕と他者からいろいろクレームが付くので場所的にはテラスでないほうが……との意見もいただいた。事実彼の予言のとおりわれわれは二者の間に挟まれ、ポンピドー・センターの意見を聞きすぎるなとメス市から言われて苦労している。

建設は日仏協同のワークショップ

構造設計は、日本でいつも「紙の建築」を担当している手塚升氏に基本設計を依頼し、実施設計はポンピドー・センターを設計したピーター・ライスが設立した事務所RFRにお願いした。

建設は、慶應義塾大学湘南藤沢キャンパス〔SFC〕の私の研究室として同じような「紙の建築」を建設した学生と、パリの地元の建築の学生を中心に夏のワークショップを編成し、すべて学生の手で建設してもらった。

毎日パリの眺望を楽しみながらも、ギャラリーのビジターの目を気にしつつ、動物園状態の環境はなかなか刺激的である。皆さんがパリへこられた時はどうぞお立ち寄りください。ただ、われわれは展示物の一部なので、下で入場券を買っていただく必要がありますが……。

全景

移動不要な移動美術館
ノマディック美術館 ニューヨーク［2005］

写真家グレゴリー・コルベールとの出会い

二〇〇〇年のはじめ、突然、和紙にプリントされた象の写真と蠟で封印された手書きの手紙が届いた。その送り主グレゴリー・コルベールはカナダ生まれのパリで活動する写真家で、私に“Nomadic Museum”を設計してほしいとのことであった。その後、彼をパリのアトリエに訪ねた。そこで見せられたのは、畳ほどの大きさの手漉き和紙にセピア色でプリントされた、象と少年や鷹と舞う少女の写真と、鯨と水中で戯れるグレゴリーを映すフィルムであった。そこには見たことのない、原始的で自然な動物と人間の交流のシーンが展開していた。

その不思議な世界をどう理解してよいのか戸惑っていると、グレゴリーは既存の美術館で展覧会をしたくないので、私にこれらの作品を世界中の人びとに見てもらえる“Nomadic Museum”つまり移動する美術館、それも4000~5000m^2の建築を設計してほしいとのことであった。

そのあまりに壮大な構想に、建築の移動するシステムを考えることにはとても興味を持ちつつも、経済的実現性は想像を絶していた。それからパリに行くたびに彼に会っていたが、Nomadicの話が具体的にならないまま、二〇〇二年にヴェネチアのアルセナーレ［ヴェネチア・ビエンナーレ建築展の会場］での展覧会が決まった。一三世紀から船のロープをつくっていた長さ300m以上の荘厳な回廊の室内でのグレゴリーの展覧会は、空間の力強さ

コンテナが描くチェッカー・ボード
パターン

全景

と歴史の重みに、グレゴリーの作品の神秘的な魅力が重なり合い、神聖な雰囲気すら醸し出していた。この展覧会が成功をおさめ、彼のパトロンであるビアニマーレ財団の承諾が得られ、構想どおりニューヨークを皮切りに、「Nomadic Museum」を建設し、世界中を巡回することとなった。

いかに移動させないか

第一回目のニューヨーク展の敷地は、ハドソン川に突き出す全長235m、幅24mの桟橋ピア54であった。このピアは、タイタニック号が停泊する予定であったことで有名で、今は使われていない古い木造の構造体である。ここでの問題は、いかに4000㎡以上もある構造体を短期間で経済的に組み立て・解体し、同時に経済的に世界各地へと移動できるシステムを考えるかということである。さらにこのチャレンジが困難になったのは、アルセナーレと同等以上の空間的質をそのシステムによりつくり出すという難題が課せられたことである。

まずシステムとして考えたのは、工業化された収納ユニットを主要構造とする「家具の家」を発展させ、移動展示システムをつくった「ノバ オーシマ仮設ショールーム」を発展させることであった。この時は、建設現場にレンタルされているアルミのコンテナ「2㎥」の中に家具を展示し、それを構造体コアとして鉄骨フレームと膜屋根をその上に架けた。この展示会は、東京の後大阪へ移動する予定で、大阪へはフレームと膜屋根のみ輸送し、コンテナは同じものを大阪で新たにレンタルするという計画であった。今回は、20フィート「6m」のシッピングコンテナを四段積み、205mの平行な二列の壁を構成した。

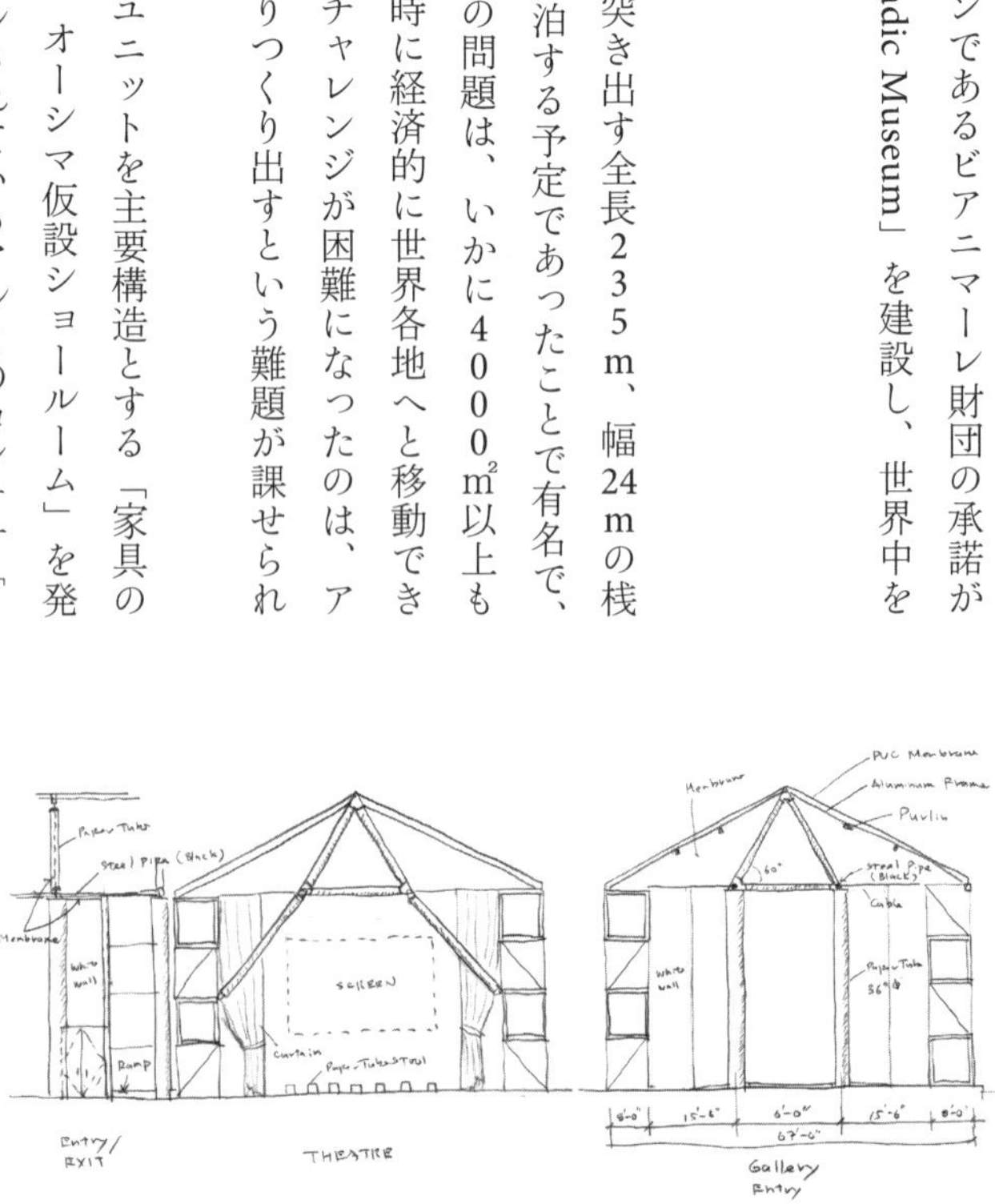

断面スケッチ

そのコンテナの間に20フィート間隔で直径75cmの紙管の列柱と、その上に直径30cmの紙管の正三角形の小屋組みを載せ膜の架構を支持させた。コンテナは、ただ普通に積むのではなく、チェッカーボードのパターンをつくり出した。それにより最低限の数を使い、コストダウンを図り、木造の古い桟橋のキャパシティも考慮に入れ建物をできる限り軽くした。さらに、コンテナがない部分は斜めに膜材で塞ぎコンテナの奥行を見せ、そこに影を落としファサードに深みを出す効果を持たせている。

このコンテナは、対岸のニュージャージーのコンテナヤードから約五カ月間［会期三カ月プラス組み立て・解体期間］借りてあり、解体後は返却する。次の開催地ロサンゼルスでも、どこの国に行っても世界標準のコンテナは、同じものを借りることができる。屋根材と小屋組みの紙管はコンテナに入れて巡回させるが、柱の紙管は海外に送る時は、解体後リサイクルされ次の国で再びつくる。つまり数台のコンテナ以外は、移動不要な移動美術館である。

合計一四八台のコンテナによりできた全長205mの空間に、六四本の紙管の柱でできた回廊の左右それぞれの列の柱と柱の間には巨大な平面作品が宙に浮く。その柱の間の空間は、それぞれの作品の別な世界を分節化する。建物に入った瞬間は、あたかも荘厳なカテドラルに入った時のように空間に圧倒されるかもしれない。しかし、柱と柱の間に展開するグレゴリーの作品を一点一点鑑賞していくにつれ、徐々に彼の世界に引き込まれ、建築空間の意識は少しずつ薄れ、いつの間にか作品のバックグラウンドと化す。それはあたかもカテドラルで席に着き、祈りや儀式の中に没頭していく体験に似ているだろう。

内観

内観

ニコラス・G・ハイエックセンターのコンペへの参加

動くショールームのある「時計通り」

オメガなど、スイスの多くの有名時計ブランドを傘下に持つスウォッチ・グループが、世界で初めてショールームを兼ねた本社ビルを、銀座七丁目に建設することになり、七人の建築家を選び招待コンペを行った［二〇〇五年］。

デザイン・コンセプトは、与えられた建築のプログラムの問題点を銀座ならではのコンテクストで解くことにより導かれた。

スウォッチ・グループの持つ七つのブランドのショールームを別々のブティックとして入れるという要求を満たすには、この間口14m、奥行33mの敷地においては、三層以上の重層のショールームとなる。一階に二店舗、二階に三店舗……。つまり道を行き交う人たちには、一階の二店舗しか目に留まらず、残りの五店舗は商業的には不利となる。どうにかして、七店舗すべてを一階で見られるようにできないだろうかと考えた。それを実現するためにヒントとなったのが、銀座ならではのコンテクストである。

銀座の特色、あるいは楽しさは、メインの銀座通りよりも、その裏通りに間口の狭いたくさんの店舗がひしめいているところにある。そこで、その銀座的特徴を反映して、敷地の前面と裏面を四層分ガラスのシャッターで覆い、それを開放すると、そこは通り抜けでき、あたかも「通り」のようになる。その「通り」に七店舗のガラス張りのキオスク的ショールームを点在させた。それにより、その「通り」に入り込んだ人は、七つのブランド

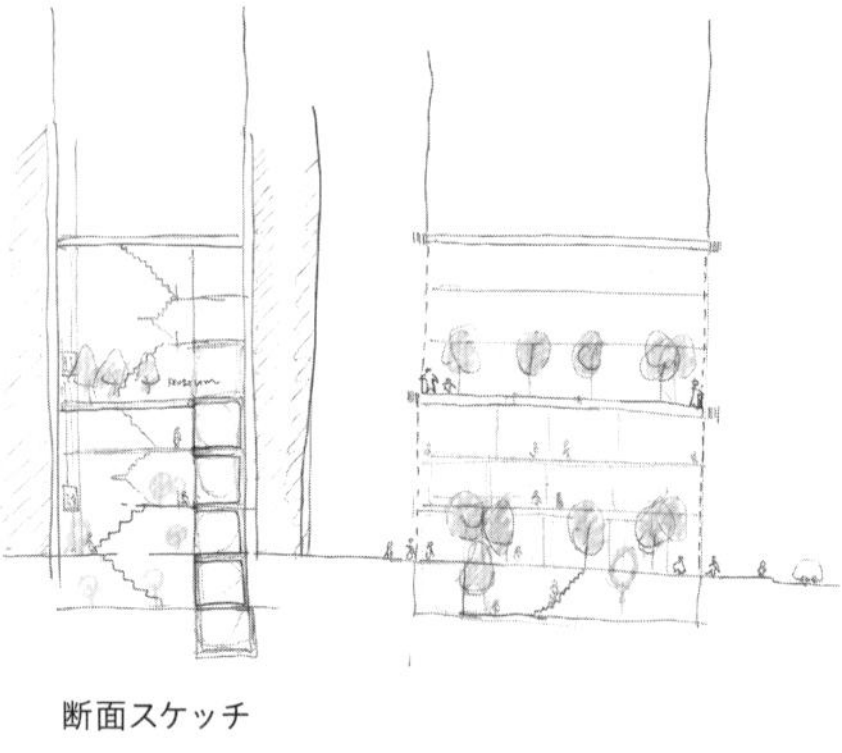

断面スケッチ

が一堂に見られ、興味を持てばショールームの中に入る。そして、さらにもっと多くの商品を見たい場合は、そのショールーム自体がエレベータとなっているため、ショールームごと地下一階から四階までの、それぞれのメイン店舗へ自然に導かれる。それにより、この「時計通り」は、七つのショールームと自然や彫刻が楽しく混在した、動きのある生き生きとした人びとの憩いの場となるであろう。

ニコラス・G・ハイエックセンター［2007］

「Problem-Making」の手法

普段、私は"Problem-Solving"、つまり、設計条件、法規、敷地条件、予算などそのプロジェクトの「問題」をデザインによって解決することを、特にクライアントと異なる文化、バックグラウンドを持つ場合の有効な説得手法と考えている。しかし今回のプログラムにおいては、クライアント自身は特に「問題」と考えていない条件を、あえて「問題」と考えることにより、デザイン解を導き出す、いわば"Problem-Making"を試みた。

世界一高価な商業地にパブリックな場所を

銀座・中央通りと裏のあずま通りに面する幅員14m、奥行34mの敷地の一階から四階に、

開放時外観

閉鎖時外観

JAQUET DROZ
OMEGA
Breguet

計七ブランドの独立したショールームを配置することがプログラム上要求された。しかし間口が狭いので七店のうち一店しか銀座・中央通りに面することができない。まして三、四階にあるショールームになど、顧客は足を運ばない。これは商業ビルとして、致命的な問題ではないか、どうしたらすべてのショールームに対して、同じような道からのアクセスが得られるだろうか。そこで、与えられたプログラムを無視し、しかも世界一高価な商業地の一階に店舗の代わりにパブリックな道を通して中央通りと裏通りを結ぶという、コンペ案としてはあえてリスクを冒すことにした。銀座の街の特色、楽しさとなっているのは、多くの裏通りにさまざまな小さな店がひしめいているところであるが、土地が高価なゆえにパブリックな場所、特に緑や水のある憩いの場所がまったくない。そこで、そのようなコンテクストをビルの内につくり出すことにより、銀座らしくもあり、また異質でもあるアイデンティティをつくり出すことにした。さらに、建物の前面と裏のファサードを四層分のガラスのスタッキング・シャッターで構成し、営業時間中はそれをすべて開け、三層吹抜けの壁がすべて緑と滝で覆われた散歩道「アベニュー・ドゥ・タン」をつくり出した。その道に沿って七つの丸や四角のキオスクのようなガラス張りのショールームを散らばした。そのショールームの中には、各ブランドの目玉商品が並べられ、もっと商品を見たい場合は、ボタンを押すと、ガラスのショールームはエレベータとして各ブティックに導く専用エレベータとなる。

こんな大胆な冒険を、スウォッチという画期的な時計を生み出した社長、ニコラス・G・ハイエック氏ならきっと受け入れてくれるのではないかという期待が、見事に実った。

1階時計通り

半屋外化された5階アトリウム

グリッド・シェルの天井。これがポンピドー・センター-メスの木造屋根へ繋がる

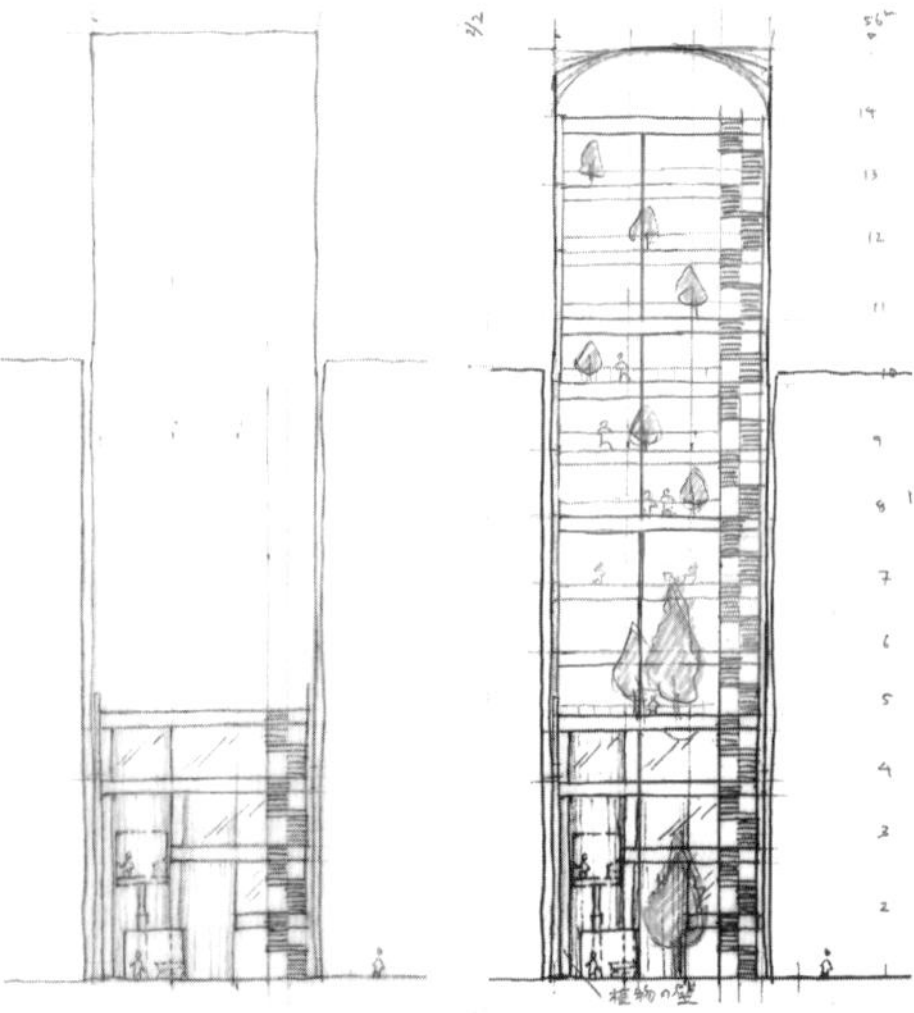

立面スケッチ

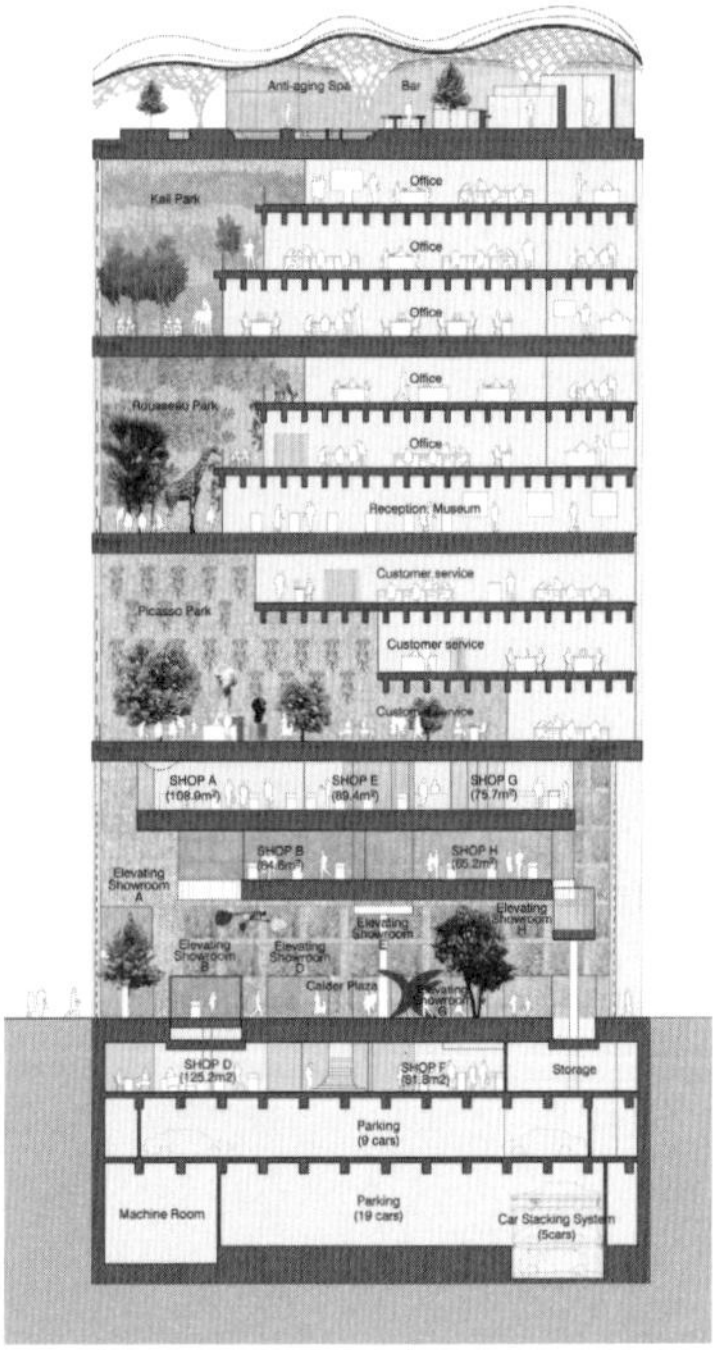

断面。ガラス張りの各店ショールームがエレベータとなり、各店のフロアに人を移動させる

L字形アングルと紙管

ブルゴーニュ運河博物館 ボートハウス［2004］ 資料館［2005］

マスタードで有名なフランスの町ディジョンから、40kmほど西に運河を上流へ上ると、プイィ・オン・オクッソワという小さな村に出る。村の外れには、観光用ボートなどが停泊できる小さな運河の港がある。そこに、古いボートを展示するボートハウスと小さな運河の歴史資料館の設計を依頼されたのはもう六年前［一九九九年］になる。とにかくローコストで風景に馴染み、しかもこの誰も知らない小さな村まで観光客が訪れるようなユニークな建築を設計してほしいという、とても都合のよい要望であった。

紙管のボートハウス

ちょうどその時期、「ハノーバー国際博覧会2000日本館」の設計のため、ドイツの紙管メーカーと深く付き合っていたので、日本館で使うのと同じ紙管を使えば安くすむと考えたのが、そもそもこのプロジェクトを困難にすることとなった。

ボートハウスでは日本館で使った直径120mm、厚み22・5mmを使うことにより、ドイツで行った公式な紙管の実験データをフランスでもユーロ・コードとして認めてもらえたのだが、日本館と違いパーマネントな建築として、万が一紙管が耐力を持たなくなった時のために簡単に取替えができるジョイントの設計を要求された。さらに一部は紙管の代わりにアルミパイプを使う妥協案が構造事務所より提案され、小さくても初めての紙の公共建築物であることを考え、その案を受け入れることとした。形態的には、この港の近くに

全景

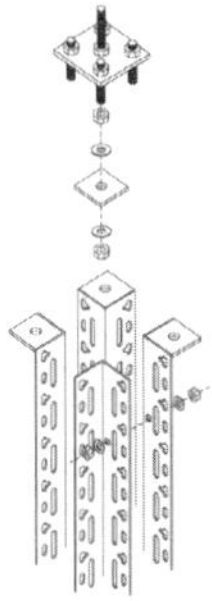

Lアングル柱の
ディティール

３・３kmもの長さの有名な運河トンネルがあるので、そのトンネルのアーチの形態をそのまま紙管のアーチの直径［11・25m］として採用して、意味を持たせた。

L字形アングルの資料館

資料館の設計もさらなるローコストが求められた。そこでクライアントに、内部の展示デザインも設計させてもらうこととし、その展示デザイン自体を本体建築の一部とすることを考えた。本体建築の一部にするという意味は、展示ブース自体が、本体の構造となるということである。展示ブースの基本ユニットとして、日曜大工店で売っている自分で本棚がつくれる、スチールの穴あきL字形アングル部材を四つ組み合わせ十字形の柱をつくる。これを基本に展示パネルやブースを構成し、その上に屋根を載せる。鉛直荷重を支える柱は、周囲のスチールの方立てとこの展示ブースのみで、横力は、コンクリートのトイレブースに負わせた。さらに展示用の照明は、十字柱にローボルトの電気を通し照明器具がクリップで付けられるようになっている。つまりL字形アングルは、構造、展示システム兼照明の配線と三つの機能を持つわけである。

こんな小さなプロジェクトに六年もかかり、クライアントである地域コミュニティからの風当たりも強かったが、完成すると地元の評判もよく、ディジョン市から、新しい集合住宅の設計の依頼をいただくことになった。

運河からボートハウスと資料館を見る

ノマディック美術館 サンタモニカ [2006]

写真家グレゴリー・コルベールの移動美術館［ノマディック美術館］を実際に都市から都市へ移動する計画、ロジカルに考えられたシステムも実際に実現するのは意外と大変な作業であった。昨年［二〇〇五年］三月にニューヨークのハドソン川に突き出したピア54に建築された4200㎡のノマディック美術館は三カ月間で三〇万人もの観客を集め、予定通り今年［二〇〇六年］の一月にロサンゼルスのサンタモニカ・ピア脇にある駐車場に、5200㎡と拡張され移設［?:］された。移設といっても、メインの軀体である20フィートのシッピングコンテナは各地で最寄りのコンテナヤードから一時的に借りてきた中古のコンテナなので、移設したとは言えないのかもしれない。

実際移設するのは、屋根の膜材とそれを支える直径75㎝の紙管の柱と、直径30㎝の紙管の小屋組みのみである。このようにロジカルには移設は簡単なのだが、サンタモニカでは予想外の二つの問題が加わった。一つ目は、グレゴリー自身が新たに製作したフィルムを見せる大小のシネマとブックストアを追加し面積を1000㎡も大きくする必要があったことである。与えられた敷地の形状は、ニューヨークが直線状のピアでギャラリーも長さ205m幅20mのリニアなものだったのに対し、サンタモニカは長さ165m幅150mでリニアな形状とするわけにいかない。そこで、205mのギャラリーを半分の二本のギャラリーとし平行に等間隔で並べることにより、中央に追加のシネマとブックストアを配置することができた。コンテナはニューヨーク同様チェッカーボードのパターンに積み上

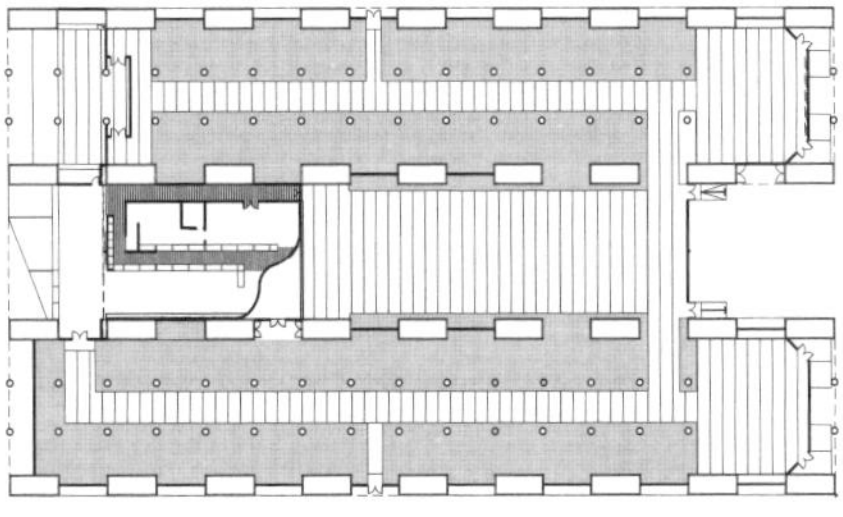

平面

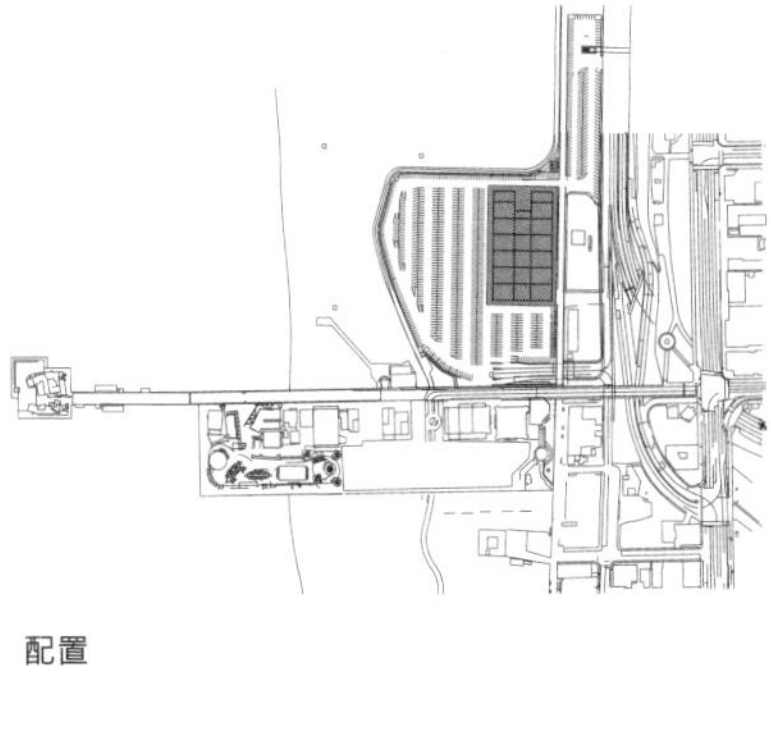

配置

げ、コンテナに既存のコーナーのジョイント金物で連結した。二つ目の問題は、ニューヨークでは仮設建築物として簡易にH型鋼をコンテナの下に流すだけの基礎で認めてもらったのに、サンタモニカは仮設建築物として認めてもらえない上、さらに耐震力を通常の建築の二倍の26kN［コンテナ足下において、1スパン当たり］も要求されアンカーが必要となってしまったことである。

ノマディック美術館は、五月中旬までサンタモニカで開催された後、来年［二〇〇七年］からは東京を含めたアジア諸国を巡回し、ヨーロッパへと移動する。ニューヨークとサンタモニカを経験し、移動式美術館の難しさは、役人の先入観と、アーティストの底知れぬ新しい制作欲だということに気がついた。

外観

内観

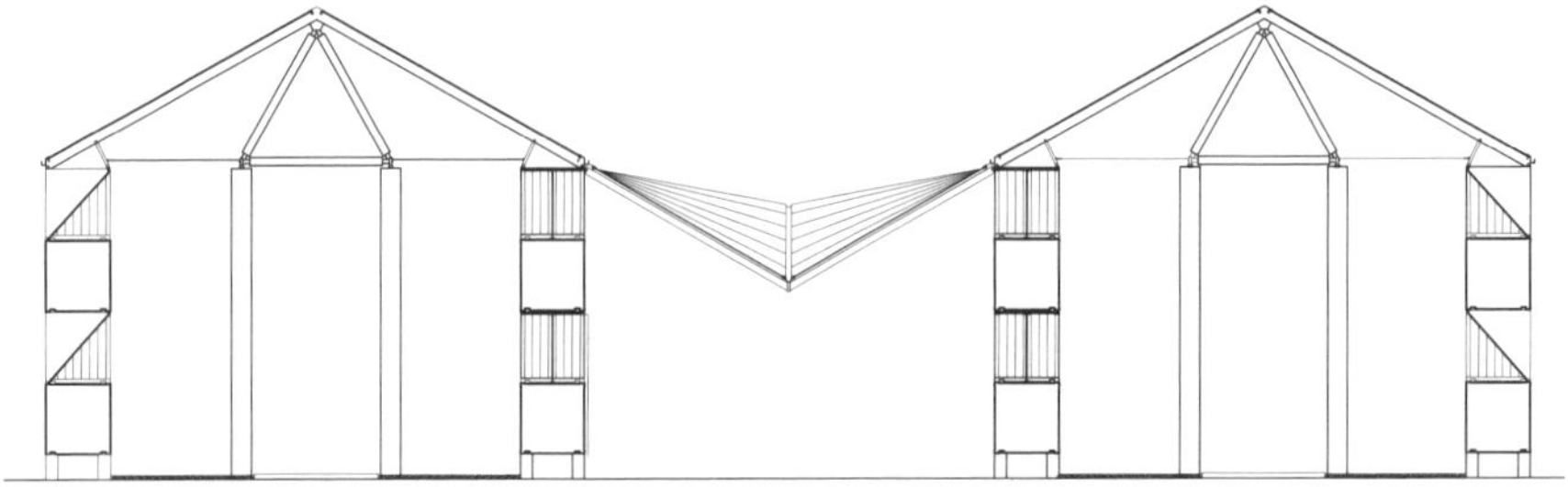
断面

Lアングル構造

ガラス作家のアトリエ [2006]

Lアングル構造―LAS02

二〇〇五年に完成した、フランスのブルゴーニュ運河博物館で採用した、既製品組み立て式スチールLアングルの棚を主体構造にするシステム［LAS］を、この小さなガラス作家のアトリエでも使った。ブルゴーニュ運河博物館では、展示ブースをLアングルで構成し、建物の鉛直荷重のみを負担させたのと異なり、今回は屋根の登り梁とし軸力・横力も負担するトラス梁と柱をつくった。

もともとLアングルの棚は誰にでも簡易に組み立てられるので、今回のLAS組み立ては私の教える慶應義塾大学SFC坂茂研究室の学生が行った。学生は、組み立てに先立ってLアングルの接合部のディティールの試作を作りながら検討した。Lアングルの厚みは2㎜と薄いので溶接はいっさい使わず、それぞれの箇所により一方向から六方向までのLアングルをボルトで固定できるプレートのジョイントをデザインした。

敷地には多くの木があるので、それらを場所により、水平窓や丸窓、妻面三角窓により切り取り眺められるよう配置を工夫した。

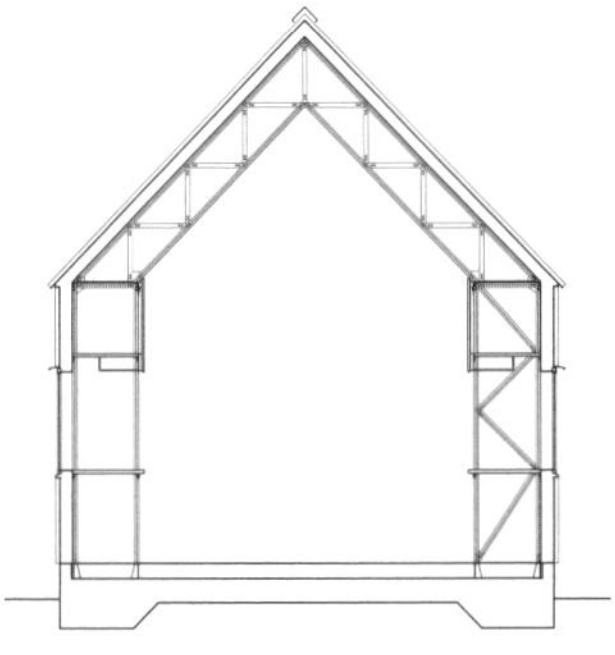

断面

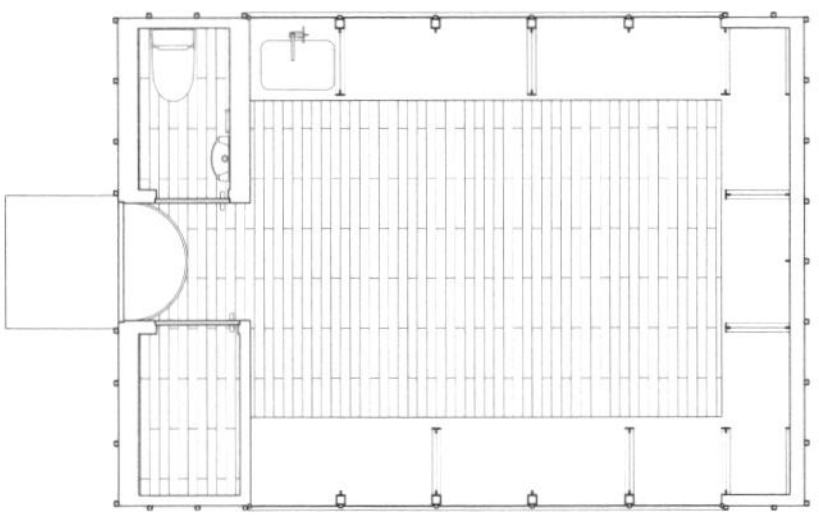

平面

Lアングルのフレームが組み上がった現場

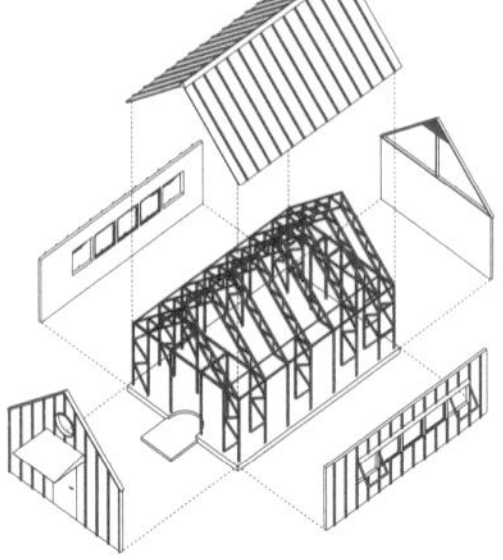

アクソメ

外観

メガストラクチャーからの応用

WTC跡地グラウンド・ゼロ コンペティション［2003］

去る二〇〇三年、WTC跡地「グラウンド・ゼロ」の再開発計画の国際コンペティションの一等案が選出された。最終的にリベスキンドが勝利者となったが、最終選考の二案には、われわれのチーム「THINK」［坂茂、Frederic Schwartz、Ken Smith、Rafael Vinoly、ほか］が残っていた。

コンペティションの与えられた設計条件の中で、特に重要と思われた項目は、①新しいニューヨークのスカイラインをつくり出すこと、②元のWTCが建っていた場［Footprints］には、被害者の遺族の気持ちを考え、建物を建てないことがより好まれる［Prefer］の二点であった。しかし、私のアイディアは、あえてFootprintsの上に二本のタワーを建てるものであった。Footprintsの上といっても、元のタワーの正方形のFootprintsを内接する八角形の筒を正三角形のフレームで分割した構造体を周囲に建てる提案である。以前どこかで見た円筒の紙の照明器具のイメージがあった。この照明の紙の円筒の面も正三角形の折板状に折ることにより補強されているが、タワーの構造もただの円筒よりも三角形の面に分割するとより強くなる。

そのフレームの中に地面［Footprints］から浮かせて内接する正方形のオフィスタワーを入れ、元のタワーと同じ屋上レベルには、天国にいちばん近いメモリアルパークを配した。私は元のFootprintsの上を犯すのではなく、それを守るように構造フレームを建て、再生の思いを表現した。そして、夜景のCGパースを描き、タワーがハドソン川に映り、死者

初期案の夜景外観CG

の霊を慰める灯籠流しのイメージを重ねた。このFootprintsの上にタワーを建てる案は、チームメイトのラファエロ・ヴィニョリとフレドリック・シュウォーツにも最終的には理解をされ、タワーのフレームの中に商業的なオフィスを入れるのではなく、いくつかの文化的機能を分散して入れようということになり、われわれの最終案「World Culture Center」はできあがった。

この「World Culture Center」というメガストラクチャーの正三角形の折板構造を応用したものが、「羽根木の森　アネックス」である。アネックスの屋根部分に、タワーの形態を半分にし、ボールト状に構造用合板を面材として使った折板構造を用いた。規模はささやかなものであるが、このコンペティションでのアイディアを、質の高い作品として実現できた。

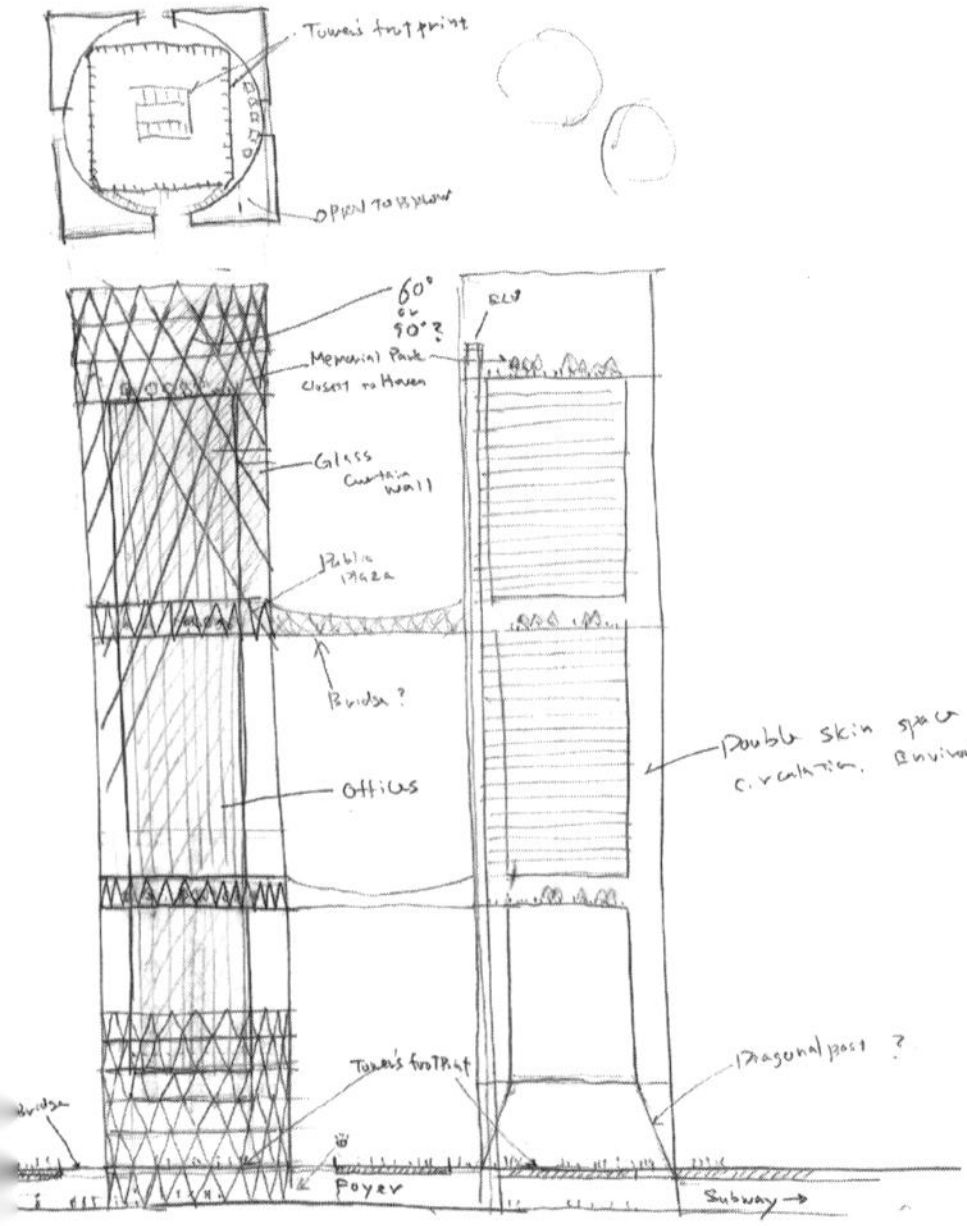

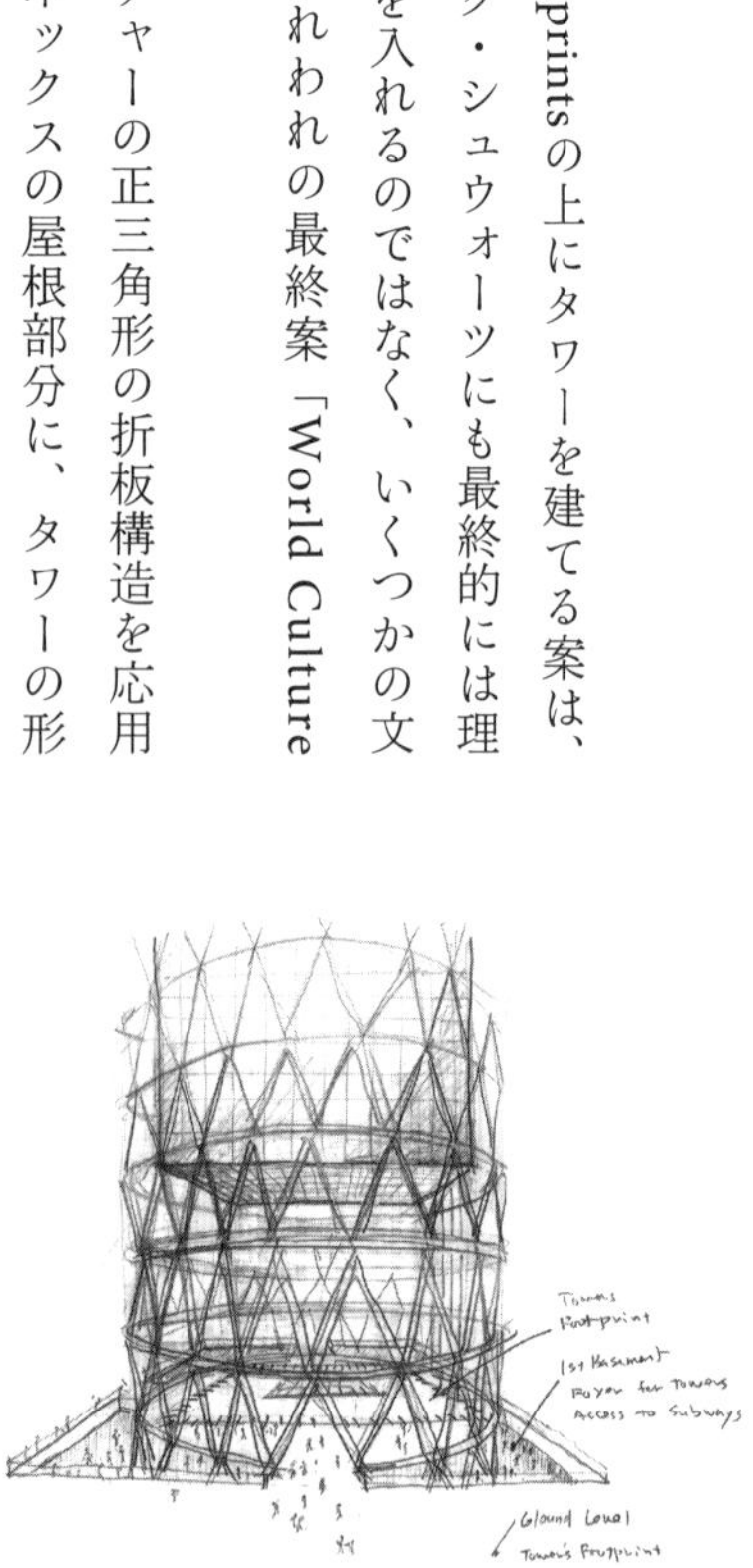

「World Culture Center」のスケッチ

羽根木の森 アネックス［2004］

折板構造の〝離れ〟

地域の保存樹木に指定されているサクラの古木を避けるように配置されたこの小さな建物は、母屋である羽根木の森の住人たちが仕事場として使用するための「離れ」である。

これを設計していた当時、ニューヨークのワールドトレードセンター跡地グラウンド・ゼロ コンペティションで、三角格子の多面体タワーをデザインしていた。実のところ、このアネックスでは、そのタワーの形態を半分にし、ボールト状に構造用合板を面材として使った折板構造を屋根として用いた。

一階をピロティ状の駐車スペースとし、二階の仕事場は高い天井を必要としたが、母屋の二階のリビングルームからうっとうしく見えないように配慮し、きれいな屋根だけの建築、つまり屋根［天井］がそのまま壁となる形状とした。さらに、母屋のリビングルームからの視線と合わないよう、アネックスには地窓を水平に切った。その地窓から入る光は床に反射し、多面体のインテリアにさまざまな光のグラデーションをつくり出している。

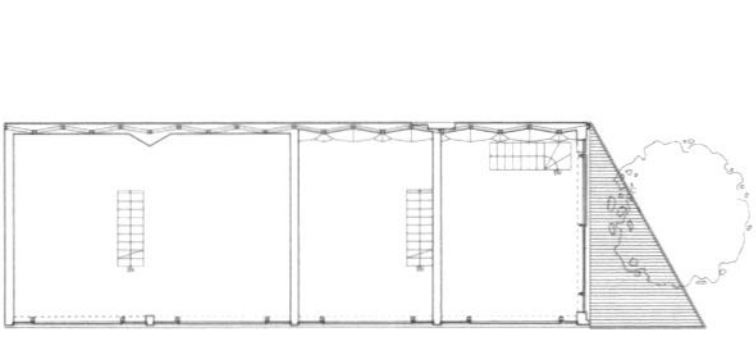

2階平面

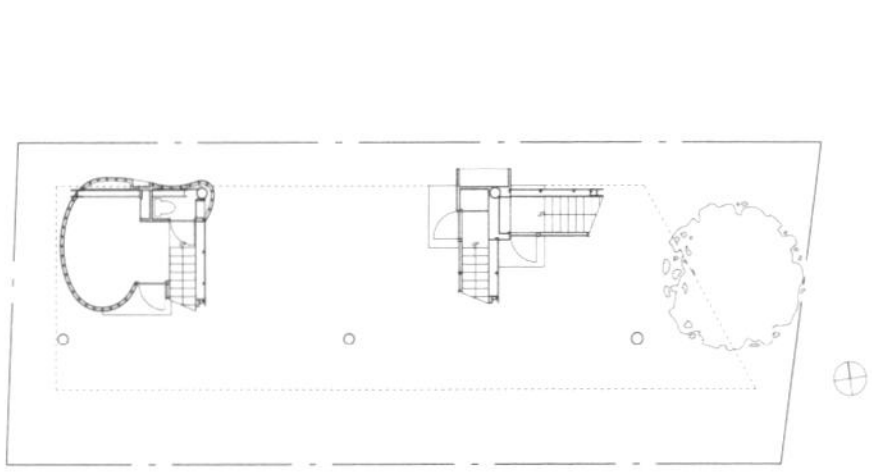

1階平面

外観

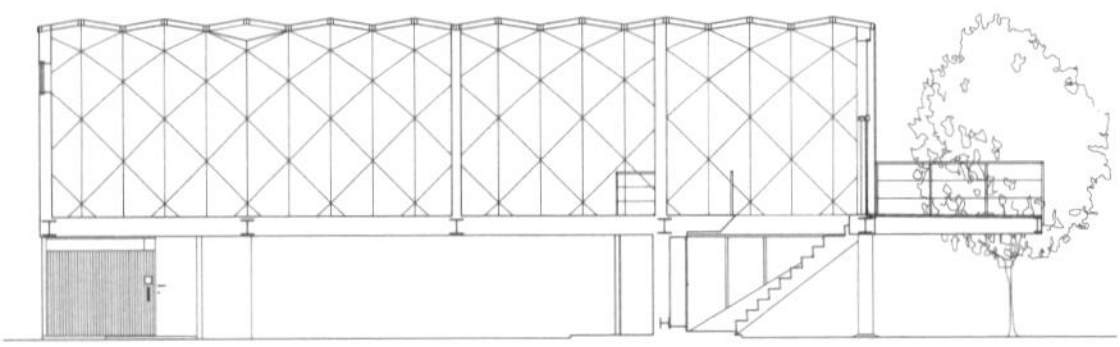

長手立面

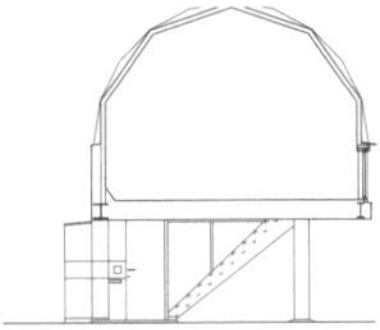

短手断面

プロブレム・ソルビングのデザイン手法

成蹊大学情報図書館［2006］

二〇一二年に成蹊学園創立一〇〇周年を迎えるにあたり、記念事業の一環として成蹊大学情報図書館が計画された。この学園に高校まで通った私は、この建物の設計のチャンスをいただき、これまでキャンパス計画を担当していた三菱地所設計と協働させていただくことになった。

設計に先立ち、学園内に情報図書館新設準備委員会が設置され、どのような施設にするべきかという議論が繰り返され、われわれ設計チームもその一員として参加した。その委員会の中で、蔵書数は一二五万冊［開架図書五五万冊、閉架図書七〇万冊］とキャパシティが設定され、それ以外にもさまざまな与件や要望が出された。

既存建築との調和

委員会で話し合われた最重要の与件として、既存建築との調和を図ることが要求された。学園は五日市街道より荘厳なケヤキ並木が敷地全体の強い配置軸を形成し、その軸上に煉瓦張りの古典的な本館が位置している。そして、この情報図書館の敷地はその左側に位置し、本館と同様の古い煉瓦張りの一号館が建っていた場所である。委員会との話として、新しい建築は古典的な本館と調和するだけでなく、思い入れの大きい一号館を解体することに抵抗感のある卒業生の気持ちにも配慮してほしいということだった。

まず、外壁に本館と同じような煉瓦タイルを使うことをアクセプトした。ただ、煉瓦タ

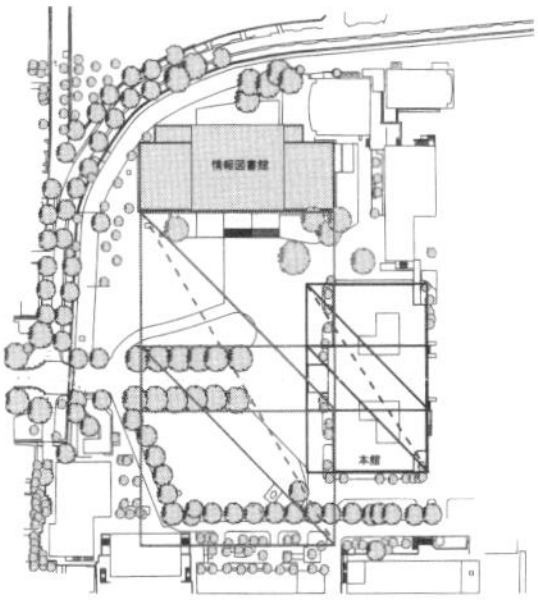
配置（敷地建物分析図）

全景

イルはまったく構造と関係がないスキンであることを強調するため、各層ごとにキャンティレバー状に持ち出し、床に固定されたＰＣａに打ち込み、リボン・ウィンドウで完全に各階を分離して浮かせるように見せた。煉瓦タイル張りも、Ｆ・Ｌ・ライト調にできる限り水平の目地を強調し、古典的な左右対称のファサードとした。そして次に、古典的な設計手法［オーダー］を使っているであろう本館の平面図と立面図のジオメトリー分析を行い、それを情報図書館のオーダーとして利用することを考えた。本館のジオメトリーを分析してみると、全体として黄金比の長方形をふたつ並べ、その中に三つの黄金比で立面を三等分にしているオーダーと、ふたつの正方形を黄金比の長方形三つが取れるようオーバーラップさせる平面の完璧なジオメトリーが発見できた。そこで、それらを忠実に下敷きにして、情報図書館の平面・立面を決定した。さらに、情報図書館の位置と正面の長さも、本館のジオメトリーからふたつのオーバーラップした正面形の幅と同じだけオーバーラップした大きなふたつの正方形が、全体として再び黄金比となるよう長方形の短辺を情報図書館の全長となるよう決定した。

ＰＣの本棚と大屋根

決められたジオメトリーから三分割された平面の中央を、ガラス張りの大きなアトリウム空間として、正面から裏の大きなケヤキの並木が透けて見えるよう考えた。そのアトリウムの両側には、開架書架の各階平面が深くなりすぎて使いにくくならないためにも、両側に二分割して、これまで「羽村の工場 電業社」や「紙の資料館 特種製紙総合技術研究所ＰＡＭ Ａ」でやってきたように、両側にすべての横力と鉛直荷重を負担する独立した

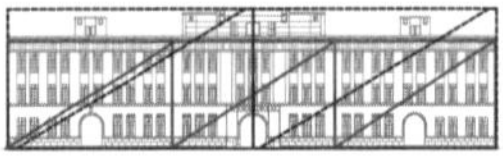
本館立面（敷地建物分析図）

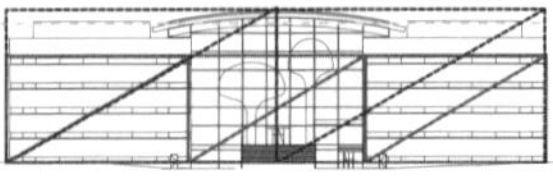
情報図書館立面（敷地建物分析図）

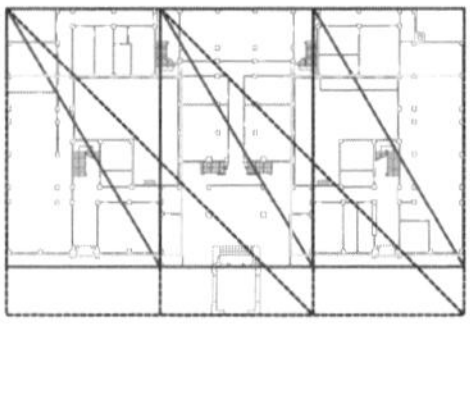
本館平面（敷地建物分析図）

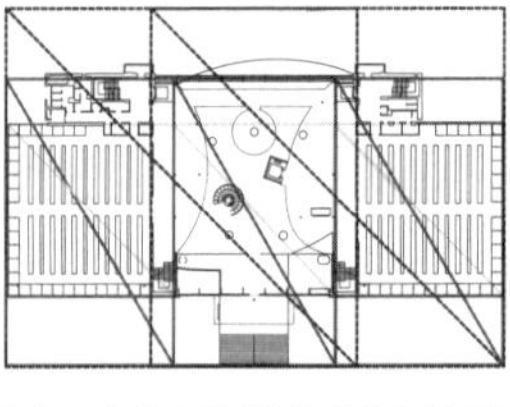
情報図書館平面（敷地建物分析図）

構造体とすることにより、アトリウムにせり出す閲覧テラスは鉛直力のみを負担する軽快な構造とし、そこを覆う大屋根は両側の構造にピン状に載せて構成した。その浅いボールト状の屋根は、スチールのトラスを組み、下弦材にはプリベンドされた集成材［LSL］のアーチを使い、吸音も兼ねた天井面をつくった。

両側の開架書架は、ほとんど本棚に占領された空間である上に、柱の存在が本棚の配置の邪魔になるため、家具の家の構造のように、本棚自体を主構造として鉛直力と横力を負担させることを考えた。本棚といっても耐火構造の必要があるため、スチールではなくプレキャストコンクリート［PCa］とすることにした。ただ本棚自体は使いやすい一般的なスチールの本棚を使い、それがピッタリはまるような寸法のPCa部材を決定した。

喋れる図書館

委員会で出た話題の中に、「学生たちは試験前にならないとあまり図書館を利用しない」という意見があった。どうしたらもっと学生たちに利用してもらえるか、逆に言えば、なぜ学生たちは図書館を使いたがらないかを考えた。その決定的な理由として、図書館では友だちと話ができないし、携帯電話も使えないということがある。事実、図書館の構造の矛盾として、閲覧テーブルを何人かでシェアしているにもかかわらず、隣の人と議論することもできないし、図書館員の方からも、貸し出しカウンター内で仕事上電話を使っていると、学生から「うるさい」と注意されるそうである。そこで、まず図書館に入ると、そこは喋ったり、携帯電話が使えたり、飲み食いまでできる場所とし、レイヤーを奥に入るにつれて徐々に静かなゾーンへと移るシークエンスのプログラムを考えた。まずは喋れる

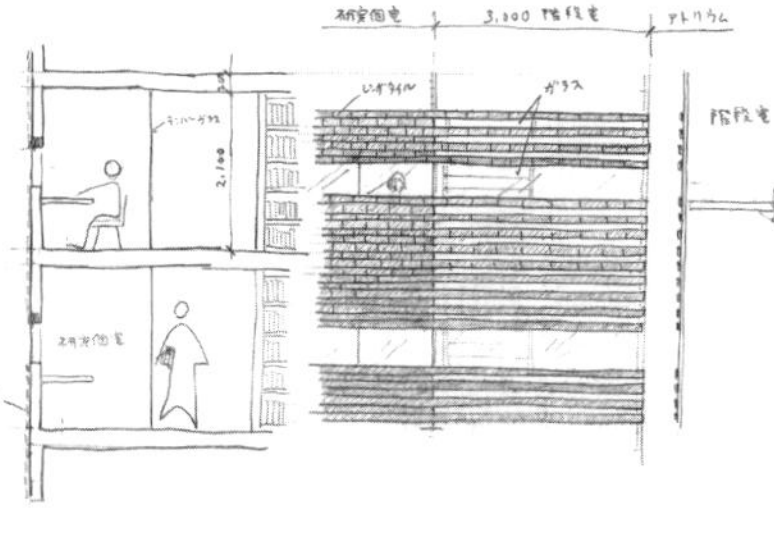

スケッチ

内観

内観

エリアとして、外から直接入る最初の空間である二階風除室を大きく取り、そこに椅子やベンチを置き溜まれる場とした。一階は自動販売機も設置したリフレッシュコーナーを兼ねたブラウジングスペースとした。次のレイヤーへと入ると、そこはアトリウムのスペースでそこには貸し出しカウンターや、共用の閲覧テーブルがあり、周りに迷惑をかけない程度に喋ってもよいエリアとなる。その大きな吹き抜けのアトリウム空間にはガラス張りの円と楕円形のグループ閲覧室が宙に浮いたように点在し、それらの部屋と両側の各階からせり出した閲覧テラスをブリッジが結んでいる。次に両側の開架書架に入ると、静寂な空間となり、その三周にはガラス張りの個室閲覧室が窓に沿って並んでいる。ここは完全に静かな空間で、常に外の緑が見られ、照明・空調も個人で調整することが可能なプライベート空間である。この開架書架の外周の個室閲覧室は、断熱層としての役割もあり、本の収蔵空間と人間の居住エリアのそれぞれ違う空調条件に合わせられ、周囲の断熱層のおかげで書架スペースの空調負荷を最小限にすることが可能となる。

初めての図書館の設計であったが、準備段階の委員会から参加させていただくことにより、明確なスペックや問題の設定が理解でき、さらに三菱地所設計の意匠・技術的サポートが受けられ、それらをポジティブなプロブレム・ソルビングのデザイン手法として、プロジェクトをまとめることができたのではないだろうか。

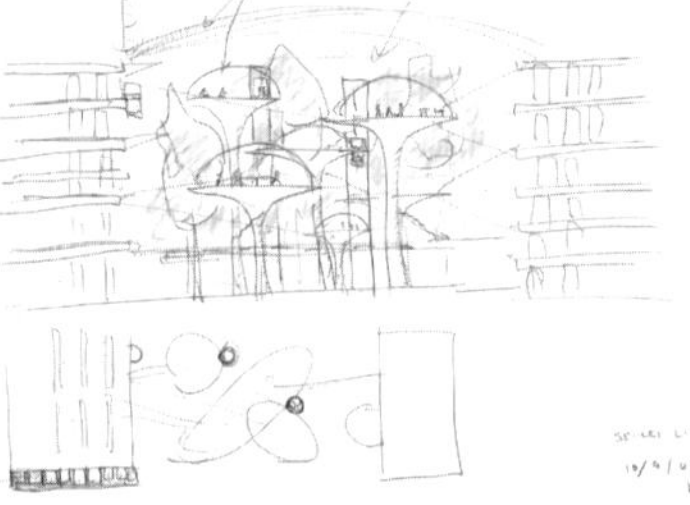
スケッチ

外観

ペーパーテイナー美術館 ［2006］

永久の仮設建築

二〇〇五年ニューヨークに完成し、二〇〇六年ロサンゼルスへ移設された、写真家グレゴリー・コルベールの「ノマディック美術館」を偶然見た、韓国を代表するデザイン系出版社Design House社長の李英恵氏［Ms. Young-Hye Lee］から、会社創立三〇周年を記念してソウルに移設したいという話があった。しかしながらノマディック美術館は二〇〇七年三月に東京、そして二〇〇八年ベルリンに移設計画が決まっていたため、ソウルへの移設が無理とわかり、それではノマディック美術館のような仮設美術館を新たに設計してほしいということになった。

ノマディック美術館では世界各地への移設を合理的にローコストで実現するため、世界標準で、どこでも中古が借りられるシッピングコンテナを主体構造とし、展示のモジュールをつくり出す内部の紙管の列柱とで屋根を支えた。

今回の「ペーパーテイナー美術館［PTM］」では、ノマディック美術館のコンテナと紙管の関係を裏返しにしたような構成、つまり紙管が主体構成として周囲を包み込み、内部はコンテナで構築された空間をつくり出すこととした。

敷地のオリンピック公園の歩道と森、そして敷地の中心に設置されている15mもある巨大な彫刻との関係とバランスを考え、平面計画は、正面歩道に対して88mの長いポルチコを向け、その背後に彫刻を囲んだ中庭を持つアルファベット〝D〟［偶然にもDesign Houseの頭

立面スケッチ

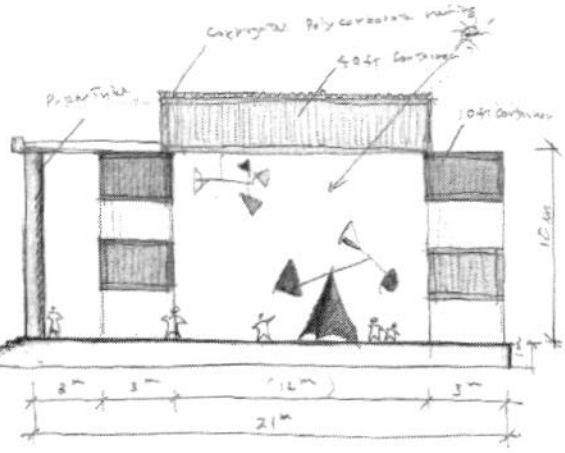

断面スケッチ

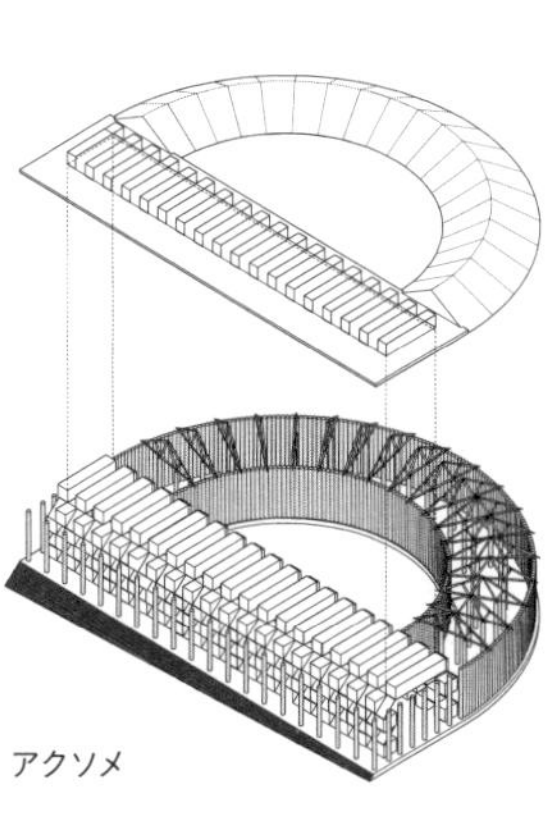

アクソメ

文字」のプランとした。

ポルチコの背後の直線状の空間は10フィート［３m］のコンテナでチェッカーボード状の平行な二列の壁を建て、それを支持点として40フィート［12m］のコンテナを梁として渡し架構をつくった。

この「コンテナギャラリー」の空間は多目的ホールであるが、一段目のコンテナ内はアート作品のショーケースとして、二段目は、事務所、機械室、倉庫として利用されている。中庭を半円形に囲う「ペーパーギャラリー」は、直径７５０㎜長さ10mの紙管三七三本で外壁と紙管［直径３００㎜］トラスを支える列柱から構成されている。

近年、仮設建築や移動建築の設計を依頼されることが増えているが、本来建築は半永久的な不動産である。しかし、二〇世紀後半から、建築がデベロッパーにより商品として売り買いされ、また用途やファッションにより簡単に解体、新築が繰り返されたり、人件費の安い地方へそして海外へ、そして中国からさらに開発途上国へと工場が移設される。オフィス空間もコンピュータの発展により自宅へと移るであろう。そのような状況下で建築は、形をフレキシブルに変えたり、移動したり、仮設でよかったりと、本来の建築の概念を根本から考え直す時期に来ているのではないだろうか。

よく「〝紙の建築〟は何年間持つのですか?」と聞かれる。そんな時は「では、コンクリートの建築は何年持つかご存知ですか?」と聞き返す。たいてい「一〇〇年くらいですか?」と言われると、「でもコンクリートの建築は、地震でも崩れるし、デベロッパーはすぐに古い建築を壊して、新しい建物をつくるから実際は一〇〇年も持ちません。でも阪神・淡路大震災の後に建てた〝紙の教会〟は一〇年間大切に使われて、今は台湾の被災地

内観

全景

に移設され、また新しい歩みを始めましたよ」と話す。

つまり建築が永久に存在するかどうかは、それがどんな素材でできているかではなく、その建築が人に愛されるかどうかによって決まるのではないだろうか。

内観

ポンピドー・センター-メス 設計での問題意識

着工までの道程

二〇〇五年一一月七日Ceremonie de la PREMIER PIERRE〔″最初の石″祭〕という日本でいう地鎮祭が行われた。コンペティション終了から約三年間の設計作業であった。コンペティション時の重要なコンセプトとアイディアをほぼそのまま残し、床面積1万2000m²、総工費四五〇〇万ユーロ〔約六七・五億円〕でまとめることができた。

クライアントから与えられたプログラムでは、特にギャラリー内の環境のコントロール〔温度、湿度、照度、音響〕がとても厳密に規定されていた。さらに展示のしやすさ、観賞のしやすさも重要であった。そこでギャラリーを、要求されたモジュールの断面〔高さ5.5m、幅15m〕と平面からなる開口面の少ない長さ90mの四角いチューブ三本の中に入れ、環境制御と展示がしやすい空間をまず確保した。三本のチューブはそれぞれ重ねられ45度ずつ別な方向へ向けて宙に配置されている。この敷地は、駅の裏手にありメス市の中心から離れているが、美術館を街と関連づけたいと考え、トップのチューブは市の中心の有名なカテドラルに向け、チューブの小口大の窓によりその風景をフレーム化した。中間のチューブからは、メス市がドイツ占領下で建設されたドイツ風駅舎をフレーム化した。

これら三本のチューブとその上を被う大屋根により包まれた残りの空間は、大きなフォーラムと天井の高いフレキシブルなギャラリーとした。

大屋根は、七年前〔一九九九年〕に偶然パリの街角で見つけた中国の伝統的な竹を編んだ

竹で編んだ中国の帽子

帽子［構造として竹を編み、その下に断熱材として乾燥した大葉があり、油紙で防水してあり、なんと建築的なことか］をモチーフに、集成材を六角形のパターンに編んだように重ねラチス梁とし、全体として水平投影面積7300㎡の屋根をつくり、それをPTFE膜で被い、館内に柔らかい自然光を導き入れている。

これから二年間の工期が始まる。なんとか着工に漕ぎ着けたと言っても、技術的にまだ未解決な問題はたくさん残されており、これからが本当の勝負である。

全景

内観

対談1

駆け抜ける建築家

素材、構造、ジオメトリー／海外近作をめぐる

三宅理一［建築史家］×坂　茂［建築家］

ノマディック美術館

三宅理一（みやけ・りいち）
1948年東京生まれ。東京大学工学部建築学科卒業、同大学院修士課程を経て、パリ・エコール・デ・ボザール卒業。工学博士。芝浦工業大学、リエージュ大学、慶應義塾大学、パリ国立工芸院で教鞭をとり、現在、藤女子大学教授。建築史、地域計画、デザイン理論、遺産学を専攻。世界各地で地域振興、デザイン促進事業に関わり、国際機関等とともに開発途上国の持続的発展プログラムを手掛ける。

「フォームファインディング」と「フォームメイキング」

三宅　坂さんの仕事ぶりは、世界を股にかけて高速回遊魚のように動いています。同時並行的にいろいろなプロジェクトをやっていきつつ、それぞれのプロジェクトで開発したものがクロスオーバーして、次の段階になっていくという印象を持っています。「ノマディック美術館」やパリでの複数のプロジェクト、「ペーパーティナー美術館」のものなど要素が混じり合いながら進化し、昔よりもどんどんとスケールが大きくなっていて、驚かされますね。坂さんにとっては、スケールの小さいものも大きいものも、密度を同じようにかけていますね。

今は、「シンガポール・ビエンナーレ・パビリオン」のスペースフレームや「ペーパードーム」のジオデシックドームなど幾何学と構造システムをどう統合していくかということに力を入れている気がするのですが、その点はいかがですか。

坂　ジオデシックドームやスペースフレームにするのは自然の成り行きで、紙の構造はギリシャ的な建築に近いのではないかと思っています。当時は石を積み上げていくしか技術がなかったから、柱の直径も太くなるし、石で梁をつくろうとするとスパンも小さくなるから列柱が非常に密度濃く並んで、ギリシャ的列柱空間ができたと思います。石は圧縮だけ考えればとても強いけれども、引っ張りには弱いからそういった構造になるわけで、紙管も木より

シンガポール・ビエンナーレ・パビリオン

ペーパーテイナー美術館

もさらに弱い材料なので、なるべく純粋な幾何学を使っていかないと成り立ちません。

フライ・オットーさんが言っていた「フォームファインディング」のように、あるいはルイス・カーンが材料に「何になりたいんだ」と聞きながら建築をつくっていたように、弱い材料だからこそありうる形態ということに興味があります。

もともと構造の発達は、より強い構造を目指していましたが、今はどんどんそれがアクロバティックになり、さらにコンピュータによってどんな形態でも解析できるから、まったく力学と関係がない形態で、オブジェ的・彫刻的につくっていく建築が増えています。しかし一方で、むしろ弱い材料を使って、弱いからこそ表現できる形態とジオメトリーがあるのではないか。その意味で、ジオデシックドームとかスペースフレームは材料をいちばん有効に使っている、あるいは「材料の定着」とも呼べるかもしれないですが、モジュールやジョイントのバリエーションを最小限にしてつくっているものです。

三宅　力が均等に分散している感じもありますし、単位重量あたりにかかっている力も有効に働いている気がします。それからジョイントも構造体も力の集中点を偏在させないようにして無理をしないシステムを考えていると思います。

坂　そこはフライ・オットーさんと「ハノーバー国際博覧会2000日本館」をやった時に、「フォームファインディング」ということを相当勉強させてもらいました。その後、「ポンピドー・センター‐メス」のコンペを、アラップのセシル・バルモンドと一緒にやりました。フライ・オットーさんが「フォームファインディング」だとすると、私が勝手に命名したのですが、セシルは「フォームメイキング」だと思うんです。いつもセシルが一緒にやっているレム・コールハースやダニエル・リベスキンドなどは、自然でない形をあえてつくって、それに

左・中央／ポンピドー・センター - メス 屋根

ペーパードーム（アムステルダム）

対してセシルが法則を見出して成り立たせてしまう凄さがあります。ある材料からいちばん自然な形を生み出すフライ・オットーさんとは全然違って、不自然なものをいかに成り立たせるためにルールを見つけ出すかというまったく相反するやり方をしていると思います。

そういったセシルにも興味があって、「ポンピドー・センター - メス」の屋根と言うのは、その両方だと思っています。もともとは竹の帽子みたいに六角形に編んだ自然な形があるのですが、その下にギャラリーのチューブが入ることによって屋根が変形していきます。ただ好き勝手な形をつくるのではなくて、そこにはどのように展開していくかというルールがきちんとあって、下に別な形態がくることによって、それが変形していくという意味においては、「フォームファインディング」と「フォームメイキング」の両方の考え方だと思います。

三宅　「ポンピドー・センター - メス」の屋根は、有機的なもので言うと一見葉脈のように見えますね。自然とのアナロジーについては特に意識しているのでしょうか。あるいは、形態の必然的なロジックの結果でしょうか。

坂　フライ・オットーさんもよく言いますが、自然の形というのは、たとえばツリーストラクチャーなどありますが、形が自然に似ているだけで、本当は非自然的な形なんです。だから自然のものに似ていても、自然の力の流れとはぜんぜん違うんです。たとえばネットのストラクチャーもよく蜘蛛の巣みたいだって言われますけど、蜘蛛の巣の構造とネットストラクチャーは意味がまったく違うものなのです。

三宅　近年は建築家と構造設計者とのコラボレーションが一般的になっていますが、坂さんは若い時から松井源吾さんのところに出入りして構造的な発想を会得していますね。今回の場合、セシル・バルモンドやフライ・オットー、またはほかの構造専門家とのコラボレーシ

左・右／ポンピドー・センター - メス 外観

ョンが決定的な意味を持ったのですか？

坂　ええ、ただフライ・オットーさんは建築家なので、構造計算をしないで、チェーン模型などをつくって形態を発見していきます。それに対して、セシルの場合は、コンピュータで形態をつくる専門家がいるので、彼はそのシステムのアイディアを出して、形態はコンピュータに任せるといったように、まったく仕事の進め方が違いますね。

形の「周囲」を見つける

三宅　その観点から見ると、ジオデシックドームとかスペースフレームなど紙管を組み上げていく形態というのは、坂さんの今までやってきたものの延長にある。次の段階というのが、「ポンピドー・センター - メス」の屋根構造のようなものになってきたように思えますが。

坂　次の段階というのは、セシルとやっているような「フォームメイキング」が「フォームファインディング」にちょっと入り込んできているものです。

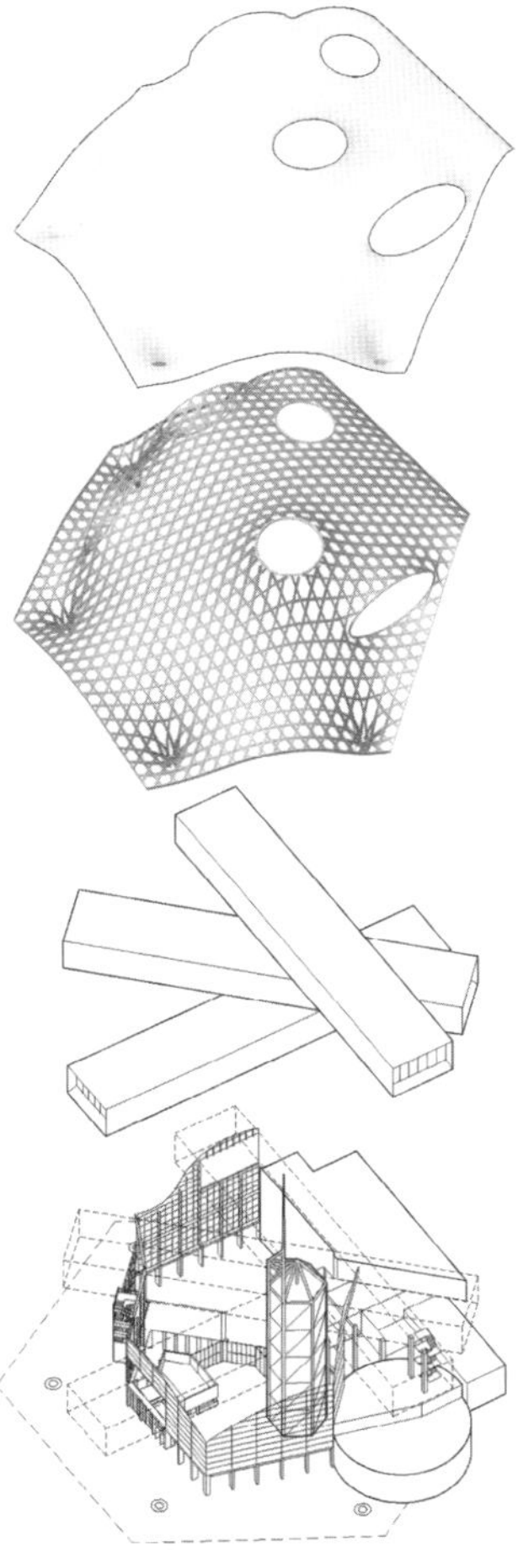

アクソメ

ペーパードーム（ユトレヒト）

パザレリー・パビリオン

フライ・オットーさんが丹下健三さんの国立代々木競技場を見て、「あれは吊り構造に見えるけど実際は純粋な吊り構造ではない、けれども美しい建築である」と言っていました。曲面というのは丹下さんがデザインして、鉄骨を曲げて形を出しているフォームメイキングなんですね。建築的に美しい形というのは、構造的にあるいは材料的に純粋な形の「周囲」にあるのではないかと思うんです。

構造家はいちばん純粋な形を出してきますけれども、「周囲」の美しい形を見つけるのが建築家の仕事であり、そこに機能などの与条件がくるから、そのまま純粋な形ではできないのではと思います。

三宅　たとえば、オランダのユトレヒトに移設された「ペーパードーム」では、その「周囲」的なものはどこにあるのでしょうか?

坂　これは「周囲」的なものではなく、純粋なものとしてやっています。紙管ではじめてジオデシックドームをつくるということで、実験的でありますし、ある程度パーマネントなものなので純粋なものとして出てきています。

三宅　すると、この純粋な形が後になっていろいろと変形してくるのですか?

坂　パザレリーのパビリオンは、決して純粋な形だけではなく、変形してきますね。このパビリオンの側に、パザレリー自身が設計した六角形の美術館があります。この形に合わせて六角形のキャノピーをかける予定だったのです。また、隣接する公園が丘になっていって木がうっそうとしているところに、もうひとつセザンヌのためのパビリオンをつくる予定だったのです。

しかし、資金的にふたつつくることができなくなり、バザレリーとセザンヌの両方のオマ

詩人の書庫ジョイント

ージュ的なことをやってほしいと言われました。キャノピーのほうは構造設計もできていたので、それをそのまま、丘の方にもってこざるを得なくなりました。ただし、パビリオンの構造はもともと鉛直力だけ負担していて、横力は既存の建物に負っていたものなので、それを自立させなければならなくなりました。そこで雨樋のパイプを基礎で固定して、このパイプに横力をもたせることで解決しました。構造体とは縁が切れているのですが、ワイヤーによりパイプと接続していて、風に対する横力を負っています。だから建築は、与条件で純粋な形ができなくなった時に、構造なり形態をなんらかアジャストしてゆくことになります。

三宅　所与の条件が崩れた時に、底力を発揮するのが、いかにも坂さんですね。建築家には、そのような場合、外に見えないところでサポートや補強を入れる人と、あるものを再編成して新たな機能を付与する人がいます。前者はヘルツォーグ・アンド・ド・ムロン、後者はレンゾ・ピアノでしょうか。坂さんはあきらかに後者で、それをひとつのきっかけとして次の段階にいった、つまり大きな変形が生じた、ということだと思います。

変形し進化するジョイント

三宅　確かに、このスペースフレームはジオデシックドームと見た目も違いますね。両者の違いがなぜ生じたのか、あるいはなぜ変形が起きたのでしょうか。

坂　このスペースフレームやジオデシックドームは、最初から無理はしたくはないので、純粋な形をつくって次に展開する例だと思うのです。「ペーパードーム」での新しい試みとしては、スチールのジョイントが紙管の両側にあって、それをねじると中に入っているケーブルが締まり、ポストテンションがかかるようになっています。「詩人の書庫」では、木のジョイ

ペーパードーム アムステルダム／ユトレヒト
ジョイント部分

ントと紙管に鉄筋を貫通させナットを締めてポストテンションを入れていましたが、今回はスチールのジョイントと鉄筋が一体になっているわけです。だから、紙管は圧縮になっていて、引っ張りは中のケーブルに持たせています。力の流れとしては、紙管という弱い材料を使うので、なるべく自然なジオメトリーを使っていますが、それを成立させるためのジョイントは、新しく進化しています。

三宅　そのようなジョイントの進化を促すために、どのような人びととコラボレーションしているのですか？

坂　ハノーバーで一緒にやったビューロ・ハッポルド社や、オランダのオクタチューブ社などです。

三宅　開発してくれるエンジニアやメーカー・工場は簡単に見つかるのですか？

坂　すぐには見つかりませんが、そういったものを見つけるのが私の仕事だと思います。「ポンピドー・センター - メス」では、木造の屋根の設計はアラップと始めたのですが、このまいっても予算に収まらないことがわかり、施主である市からも設計変更を求められましたが、絶対にできると思っていました。そこで、自分で新しく木造専門のエンジニアを探して、ドイツの木造専門の施工会社を見つけて、見積もりを取ったら予算に収まりました。最終的にそこでやってもらうことになったのですが、やはりいかにそれをできるエンジニアと工場、メーカーを探すかがいちばんのキーです。

　ただ、今までいろいろな事例を見てきて、日本の建築家というのはスポイルされていると思います。日本だと施主がやりたいことをそのままつくらせてくれますが、欧米だと簡単につくらせてくれません。その結果、コンペティションの時と違うものが建ってしまうことがある。それはなぜかというと、自分の言葉で相手にきちんと説明して、予算内で収めていかないと、コンペティションの時に通ったものができません。あるいは、日本のゼネコンのようなバックアップが海外にはまったくありませんから、やりたいことがなかなかしにくいと思います。

三宅 日本の場合は、ゼネコンが設計者の意図を汲んで、技術開発などを一所懸命やっているところがありますね。

坂 ゼネコンとサブコンですね。海外ではそういったシステムがないから、その分エンジニアやコンサルタントに負うわけです。そのエンジニアやコンサルタントに頼れなくなったり、実験的なことをやろうとした時に責任問題になるので、地元の協力設計事務所などは施主側についてしまい、変更させられて自分のやりたいことができなくなります。そういった状態になることを避けるために、今回は自分で会社をつくって実施設計も請け負いました。最後の実施設計まで自分で責任を負わないとエクスペリメントなことはできないですね。

三宅 坂さんも施工に際しての困難な体験をいろいろと積んでいると察しますが、自分でやりたいことをこなしてくれるエンジニアやコントラクターを探す時の勘、つまり「ここにはありそうだ」とか、「ここなら突破できそうだ」といったものはどうやって培っているのですか?

坂 それは縁ですね。「ポンピドー・センター - メス」の場合、ドイツの建築家トーマス・ヘルツォークがハノーバー万博で大きな木造屋根をつくったので、彼のところに行っていろいろな人を紹介してもらいました。同じようなことで苦労している人を見つけて、その人にいろいろ聞いて、あとは自分の足で訪ね歩いて探すという感じです。

ペーパーテイナー美術館

ノマディック美術館

三宅　そこがすごいところですね。坂さんの「駆け抜ける」といったようなスピード感がそこに表れています（笑）。

坂　いつもギリギリのところで最後うまく巡り会って、綱渡りで今まできたという感じです（笑）。

三宅　クライアント筋とは違ったところで、技術開発を通して潜んでいる何かを見つけ出してうまく繋ぎ合わせていく能力ですね。

世界標準の素材

坂　韓国の「ペーパーテイナー美術館」でもそうです。韓国のよい設計事務所と出会ったことや、紙管に関しても、彼らが10mの紙管を特注でつくれるところを探してくれました。

三宅　紙管ですと、坂さんが間違いなく世界の最先端を走っているから、日本やいろいろな国で、「坂茂仕様」ができているのですか？

坂　それは世界最大の紙管メーカーのソノコ社があるところだけです。そこが世界中に工場を持っているので、そことやれば、私の仕様でだいたい安定した素材が供給されます。けれども、韓国にはソノコ社が入っていないので、新しいメーカーを見つけなければならなかったのです。

三宅　コンテナのアイディアもそうなのですが、標準サイズのものを使用するという考え方は、まさにコロンブスの卵ですね。世界のどこにでもある規格化部材を素材として使って、そこから汎用的なシステムをつくっていくというやり方をされています。

坂　美術館の場合は、もともと写真家のグレゴリー・コルベールが六年前［二〇〇〇年］に移動する美術館をつくってほしいと依頼してきた時に、彼は全部紙管でつくってもらいたいと思ったらしいです。けれど、紙管でつくって、それを解体してまたそれを運ぶというのは大変な作業なのです。だから、移動しなくてもよい移動美術館をつくるのがいちばん経済的にいいだろうということで、コンテナのアイディアが出てきました。

もちろん今までコンテナで建築をつくっている人は何人かいますが、コンテナの内部を使っているんです。でもコンテナの内部というのは、私は最悪なスペースだと思っています。いつも被災地に行くと、被災者たちがコンテナに仕方なく住んでいるのですが、暑いし冷たいし狭いしで、住む環境としては最悪だと思います。だからコンテナの内部空間には興味がありません。ただコンテナというひとつのリジットな構造には興味がありました。

また、世界標準なのでどこに行っても同じモノが借りられるということで、モノを移動しなくてもよいということに目を付けて使いました。

三宅　コンテナについて言うと、工場生産というよりは、ロジスティックスそのものの仕組みを坂さんは提案しています。つまり、解体と組み立てのプロセスに、移動を組み込む必要がなくなったということです。かつてのメタボリズムは、そのあたりをコンセプチュアルに提案しましたが、実態としてはイメージ先行で、解体すらできる代物ではなかった。それに対して、坂さんのアイディアは、そのプロセスが現実そのもので、わかりやすい。

坂　コンテナはコーナーの四点で支えられているので、コーナー同士が揃っていれば、チェッカーボード状にできます。それによって、数が最小限にでき、自重も軽くなり、既存のツイストジョイントを使用できるので、実は何も新しいものを開発してはいないのです。「ペーパーテイナー美術館」のある韓国に至っては地震がないので、コンテナは、実はただ載っか

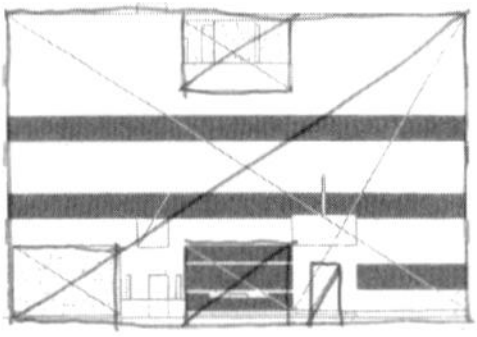 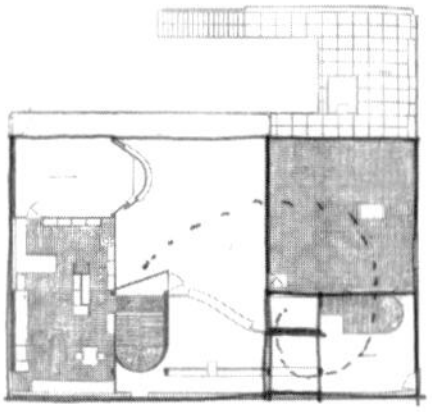 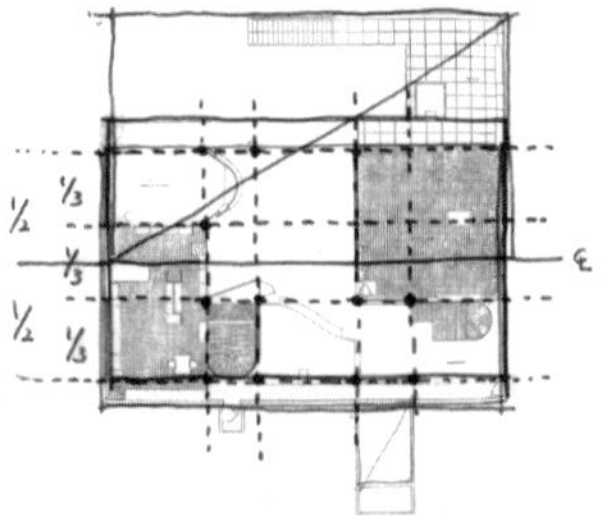

っているだけなんです。

「ノマディック美術館」は、もともとのニューヨークの桟橋が非常に長い200m以上もあるものだったので、直線上に並べざるを得なかったのです。けれど、サンタモニカでは敷地が長方形で、200mのものが入らなかったのと、グレゴリーがニューヨークにはなかった大きなシネマが欲しいということになって、もともと直線だったものを、ふたつに切って等間隔に並べて、その間の空間にシネマをつくりました。使っているコンテナの数はほぼ変わらずに、1・5倍の面積を確保できるようになりました。建設費をあまり上げたくなかったのと、最小限の材料でやりたかったので、新しい構造をつくるのではなく、隙間の空間をつくって面積を増やしました。それによって、スクリーン状に両方の空間が透けて見えるので、空間のバリエーションも増えました。

ジオメトリーの感覚

三宅　韓国の「ペーパーテイナー美術館」は、形態的に見ると、ちょうど「ノマディック美術館」を反転させたものなんです。非常に古典主義的な形です。正面から見ると、市松模様と柱のプロポーションが非常にうまく収まっています。

坂　日本ではあまり黄金比を使ったり、ジオメトリーをボザール的にやる人は少ないと思うんですが、それは教育のせいだと思います。ニューヨークのクーパー・ユニオンでずいぶん建築のジオメトリーの分析をやらされました。ミースやル・コルビュジエを分析しても古典を下敷きにしていることがわかり、勝手なものをデザインすることではなくて、自分のフォーマットを見つけることが設計の原型なんだと教育のおかげで身に付きました。やっぱりプ

坂 茂によるパラディオとコルビュジエの住宅の分析図（右ページも）

ロポーションを最終的には感覚で決めるわけですが、相当ジオメトリーの研究をしたので、それに依っているところは多いですね。

三宅　坂さんの初期の作品を見ると、ジオメトリーが顕在化しているような建築をやられてきて、ある段階からそれが潜在化するようになってきたようですね。また、坂さんの大学での設計教育の仕方は、学生に徹底的にジオメトリーをたたき込むという感じでやっていまして、ヨーロッパの学校に通った身としては大変わかりやすい。日本では確かにあまりそういった教育をしませんね（笑）。

坂　前も他の学校で教えていた時に、学生に講評会で「なんでこの長さなの？　この比率なの？」と聞くと答えられません。追及していくと、「これがいちばんかっこいいと思った」と言います。なんで感性で決めていけないんだというわけです。感性は磨かなくともある程度それぞれの個人に身に付きますが、ジオメトリーだとかプロポーションの概念は、ある程度訓練していかなければならなくて、それの上に自分の感性があってものが決まっていくわけです。欧米では、なぜこうしたの、どういう意味があるのと必ず聞かれるので、それに論理的に答えられないと次に行かないのです。

三宅　ジオメトリーとは、形を生成する法則ですから、それを徹底すると必ずやきれいにものが流れていきますね。

ところで、コンテナでつくるミュージアムの原点は「家具の家」に代表される、家具によって躯体を組み立てていく発想にあるように思えるのですが？

坂　まさにその延長です。結局、家具はひとつのコンテナです。そういったストレージユニットを今まで見てきて、地震があった時に、家具が倒れて人が死んだり、逆に家具のおかげ

フライ・オットーさんの軽量構造研究所

軽量構造研究所外観
出典：Frei Otto Complete Works: Lightweight Construction Natural Design

で屋根が落ちたけれども助かったということもある。だったら家具だけで外壁兼構造になったらいいじゃないかというのが発想で、それがまさにその延長でこのコンテナの構造があるのです。

また、いかに部材を減らしていくのかということがいつもテーマとしてあります。たとえば、フライ・オットーさんのシュトゥットガルト大学のＩＬは、ケーブル構造で成り立っていて、そのケーブルの上に、屋根を張るために、あるいは断熱材を入れるために木の構造が載っています。それをはじめて見た時に、これならケーブルがなくてもその上の木造だけで成り立つのではないかと思ったんですよ。それで始めたのが、ＬＶＬを編んだ構造です。結局ワイヤーというのは線材だから、面材を上に載せないと建築として成り立たない。でも木というのは面材兼構造になるから、その上に屋根が葺けるわけです。ワイヤーがもったいないとか、ものが重なっているともったいないなと思ってしまうんです（笑）。

「ポンピドー・センター－メス」をめぐって

三宅　そこで現在進行形の「ポンピドー・センター－メス」の話になるのですが、以前、坂さんの話を伺った折、中国の帽子から想を得て、それが構造的に発展していったと言われていましたね。屋根を面材によって解いていく、しかも、下にチューブが入っていることにより二重の構造とも言うべきものになっています。

坂　これは偶然なのですが、七年前［一九九九年］にパリにあった中国のクラフトの店でたまたま見つけた帽子に感動しました。それは編んだ竹の構造があって、その下に乾いた葉っぱが断熱材として入り、その上に油紙が防水材となっている。屋根の構成とまったく同じなんです。それを見た時に、「将来こういう構造がつくりたいな」と思い、LVLの面材の構造の開発を始めました。コンペの時には、フランスの国の形がほぼ六角形で国のシンボルなので、それと帽子の編んだパターンの六角形を重ね合わせて使いました。

ただ、念頭にあったのは、今の美術界、またはアーティストの中で、美術館をつくるのに建築家はいらないという流れがすごく強いということです。結局、建築家は自分の彫刻としてのオブジェをつくってしまい、展示がしにくいと、古い工業空間をリノベートしてギャラリーとした方が現代アートに合うという考え方で、テートモダンやディア・ビーコンがつくられています。そこで、建築家がつくっても展示もしやすいし、空間的にもよいものでないとわれわれがやる意味がないと思いました。

三宅　確かにSOHO的なスペースがアーティストたちに好まれています。ミュージアムをつくるのであれば、従来にないものが欲しい、それが今のフランスのミュージアムのクライテリアとなっていますね。

坂　クライアント側からもらった空調、音響、湿度などの環境レベル、展示のしやすさといったプログラムの要求は大変厳しいものでした。それを実現するために、パーマネントな展示のしやすい空間をきちんとつくっておこうと考えました。そこで与えられたギャラリーのモジュールを踏襲した上で、開口部の少ない環境制御のしやすい形をつくったのが長さ90m、幅15mの四角いギャラリーチューブです。チューブを重ねることによって自然とできた下の空間に、大きなフレキシブルなギャラリーやロビーの空間をつくりました。その全体の上に屋根を架けることによって、空調の制御もしやすくなります。リジットで環境の制御がしやすい空間の部分と、それを包み込んで隙間にできるフレキシブルな空間をつくるという考えです。

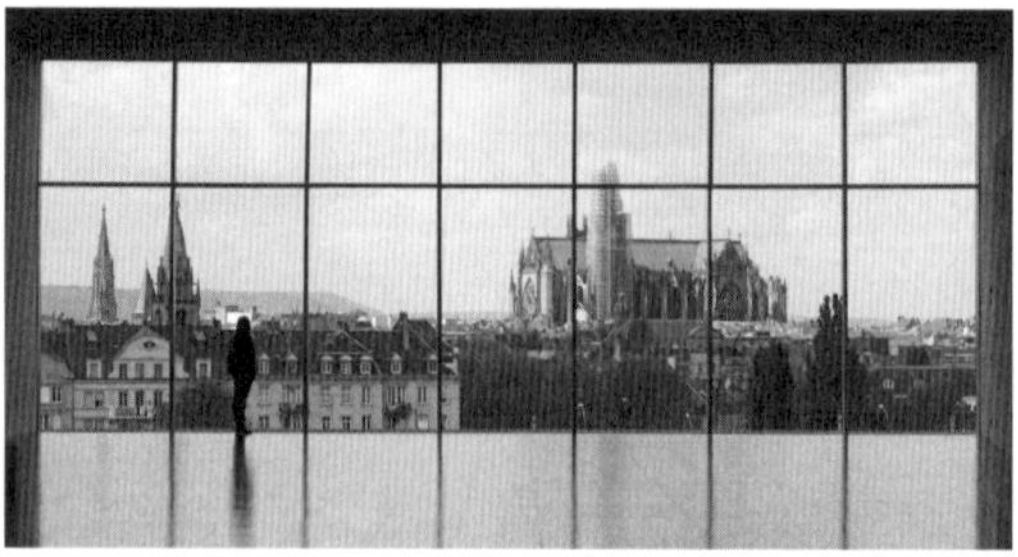

ポンピドー・センター - メスのピクチャー・ウィンドウ

もうひとつ私にとってコンテクストを汲み取るということが重要なんです。敷地が駅の裏で、街の中心から少し離れているので、コンテクストを汲み取るためにチューブを三方向に振り、ピクチャー・ウィンドウとして景色を切り取ることにしました。メス市で有名なカテドラル、ドイツ占領下でできた駅など街のモニュメントをフレーム化して、美術館の中の体験に組み込みました。

プログラムでも、市民が集まれる場所にしてほしいということで、ミッシェル・デヴィーニュにランドスケープ、公園をデザインしてもらって、その上に帽子、つまり大屋根をかぶせました。普通だったらオブジェとしての建築をつくってからランドスケープ・アーキテクトに入ってもらいますが、その逆です。大屋根の下の内外の空間を天候やイベントに合わせて仕切ったり、連続させるため、最近のほかのプロジェクトでよく使う、ガラスシャッターを使用しています。

三宅　全体に白が基調になっているのは何か理由がありますか?

坂　膜のイメージがあります。いつも自然の材料の色とニュートラルな白の対比をつくっています。ここでも、下の編んだ木の屋根の色とそのほかのものを対比するためにやっています。

三宅　実施設計が終わって、工事が始まったということですが、あと二年間で完成させるわけですね。実際の施工の山場はどこら辺にありそうですか?

坂　屋根を実際どうつくるのかということですね。あるエレメントを工場でつくってきて組み立てるのか、そうすると足場が最小限ですみますが、ある程度足場をつくって、現地で組み立てていくのか、施工によって工期もコストも違ってきますので、そこら辺はこれからで

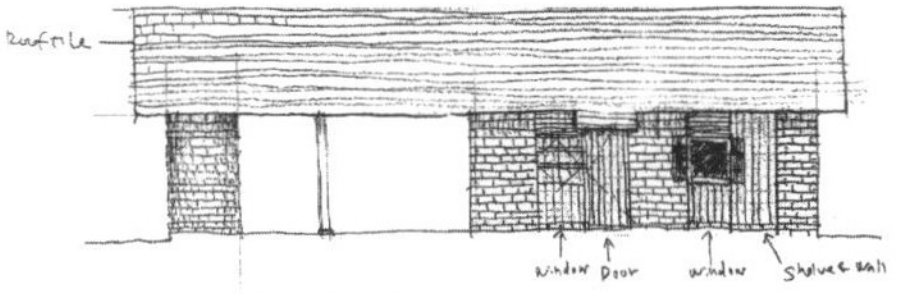

キリンダ村復興住宅スケッチ

すね。

ロジスティックスをつくり出す

三宅　坂さんを語る場合、建築のロジスティックスというテーマがひとつのキーとなりますね。ある建築を実現するために、材料の調達、生産、輸送、組み立てなどが設計段階から組み入れられている。施工ということを考えれば当然なのですが、むしろプロセスの設計が大きな主題となり、それを解くことに多大のエネルギーをかける。コンテナはある意味特殊解かなという気がしますが、神戸に始まる災害復興住宅のシリーズは、まさにその点をついてきますね。今、スリランカでやられている津波被害の復興住宅「キリンダ村復興住宅」は、その土地からアイディアを絞り込み、材料や職人などの条件からデザインができていくわけですね。

坂　災害の後というのは、地元なんですが必ず建材や職人のコストが上がるんです。地元のものを使いながらも、いかに普段建材として流通していないものを使うかということなんです。ここの場合は、土とセメントをまぜてつくったものでまだ普及されていないのですが、インドで開発されたブロックです。なるべく現地の材料とか工場を使いますが、普段は建材に使われてないものでつくることにしています。

三宅　そのような材料がいったん定着すれば、流通可能なものになるかと思いますが、最初にそれをつくり出すための初期投資と開発はどのようにしていますか?

坂　初期投資はほとんどやっていません。それよりも熱意を持った人やメーカーを探すのが難しいのであって、技術的に難しいことは何もやっていません。同じ志を持った人やメーカ

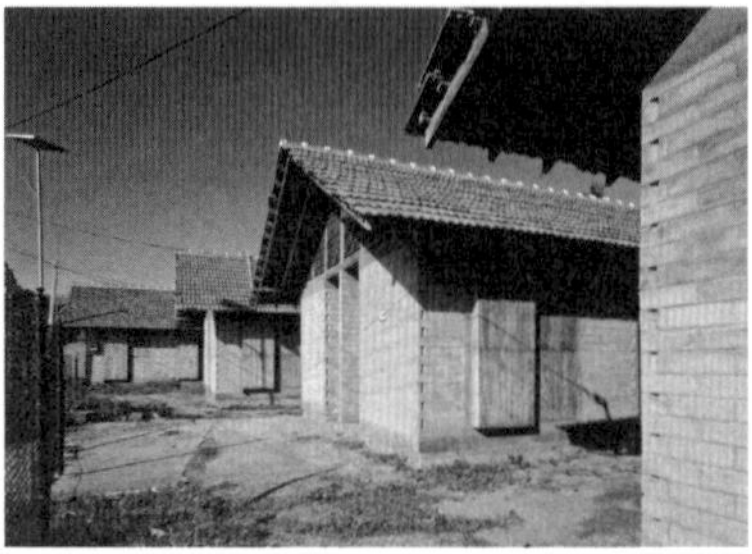
キリンダ村復興住宅外観

ーを説得してやらせることがいちばん苦労するところです。

三宅　この「キリンダ村復興住宅」は、スリランカの南の方でイスラム教徒の漁民の街と聞いていますが、何か特殊な条件というのがあるんですか?

坂　イスラム教徒といってもそれほど厳粛ではないんですが、たとえばお客さんが来た時には男性と女性の空間を分けるようにしないといけません。ただ、部屋をふたつつくるほどの余裕がないので、カーテンで仕切れるようにしてほしいということで、そういった仕組みにしています。

三宅　坂さんのプランニングは、内部が自由に使える、あるいはフレキシビリティを導入することが大きな主題に見えますが、このキリンダの住宅は、そういったプランニングの延長にあるのか、それとも土着的なプランニングなんですか?

坂　リビングルームと折れ戸を開くことによって土間的な空間が繋がるというのは、今までやってきた延長にあると思います。

三宅　ここでも家具が、構造というほどでもないけれどモジュールの大きな部分を占めてきますね。

坂　津波によって家が流されて、皆、同時に家具も失っているんですね。地震の後に家具がなくて困っている状況をいつも見ているので、家具を一緒に提供してあげるということは重要なことだと思います。

三宅　建具や造作材にゴムの木を使うというのは、発想としてはユニークですよね。

坂　地元で建材として使われていないものを探そうということだったんです。いつも最初に行った時に、現地の材料屋や材木売場など見て歩きます。

竹の家具の家 コートヤード

竹の家具の家 全景

三宅　それは世界中どこでもそうですか?

坂　そうですね。たとえば、中国でやった竹の家具の家なんかもそうなんですが、材木屋に行ったら木がものすごく高いし、種類がない。そこで珍しいものとして竹のベニヤを見つけたんです。普通はコンクリートの型枠としてしか使われないのですが、工場に持っていってどんなことができるのか確認して、竹の集成材の家をつくりました。やはり、材料の市場に行くのが楽しみで、そういったところで見つけます。

　またよく考えるのは、簡単なディティールをいかにやるのかということです。リジットなジョイントをつくると複雑になるので、キャンティレバーの壁を建てることによって、それによって横力をとり、上のジョイントのディティールを簡単にするということはよくやります。普通はジョイントをデザインして見せ場にするのですが、その見せ場をなくすことによって、誰でも施工しやすいものにしようと思っています。施工技術に頼らないで、技術がないからこそできる自然な施工や形があると思います。施工技術が悪いからこその意匠であったりディティールがあって、そういったものを現地に見に行って面白いなと思いますね。

三宅　坂さんの方法論は、わが国では伝統的なディティールを重んじる気風とはまったく逆の、あるシステムをつくり上げていく開拓者的な思考に裏付けられていると常々思ってきました。要素を単純化する、メンバーの数を最小限にする、材料の調達から組み上げまでの一貫したロジスティックスをつくる、すべてのメンバーに一定の機能を持たせる、といった原理が貫かれていて、それが多くの人びとの共感を招いているのですね。世界の中でもかなりユニークですが、ぜひともパイオニアとして新たな道に邁進していただきたいと思います。

［二〇〇六年一一月一七日　坂茂建築設計にて］

津波後のキリンダ村復興プロジェクト［2005］

二〇〇四年一二月二六日のスマトラ沖地震による津波により破壊された、スリランカ南部のイスラム系漁村キリンダの復興プロジェクトはほぼ終了した。一一月下旬に再度スリランカを訪れたが、直前に反政府勢力「タミル・イーラム解放のトラ」の襲撃が、村近所の軍施設で起こり、いつも泊まっているホテルも閉鎖されたため、今回は現地訪問をあきらめた。しかし津波発生から三年近くが経ち、南海岸沿いの道を車で走ると、もうほとんど津波の傷跡は見られず、逆にこれまで静かだった海にたくさんの漁船が戻り活気を帯びていた。

三つのクライテリア

この復興住宅の設計には、以下の三つのクライテリアを考慮に入れた。

1——スリランカ政府都市開発局［UDA］の復興住宅のスタンダード［多くのNGOが復興住宅をさまざまな方法で建設するが、ある程度住宅の大きさ、間取りを統一させるもの］を守りつつ、いかにこの地域の気候やライフスタイルに合った住宅にするか。

2——イスラム系漁民との集会を通じて、できる限り住民の特殊な要望に応える。

3——ル・コルビュジエの鉄骨系プレファブ住宅「シトロエン住宅」の失敗［すべての建材を工場から運び、そのシステムの施工専門員を送り込むことで、地元の労働者を使わず、地元にお金が落ちなかった］から学んだ方法を使う。

1年後の村の光景

津波直後の村の光景

そこで、それぞれのクライテリアに対し、以下のように対応した。

1――UDAのプランは、これまでの庶民の家のように、匂いなどの問題で水回り［トイレ、シャワー、キッチン］を居室から離して配置されていた。そこで、水回りの利便性と、この地域の気候やライフスタイルに適した、屋根が架かった土間的半屋外空間を居室と水回りの間に設けた。これは、この地域の人びとはみな、食事や仕事を屋外の木陰の空間でしていることと、スリランカの巨匠建築家、ジェフリー・バワの空間を多く体験したことにより生まれたといえる。

2――イスラムの習慣で、家に客が来たとき、女性は別な空間に分けられる。この村の住民の中にも、ストリクトなイスラム教の人もいれば、そうでもない人たちもいる。そこで、ホール［リビング・ダイニング］を簡単に間仕切れるようにした。しかし住宅が完成してみると、土間の空間がフォーマルな客を迎える場となり、ストリクトな住民は、土間とホールの間の折戸を閉めて、ホールを女性の空間としていた。想像以上にこの土間の空間が多目的に利用されて、いろいろな問題、場面を解決した。

3――工期を早め、施工精度を上げるため、プレファブ化的な方法を採用しつつ、いかに地元の人を使い地域に職の機会を生み、お金を落とすかが課題である。そのため構造壁・コアをキッチン、トイレ、クロゼットと一部の壁の〝L〟字型または〝コ〟の字型の最小限に限定し、それらをコンプレスト・アース・ブロック［CEB］でつくることにした。CEBは、土とセメントを混ぜ、それを人力でコ

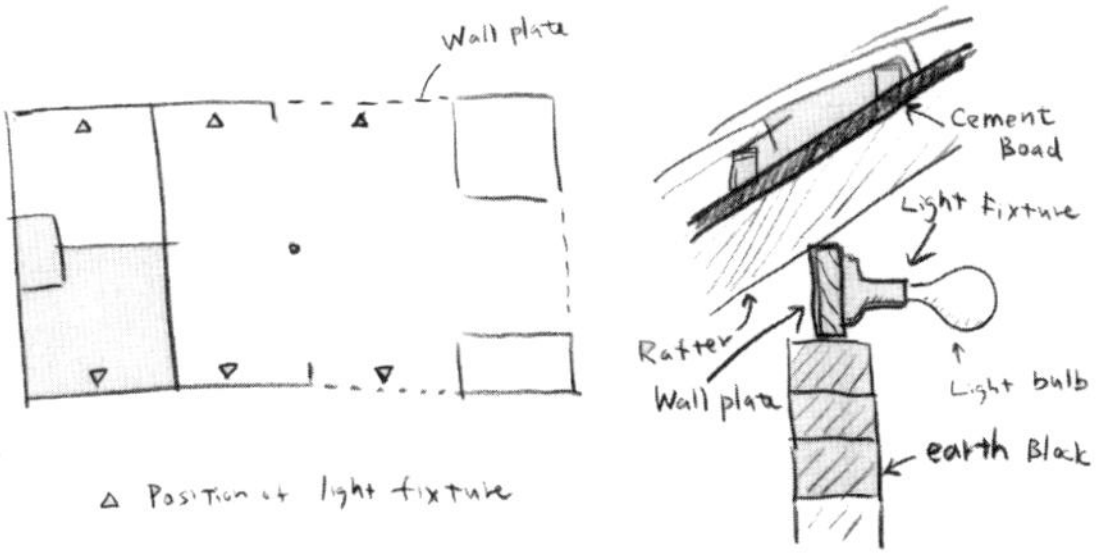

スケッチ

ンプレス［押］してつくったブロックである。インドで開発された技術で、これからの普及を目指し、また復興プロジェクトということでメーカーが安く提供してくれることになった。しかしブロックがレゴブロックのような形をしていて、煉瓦のように技能者がモルタルを間に敷いて積むのと違い、鉄筋を当たりとして、モルタルはあくまで接着剤として薄くブロックに塗るだけで、比較的簡単に技能者でなくても積むことができる。最小限の構造壁とコアの間には、家具工場で製作したモジュール化［幅90㎝、高さ223㎝］した家具のユニット［棚、扉、窓］を填め込んでいき、工期を速め、施工の簡略化を図った。家具自体は、現地で安価に手に入るゴムの木を使った。スリランカでは、タイヤの生産が盛んで、ゴムの木は計画的に植林されている。

災害支援活動の現在

最終的に四五軒が建ち、村らしくなった。住宅の配置は、あまり画一的にならないよう提案したが、結局住民が村のモスクの代表と話し合い、元の区割に整然と並んでしまったのが少々残念である。

半屋外的土間は想像通り、それぞれの住民の生活に合わせ、多様かつ有効に使われている。ただ予想外だったことは、津波により住宅が倒壊しなかった近隣住民が、この住宅を羨ましがり、自分の住宅を解体するから同じものを建設してくれとずいぶん言い寄ってきた。この住宅が住民にうまく受け入れられたことは嬉しいが、新たな差別をつくり出してしまったことに、災害支援活動の難しさを痛感した。

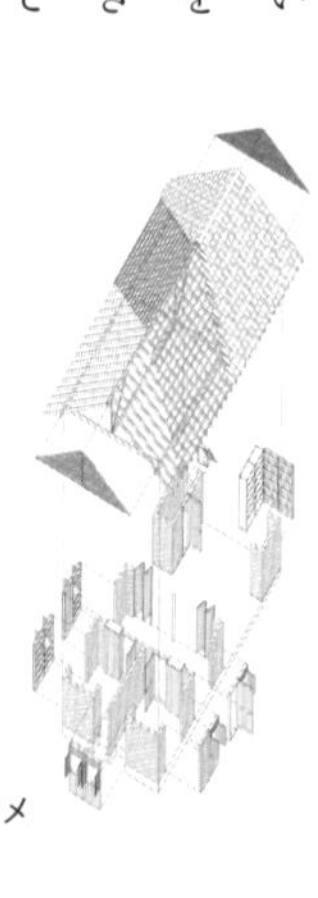
アクソメ

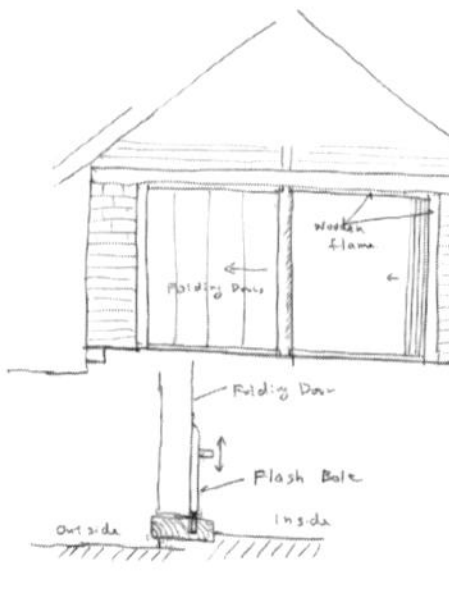

スケッチ

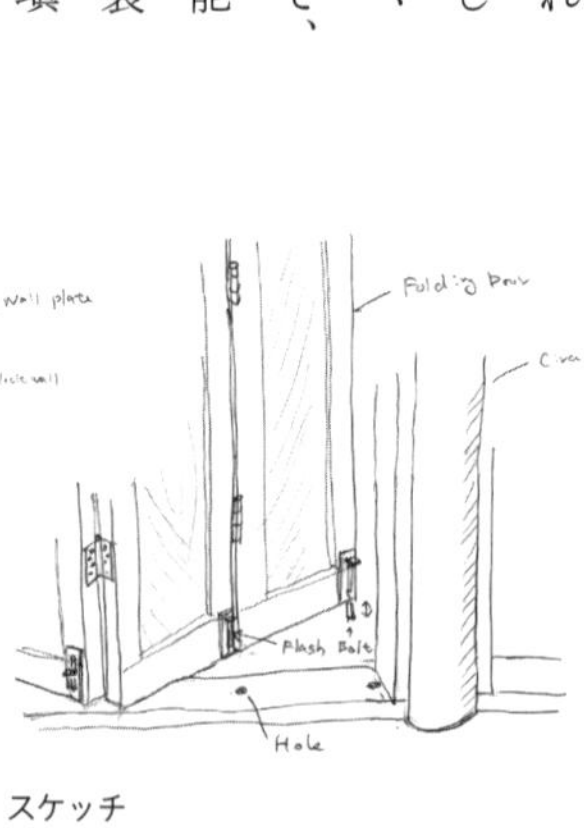

スケッチ

災害後、建築家に何ができるのか

なぜ始めたのか

歴史的に見て建築家は特権階級のために建築をつくってきた。たとえば宗教建築や王族や貴族たちのための建築である。それは現代でも変わらず、政府、大企業そして金持ちのためにモニュメンタルな建築をつくっている。つまり、それは政治力［パワー］や財力［お金］という「見えない物」を「見える物」つまりモニュメンタルな建築によって世間に見せつけ、ヒエラルキーを形成する行為である。しかし必ずしもそれを否定しているのではなく、歴史的モニュメントは市民の誇りとなったり、重要な観光資源となっている。そして私もモニュメンタルな建築をつくりたくないわけでは決してない。

一九世紀の産業革命により大量の労働者が集まり、彼らのための集合住宅が必要となり、建築家にとって特権階級のためでないはじめてのビルディング・タイプが生まれ、建築家が一般市民のための仕事を始めた。そして近年、自然災害による建築への被害は甚大で、一般市民のための建築よりさらに厳しい条件の災害後の建築が必要となっている。

その自然災害、たとえば地震や洪水は、今や人為的災害と呼んだ方が正しいのではないか。なぜなら、地震自体により人命が失われることはめったになく、実際は建築物の倒壊により人命が失われるのである。それは建築家の責任でもある。洪水も頻度や規模が、森林伐採によって大きくなる。これも間接的に建築家の責任である。ところが災害後、建築家は被災した町の復興計画には興味を持つが、避難所の整備や仮設住宅の建設の現場ではあまり姿を見ない。

建築家にできること

海外で建築を勉強した後、日本に戻り仕事を始めて感じたことは、日本では建築家はあまり尊敬されていないという事実であった。西洋では建築家は医者や弁護士と並んで尊敬されている。最初は、それは日本における建築家の歴史が浅いせいかと思っていた。たとえば、田舎でタクシーの中から大きな建設現場を見て、運転手に「あれは誰の設計ですか?」と聞くと、建築家の名前でなくゼネコンの名前が返ってくる。しかし事実は歴史の浅さでなく、建築家が単に庶民の役に立っていないから尊敬されないのだとわかった。医者や弁護士の中には、お金のためでなく庶民のために汗を流す人たちがいるが、建築家はお金持ちやデベロッパーのために働き、エゴイスティックな表現者という印象が一般には強い。だから尊敬されないのである。別に人に尊敬されるためでなく、われわれの豊かな経験や知識を、もっと一般社会のために生かすやり方がいろいろあるのではないだろうか。そのひとつとして災害支援の建築はある。

きっかけ——ルワンダ—神戸—トルコ—インド

このような災害支援の活動を始めるきっかけは、一九九四年に週刊誌でたまたま見たルワンダ難民キャンプの写真であった。そこでは、比較的暖かいエリアだと考えていたアフリカで難民たちが毛布に包《くる》まり、キャンプでは無秩序にブルーシートのテントが張られていた。記事には、シェルターが十分でなく雨季に寒さで難民たちが震えている様子が書かれてあった。これはシェルターを改善しなければ、いくら医療支援をしても意味がないのではないかと思った。そこで、ジュネーブに本部がある国連難民高等弁務官事務所［UNHCR］へ行き、紙管を使ったシェルターの提案を行った。当時UNHCRの難民シェルターの最大の問題点は環境問題であった。これはプラスチックシートのみUNHCRが与え、難民は自分たちで木を切りシートを掛けるフレームをつくった。しかしルワンダのみでも二〇〇万人を超える難民が一斉に木を切り、深刻な森林破壊となった。その代替材料として、塩ビパイプはゴミになり燃やしても有毒ガスを出すので、アルミパイプを使ったが、アフリカで高価なアルミはお金に替えられ、また木が切られた。そこで、現地生産も可能な紙管シェルターの案が採用され、私はUNHCRのコンサルタントとなった。

その直後の一九九五年、阪神・淡路大震災が起き、神戸のベトナム難民のために仮設住宅「紙のログハウス」や「紙の教会」［通称ペーパードーム］を学生ボランティアと一緒に建設し、NGO ボランタリー・アーキテクツ・ネットワーク［VAN］を設立した。そのニュースが海外にも伝わり、一九九九年トルコ大地震、そして二〇〇一年西インド大地震後にそれぞれの現地の材料を生かして「紙のログハウス」を建設した。トルコでは建設前に現地の建築家が、「日本では木造住宅の伝統があるので、紙管でつくった住宅にも人は馴染むだろうが、煉瓦やコンクリートの建築に住み慣れたトルコの人は紙のログハウスに馴染めないのではないか」との意見が出た。しかし結果はまったくその逆であった。被災者は、地震後も余震による建物の倒壊を恐れ、自宅が倒壊を免れても夜は外でテントを張って寝ていたので、軽い素材の紙管でできているわれわれの仮設住宅では安心して寝られるとのことであった。

紙のログハウス 神戸

国連難民高等弁務官事務所用「紙のシェルター」

テンポラリーとパーマネントの違い

よく「紙の建築は何年もつのですか？」と聞かれる。そんな時「パーマネントですよ」と答える。

たとえば一九九五年の阪神・淡路大震災後に神戸のたかとり教会に学生ボランティアと建設した「紙の教会」は、教会再建計画が二〇〇五年に始まるまでの一〇年間、震災後につくられた仮設建築では唯一使い続けられ、市民に親しまれた。何とかそのまま残したいという意見も多かったが、教会の敷地全体を有効に使うため解体されることとなった。しかし、一九九九年の台湾大地震の被災地の市民団体新故郷文教基金会が、被災地の村、埔《ほ》里《り》に「紙の教会」を移設することになった。その後すぐに台湾へ移送されたが、移築先の周辺施設整備など全体計画の資金集めや建設に時間がかかり、震災から九年目の今年［二〇〇八年］九月二〇日に竣工式が行われた。「紙の教会」は台湾でパーマネントな施設としてまた使われ始めたのである。もともと「テンポラリー」として紙管で学生ボランティアによって建設された建物でも［構造的には、建築基準法に適するように設計されている］、人びとに愛されれば「パーマネント」な建築になる。しかしながら、コンクリートでできた立派な建物でも、それがデベロッパーなどによってお金儲けの材料としてつくられたものは、転売されるなどして取り壊され「テンポラリー」な建築だったことになる。つまり建築が、「テンポラリー」か「パーマネント」かは、それがどういう材料でできているかではなく、その建築が人びとに「愛される」か否かによるのである。

世界中を旅すると、多くの建築の学生や建築家たちがわれわれの災害支援の活動に共感や参加の要望を持っていることを知る。このことは、全世界的環境問題への意識の高まりと呼応しているように思う。しかしそれは、単に環境破壊に繋がるからと建築する行為自体を否定したり、モニュメンタルな建築を否定することではない。それはわれわれ建築家が、素晴らしい作品と社会性の高い活動を両立していくことによってのみ、建築家の未来像が見えてくるのではないだろうか。

慶應義塾大学SFCを中心とした活動

二〇〇一年から慶應義塾大学湘南藤沢キャンパス［SFC］で教えることになり［二〇〇八年まで］、活動の枠組みをVANから大学の研究室へ移し、災害後のみの活動から日常的に学生による設計・建設の訓練や災害支援の準備活動を始めた。その活動、実験の拠点として大学のキャンパス内に、「紙のスタジオ」を二〇〇三年に学生の手で建設した。このスタジオ内ではさまざまな実物大プロトタイプの製作を行った。その成果としてここにあげたようなプロジェクトがある。

新潟県中越地震の避難所屋内用「紙の家」（避難所用間仕切りシステム）［2004］

体育館の巨大空間が避難所として使われる場合、雑魚寝する家族間のプライバシーがなく、被災者は徐々に精神的につらくなる。そこで、紙のハニカム板を床と壁に、小屋組みに角紙管を使い、ガムテープで止めるだけで簡単に空間をつくった。しかし、役所は新しい試みを歓迎せず、子どもの遊び場やお年寄りの診察室として使われた。

新潟県中越地震避難所用「紙の家」

SFC紙のスタジオ 外観

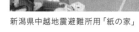

避難所用間仕切りシステム 2 [2005]

新潟県中越地震避難所用「紙の家」での体験から、もっと簡易に最小限のプライバシーが確保できる方法として、90cm×180cmの紙のハニカム板を床と間仕切りとして置くだけのシステムを福岡県西方沖地震での避難所の九州電力記念体育館に持ち込んだ。しかし役所に、内に入ることすら許されず、しかたなく、体育館の外の駐車場で雨の中、民主党の党首に実演して見せた。しかし後で聞いた話では、まったく理解されず、ホームレス用のものかと言われたそうである。

避難所用間仕切りシステム 3 [2006]

新潟県中越地震と福岡県西方沖地震での、避難所での紙の避難用間仕切りシステムの施工実験の経験により、システムのさらなる改良を行った。これまでは空間を壁で仕切るため紙のハニカムボードを使ったが、緊急時により速くより安く手に入る紙管によるフレーム式とし、壁は布をカーテン状に使った。紙管のジョイントは、合板を組み合わせてつくり、そこにロープを掛けて紙管のフレームにブレースを入れた。紙管の長さは柱も梁も共通した180cmとすることにより、六畳間や八畳間など家族ごとに必要なサイズに合わせられるようにした。組み立ては、学生の手で三〇分以内に行うことができる。どこで起こるかわからない地震に対して、避難者数の予想すら不可能で、間仕切りシステムを事前に行政がストックしておくことはほぼ不可能である。そこで地震が起きた直後に短時間に安価で用意でき、誰の手でも簡単に組み立てられるようにこのシステムは開発された。

キリンダ村復興住宅外観

避難所用間仕切りシステム 3

避難所用間仕切りシステム 2

津波後のキリンダ村復興プロジェクト［2005］

二〇〇四年に一二月のスマトラ沖地震の津波によって住宅が倒壊した、スリランカ南部の漁村キリンダ村に五〇棟の復興住宅を設計し、一部建設に学生が参加した。構造は安価な土とセメントを使ったコンポジットブロックをコア状に使い、その間に弱くて普段は建設に使われない、ゴムの木でつくった90㎝モジュールの家具や扉・窓のユニットをはめて建設が速く精度よくできるようにした。

「Alvar Aalto Through the Eyes of Shigeru Ban」展［2007］

アアルトの建築の分析を行い、その結果を模型として製作した。製作された模型の展示と会場設営も行った。

紙の橋［2007］

世界遺産に登録されている南仏の水道橋ポン・デュ・ガールの横に、紙管で歩道橋を建設した。構造的には、紙管と紙管を繋ぐスチールジョイントにケーブルでポストテンションを入れてアーチをつくった。アーチの径をポン・デュ・ガールの石のアーチと同じにし、両方の調和を図った。建設はモンペリエ大学の学生と協働で行われた。

四川大地震仮設住宅［2008］

四川大地震後に政府が発表した仮設住宅の基準［15㎡前後、コスト約400元／㎡］に合わせて設計した。長屋型の住戸間の壁は合板製の棚を構造として剛性を取りつつ狭い住戸内が

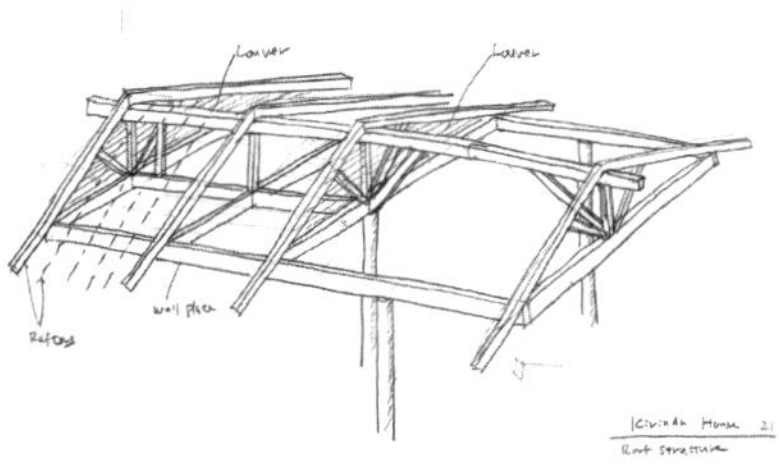

キリンダ村復興住宅スケッチ

「Alvar Aalto Through the Eyes of Shigeru Ban」展

紙の橋

整理され、隣との音の伝達を少しでも押さえて効果を持たせた。屋根小屋組みは紙管と合板のジョイントでつくった。

四川大地震華林小学校紙管仮設校舎［2008］［p. 229参照］

四川大地震仮設住宅

スリランカ難民用「紙のシェルター」［2008］

スリランカ北部の反政府組織「タミール・イーラムの虎」と政府軍の戦闘によりタミール人難民が急増している。その難民の支援を行う国際機関ＩＯＭ［国際移住機関］の要請でルワンダ用に開発したシェルターを改良して提案した。北部タミール人地域は政府軍が完全閉鎖し、武器に使われる恐れがあるということで、一切の金属の持ち込みができない。そこで、金属を使わない「紙のシェルター」を供給したいとＩＯＭは考えている。

スリランカ難民用「紙のシェルター」試作風景

4

2006-2013

ノマディック美術館 東京 ［2007］

東京へ寄港した移動式美術館

写真家グレゴリー・コルベールの写真と映像展示専用の移動式展覧会場「ノマディック美術館」は、今回の東京・お台場にて三都市目の移動となった。

この建築は、毎回現地でレンタルする部材［6mのシッピングコンテナ］と、リユース部材［屋根とコンテナの隙間を埋めるアルミフレームと膜材、床用木製パネル、小屋組みの紙管トラス］、そしてリサイクルする部材［長さ10m直径74cmの紙管柱―ヨーロッパなどトラックで輸送できる地域ではリユースする］の三種類のコンポーネントから成り立っている。

コンテナは敷地の最寄りのコンテナヤードから会期中のみ借りるので、各地で建物の色は変わり、今回がもっともカラフルな配色となった。

建物のプランは敷地の条件で変更する。一昨年［二〇〇五年］のニューヨークではハドソン川の桟橋の形に合わせ、長さ205mの直線状のギャラリーとなり、昨年［二〇〇六年］のサンタモニカと今回の東京では、100mの平行な二本のギャラリーの間にニューヨークではなかったシネマとミュージアムショップが加わり、面積が4200㎡から5300㎡と広がった。しかしいずれの場合でも、建物の荷重と部材数を最小限にするため、一四四台［ニューヨークは一四八台］のコンテナは市松模様に積み重ねている。

唯一、基礎の設計のみ各地の法規の違いで毎回新たに設計し、許可を取る必要があるが、建設期間はいずれも二カ月間で完了する。

立面

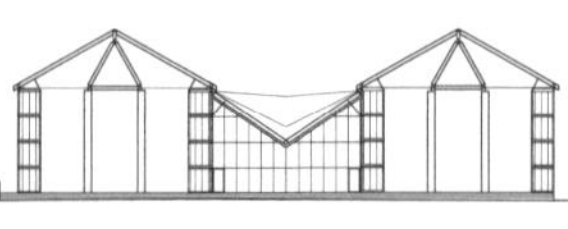

立面

今後はヨーロッパへ移動［?］する予定であるが、設計者も同時にノマディックにならざるを得ない。

全景

アルテック・パビリオン〔2007〕

廃材による製品の構造化

アルヴァ・アアルトの家具で有名なフィンランドのアルテック社の仮設展示パビリオンを、ミラノ・サローネに合わせ計画した。敷地はミラノ・サローネの会場内、サローネ美術館前庭の芝生の上であった。

建築部材として、フィンランドの林産品・紙加工製品製造企業UPM社の製品「UPM Profile」を使用するよう依頼された。「UPM Profile」はボトルのラベル製造時に出る紙とプラスチックの廃材でできた製品で、一辺60㎜のLアングルによる梱包用コーナー補強材と、試作的に作られたデッキ材の二種類のみがある。まずは、素材の強度実験の結果から、圧縮強度のわりに曲げ強度が弱いことがわかった。そこで、必要強度に合わせてLアングルを組み合わせ、二本で「T型」と四本で「十字型」を部位により使い分け、トラス状の柱と梁を構成し、シンプルな切妻造の構造とした。屋根と外壁は、同じくLアングルをジグザグに組み、折板状とした。

学生による建設

試作品から現地での建設はすべてフィンランドのラハティ・ポリテクニック大学のイギャス・ベッサ教授を中心に行われた。教授陣三名とその学生たち一〇名により、フィンランドのUPM工場敷地内にまず一モジュール分の実大モックアップをつくり、ディティー

左・中央・右／学生による施工の様子

ルのチェックと施工手順の確認をした。そして実際の施工は教授一名と学生一〇名がミラノのトリエンナーレの庭で、わずか七日間で完成させた。

このパビリオンはサローネ後解体され、現在はヘルシンキの建築博物館とデザイン博物館の間の中庭に今秋［当時］移築されることになっている。

外観

全景

紙の橋 ［2007］

紙の橋で架け渡す

ユネスコの世界遺産に登録されている、南フランス・ニーム近郊にあるローマ時代の水道橋、ポン・デュ・ガール［Pont du Gard］で、夏の観光シーズンのイベントとして、ポン・デュ・ガールをテーマに「何か」仮設の作品をつくってほしいという依頼があった。「何か」と言われて、すぐに「紙の橋」をつくりたいと答えた。もちろんクライアントも、私の紙の建築のことは知っていたが、人が渡る橋を紙でつくるという提案にはいささか驚いたようだった。しかし、安全で、建設や解体が楽で、また来シーズンも建てられるならやろうということになった。

私にとって橋の設計は、ひとつの夢であった。それは、橋にはふたつの場所を結ぶというとてもロマンティックな側面と、また素晴らしい橋ほど構造的に美しいと考えていたからである。

素材と形態による対比と調和

敷地の状況と、構造的合理性から太鼓橋の形状をまず選択した。ポン・デュ・ガールの石というとても重く、硬く、そして永久性のあるものと、紙という軽く、弱く、そして一見短命に思われるものの材質的コントラストを見せつつ、紙の橋の形態あるいはジオメトリーは、ポン・デュ・ガールのアーチと同じ寸法の円弧によってハーモニーを持たせた。

全景

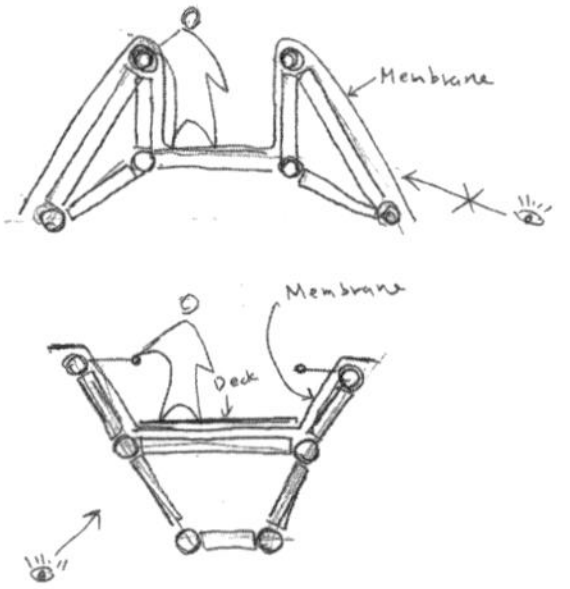

スケッチ

紙管は、「ハノーバー国際博覧会2000日本館」や、パリの「紙の仮設スタジオ」ですでに実験し認定を取ったのと同じ直径115㎜、厚み19㎜の紙管を使った。ジョイントは、「ペーパードーム　アムステルダム／ユトレヒト」や「バザレリー・パビリオン」で採用した、ポストテンションを入れたスチールジョイントを使った。

設計や模型製作は、私のパリ事務所と慶應義塾大学SFC研究室の協働で進めた。施工は敷地に近いモンペリエ建築大学［Ecole d' Architecture Montpellier］のシェリー・バーソミエール教授とその学生に、SFCの学生が加わり、一カ月で完成させた。

構造設計上、安全率を十分に見て、一度に渡る人数を二〇人に限定した。完成後はプルーフ・エンジニア立会いのもと、公認試験機関が、水袋を使い二〇人分として、1・5トンまでの積載実験を行った。結果的には予想よりはるかに強く、最頂部のたわみは9㎜で、水袋を取り除くとたわみは2㎜にまで戻った。

フランスの新聞『ル・モンド』には、ポン・デュ・ガールに「弟」ができたと紹介された。

学生による組み立ての様子

全景

ポン・デュ・ガールのアーチと紙の橋

メゾンE［2006］

この建物には、単に一家族の「家」としての機能だけではなく、多くのゲストを招き、もてなす「ゲストハウス」的役割が要求され、そのプライベートとパブリックの絶妙なバランスをつくり出すことが、デザインのチャレンジであった。そのパブリックとプライベート、開放と閉鎖そしてその中間的領域のバランスをつくるシステムとして、さらに構造がそれと一体となるように、タータングリッドを構成要素とした。

タータングリッドの採用

タータングリッドを構成要素にする作品としては、これで二作目である。第一作目の「写真家のシャッター・ハウス」では、周囲に建物が迫り、見るべき景観がないだけではなく、プライバシーの確保が問題な東京の狭い一等地［291・51㎡］が対象であった。そこで、タータングリッドの大小の正方形と長方形の組み合わせのパターンにより、室内といくつかのコートヤードの大きさと配置の最適なパターンを決めた。

それに対して今回は、その広く特色のない敷地が持つ無限のデザインの可能性の中から、タータングリッドの法則により自ら制限を与えた。そして、さまざまな特色を持つコートヤード［石、木、竹、水、アート作品］と室内、その間にある中間領域のバランスを選択して、最終パターンを決めた。内外のさまざまな連続関係をつくり出すため、そのエッジのガラスは、FIX、引戸、框戸、アルミルーバー、そしてガラスのスタッキング・シャッター

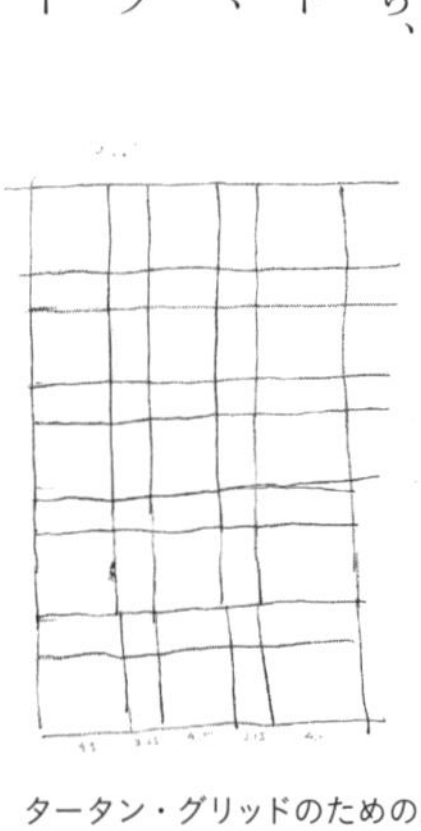

タータン・グリッドのためのスケッチ

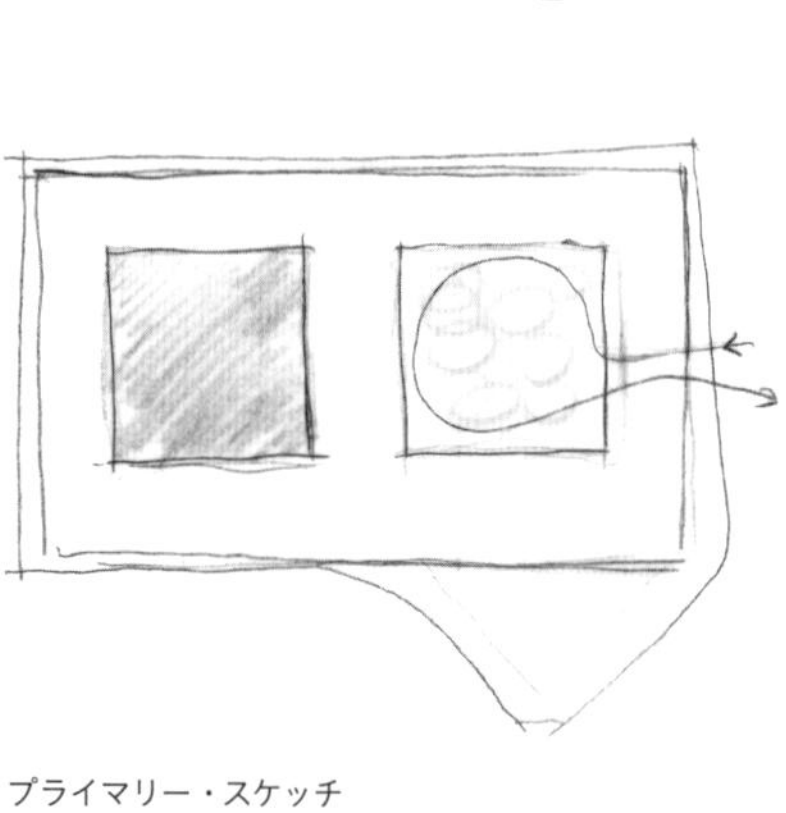

プライマリー・スケッチ

とその場その場によって選ばれている。

素材とディティールについて

タータングリッドを構成する鉄骨フレームは、ミースやC・エルウッドがやったH型鋼ではなく、十字型鉄骨柱とすることにより、XY軸方向を同等の関係とすることができた。さらにサッシやガラスシャッターの枠を、どちらの方向からも90度のフランジの中にきれいに納めることができる。十字柱と煉瓦の壁との取り合いは、どちらの方向からも同等に納まるが、ミースやC・エルウッドがやったようにH型のフランジと面に納まり、煉瓦の厚みを消すのではなく、あえて厚みのある本物の煉瓦を使い、煉瓦の厚みを見せたエッジと十字柱の垂直の一本のフランジとをアーティキュレートさせた。煉瓦は、壁に煉瓦自体の表情を出すようにあえて平滑に積まず［日本人の職人にはかえって難しいが］影をつくり、北欧的な温もりを出すため、あえて土色の煉瓦の上に白い塗装を施した。

メインホールのボールト天井は、壁に厚みのある本物の煉瓦を使ったように、円弧を鉄骨でつくり、その下に仕上げとして薄い木を貼るのではなく、中世の煉瓦のボールト天井のように、無垢の集成材のブロックを使い、木造アーチによるボールト天井をつくった。木のブロックは煉瓦のように直線でできているため、それらがずれてアーチが構成され、影をつくり、素材の厚みと重みを出すことに成功した。

四季を通じて、室内外はさまざまな連続関係を持ち、その時どきの建築と緑と水がつくり出す光と影の空間を体現できるメゾンとなることを思い描いた。

内観

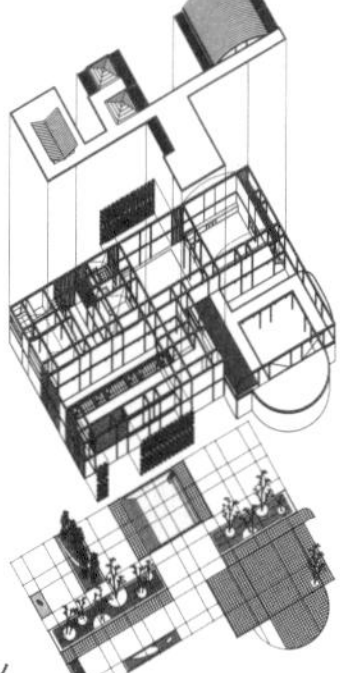
アクソメ

フィレンデールな女子寮［2006］

女子寮ならではの空間とその構造

地方都市の郊外、新入女性社員専用の寮として、ワンルームタイプの二四室と、皆でシェアするパブリックスペースとして広いリビング、ダイニング、キッチンがプログラムとして要求された。

一般的な中廊下式のアパートは、常に廊下側は閉鎖的で、逆側一方向にしか開放できない。そこで、ワンルームを両側に開放でき、より広さが感じられ、さらに出会ったばかりの社員により多くのコミュニケーションの場を日常的に与えられるように、中廊下をコートヤードとして使える広々とした屋外空間を用意した。これは若い女性専用社員寮だからこそできる最大限の開放性を狙ったものだ。プライバシーと眺望が確保できるよう二階に置かれた個室の下には、男性社員も交えてパーティもできる開放的でフレキシブルなパブリックスペースを用意した。個室の大きさと機能を最小限にして、なるべく皆が一階のコモンスペースで共同生活を営み連帯感が形成されるように、建築によってそれを誘発できればと考えた。

このような上部のプライベートな個室群と、その下の開放的でフレキシブルなパブリック空間および駐車場という、上下階の構造上の大きなギャップをいかに解決するかが今回の課題となった。まずは、個室二四室を一三列の鉄骨トラス壁で仕切り、そのトラス自体が束材となる直交方向の大きなフィレンデールトラスを二本平行に並べ、それらをそれぞ

全景

れ四本の柱で受けることにより、一階に細い柱が二階から下りてきたり、一階の天井に大きな梁が飛び出すことを避けた。さらに二階からの設備パイプ類を柱に添わせるか、一階の自立したトイレコア中に下ろすことにより、柱と見違える可能性のある要素を排除し、空間の純度を高めた。

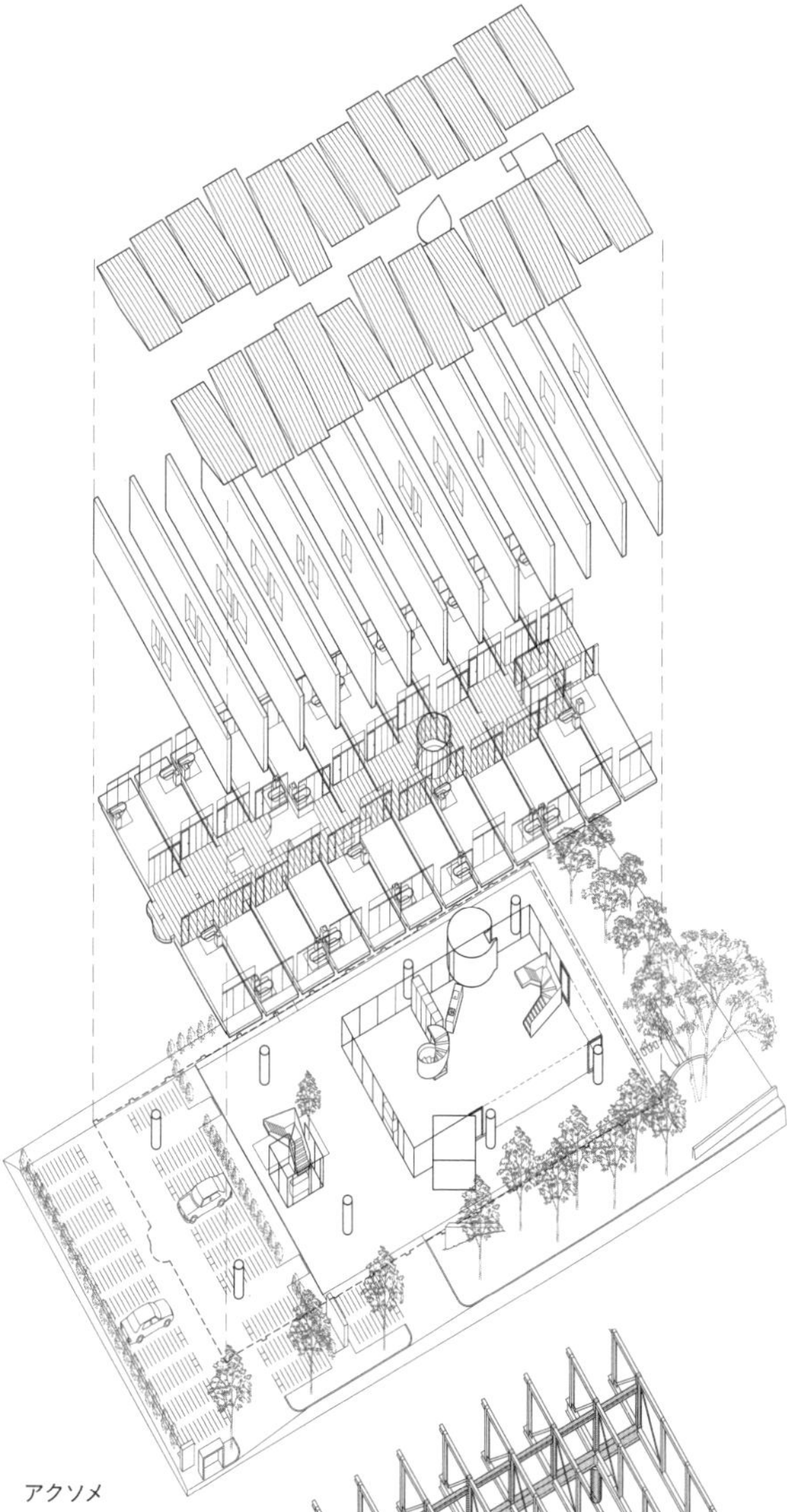

アクソメ

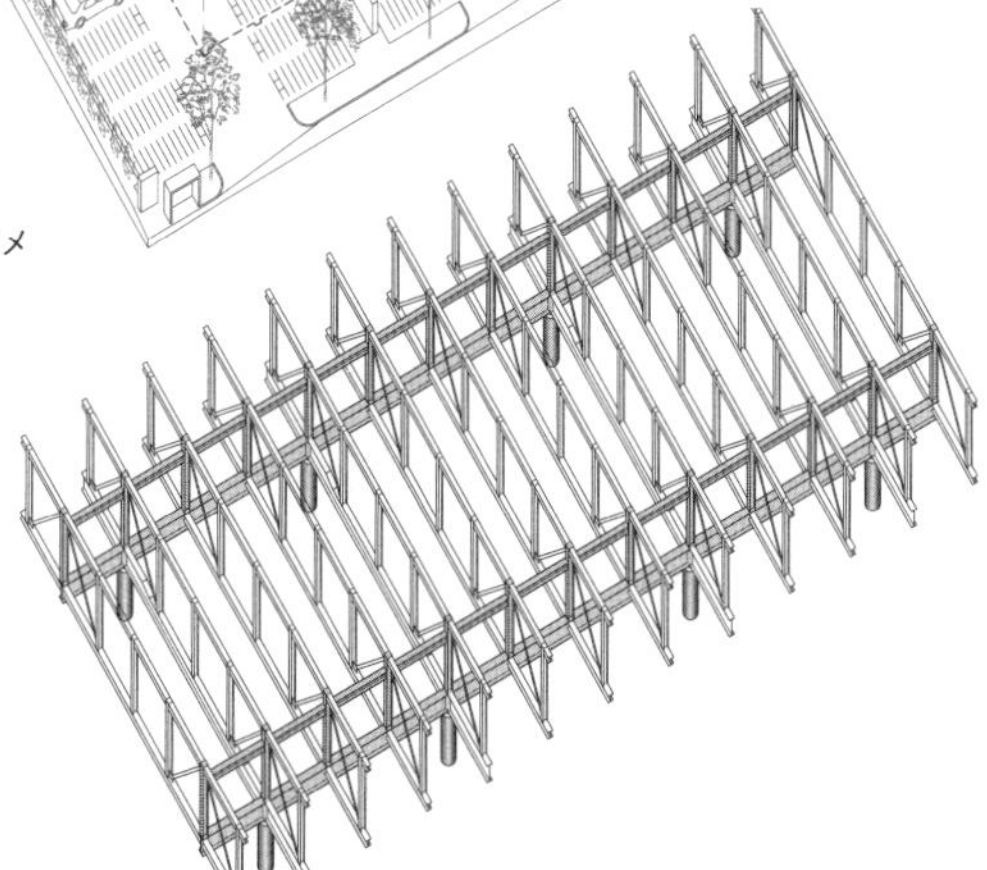

フィレンデールと鉄骨トラス壁の構成アクソメ

カトリックたかとり教会［2007］

カトリックたかとり教会のプロセス

はじめてたかとり教会に行ったのは、一九九五年一月の終わり、日曜日の早朝だった。「教会に行った」と言っても、阪神・淡路大震災後の火災で街全体が全焼し、聖堂の前にキリスト像だけが立っていた。その脇では、焚き火を囲んでささやかなミサが行われていた。日本語とベトナム語で聖歌が歌われていて、そこにはたくさんのベトナム難民の姿があった。キリスト教信者でなくミサにもまともに行ったことのない私でも、そこに集まる人びとが、生き残ることができたことへの感謝、亡くなった人たちへの悲しみ、そして復興への強い思いを皆で分かち合い、そして勇気づけられる集いであった。そして私はここで何かの役に立ちたいと思い、ミサの後に神父らしき人［首には手拭いを巻いて防寒具を着たヒゲ面の人］に、「紙で教会を建てましょう」と提案した。

すると神父［神田裕氏］は、「教会がなくなって、はじめて本当の教会になった気がします。だから建物がなくてもいいんです」と言われた。それでも諦めず頻繁に東京から日曜日のミサに通った。そのうちに神父から、われわれの手で建設のための募金とボランティアを集められるのなら、という条件で許可をいただき、「紙の教会」［通称ペーパードームと呼ばれた集会場］が夏の終わりに完成した。

コートヤード

複合施設としての新しい教会の誕生

仮設のつもりが一〇年以上も皆に親しまれ使われた「紙の教会」は、複合的な教会施設として生まれ変わることとなり、とても光栄にもその建物の設計を依頼していただいた。

全体の配置計画は、中央に多目的なイベントのための大きなコートヤードを囲み、事務棟と司祭関連棟を連結する要として、円形プランの聖堂を置いた。聖堂は神父や信者さんたちから何とか元の「紙の教会」の内部の雰囲気を残してほしいと言われた。そこで形態的には聖堂としての空間のボリュームと高さを十分に確保しつつ、近隣の低層の住宅に配慮し、頂部のない逆円錐形を傾けた形状とした。鉄骨造で形づくった逆円錐形の中には、鼓の形のように膜を張り、元の教会のように自然光を十分に取り入れた。膜面には、外壁に帯状に入れられたガラス窓により、光と陰が時間を追って変化し移り動き、時間を視覚化できる空間をつくった。内壁には、元の教会では主要構造として楕円状［ベルニーニの楕円］に配置されていた直径30cmの紙管の代わりに、吸音材として直径5cmの紙管を仕上げに使った。

事務所と食堂が入る二層の事務棟は、中間期の空調使用を最小限とするため、外壁にグラスファイバー製のオーバーハンギング・シャッターを使い、簡単に全面を開閉できるようにした。また、廊下を挟んだポリカーボネートの引き戸により、個人で自由に微妙な換気が調整できるようにした。

このシャッターは開放時、コートヤードのデッキ空間の庇となり、内部空間と外部空間の中間領域を形成する。

内観

内観

建築の原点

このたかとり教会は震災以来、近隣のコミュニティ支援を多国籍に展開する、開いたコミュニティセンターとしての役割を担っている。そして「紙の教会」［通称ペーパードーム］の台湾移設により、さらに海外にまでコミュニティの輪と活動を広げている。

震災以来一四年間近くの幅広い活動を振り返ると、コミュニティセンターと言っても、それは建築というセンターがあるからでなく、震災ですべてを失い、「焚き火を囲む人の輪」というセンターがその出発点で、それが啓蒙的活動の活力であることを再認識した。最初に神田神父が言われた「教会がなくなって、はじめて本当の教会になった」という言葉は、いまだ活動の基本理念である。モニュメントづくりが好きな「建築家」が今一度立ち返る原点ではないだろうか。

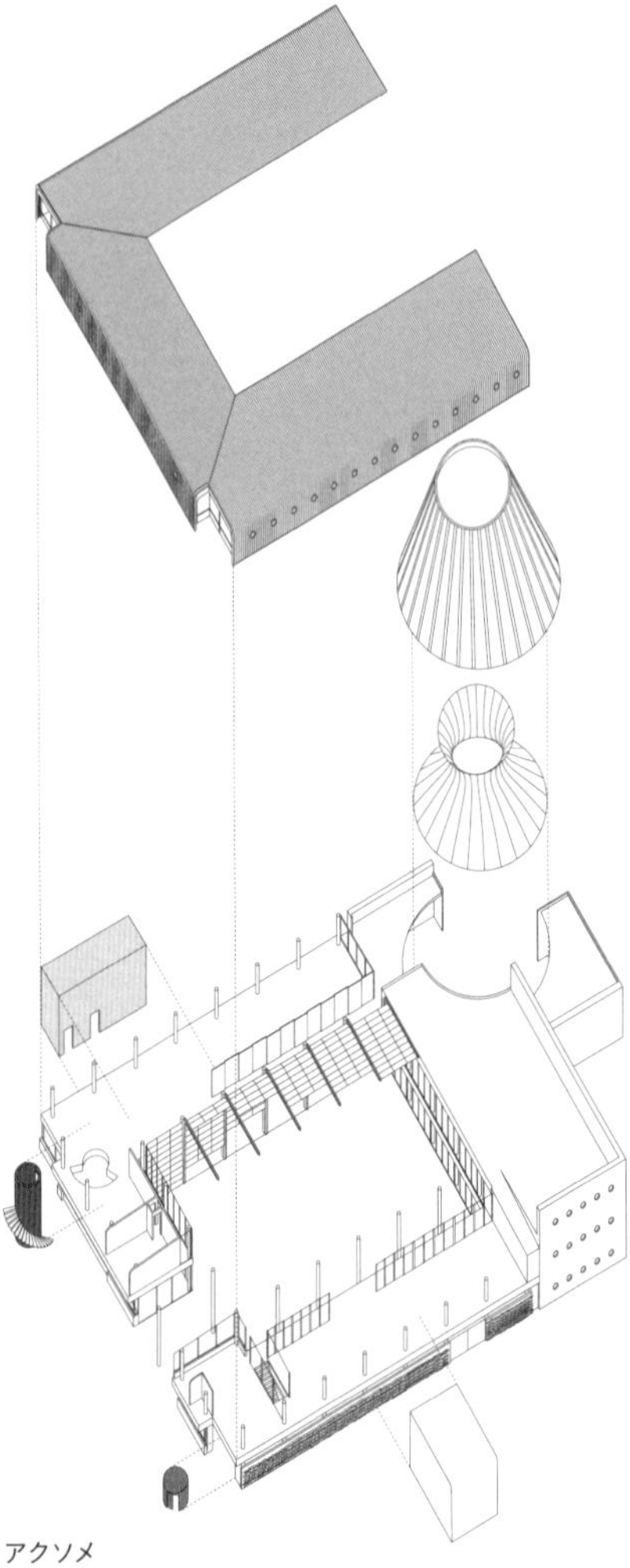

アクソメ

災害支援と学校

成都市華林小学校 紙管仮設校舎 [2008]

四川大地震直後

四川大地震が発生した二〇〇八年五月一二日、私と慶應義塾大学SFCの同僚で、北京にて設計活動を続ける松原弘典氏に、両研究室協働で震災後の支援活動をする提案をし、一〇日後成都に入った。現地では、松原氏のネットワークで、成都市西南交通大学と綿陽市西南科学技術大学の建築学院の先生方を訪問した。西南交通大学キャンパスの建物は地震によりある程度のダメージを受けつつも倒壊を免れたが、学生寮の学生は全員キャンパスの空地に大学側がつくった大きな簡易テントに寝泊まりしていた。西南交通大学の副院長林青先生は、九州大学に留学経験があり、われわれとの協働にたいへん興味を持ってくださり、一カ月後を目処に両大学協働でキャンパスに仮設住宅の試作とシンポジウムを開催することとなった。次の日には地元の紙管工場や、一部試作が始まった地元の仮設住宅を見学してわれわれの仮設住宅の構想を練った。仮設住宅はさまざまな業者に政府が発注しているようだが、ほとんどが薄い鉄板で発泡ウレタン材をサンドイッチしたパネルを壁と屋根に使い、長屋式で一棟15㎡前後ととても簡易なものであった。

住宅から学校へ

一カ月後、SFCの「紙のスタジオ」内で建設した実物大の試作仮設住宅を分解し、学生が自ら飛行機で現地まで運送し、西南交通大学で現地の学生と協働で再建した。ところ

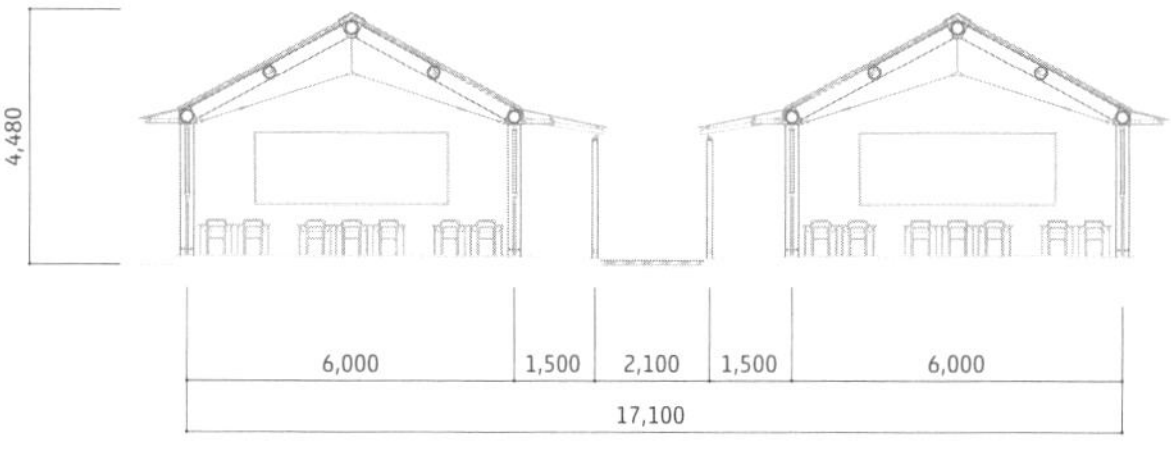

断面

が、その頃になると、元々は政府が夏までに一〇〇万棟を建設するとした宣言もトーンダウンし、われわれにも仮設住宅のオファーは来なかった。しかしそれに代わって、成都市華林区の小学校に仮設校舎を建設してくれないかという話が、地元のNGO土木再生からあった。

華林小学校は、三棟あった鉄筋コンクリート造の校舎のうち二棟が危険建築に指定され使用が不可能となり、ほとんどの生徒たちをいくつかの遠い小学校に分散させていた。そして政府の資金と建設会社は、震源に近い完全に倒壊した小学校に集中しているため、華林小学校のように比較的被害が小さい学校は、まったく再建の目処が立たないとのことであった。そのため、仮設校舎をつくり、九月の新学期には生徒を全員華林小学校に戻したいと華林区教育局は考え、地元の建築関係者でつくったNGO土木再生にそれを相談し、われわれSFCチームに白羽の矢が立った。要望は、9m×6mの教室九室を八月末までに、つまり設計・施工を二カ月間で完成させてほしいという非常に困難なものであった。

地元の材料でつくる

そこでデザインのクライテリアとして、すべて地元で手に入りやすい材料を使い、部材の数と種類を最小限にし、長屋形式の切妻屋根を選んだ。柱・梁は、直径24cm厚み15mmの紙管の木製ジョイントを使い、合板の定尺1・2m×2・4mのモジュールで架構をつくった。短手の横力は扉脇の壁で、長手の横力は軒を兼ねた耐風梁で各教室間壁に伝えて処理した。屋根の水平剛性を取る合板には丸い穴を開け、発泡スチールの断熱材と屋根のポリカ波板から柔らかい自然光が入るようにした。この合板の穴は、屋根の施工時に屋根上

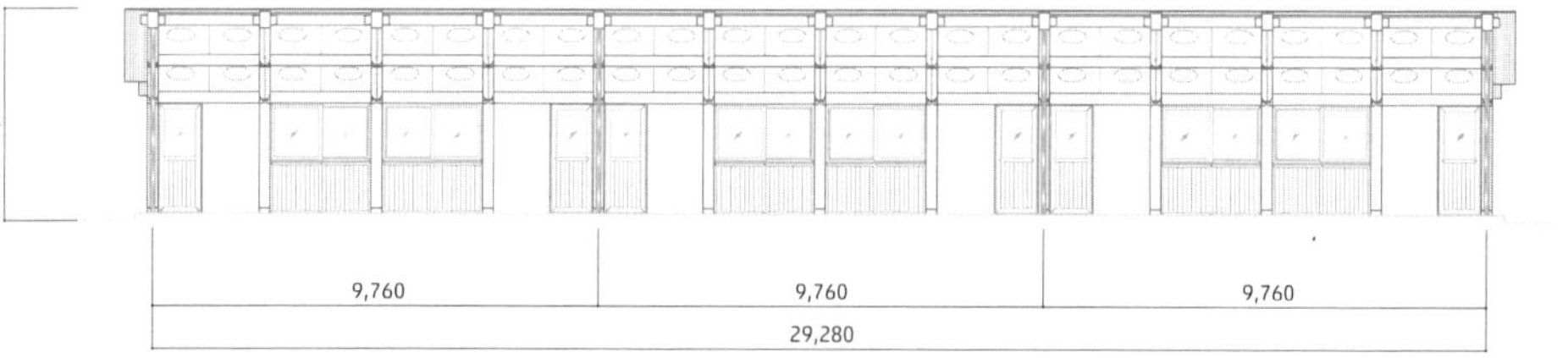

断面

に登らなくても、架構下の足場から上体を出して作業ができるように考えた。特に工期短縮に有効だったのは、仮設住宅の試作をつくる時、地元の建材市場で見つけた塩化ビニルサッシを外壁として使ったことである。このサッシは、店頭で頼むと、その場で既成断面を組み合わせて要望のものをつくってくれ、安価で即手に入る。これでモジュールに合わせ、扉、窓、その下のフィックスパネルとして、扉脇の合板耐力壁以外、長手外壁全体に利用し、サッシ屋が自ら数日間で取り付けをしてくれた。

北京オリンピックの開幕と同じ八月八日に、すでに解体された旧校舎の基礎の上に打たれた土間スラブに、一本目の紙管アーチを立てて着工式が行われた。慶應義塾大学坂研・松原研の学生は、倒壊を免れた校舎に二段ベッドを置いただけの宿舎と、外につくった仮設シャワーに既存の中国独特の扉のないトイレという合宿生活を送りながら、西南交通大学の学生と地元の教員ボランティアたちと毎晩遅くまで作業に打ち込んだ。その間、ことばや価値観の違いなどさまざまな問題を克服しながら、献身的な努力により、奇跡的にも九月一一日に竣工式を迎えることができた。

現地のネットワーク

今回の活動で、災害支援活動や教育的側面以外に重要だったことは、戦争によりいまだ反日感情の強い中国で、両国の学生が一緒に汗を流すことで、友好関係を築くことであった。結果的に、友好関係以上の恋愛関係を築いてしまった学生もいたが……。最後に、これまでの災害支援活動を実践する上で重要なのは、まず早く現地に入り状況を把握すること。そして何より適切なパートナーを見つけることである。その意味で、中国で活躍する

躯体フレーム

施工風景

松原弘典氏が西南交通大学をはじめとした現地のネットワークづくり、交渉を担当してく
ださったことが今回の成功のカギであった。

竣工校舎での授業風景

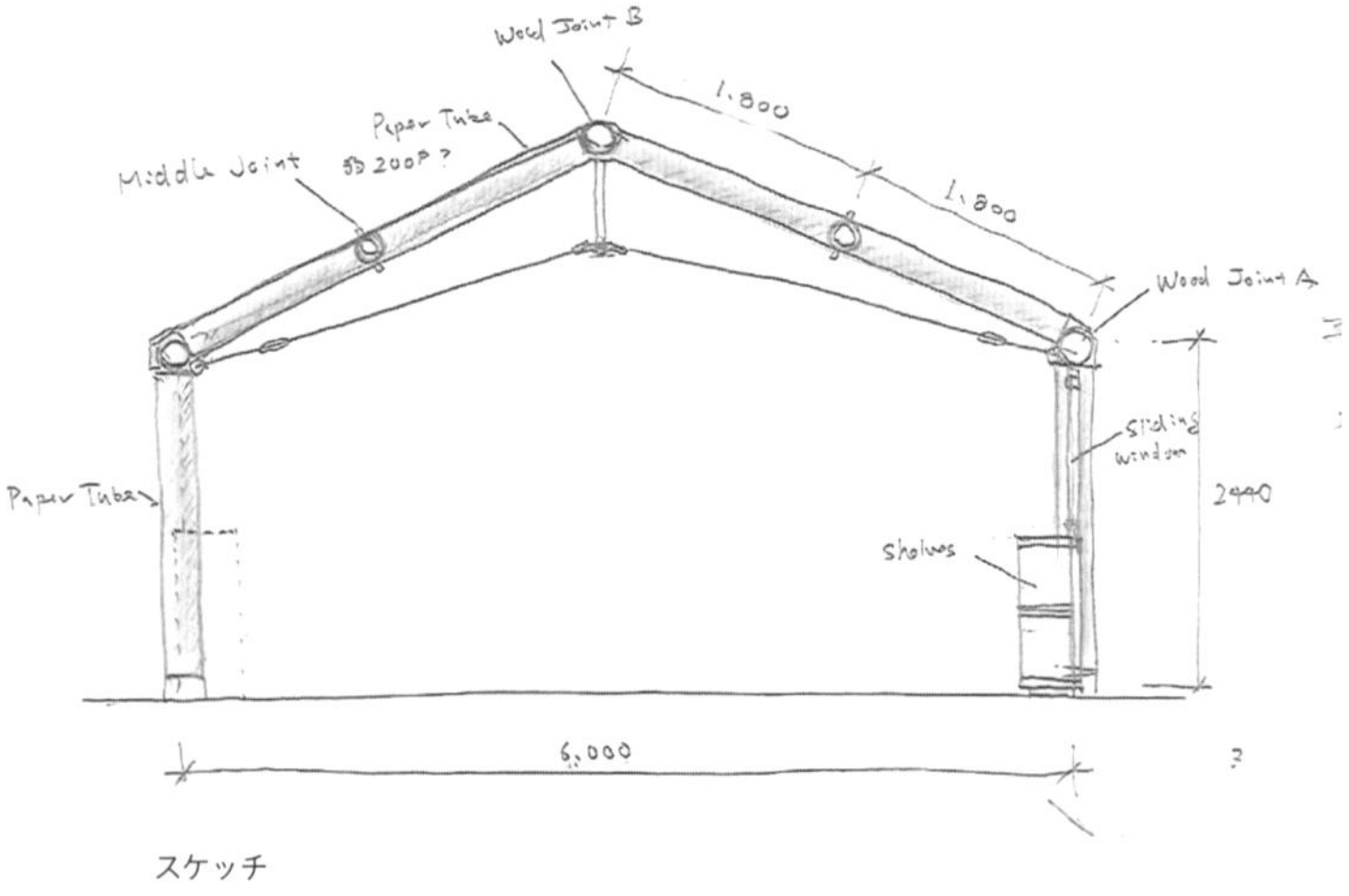

スケッチ

楕円虚の家 [2009]

楕円形のボイド空間

敷地は典型的な造成地に、南側の宅地内道路と北側の交通量が多い幹線道路に挟まれた、何の変哲もない長方形の土地である。これといった特色も見るべき景色といったコンテクストもまったくない。そこにあえて寄せ棟屋根のボリュームを置き、中にコートヤードをつくることにより、内外の関連を積極的にもたせることにした。

長方形の中に四角いコートヤードをつくると、四辺に四つの別々なゾーンができてしまう。それよりは、全体の内部空間が流動的に連続するように、楕円のコートヤードを少し角度を振って配置することにより、長方形と楕円の間に質の違う空間が生まれるようにした。

構造的には、楕円の鋼管リングを放射状の柱と梁が連続した「く」の字型スチールリブによって浮かせたいと考えたが、実際にはたわみとねじれが大きすぎたため、楕円のコートヤードを形成するサッシのマリオンでそれを支持することになった。

スチールのリブは、それを最小限の厚みとするために、座屈押さえとして竹集成材で挟み、ニュートラルな流動的空間を分節化し、太いリブによりできる陰翳で時間の経過を視覚化するように試みた。

楕円形のコートヤードには水を張ることができ、室内に少し冷えた風を入れるだけでなく、水の反射により楕円のボイドが鉛直方向にも延長され、水平方向に流れる室内と対比させた。

コートヤード

全景

楕円に切り取られた空は、ジェームズ・タレルの作品のように、空の無限の表情を切り取り、日々の生活を豊かなものとしてくれるであろう。

三日月の家 [2008]

敷地は、南箱根の別荘地の北側斜面に位置する。北側の景色は、他の家にほとんど邪魔されることなく、晴れた日には富士山まで眺望がきくまれな土地である。しかし、他方向はさまざまなかたちや色をした隣家があり、それらを見ると自然に恵まれた開放感から一気に日本的な現実の世界へと引き戻されてしまう。そこで、敷地に立った時、東西南方向にはできるだけ視線が向かないよう、敷地に合わせて北側に開いた三日月形の平面とCの字［というより倒れたU字］型をした断面形状が、自然に、そして即座に思い浮かんだ。

この三日月形の平面に、家具や水回りのボリュームを間仕切りとして置くことにより、ふたつの寝室とＬＤＫの空間を構成した。

三日月の中央は、居間としてもっとも奥行が深い断面形状としたため、キャンティレバーの屋根が大きくなった。それによる屋根のたわみを抑えるため、柱が必要となったが、柱を立てる代わりに暖炉の煙突で代用した。

配置

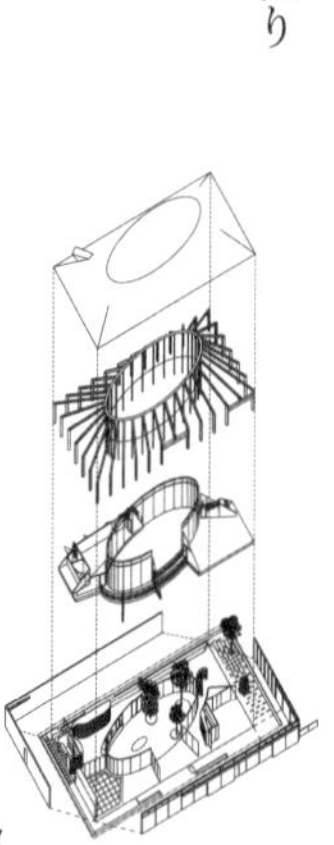
アクソメ

外観

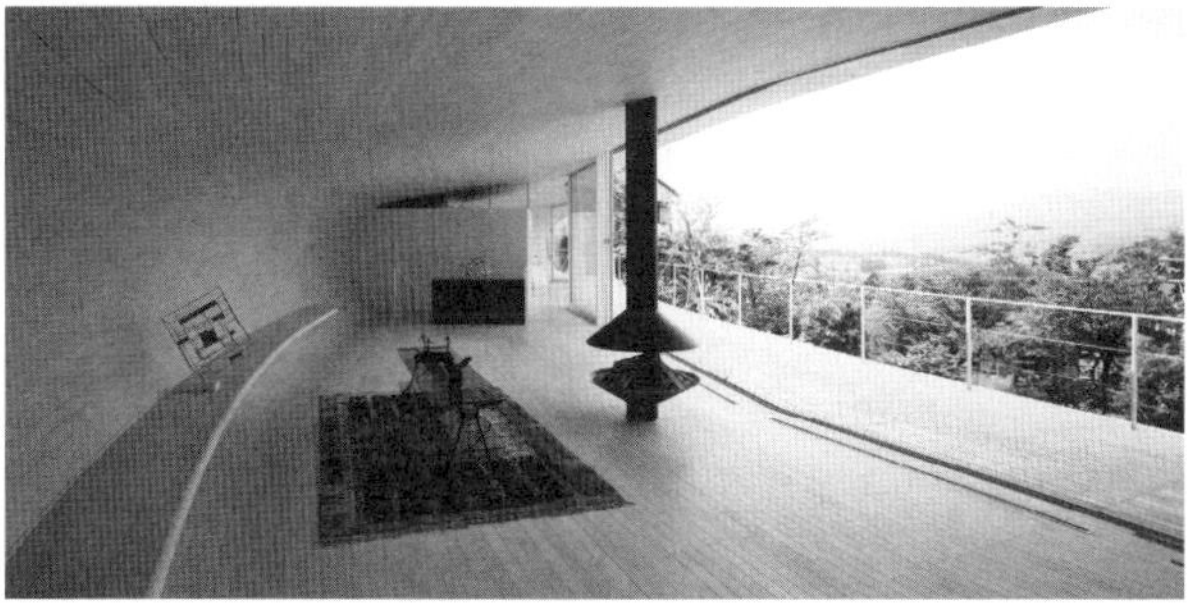
内観

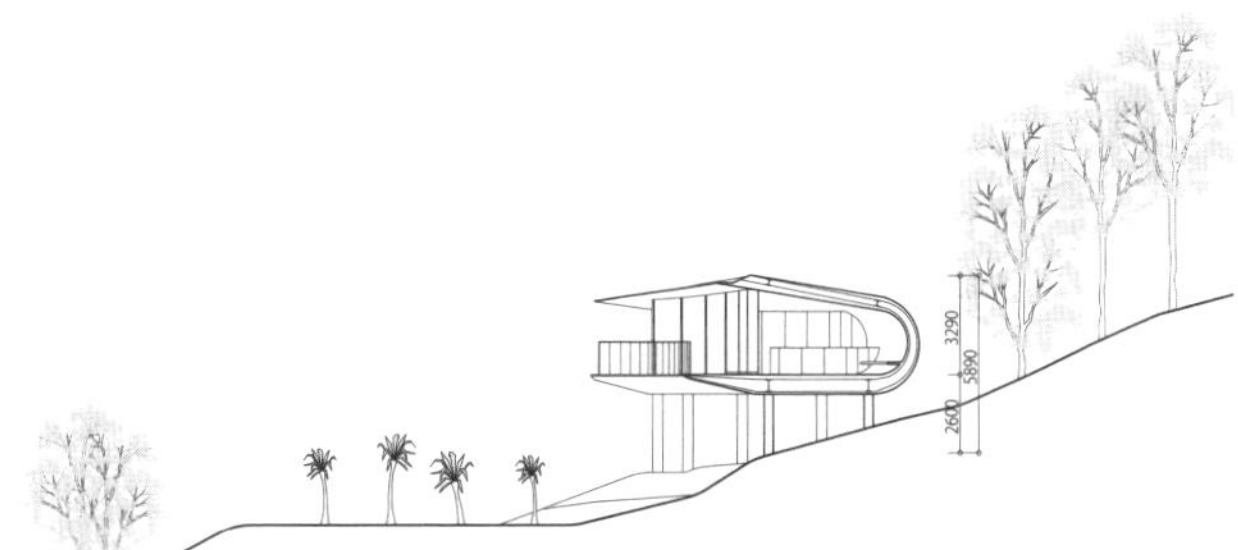

断面

今すぐハイチに屋根を！
ハイチ地震仮設シェルター建設ワークショップ

二月一四日［二〇一〇年］、ハイチの首都ポルトプランスに入った。一月一二日にハイチを襲ったマグニチュード7・0の地震の被害は、二〇〇四年一二月のスマトラ沖地震・津波によるスマトラ周辺国すべてでの死亡者数約一八万人を大きく上回る推定二二万人以上という、近年の自然災害で最悪な状況となった。阪神・淡路大震災の死亡者数六四三四人、四川大地震の死亡者数推定九万人と比べても、その桁外れの被害の大きさに驚かされる。改めて都市を襲う地震の怖さを思い知らされるが、これは自然災害でなく、人為災害と呼ぶべきであろう。人は地震で死ぬのではなく、建築の倒壊により死ぬのである。つまりわれわれ建築関係者の責任である。

住宅の損壊もひどく一二〇万人が家を失い、いまだ五〇万人以上がテント生活をしていると報道された。テント生活と言っても自分たちで木の棒にシーツを張っただけの簡易なシェルターで、防水性能はまったくない。もうすぐ雨季がくる。それまでにハイチに雨風を凌げる屋根をつくらねばならない。

ハイチへ入る準備

報道で、ハイチの主都空港には一般の旅客機使用ができないことを知り、ハイチと同じ島の隣国ドミニカ共和国からハイチへ入る計画を立てた。昨年［二〇〇九年］のイタリア・ラクイラ地震と二年前の四川大地震で実施したように、まずはハイチの地元の大学に連絡

首都の中心部の様子

首都の倒壊した教会

を取ろうと試みたが、通信網は遮断され、被害の大きさで大学自体もすべて閉鎖されていることがわかった。そこでドミニカ共和国の建築学科のある大学へ手当たり次第電話をすると、その中で、首都サント・ドミンゴにあるUniversidad Iberoamericana［以下、ＵＮＩＢＥ］とサンチャゴにあるPontificia Universidad Católica Madre Y Maestra の学部長が私のこれまでの災害支援の活動を知っていて、協力を申し出てくれた。カリブ海の小さな島にある国まで、われわれの活動が知れ渡っていることに驚いたと同時に、多くの人びとがチャンスさえあればハイチのために何かしたいと思っていることが心強かった。

ＵＮＩＢＥに連絡が取れてから二週間で、大学側での正式な協働プロジェクトの受け入れ、それにまつわる予算、参加する教授と学生の選抜、ロジスティックの手配、おまけに今回のワークショップのロゴデザインと、それがプリントされたシャツの製作までが完璧に準備されていた。

サント・ドミンゴを経てハイチへ

今学期よりハーバード大学ＧＳＤでスタジオを持っている。スタジオのプロジェクトでは、現在進めているラクイラ地震で倒壊したコンサートホールの仮設再建の建設を、ラクイラ大学の学生と協働で行う予定であったが、ハイチ地震の発生により急遽、ハイチから仮設シェルターのスケッチをハーバード大学の学生に送り、製作図作成と実物大の試作をやらせることにした。ただ、ハーバードの学生にとって初めての体験であるのにもかかわらず、この試作をハイチへ自分たちで運び、ドミニカの学生と組み立てる計画を立てていたので、リスクをなくすため、仮設シェルター建設に慣れている慶應義塾大学ＳＦＣ

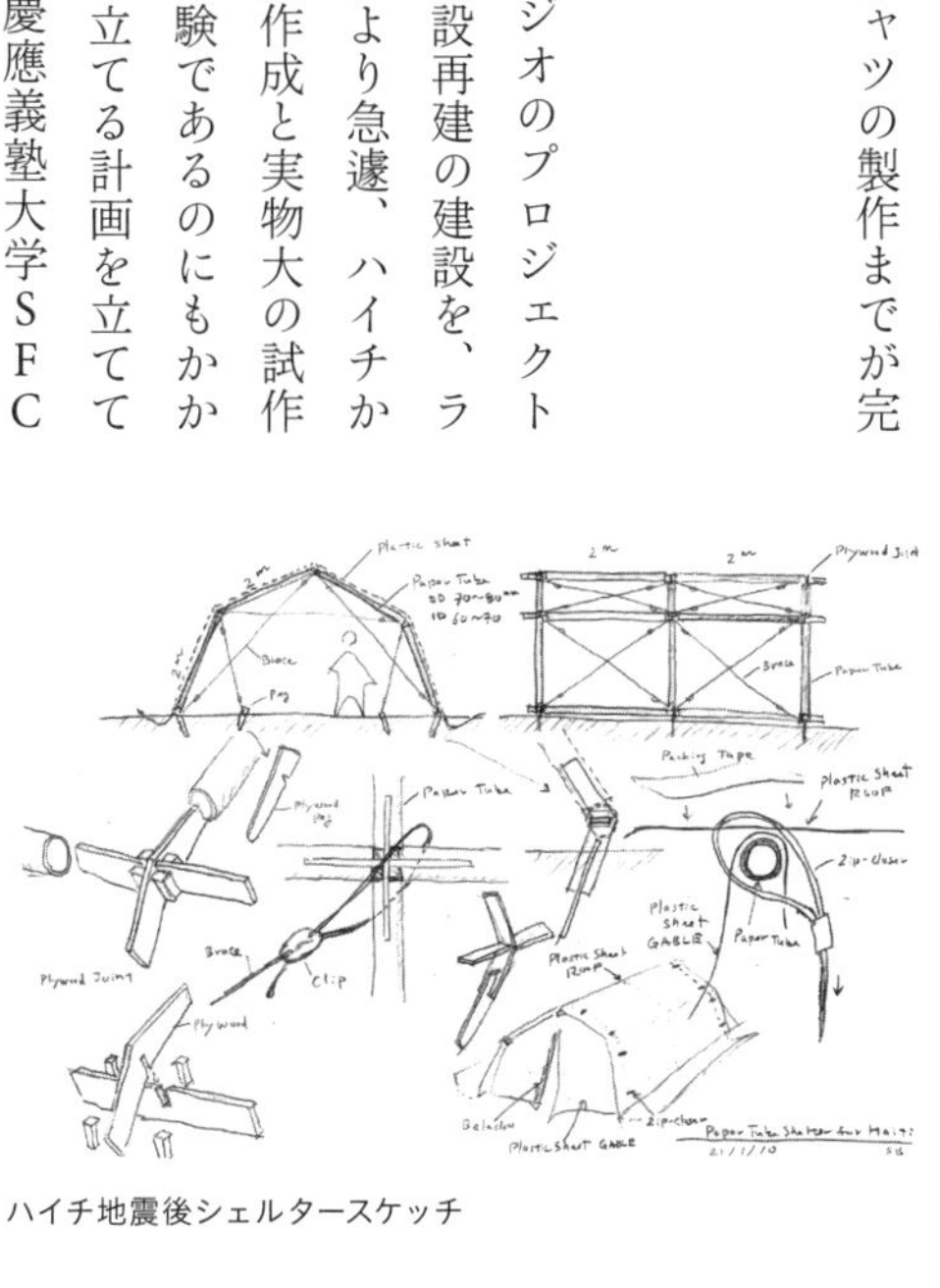

ハイチ地震後シェルタースケッチ

の旧坂研究室の学生に同じ試作をしてもらい、輸送前に組み立てチェックを行った。しかし最終的には、ハーバード大学の学生の試作も完璧で、日本から飛行機を乗り継いで輸送する手間を考え、ハーバード大学版をパッキングすることにした。ニューヨークのJFK空港まで車で運んでもらい、そこで受け取り、ドミニカの首都、サント・ドミンゴまで自分の預け荷物として運んだ。ちなみに、アメリカン航空のカウンター係員は、荷物がハイチ向けテントだと話すと、大きな荷物の追加料金をすべて無料にしてくれた。

ニューヨークからはたった三時間半でサント・ドミンゴに到着。ハイチやドミニカがアメリカの裏庭的重要な位置関係にあることを再認識した。

次の朝四時半にUNIBEキャンパスで、建築科教授と学生たち計一五人と集合し、ミニバスでハイチへ向かった。学生の中には三人の女子ハイチ人留学生も含まれ、道先案内人となってもらった。

［この原稿を書いている途中にも、チリで起きたマグニチュード8・8の大地震のニュースがCNNで入ってきた。この地震はハイチに比べマグニチュードで1・8も強かったが、チリでは建築の耐震化が進んでいるため、死者は九〇〇人以下のようである。］

サント・ドミンゴからハイチとの国境まで約五時間、国境の簡易なゲートを越えると途端に道路は舗装されておらず、民家もドミニカ側は木造にカラフルなペイントがしてあるものに対し、ハイチではアフリカでよくある木材下地の土壁の家へと急変する。人種的にもドミニカは、スペイン系などが混ざり、多様なのに対し、ハイチ人は完璧なアフリカ系黒人である。それはハイチは元々、フランスがセネガルから連れてきた奴隷たちによりつくられた国だからである。首都ポルトプランスへの途中の街 Ganthier でも全壊したコン

ほぼ無傷だった伝統的な土壁の家

倒壊したブロックの家

クリートの家の隣にほとんど無傷の伝統的な土壁の家が建っていた。

社会的マイノリティのためのシェルター建設

ポルトプランスの街中に入る直前に、無傷で建っている四階建ての巨大なコンクリートの建物が目に入った。それはアメリカ大使館で、多くのアメリカ兵が警備をしていた。その隣の野原に、被災者の小さいテント村を見つけた。

われわれの今回のハイチでの最重要な目的は、これから学生たちと仮設シェルターを建設する、適切な状況と規模のコミュニティを見つけることであった。これまで私が、神戸［一九九五年］、トルコ［一九九九年］、インド［二〇〇一年］、スリランカ［二〇〇五年］、四川［二〇〇八年］で行ってきた活動がそうであるように、政府や国連機関、そして大規模NGOがやるべき、マジョリティの被災者支援から何らかの特殊な事情で洩れたマイノリティなコミュニティと出会い、彼らのニーズに合った仮設建築をつくることが、私の目指している活動である。さらに、マジョリティのための仮設住宅建設には、業者が外から材料と人を連れてきて建設するのに対し、われわれは現地で手に入る材料を使い、学生や現地の人たちと建設を行うことを重要視している。

そのような意味で、アメリカ大使館の脇でテント生活をしている村人たちは、われわれの活動対象として適切に思われた。そこで、そこにいた老婆に話を聞くと、このテント村には二九三人五六家族がたった三七張の、四本の木の棒にシーツを張っただけのテントとは呼べないシェルターに身を寄せている。彼らの元々の家はこのテントのすぐ裏にあるコンクリートブロック造の家で、多くが全壊、または半壊していた。ハイチ政府と国連は町

倒壊したコンクリートとブロックの家

被災者自作のシートシェルター

の外に大規模なテント村を設営し、町中の広場や公園に避難した住民を移住させようと考えているが、ここの村人たちはこの場所で細々と農業を営んでいるので、他の場所には移ることができない。こういうマイノリティの人たちにこそ、われわれは仮設シェルターをつくるべきである。その場で、ここでテント生活をする家族の名簿をつくってもらった。

アメリカ大使館からすぐのところに塀で囲われた立派な政府の建物があり、その周りに半球状の既製品の立派なテントが一〇〇張ほど建てられていた。ここでＵＮＩＢＥがアポイントメントを入れてくれていた。政府のシェルター建設に携われるエンジニアと面談し、われわれの計画を説明した。彼らはすべて海外から輸送してくるテント建設しか頭になかったため、われわれの、ドミニカで手に入る紙管を使い、学生によって建設できるオルタナティブなシェルターに対しては、驚きと溜飲が下がる想いであったようだ。やはりすべて海外の支援に頼るのではなく、自分たちの手で復興していくことの重要性を再認識していた。ちなみにこの既製品のテント村は、すべて政府関係者の家族用に建てられたものであった。さらにポルトプランスに近づくにつれて、建物の被害は劇的で町は完全に壊滅状態であった。高級住宅街に近い三階建て鉄筋コンクリート造のスーパーマーケットも、売り場を広く確保するために壁量が極端に少なかったためか、完璧に各階がドミノ状に下階へ落下している。ここでは、同行のドミニカ留学生の友人も含め、六四人が亡くなっている。

ポルトプランスの中心に入ると、広場や公園などの空き地という空き地は、木の棒にあり合わせの布を張っただけのシェルターでびっしりと埋め尽くされていた。数日前に地震後初めての雨が降ったが、この貧しいシェルターは、雨除けとしての機能もほとんど果た

政府によるテント村

さなかった。しかしこの町の周囲にはさらに劣悪な環境のスラム街が広がる。ここはハイチ一治安が悪い地域で、地震後はアメリカ軍が警備に当たっている。このスラム街だけでも二四万人以上の人びとがテント生活をしていたが、元々スクウォッター〔不法居住者〕で、寄せ集めのバラックに住んでいた彼らに対し、これから仮設シェルターや仮設住宅がどの程度与えられるのか、あるいは放っておかれるのか。これは予算の問題よりも、スラムのスクウォッターたちの社会的問題から考えない限り何の手も打てない、深刻な課題である。

紙管シェルターの建設

ハーバード大学の学生がつくった紙管シェルターの組み立てをUNIBEのキャンパスで行った。ポリウレタンで防水された紙管〔直径76㎜、紙の厚み6㎜〕とベニヤ板を組み合わせてつくったジョイントのフレームに、シート〔Tarpaulim〕を被せただけの簡易な仕様である。すべての材料がドミニカで手軽に手に入る材料である。この組み立てワークショップにより、学生たちはこのシェルターのシステムを理解してもらい、UNIBEの学生が材料調達と部材の製作をすべてキャンパスで行い、ハイチに輸送し、自分たちで組み立てる次の実施フェーズの準備を行った。これから資金集めを行い、四月中にはハーバード大学の学生も加わり、ハイチでの組み立てが始まる予定である。一軒が約三万~四万円で、ハイチのアメリカ大使館脇のテント村の五〇家族のためにまずは二〇〇万円の寄付を募っている。

しかし、夏には、ハリケーンもくる可能性があるし、シートだけでできた仮設シェルターに何年も住むことは困難であるので、この次の活動として、仮設住宅の建設プロジェク

ハーバード大学での授業風景

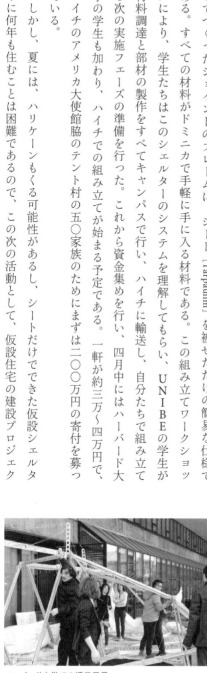

トを現在［二〇一〇年］立案している。

UNIBEの学生による試作風景

シェルターから仮設住宅へ

ハイチ地震支援活動 第二弾

ドミニカでのシェルター準備

今年〔二〇一〇年〕一月一二日に起こったハイチ地震の被害は、死者が二二万人を上回り、一二〇万人以上が家を失い、二〇〇四年一二月のスマトラ沖地震・津波によるスマトラ周辺国すべての被害より大きく、近年最悪の自然災害となった。当時ハイチの首都ポルトプランス空港は閉鎖されていたため、第一弾の支援活動として、二月一四日にハイチと同じ島の隣国ドミニカ共和国からハイチへ陸路で入った。ハイチに入る前、事前にドミニカの首都サント・ドミンゴの大学Universidad Iberoamericana〔以下、UNIBE〕の建築学科の教授とハイチ訪問と協働ワークショップの準備をしておいたので、混乱しているハイチで、まったくつてもない中、効率的な活動をすることができた。ミニバスでハイチ人留学生の案内により、地震の被害の把握と、仮設シェルター建設の候補地の選択をした後、UNIBEで私のこれまでの災害支援活動のレクチャーを行い、キャンパスでハーバード大学の学生につくってもらった紙管の仮設シェルターの試作をUNIBEの学生に組み立ててもらい、その後必要なシェルターの部材製作を学生の手だけでできるよう計画した。そのため、サント・ドミンゴで建材マーケットを回り、必要な材料の調査を行った。

帰国後、五〇軒分のシェルターをハイチに学生の手で建設する計画のため資金集めを始めた。シェルターは紙管とジョイント用合板、プラスチックシートとロープで構成され、サント・ドミンゴに紙管工場も見つかり、すべての材料をドミニカで現地調達ができる目

ドミニカ共和国からハイチへの坂 茂の移動ルート

処も立った。ところが、紙管製造機械が故障し、部品とメカニックをアメリカから呼ばなければ修理ができないことがわかり、紙管生産の再開は四カ月後と言われ、しかし三カ月が過ぎてもメカニックは来なかった。そこで、本来はすべての材料の現地調達を目標にしていたが、隣のプエルトリコの工場から紙管を輸入せざるを得なくなった。そんなトラブルで、ハイチでの仮設シェルター建設が八月にずれ込んだ。

ハイチでの学生によるシェルター建設

シェルター建設の予定が一カ月また一カ月と延期になるに従い、これまでの各国の被災地での経験上、仮設シェルターから次の段階、中長期的に住める仮設住宅建設の時期にきているのではないかと焦り始めた。そこで、ハイチの生活レベルに合ったローコストの仮設住宅の設計も始めた。しかしその時点で集まっている寄付金の額と、ドミニカから学生と資材を運び、短期間で建設しなければならない状況から、今の体制では元々の予定通りの仮設シェルター建設とせいぜい一軒の仮設住宅の試作が精一杯であった。そこで、UNIBEの先生が現地へ行き、今でも仮設シェルターを必要としている住民を探すことにした。

現地では政府や国連が大手のNGOを地域ごとに割り振り、海外から輸入した仮設シェルターのテント村からできている。しかしこれも今までの経験上、この時点でも公的支援の及んでいない地域に、まだ仮設シェルターを必要としている村があるはずである。私のこれまでの活動は、大手のNGOのように資金力と政治力で政府や国連から大きな現場を受注競争し勢力を拡大していく戦略でなく、政府や国連の支援が何らかの理由で届いていない小さな単位のマイノリティグループへ、その住民が抱えている独特のニーズを叶えるようなかたちで支援対象を限定してきた。そして、大手NGOがやるような外から完成された製品としてシェルターを持ち込み、人材を送り込み建設するのではなく、現地で調達できる材料で、現地の学生と住民を巻き込んで、ワークショップ的に建設するのが私のこれまでのやり方である。つまり「物」をつくるだけではなく、「人」もつくる活動なのである。

UNIBEの先生の現地調達の結果、やはり予想通り政府や国連の支援が届いていない小さなコミュニティが、町の郊外、空港そばにあり、住民もわれわれの仮設シェルターの建設により、現在住んでいるあり合わせの棒とシートでつくったテントから仮設シェルターに移りたいという要望であった。

ハイチでの建設の日程が、八月二七日から三〇日に決定した。UNIBEの先生と学生二五名は二七日朝五時にサント・ドミンゴをミニバスと資材を積んだトラックで出発した。サント・ドミンゴからポルトプランスまで車で約六時間で、午後からは建設を始める予定であった。ところが、前回二月に行った時と違い、両国の国境のイミグレーションで二時間待たされ、そして、税関では、われわれの資材に約四五万円の税金を取ると言われた。そこで、支援物資ということを主張し、結局五時間の交渉の末、税金を払わずただで通してもらうことに成功した。しかし、その日はまったく作業ができなかった。

私は運悪く、メキシコのグアダラハラの招待コンペの敷地見学の日程のせいで、ハイチ入りが二八日の午後になってしまい、それが結果的に問題となってしまった。二八日は朝から建設が始まり、私の到着時にはすでに仮設シェルターが三張完成していた。ところが、紙管をチェックしてみると、外部のみ防水塗装が施され、内部はまったく防水がされてい

紙のシェルターの建設指導をする坂 茂

紙のシェルター建設前の状態

ないことがわかった。防水はポリウレタン液に紙管をドブ浸けにし、内外部とも処理するよう指示してあったのに、それをＵＮＩＢＥでは手間を省いて行っていなかった。そこで、しかたなく、完成した三張をすべて解体させ、ポルトプランスの街へポリウレタン液を探しに行った。運よくポリウレタン液は見つかったが、ドブ浸け用の紙管を十分に浸けられる容器がないため、地面に細長い穴を掘り、そこにシートを敷いて、簡易のドブ浸け用溝をつくり、防水作業を始めた。現地の気温は35℃を超え、湿度も高く、学生の体力的にも大学のスケジュール的にも週末をはさんだ四日間のワークショップの期間を延ばすことができず、紙管の防水作業から始めなくてはならなくなった予想外の状況から考えて、十分な個数のシェルターを完成させることは不可能であると容易に想像がついた。そこで、組み立てのスピードは、さらにスローになるものの、現地の住民に建設方法を教えながら組み立て、われわれが引き上げた後も住民たちだけで、組み立てが続けられるように作戦を変更することにした。運よく、村長がリーダーシップを取り、若者が集められ、子どもたちまで加わって、作業を再開した。最終日は、入国時のイミグレーションの浪費した時間と国境が夕方六時に閉まることを考え、早めに作業を終了せざるを得ず、結果的に、仮設シェルターは六張と四張分の基礎部分を完成させるにとどまった。しかし、住民たちは思った以上に早く組み立て方法を理解し、作業の継続を約束してくれた。

仮設住宅の試作

今や仮設シェルターから仮設住宅への移行時期となった。

一九九九年のトルコ地震後、仮設住宅「紙のログハウス」を建設している時、日本政府

紙のシェルターの完成

中央・右／被災者にもつくり方を教え、一緒に建設

が阪神・淡路大震災で使われ解体されたプレファブ住宅を、自衛隊の船でトルコに輸送し寄付をした現場を視察に行った。日本のODAの失敗の常であるが、十分な事前調査と状況への柔軟な対応がなかったせいで、日本からトルコ政府が建設しているよりレベルが高い、キッチン、ユニットバス付きプレファブ住宅を寄付したため、結果的には不公平になるので、それらは政府と軍関係者の特別な家族のみに与えられ、一般被災者には使われることがなかった。つまり、支援活動において、どのレベルの仮設住宅［広さ、設備、仕様等］をつくるかというクライテリアの決定がもっとも重要な最初の作業である。今回のハイチでの一般的な生活水準と気候から判断して、16㎡ほどの広さで風通しさえ取れれば、断熱性能がない単純な箱でよいと考えられた。一二〇万人以上が家を失い、五万世帯以上がテント暮らしをしている現状からして、いかにローコストでつくれるかは最重要課題である。建材はハイチでもドミニカ共和国でも自国で生産している建材はほとんどない。そこで、六〇〇円で手に入る中古の木製パレットをビニールシートの上に敷き、中に砂袋を詰め、基礎兼床とした。壁と屋根には4×8のスタンダード合板［12㎜厚］の周囲に1×4［インチ］の木スタッドを固定したユニットをプレファブパネルとして用意し、現場で1×4のパネルのリブ同士を釘で合わせて、数時間で床、壁、屋根［天井］が完成した。壁面には扉とドミニカで三〇〇〇円で手に入るアルミの換気用ルーバーを取り付けた。平らな屋根［天井］はビニールシートで防水をし、その上に2×6材を水平に束として屋根に流し、それにより水勾配をつけたコットンテント幕で、天井と膜屋根の内に風が通るダブル・ルーフを形成した。

外壁の合板には防水として、現地の民家でよく使われるエメラルドグリーンとピンクの

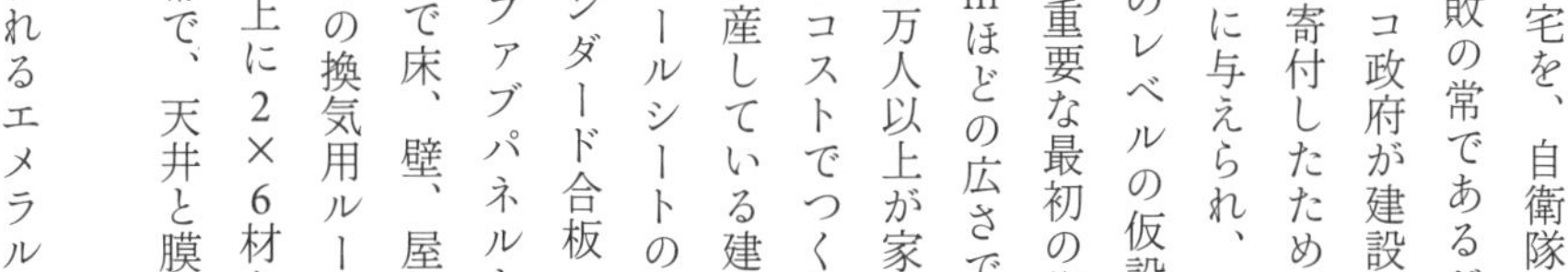

左・中央・右／仮設住宅の試作風景

塗装をし、少しでも風景が明るくなるような配慮をした。材料費は合計で一三万円ほどで半日で完成した。

われわれの帰国後

二〇〇四年のスマトラ沖地震の津波の後、スリランカでの復興支援活動の折に知り合った、国際移住機関［IOM］の現地職員の大野拓也氏が地震後ハイチに転属になり、今回のハイチでのシェルター建設中にも現地を視察しに来てくださった。その大野氏から先日、われわれが帰った後の村の様子を知らせていただいた。それによると、多少かたちは異なるものの四〇張以上の紙管シェルターが完成していたそうである。いろいろディティール的には問題があるが、われわれがつくり方を教えた住民たちは期待通り自分たちで建設を続けていた。それは大変喜ばしいことであるが、村をバスで去った後、われわれが残した一ケースのジュースをめぐり、住民同士で奪い合いの喧嘩となったそうである。また、大野氏に対しても、住民からさらなる支援を懇願され、立場的に難しい状況になったりと、援助活動の難しさを知らされた。そのような現実を踏まえ、次の支援活動をどうしていくべきか、慎重に検討する必要があると感じた。

最後に、前回のハイチ支援の記事を読み、この計画に寄付をしていただいた読者の方々に感謝を申し上げます。ありがとうございました。

左・右／仮設住宅完成

植物学者の紙の家 [2009]

一九九九年にデザインしたポルトガルの小さな家がやっと完成した。南ポルトガルの小さな村アルガーヴに隣接する、海に面した崖の上の4haの敷地には、美術品収集家であり植物収集家であるオーナーが、世界中から集めた四〇〇点ほどの美術作品と五〇〇〇種ほどの植物、そして約一万冊の関係図書がコレクションされている。ここに、アーティスティック・インスタレーションとして、たまに訪れる植物学者とアーティストのための仮の宿を設計した。

構造的には、一九九五年に建築基準法第三八条認定を取得して建てられた、初の恒久的紙管構造物「紙の家」と同じく、基礎は固定された木製ジョイントと紙管をラグスクリューで固定し、鉛直荷重と横力を負担させるシステムである。

Sの字を描くプランは、重要な木を切らず、それらの隙間をすり抜けるように決められた。

設計と施工に一〇年近くかかったのは、現地の建築家、構造家、そして工務店が、紙の構造の安全性を信用できず、しまいには引き受け手が見つからなかったためである。そのため施主が自ら部分発注をしながら長い歳月をかけて完成させた。

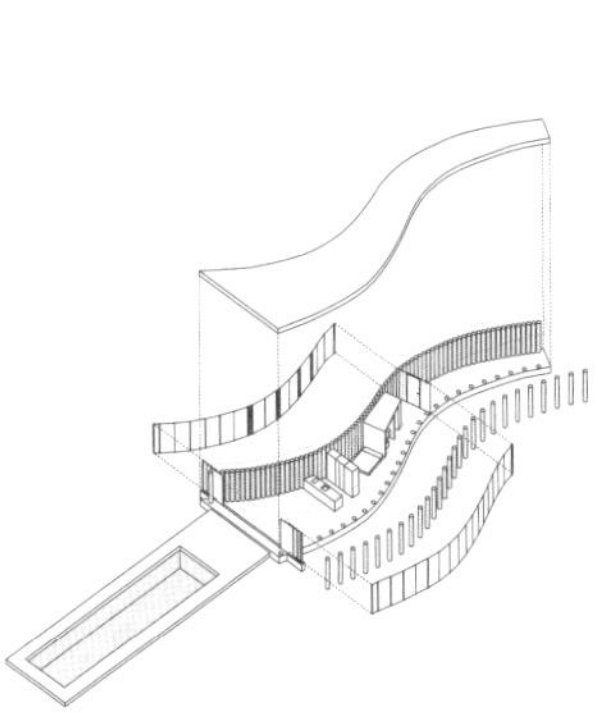

アクソメ

全景

ポンピドー・センター-メス［2010］

運命のコンペティション

二〇〇三年三月一八日に、新ポンピドー・センターの設計コンペの発表があった。世界中の建築家にオープンな一次書類審査の結果により六組のチームが選ばれ、二次のデザイン・コンペティションを行う形式であった。一次審査には、パリ・ポンピドー・センターの設計者である、レンゾ・ピアノ、二次審査にはリチャード・ロジャースがあたる。このアナウンスを知った時、とても興奮したことを今でも鮮明に覚えている。この計画こそ、自分がチャレンジするのに最適だと思えたからである。形態の操作に走りがちな建築界にあって、一九七七年に彼らが設計したポンピドー・センターは、コンセプトと構造が一体となった革新性に満ち溢れ、その後の建築界の流れをつくり出したと言っても過言ではないだろう。フライ・オットーの紹介により、ピアノとロジャースはアラップの構造家、テッド・ハッポルドと出会い、コンペを勝ち抜いた。その後ピーター・ライスへと引き継がれ、斬新な構造システムが生まれた。学生時代にはじめてパリを訪れ、ポンピドー・センターを見た時、私は大きな衝撃と感動を受けた。

その後構造デザインに興味を持ち、フライ・オットーとハノーバー国際博覧会2000日本館で協働し、構造設計をテッド・ハッポルドが設立したビューロ・ハッポルド社に依頼した。そのような経緯も含め、ポンピドー・センターのコンペで最終六組のひとつに選ばれたことは、運命的な結果のように思われた。

二次のデザイン・コンペティションに臨むにあたり、構造設計をアラップのセシル・バルモンドに依頼した。ハノーバー万博以後、フライ・オットーと開発を進めていた、木集成材の編構造［Woven Structure］の別バージョンとして、竹集成材の編構造の開発を彼としてきた経緯と、ポンピドー・センターの伝統を継承させる意味でも、アラップと協働することが重要と考えた。それまでフランスの仕事をふたつ協働してきたフランス人のジャン・デ・ギスティンと、イギリスの仕事を協働してきたイギリス人のフィリップ・グムスチャンとチームをつくり、私もロンドンに常駐し、アラップと密に打ち合わせを重ねて設計を進めた。

最終選考に残った他の五チームはフランスのドミニク・ペロー、スイスのヘルツォーグ・アンド・ド・ムロン、イギリスのＦＯＡ、オランダのＮＯＸ、そしてフランスの建築家ステファン・モピンと造園家パスカル・クリビエのチームと、いずれも強豪揃いであった。

デザイン・コンセプト

まず美術館を設計するにあたって考えたことは、現在世界の美術館設計の大きなふたつの潮流である。ひとつは、「ビルバオ・エフェクト」と言われるまでになった、スペイン・ビルバオ市に一九九八年に完成したフランク・Ｏ・ゲーリーのグッゲンハイム美術館の流れである。世界的には無名の街に彫刻的な建築をつくり、観光の目玉にする手法で、ビルバオ・グッゲンハイムは成功したと言えよう。しかしそのような建築は、美術関係者やアーティストからは、建築家が機能性をスポイルして自己的モニュメントをつくり、作品

コンペ提出パネル

パリ事務所パートナーのJEAN DE GASTINES［右］
（1999 ～ SHIGERU BAN ARCHITECTS EUROPE 設計パートナー）

展示・鑑賞がしづらいという意見がある。
もうひとつの対極的な流れとして、古いインダストリアル建築を改装し、建築的にはニュートラルでも、作品展示には最適な空間をつくり出す手法がある。ロンドンのテート・モダン〔設計：ヘルツォーク・アンド・ド・ムロン、二〇〇〇年〕や、アメリカのディア・アート財団により、二〇〇三年に完成した、ニューヨーク郊外のディア・ビーコン美術館がその代表的な成功例であろう。しかし、そのような両極端な方向性ではなく、展示・鑑賞がしやすく、しかも建築としても人に感銘を与えられる美術館となるようなデザイン・コンセプトをつくりたいと考えた。

機能的な空間をつくるため、要求されたプログラムを、単純なボリュームにアーティキュレートし、それらを動線上明確で、それぞれの相互関係が機能しやすいよう立体的に配置した。

まずプログラムにより15m幅のモジュールで、さまざまな長さが必要な一般ギャラリーを、幅15m、長さ90mの単純な四角いチューブ状の羊羹型のボリューム三本に入れ、エレベータと階段が納まった六角形の鉄骨タワーの周りに三段に積み上げて配置した。この三本のシフトしたギャラリー・チューブの下にできた空間は、天井高の異なるグラン・ネフ・ギャラリーとした。ポンピドー・センターの分館がつくられる最大の目的は、パリでは全体の二〇%程度しか展示されていないコレクションを、より多くパブリックに出すこと、天井高が梁下で5・5mしかないパリ館では展示できない大きな作品の展示が可能なギャラリーをつくることであった。そのためこのグラン・ネフ・ギャラリーは、ギャラリー・チューブ3の下で最高18mの天井高を確保した。この三本のギャラリー・チュ

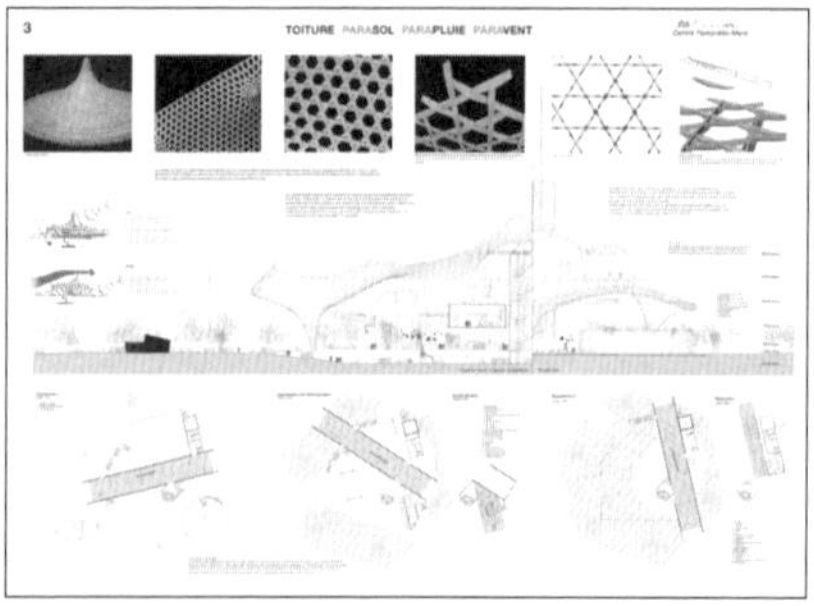

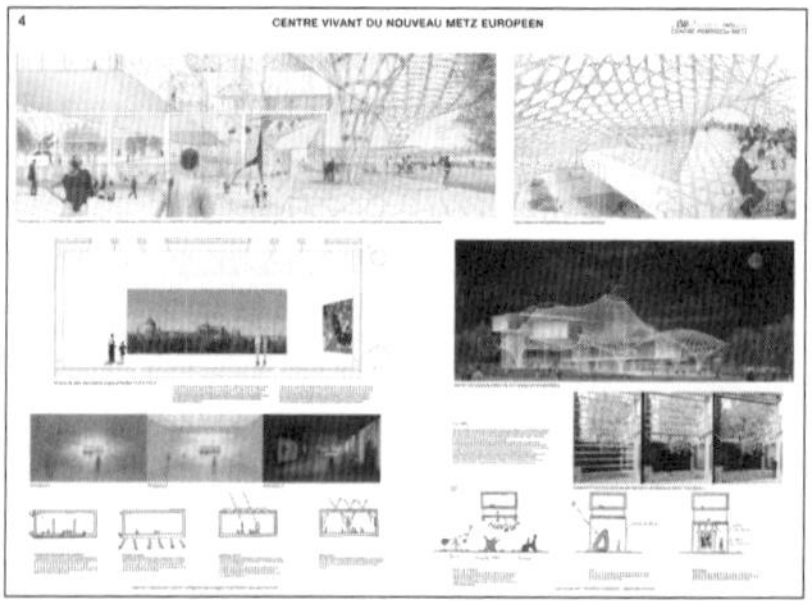

左・右／コンペ提出パネル

ーブは、先端の小口が断面いっぱいの窓［ピクチャー・ウィンドウ］となっている。敷地が駅南側の元の操車場跡地にあり、駅北側の中心市街地からは遊離しているため、ピクチャー・ウィンドウで、市のモニュメントをフレーム化し、建物と連続させることにより、この場所にしかあり得ない回答で、コンテクストを汲み取り、建物と町と一体のものとなるようにデザインした。いちばん上層のギャラリー・チューブ3のピクチャー・ウィンドウでは、メス市のシンボルであるカテドラルを、チューブ2では、中央駅を切り取る。この駅は、メス市がドイツとの国境にあるため、過去の戦争により、幾度となくドイツ側に占領され、その間に完成したドイツ・ネオロマン様式風建築のモニュメントであり、これもメス市の重要な歴史の一部である。これら三本のギャラリー・チューブのほか、スタジオ・クリエーションの上にレストランが納まる円形ボリュームと、オーディトリウム、オフィスやその他のバック機能を納めた単純で閉鎖的な四角い箱形ボリュームを配した。それらのばらばらなボリュームを一体の建築として融合させるため、その上を六角形の水平飛影面を持った木造の屋根で覆った。フランスの国土の形は六角形に近いため、フランス人にとって六角形は国のシンボルである。そして六角形の屋根は、アジアの伝統的帽子や籠を竹で編む六角形と正三角形のパターンで構成されている。面剛性を持たせるため三角形はつくりたいが、面すべてを三角形で分割すると一点の頂点に六本の線材がぶつかり、ジョイントが複雑になる。この六角形と三角形のパターンにすると、頂点には四本の線材しか交差しない。

さらに、ジョイントにはメカニカルな金属ジョイントを使わないため［使うと面が立体的になり、線材の長さがまちまちになり、加工が複雑になる上、ジョイントが高価になる］、竹の編細工のよ

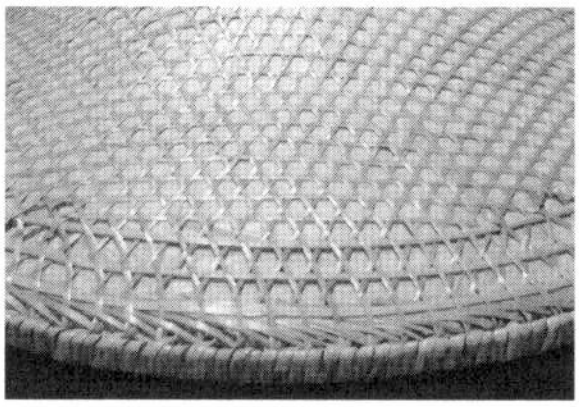

竹で編んだ中国の帽子

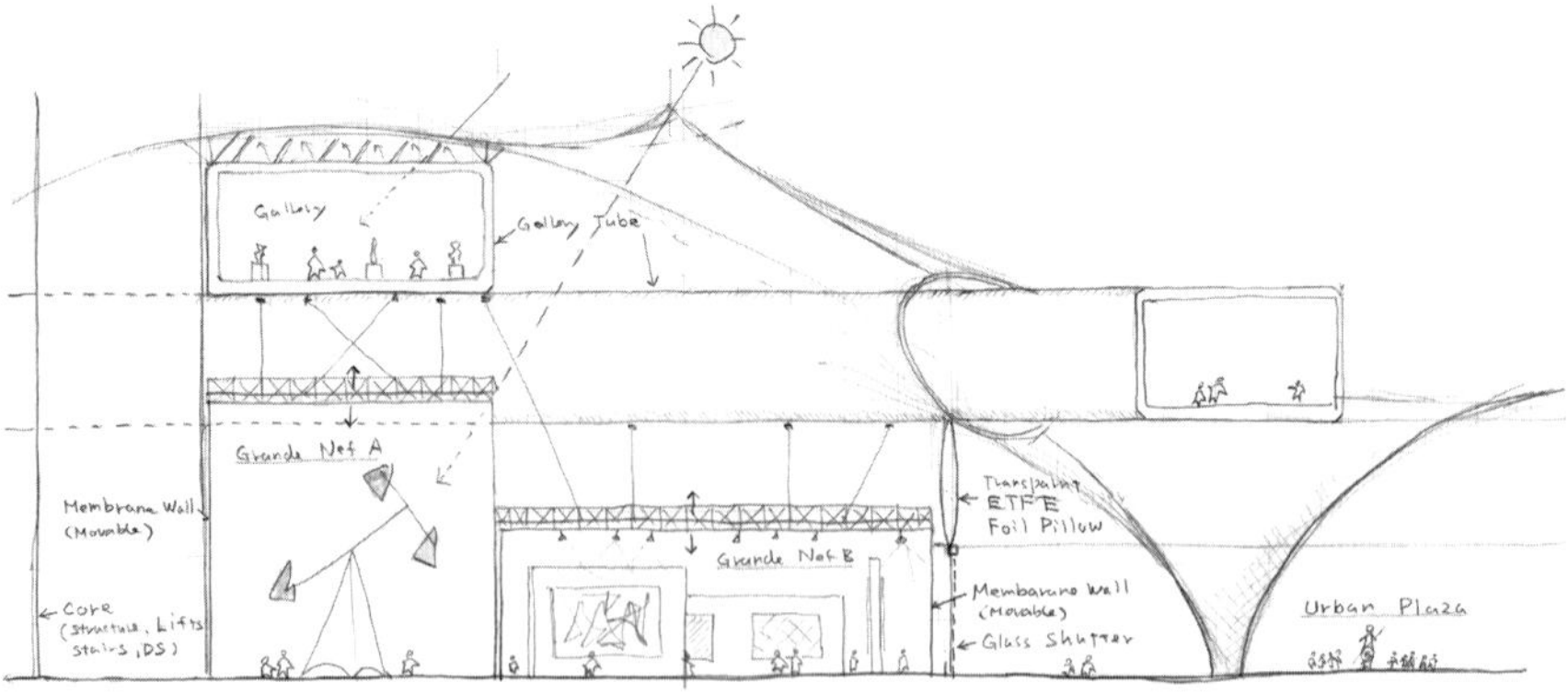
Gallery
Gallery Tube
Grande Nef A
Membrane Wall
(Movable)
Core
(Structure, Lifts
Stairs, DS)
Transparent
ETFE
Foil Pillow
Grande Nef B
Membrane Wall
(Movable)
Glass Shutter
Urban Plaza

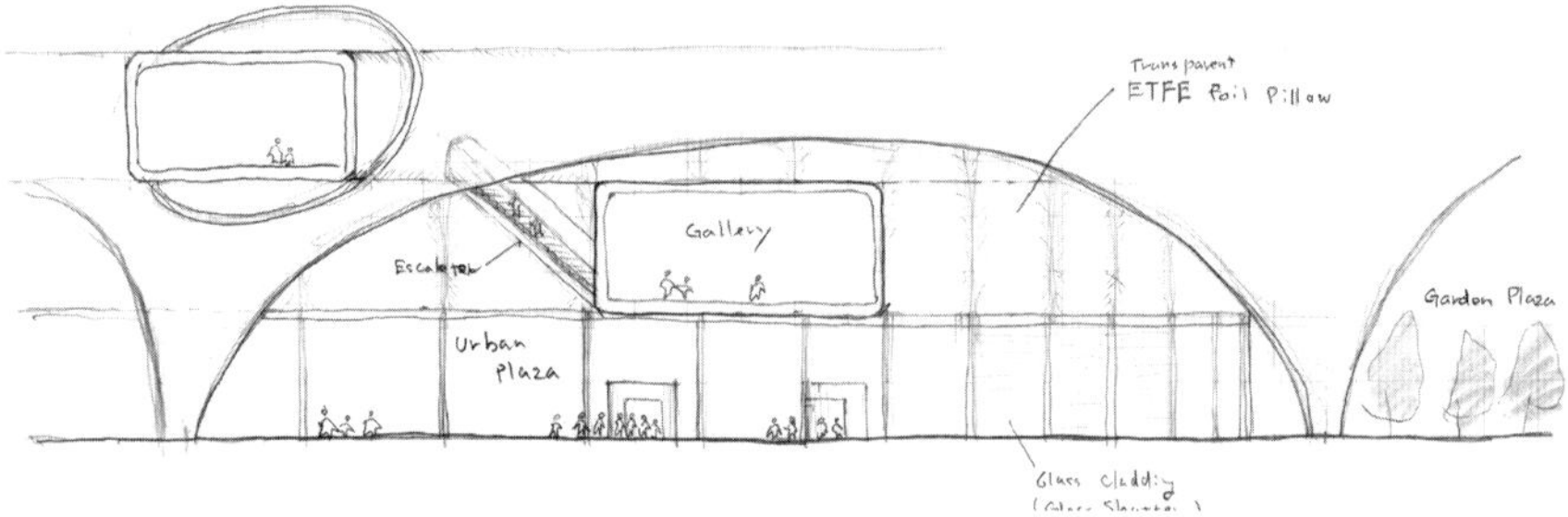
Transparent
ETFE Foil Pillow
Gallery
Escalator
Urban
Plaza
Garden Plaza
Glass Cladding

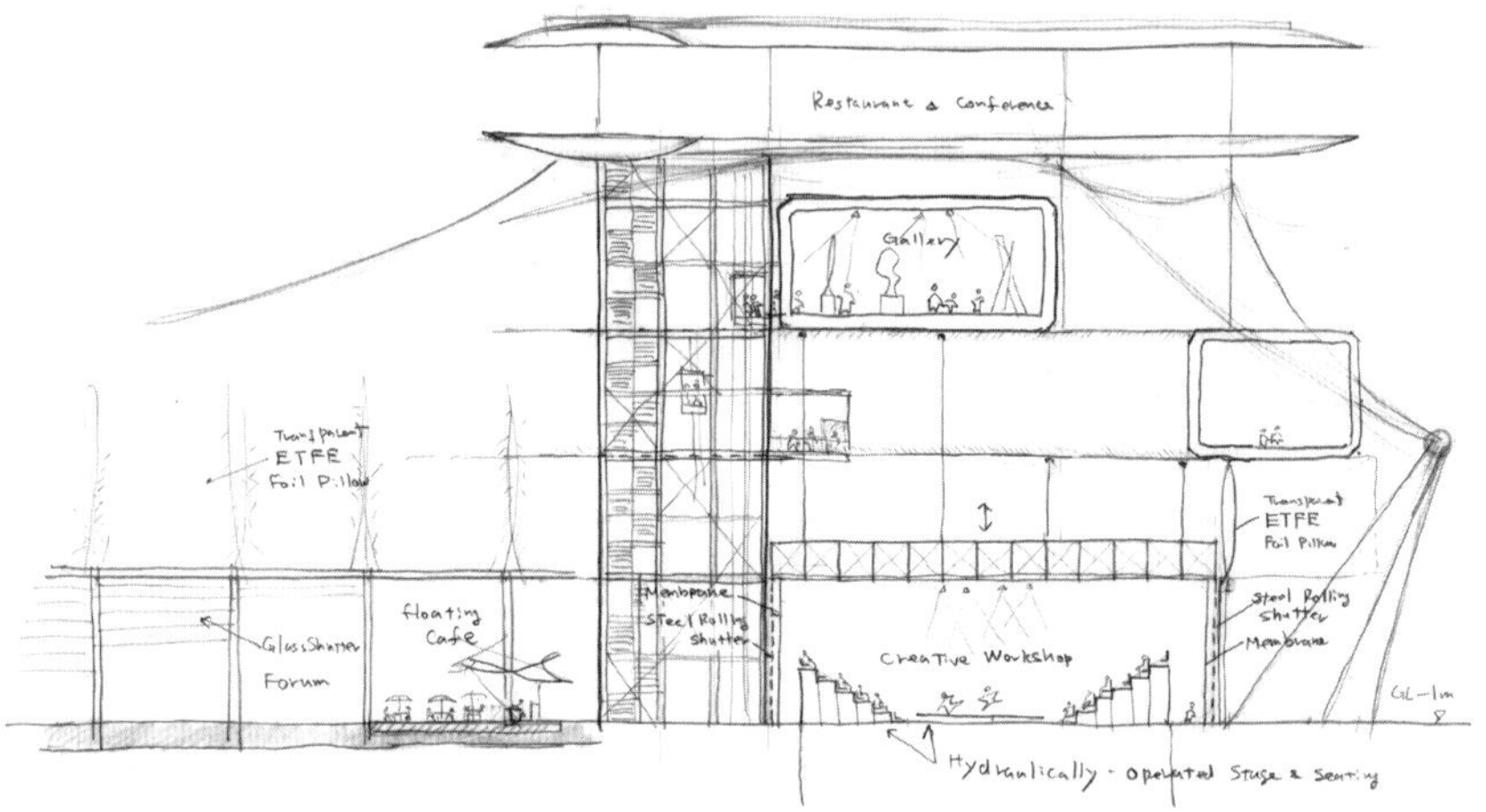
Restaurant & Conference
Gallery
Transparent
ETFE
Foil Pillow
Floating
Cafe
Glass Shutter
Forum
Membrane
Steel Rolling
Shutter
Creative Workshop
Transparent
ETFE
Foil Pillow
Steel Rolling
Shutter
Membrane
GL-1m
Hydraulically-Operated Stage & Seating

スケッチ

うにそれぞれの線材をオーバーラップさせた。このアイディアは、一九九九年に、ハノーバー国際博覧会の日本館を設計している時、たまたまパリの中国工芸品屋で中国の伝統的な竹を編んだ帽子を見つけた後に考えたものである。当時、日本館を紙管グリッドシェル構造で設計するため、フライ・オットーと協働しており、はじめてシュトゥットガルト大学にあるオットー設計の軽量構造研究所を見た時から、その吊ワイヤーメッシュ構造の魅力と、同時に感じていた疑問点が、その中国の帽子を見て吹き飛んだのである。その疑問点とは、ワイヤーメッシュにより、最小限の材料で魅力的な三次元的内部空間はできているが、ワイヤーはあくまでも線材であり、その上に通常の屋根を葺くためには、木で面のシェルをつくらざるを得ない。それを見た時、このワイヤーメッシュがなくても、二次元的に曲がりやすい木［集成材］でグリッドの構造をつくれば、その上に直接屋根を葺くこともできる上に、木は引っ張り材にも圧縮材にもなるので、吊ワイヤーメッシュ的にも、圧縮系のシェル構造としても成立するのではないかと考えたのである。その後、宇野千代博物館計画［岩国市、二〇〇〇年］、今井病院付属託児所［大館市、二〇〇一年］、今井篤記念体育館［大館市、二〇〇二年］、バンブー・ルーフ［アメリカ、ヒューストン市、二〇〇二年］、フライ・オットー・ラボラトリー計画［ドイツ、ケルン市、二〇〇四年］と、木造［竹］編構造の開発を続け、その集大成としてこのポンピドー・センター-メスの屋根が完成した。コンペ設計時に、バンブールーフからの縁でアラップのセシル・バルモンドが構造を担当し、鉄骨と木のハイブリッド構造が提案されたが、コンペ優勝後、後に記すように完全な木造屋根へと発展した。

もうひとつコンセプトとして重要なことは、内外の空間の連続と、それにより生まれる

コンペ案（平面）

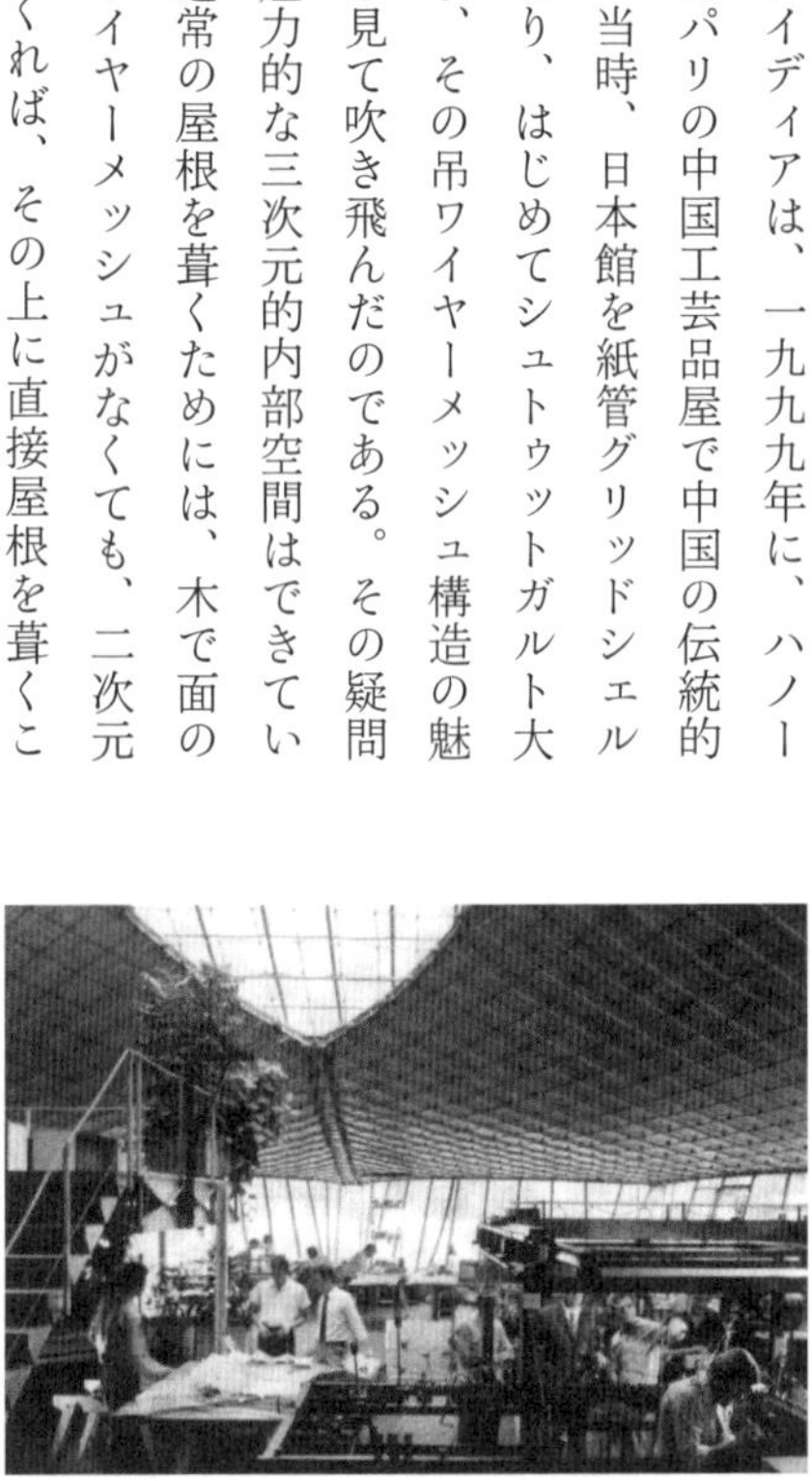

フライ・オットー設計の軽量構造研究所

出典：Frei Otto Complete Works: Lightweight Construction Natural Design

空間のシークエンスである。建物は一般的に箱であり、壁により内外を仕切ることから始まる。しかし、屋根だけあれば、まず空間はできる。近年アートがコンセプチュアルになり、一般の人たちの足が美術館から遠のきつつある。理解できるかどうかわからない作品を見るために、あえてお金を払って箱の中に入らない人が増えている。箱をつくるより、まず周囲の公園の延長として、大屋根の下に集まる場所をつくる。そのためには外壁がない方が入りやすいので、建物のファサードをガラスシャッターで容易に消し去らせる。ミース・ファン・デル・ローエのベルリンのナショナル・ギャラリーのように、壁がすべてガラスでも、それはビジュアルに透明なだけで、フィジカルに透明とは言えない。大屋根の下に入場無料の大空間フォーラムがあり、市民はお茶を飲んだり、彫刻やインスタレーションが自由に楽しめ、そこから垣間見られるギャラリーの作品に誘われ、少しずつ空間のシークエンスを体験し、奥に進んでいく。大屋根と、各ボリュームの間の中間領域にはさまざまな機能を持たせた。最初はギャザリング空間のフォーラムであるが、次にギャラリー・チューブ1と2の屋根の上には、大屋根から自然光が入る彫刻の展示スペースが設けられている。このふたつの合計840㎡の展示スペースは要求プログラムにはないエクストラ・スペースである。ただ、残念ながらコンペ時の提案にはあったギャラリー・チューブ3の上のレストランは、予算の問題で中止になった［フランスの法規で、地上28m以上に一般用床がある場合は、構高層建築扱いとなり、避難、防災上とても複雑になるため］。

コンペ案から実現案までの変遷

このデザインコンセプトが認められ、コンペに優勝することができたものの、それから

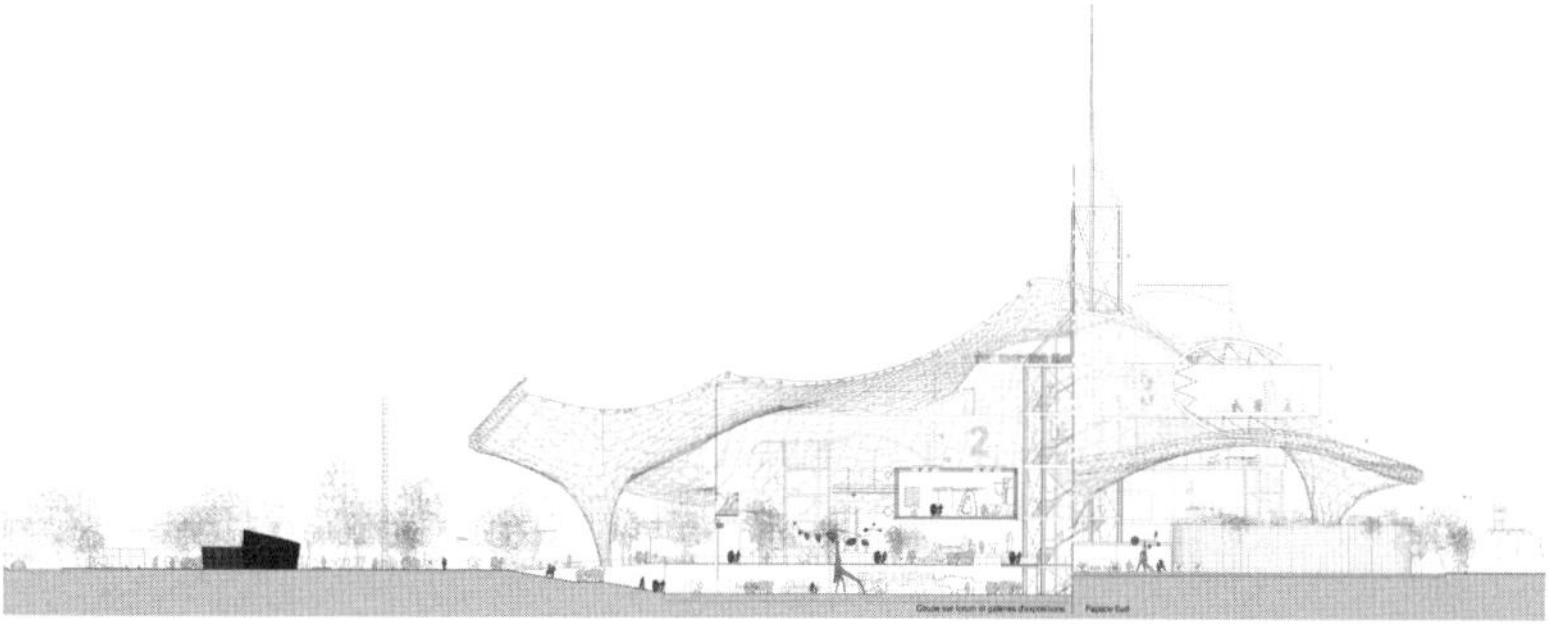

コンペ案（立面）

着工できる実現案にまとめるのは大変な作業であった。まずコンペ優勝後の最大の決断は、フランスにどのような設計体制をつくるか、であった。一般的には海外の事務所は、地元の設計事務所と組み、設計をすすめるのが常である。しかしこれまで多くの日本の優秀な建築家の実施案が、コンペ案とは違うものとなっているのを見て、その問題点を考えてみた。まず、日本の建築家は日本でとても恵まれた状況下で仕事ができていると感じる。施主は理解があり、コンペに優勝すればそれを実現させようと努力してくれるが、海外先進国ではさまざまな敵が待ち受けていて、建築家がそれぞれの敵の興味にかなった合理的な方法で論破していかなければ、コンペ案など平気で変更させられる。また日本におけるゼネコンやサブコンのサポートの絶大さも、海外ではあり得ない。さらには自分のパートナーであるローカル・アーキテクトはいつの間にか敵となり、施主の味方となってしまう。というのも、これからも長く付き合わなければならない地元の施主を敵に回してまで、たまたま組んだ海外の建築家のわがままを聞くよりも、施主の側に立って、予算と工期を合わせることが彼らにとっては重要なクライテリアなのである。

そこで、この重要で困難が予想されるプロジェクトに取り組むためには、自分が現地に事務所をつくり、常駐する必要があると考えた。事務所は運よく、パリ・ポンピドー・センターの六階テラスに、紙管の仮設事務所［紙の仮設スタジオ］を建設させてもらうことができ、施主の近くで仕事を進めることができるようになった。しかしながら実際の施主とは、建設資金を出すメス市と、メス周辺の郡［CA2M］であり、われわれは、建設資金をより安くしようと考える行政と、よりよい美術館をつくりたいポンピドー・センターという相反する目的を持つ施主の板挟み状態で作業を進めざるを得ない。

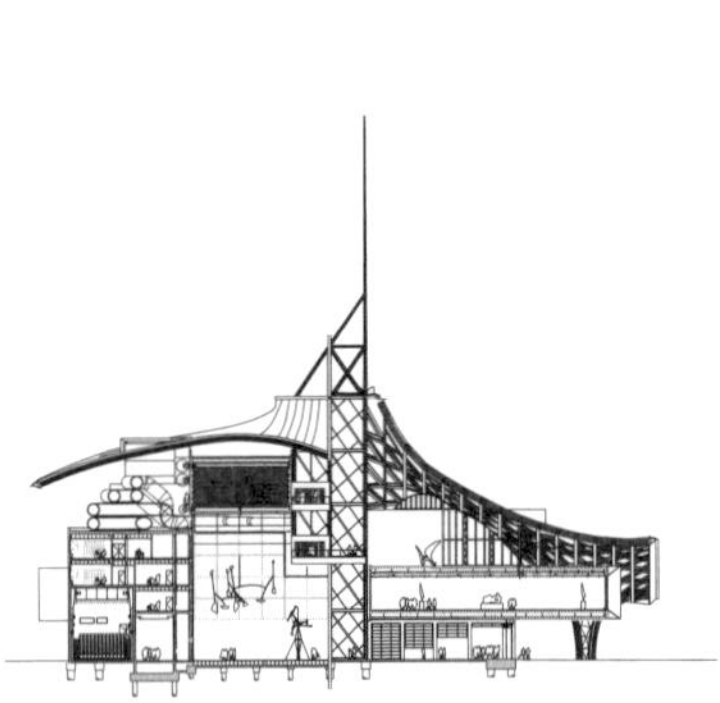

実施案（立面）

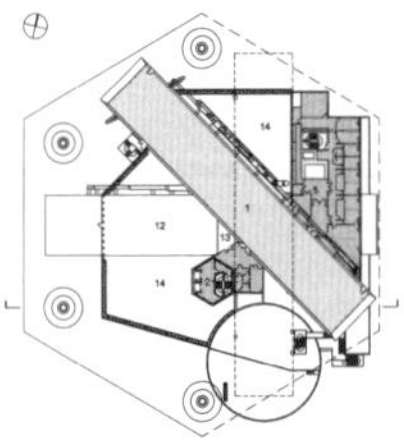

実施案（平面）

コンペ案から予算に合った実施案に調整する作業は、主に、要求より面積オーバーしていたコンペ案の縮小や、屋上のレストランの下階への移動、ギャラリー・チューブ間の外部エスカレータ中止などであったが、それでも大屋根が予算より一〇ミリオンユーロ［当時の金額で一四億円］オーバーと積算され、それ以上落とすことができない状況にまでなった。

そこで市側は、鉄骨の単純な構造の屋根に変更するようにわれわれに迫ってきた。これまではどんな困難な局面でも私のサポートを続けてくれたパートナーのジャンも、この時ばかりは心配し、最悪の状態にならないよう、そろそろ市側が要求するように別の案を考えた方がよいのではないかと言い始めた。そこで彼に、あと二週間だけ私に時間をくださいと頼み、ドイツやスイスに木造の大屋根を設計した経験のあるエンジニアと施工業者を探す旅に出た。そこで訪れたのはミュンヘンの建築家、トーマス・ヘルツォークの紹介で、ドイツでもスイスのチューリッヒに近い村にある木造施工業者 Holtzbau Amann に出会った。工場を案内され、この会社には私の大屋根を加工・施工するに十分な設備と技術の蓄積と、過去に前例のない新しい木造構造にチャレンジする熱意があると感じた。しかし、構造設計上、今のままの案では一〇ミリオンユーロの予算オーバーを克服できないだろうこともわかっていた。そこで、それまでの設計の経緯と、私の元の構造コンセプトを Amann の技術者とともに同席していた木造専門のエンジニア、ハーマン・ブルーマに説明した。これまでの設計経緯とは、次のようなストーリーである。コンペ時、アラップを代表する構造家セシル・バルモンドは副社長に昇任し、多忙になったことと、アラップ内部でフランスの仕事はいくつもあるチームの中で唯一フランス語ができるチームが担当することになっている。それは以前、アラップのスター、ピーター・ライスがパリに

ハーマン・ブルーマさん［中央］と

ＲＦＲという構造設計事務所を設立したことと、ロンドン・パリ間が列車で行き来が楽ということもあって、先進国の首都で唯一パリにはアラップの支社がない。いつもはどんなプロジェクトでも自分でその仕事に最適と思われる構造家を世界中から選び、指名しているにもかかわらず、今回はじめて偶然出会ったチームと、しかもセシルも関与しないままデザインを進めなければならなくなった。結果としてアラップの最終案は、私の元案とは違うものとなった。元案は木編構造の構成エレメントとして、曲面を構成する集成材の二枚の上・下弦材を幅広の木製束材でフィレンデール・トラス状に結ぶ案で、これに対しアラップは、束材をなくし、上・下弦材の間にもう一枚の中弦材を挟んだ案を提案し、この方が施工が楽で安上がりだと主張し、それを受け入れ実施設計が行われた。

しかし、事実上そのアラップ案では予算に合わなかったが、ブルーマ氏が私の元案を尊重して設計し直した案では、ぴったりと予算に合ってしまった。

施主とゼネコンとの闘い

その後、入札が行われ、予想通りメス市最大手のゼネコンが落札したが、それが本当の苦労の始まりであった。着工直後から工事費を安く抑えるため、数々の変更を提案、というより要求してきた。当然意匠上大きく変わらないところは受け入れた。しかし十分な施工図もないままゼネコンは工事を進め、さらにはわれわれの承諾もなく勝手に変更を始めた。

当然抗議したが、それをまったく聞き入れず、施主の担当者も設計者のわれわれより、ゼネコンの要求をサポートする。なぜなら施主の代表である市長は二〇年も市長をやって

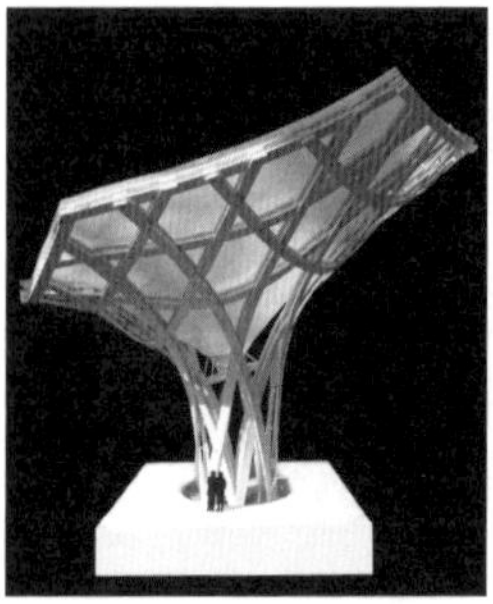

左・右／屋根スタディ模型

いるワンマンなタイプで、当然ゼネコンとも関係が深い。ゼネコンも施主も敵対するような異常な状況から、その挙げ句の果てにアラップは現場から降りてしまった。

次の困難もその後すぐに訪れた。施主はいつまでもデザインを優先してゼネコンと敵対しているわれわれの体制を崩しにかかった。パートナーのジャンをチームから解約し、別の大手設計事務所と私を組ませようとしたのだ。つまり私は事実上お飾りとなり、手をもがれ、施主の手先としての大手設計事務所が現場を仕切り、施主とゼネコンの思うがままに現場を進めようと企んだのである。そこでわれわれは建築関係の紛争に強い弁護士を雇い、徹底的に施主と闘う道を選んだが、膠着状態となってしまった。そんな時、それから二カ月後に市長選挙があることに気付いた。現市長が選挙に負けることしか問題の解決はないと思い、ひたすら運を委ねることにした。その結果、二〇年間市長に君臨した右派の市長は敗れ、左派から新市長が誕生した。するとわれわれの期待通り、新しい市の担当は事態の収拾のため設計チームの改変を取り下げ、協力関係を約束した。しかしながら、前市長は、同時にわれわれのもうひとつの施主であるメス市周辺の郡［CD2M］のプレジデントも兼務し、絶対的権力とさまざまな案件の決定権をもっていたが、新しい体制では市長が左派に対し、プレジデントは右派から選ばれ、物事の決定はこれまでのようにスムーズに行かなくなった。

市民のためのモニュメント

過去、日本でも政治家が建築を、というより公共工事を自身の地元への利益誘導とし、その建築の質は関係なく、ただその事実として地元での権力の保持に使われてきた。それ

坂 茂の構造屋根元案

アラップの構造屋根案

ゆえ、設計も質でなくコネとして特定の設計事務所にやらせ、施工業者はバックマージンや選挙のために選ばれた。しかしフランスでは、政治家の権力を示す材料という意味では日本と似ているが、何より建築の質を最重要に考え、世界に誇れる建築を設計できる建築家を選び出し、歴史に残るモニュメントをつくらせる。外国人であろうと、若かろうと、それまでその規模を設計したことがなかろうと、自分たちの目で建築家を見つけ出し、チャンスを与える。そんな芸当ができる国は世界でフランスしかないだろう。日本は今でもコネクションやバックグラウンドが重要で、アメリカはスター好きである。その意味でオープニングセレモニーで、サルコジ大統領［彼は日本嫌いではあるが］と除幕式を行い、このような素晴らしいチャンスを与えてくれたフランスの国歌を聞いた時、思わず涙がこぼれた。それと同時に、日本ではこのようなチャンスもなく、以前JR田沢湖駅を設計した時、オープニングセレモニーにも招待されなかった悔しい思い出を思い出してしまった。当然田沢湖町に行っても私のことなど知る人もいない。ところが、今メス市に行くと、「ブラボー！」とか、「私の町にこんなに美しい建築をつくってくれてありがとう」などと、多くの市民に道ばたで声を掛けられる。今まで、特権階級のためのモニュメントづくりでない建築のつくり方として災害後の仮設建築をつくってきたが、このポンピドー・センター－メスは、市民のためのモニュメントとなったようだ。

全景

外観

北山恒（きたやま・こう）
1950年香川県生まれ。横浜国立大学大学院修士課程修了。1978年ワークショップ設立（共同主宰）を経て、1995年architecture WORKSHOP設立主宰。2001年横浜国立大学教授。2007年より横浜国立大学大学院/建築都市スクール“Y-GSA”教授。2011年よりY-GSA校長を務める。2016年より法政大学教授、横浜国立大学名誉教授。2010年第12回ヴェネチア・ビエンナーレ建築展日本館コミッショナー。横浜市都心臨海部・インナーハーバー整備構想や、横浜駅周辺地区大改造計画に参画。

対談2

手の感覚を持ち続けること

北山恒［建築家］×坂　茂［建築家］

坂　メス市はドイツとの最前線の都市で、戦争のたびに何度かドイツ側に占領されてきた歴史もあり、今でも軍事施設がたくさんあります。ですからフランス人にとってメスというとそういった軍事施設のイメージが強いんです。ドイツ占領下で多くの建築が建てられたため、ドイツとフランスの建築スタイルが交じり合った独特の街並みをしています。駅もドイツ時代につくられたドイツ・ネオロマン様式の重厚なものです。地の利はよく、ドイツやスイス、ルクセンブルク、ベルギーなど、ヨーロッパのさまざまな国から行きやすい場所なんです。

北山　実際に完成したものを見ると、コンペ時の応募案とかなり近いものができたように思いますが、公共施設が政治的な道具に使われるフランスという国で、実現までには多くの格闘があったのではないですか。

坂　確かにフランスは建築が政治の道具にされるので、建築家は役人やゼネコンと闘わなければ建築をつくれません。日本のように、施主もゼネコンもひとつの目的を持って皆で協働しようという意識はまったくない。コンペが終わって、実施設計が始まったとたんに喧嘩ですから（笑）。

北山　外部から見ていると、クライアントはポンピドー・センターだと思っていたので、坂さんがポンピドー・センター［設計：レンゾ・ピアノ、リチャード・ロジャース］のテラスに仮設事

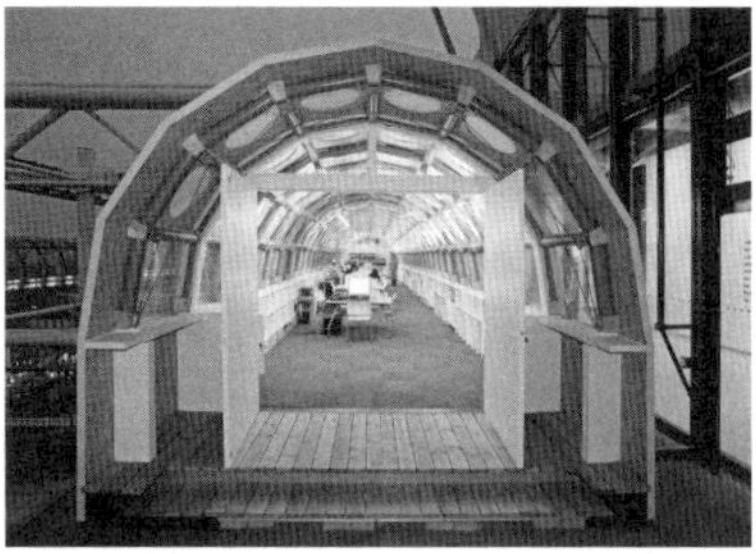

紙の仮設スタジオ（ポンピドー・センター6階テラス）

務所［紙の仮設スタジオ］をつくっているのを見て、クライアントとの関係が良好で、非常に恵まれたプロジェクトなのだと思っていました。でも実際に話を聞いていると、クライアントはポンピドー・センターではなく、メス市であり、しかも周辺の郡も関わっていて、市長が途中で代わったりと、さまざまな政治的な波がありながら最後までつくり上げたと。それはたいへんなことを成し遂げたのだとやっとわかりましたね。

坂　コンペ時のポンピドー・センターのプレジデントのブルーノ・ラシン氏は、すごく理解のある人でした。コンペを取った時に、パリ・ポンピドー・センターのテラスに仮設事務所をつくる構想を彼に冗談めかして話したところ、「それは面白い」と賛成してくれ、あの仮設事務所が実現したんです。このプロジェクトは、意見を言うポンピドー・センターと、お金を出す市と、施主がふたりいるような状態でした。一方はよりよい美術館をつくるために仕様に対して要求を出すのですが、一方はなるべくコストはかけたくない。当時のメス市長はポンピドー・センターという冠がほしいだけで、できるだけ安くつくる方がよいという考えでした。ですから木造の屋根が予算に納まらなくなると、鉄骨造に変えろと言ったり、僕のパートナーのローカル・アーキテクトをクビにして、地元の大手事務所を僕の下につけようとしたりしました。そうすることによって僕はただの飾りになるわけです。それを避けるために、ローカルと共同で現地に会社をつくったわけですから、僕たちも弁護士を頼んで市と闘いました。それで設計料の支払いがストップし、工事も途中で止まってしまいました。本来ならばパリ・ポンピドー・センターの三〇周年にあたる二〇〇七年がオープンの予定だったのですが、そういった理由から、三年も工期がのびてしまいました。そんな膠着状態の中、市長が運よく選挙で負けてくれたので（笑）、条件が少しよくなりました。でも新しい市長は左派で、郡のトップは右派でしたから、今度はそこで軋轢が生じ、物事がすぐには決まらなくなってしまったのですが。

日本で公共の仕事に携わった経験はほとんどありませんが、日本の公共建築の進み方も同じなんでしょうか。

北山　日本でも山本理顕さんの邑楽町役場庁舎のように、町長が代わったことによって建設中止になってしまったり、公共建築が政治的道具に使われてしまいます。コンペで選ばれて設計はできても、監理を他の事務所が行い、案を変えてしまうということも多いし、危うさはどうしてもありますね。

坂　それは世界中どこでも同じなんですね。ただフランスの場合は政治家が自分の名前を建築に付けたりするように、政治の道具以上に自分のモニュメントをつくりたいという意識があるかもしれません。ポンピドー・センターもジョルジュ・ポンピドー元大統領によるものですから。

単純な仕掛けでつくる

北山　昔、坂さんが自ら実験しながら原寸のディティールをつくっているのを見たことがあります。坂さんは、大工のように自分の手で工法まで考えてつくっていくところがありますね。今回もアラップなど構造家と実際のつくり方から検討しながら設計を進めていますし、設計姿勢がずっと一貫していますね。

坂　構造といえば一般にジョイントがいちばんの見せどころで、必要ないのに張弦や線材を入れたり、構造家も建築家も、複雑なものをつくりたがります。僕は張弦梁を入れるくらい

ポンピドー・センター - メス 内観

なら、梁せいをちょっと増やせばよいじゃないかと思うんですが、特殊なジョイントや工法をなるべく避けて、技術者がいなくてもできる構造に興味をもっています。

北山　僕も昔から坂さんのそういう姿勢を見てきたので、今回木造のルーフが不思議な形状をしているのを見て、なんだかすごく無理をしているように思っていたんです。ただ、実物を見て、実はすごく単純な仕掛けでできていると実感できました。これをもし複雑に解いてしまったら違うものになっていたと思います。

坂　実はこの屋根は単純なジオメトリーでできていて、水平投影すれば完全な正六角形なんです。それを上や下に引っ張って変形しているだけです。複雑な形を無理矢理、行き当たりばったりにつくっているのではなく、そこには完全なルールがある。だから解析も施工も楽なのです。全体の平面形も、屋根の集成材のパターンも正六角形です。ただ屋根は、正確にはダビデの星のようなものです。六角形だけだと変形するので平面が固定されないんですが、ここに三角形が入ることによって、平面剛性が保てます。本来ならばそこに面材を貼ればよいのですが、今回のような膜ではそうはいかないので、このパターンが合理的なんです。また、六角形というのはフランス人にとってのシンボルなんですね。国土の形が六角形ですから、そういうフランス人の愛国心もくすぐりながらコンペで説明をしました。

北山　複雑な形のために形をつくるのではなくて、ごくシンプルな工法的アイディアですべてができているというところが面白いですね。こんなに規模が大きくなっても、構造や構法も人任せにせず、全部つくっていくところが坂さんらしいです。手の動きが頭の中でイメージできるような、ひょっとすると学生のワークショップでつくれるくらいの感覚を持ちながらつくっているんじゃないでしょうか。今の建築からはそういう手の感覚がどんどん消えて

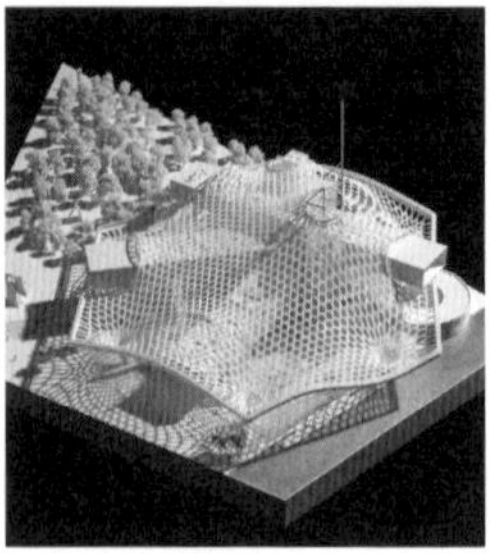
コンペ時の模型

いって、つくり方が見えなくなってきています。つまりコンピュータ上で解析をして、形を成立させるための技術は別にある。坂さんのような、つくり方から考える建築は、今の時代においてとても特殊だと思います。

坂　レンゾ・ピアノが関西国際空港旅客ターミナルビルで、ステンレス屋根の割付を一貫して同じ大きさにできるジオメトリーを見つけるために、一所懸命スタディをしていますね。僕は彼のそういう考え方が好きなんです。今はコンピュータからデータを送れば、工場で数百通りのカットができるのですが、僕はどちらかというと、建築家や構造家が、部材や手間をいかに減らすかを考える方が面白いんじゃないかと思うのです。最先端のコンピュータ技術を使えばなんでもできてしまうのですが、そういうことにはあまり興味がないんです。

北山　たとえ全部違う部材が切り出せたとしても、実際に組み立てていく職人の手が必要ですから、そこには僕も疑問を持っています。形だけが先行して、つくり方を考えていない建築に対して、実際につくることで別の方法を示しているのが坂さんなのではないかと思います。

坂　今、さまざまな技術が進化して、構造の可能性も広がっている一方で、合理的でないものも増えているんじゃないでしょうか。構造の合理性にあまり価値をおかなくなってきているのかもしれませんね。合理性の必要性を主張する構造家も少ないですしね。

北山　建築がマニエリスムからバロックへと移行したように、現在は視覚の欲望が勝っていくような世界に飛び込んでいる気がします。ただ、バロックも極限まで行って突然消えてしまったように、そのうちさっと足元をすくわれるのではないかという不安定な感覚もあります。今はその端境というか、だんだん皆がそれに気付き始めた、面白い時期だと思います。

実は、ポンピドー・センター-メスもプロジェクト段階の印象ではバロック的かなと思っていました。坂さんもとうとうそっちに行ってしまったのかと……（笑）。しかし実際に訪れると、これまでの坂さんの姿勢はそのまま残っていました。ただ、鉄筋コンクリート造ラーメン構造でつくっているところなどは、原理主義的ではなく柔軟に対応しているんですね。

坂　アラップをはじめ、イギリスのエンジニアは鉄が身近にあるので、鉄骨で設計することが多いのですが、フランスはコンクリートの国で、鉄筋コンクリートの方がよっぽど安いんです。パリのポンピドー・センターも、フランスの鉄骨業者ではつくれず、日本とドイツの会社が入札して最終的にドイツが落札しました。今回のチューブも普通に考えると鉄骨でやった方がよいと思うのですが、施工業者がフランスになったので、値段を落とすために鉄筋コンクリートを採用したんです。

北山　そういうところにも文化的コンテクストが入ってくるんですね。

建築の倫理と公共性

北山　訪れる前はこの建築を単体で見ていたのですが、実際に中に入ってみると、チューブから都市軸が見え、なぜ角度が振れているのか、ということもはじめてわかるんですね。つまり都市の中でどのように位置しているのかということも重要なポイントなのではないかと思いました。

坂　現代の建築はどんな場所にでも同じように建つものが多いですね。でも僕は、この場所でしかできないことをやりたかったし、何か街との繋がりを持ちたいと考えていました。ただ、駅の北側の敷地は空き地で、何もないところでした。この場所は街とのコンテクストは

ピクチャー・ウィンドウのための開口部

内部から見たピクチャー・ウィンドウ

弱いのですが、三本のチューブの角度を振って、それぞれから、ピクチャー・ウィンドウとして街の象徴的な風景を切り取ろうと思いました。同時に、三つのボックスをずらすことによってできた屋上を彫刻の展示場にし、バルコニーから眺められるようにしました。だから要求された展示面積よりも、屋上分が1000㎡余計にあるんです。せっかく木造屋根をかけて二重の空間をつくるわけだから、有効に使いたい。そうして自然光の入る展示スペースをつくることができました。

北山　このあたりに坂さんの建築に対する倫理観、あるいは建築の公共性が現れますね。建築を私化しないように一所懸命に努力している。私化すれば単なる表現でできるものを、言語化して、さらにこんなに展示面積が増えましたよと提示しているところが、坂さんらしい。理屈があり、言葉で説明しきれるものをつくろうという思いが感じられます。

坂　そう考えるのはやっぱりアメリカで教育を受けてきたからだと思うんです。プレゼンテーションで、なぜこうなのかとひとつひとつ自分の言葉で説明できなければ、格好よかろうが悪かろうが、皆が納得しないのです。その後日本に帰って大学で講師を始めた時に、曲面をつくってきた学生が、「カッコイイから」と平気でプレゼンテーションするのを聞いて驚きました。他の先生も学生の肩をもって、「なんでいちいち理由が必要なのですか」とか「学生のセンスでよいじゃないですか」と言う。でもセンスは磨かなくても残りますが、理論を構築する力は訓練して身に付けないといけない。だから学生時代からそうしないといけない、と説明したのですが、日本ではあまりそういう教育はされていませんでした。

北山　私の教えているY-GSA［横浜国立大学大学院／建築都市スクール］では、なんとなくいいね、ということは言わず、その理屈を求め、説明をしつくしなさい、といつも言っています。

ギャラリーチューブ上部

ただそれは日本ではこれまでになかった教育かもしれません。

坂　ただ格好よければよいだろうというのではなく、そういう姿勢はこれからの建築家にとってすごく重要なものになると思います。

北山　公共的な建築は、理性的でなければいけないということが坂さんの建築には現れているんですね。そして坂さんの説明は、訪れる市民もすぐに理解できるのです。ボックスの軸が歴史のあるカテドラルや自分たちの駅の方に向いていること、そしてその上に木という柔らかい素材で構成された、大きな屋根がかかっていて、その中にいる、と。こういう屋根の下の中間領域はアジア的というか、モンスーン的な感じがして、西洋には合わないのではないかと思っていたんです。でも実際に体験すると、これだけ巨大な木のルーフは感動的ですね。

坂　ヨーロッパの人たちは冬に寒くてもテラスでお茶を飲みたがるように、中間的な領域がいちばん気持ちがよいんですね。結果的に西洋人にとって、半外部的な空間は、特別なことではなかったんです。

北山　一緒に拝見していた時、坂さんが、すれ違う市民から「ブラボー」とか「一緒に写真撮って」と言われているようすを見て、日本の建築家が人びとから愛され、評価されているのが、すごく嬉しかった。何よりそこに来ている市民が喜んでいるのが、圧倒的な説得力を持ちますね。

坂　そう言ってもらえて幸せです。僕が仮設建築の災害支援活動を始めたのは、当時の建築家がモニュメントをつくったり、特権階級の仕事ばっかりやっていて、市民の役に立っていないんじゃないかと思ったことがきっかけだったんです。今回は市民が気に入ってくれて、会う人会う人みんなが声をかけてくれて、うちの街にこんな素晴らしい建築をつくってくれてありがとう、とか言ってくれるんです。それは僕にとってはじめての経験でした。日本ではあまりないことなんです。

北山　メスの駅を降りると坂さんの大きな写真が貼ってあるのにも驚きました。市民に建築家がきちんとクレジットされているんですね。

「わかりやすさ」の価値

北山　今回拝見して安心したとはいえ、実際に訪れる前は心配をしていたんです（笑）。バロック的に見えたことに加え、ルーフがかかっていて、軸が突き出しているような形が、すごく単純で、わかりやすすぎるように思ったんです。ただ、実際に訪れて、この建築のわかりやすさがある種市民権を得る一因になっているようにも感じられました。

坂　建築にとって「合理性」や「わかりやすさ」は重要だと思うのです。文化や宗教などの価値観が異なる人たちにとっても、合理性というのは通じるからです。今の世界的な傾向から言うと、わかりやすさよりも個人的な表現をする建築家が多いように思います。これまでの建築家はまず住宅を手掛けて、少しずつ規模が大きくなって公共建築を設計する、という段階を踏んできました。ところが二〇世紀の後半頃から、それまでまったく建築をつくったことのない人がコンセプトだけでコンペをとってしまい、いきなり大きな公共建築をつくり始めて、スターになるようになった。それを学生が見て「あんな風に格好いい形をつくるのが、これからの建築なんだ」と思うようになってしまいました。だから構造や材料には興味がなく、とにかくユニークな形をつくるようになっている。日本でもそうなんでしょうか。

北山　僕は卒業設計コンクールの審査委員などもやっていますが、最近は人気のある建築家のデザインをコピーしたような案が少なくなり、もう少し計画的、原論的な案が増えてきていると実感します。学生たちが一時期格好いいと思っていたのとは違う方向を敏感に感じ取り、そちらに動きつつあるような気がしています。今は情報があまりにも過剰なので、それを追いかけるのにうんざりしているのかもしれませんね。古い雑誌を読んだり、クリストファー・アレグサンダーの『パタン・ランゲージ』〔一九八四年、鹿島出版会〕やロバート・ベンチューリの『ラスベガス』〔一九七八年、鹿島出版会〕や『建築の多様性と対立性』〔一九八二年、鹿島出版会〕のような過去の名著を読む学生が結構いますね。

坂　海外は学校によってずいぶん違います。僕の時代は、プリンストンに行けばみんな黄色いトレーシングペーパーに色鉛筆でポストモダンの建築を描いていました。母校のクーパー・ユニオンはジョン・ヘイダックをはじめとするニューヨーク・ファイブの影響でル・コルビュジエとミースのようなモダニズムが強かった。先日久しぶりにクーパー・ユニオンに行ったら、コンピュータで絵を描いている人は相変わらず少なくて、鉛筆で描いていたし、模型もきちっとつくっていました。一方でコロンビアに行くとコンピュータが全盛で、模型をつくらない。今ハーバードで教えていて、すごくショックなのは、学生がコンピュータから直接、３Ｄプリンターで模型をつくっていることです。あれでは模型をつくったことにはならないと思うんですが。

――坂さんは先ほどおっしゃっていた建築の「わかりやすさ」を、ずっと考えて建築をつくってこられたのでしょうか。

エミリオ・アンバース展

坂　わかりやすさが大切だというのは、日本に帰国後、何度か展覧会を企画した、エミリオ・アンバースから学んだのです。彼はそういった理論構築がすごく上手でした。たとえば彼がコンペで一等賞を取りながら実現しなかったセビリア万博［一九九二年］のマスタープランというのがあります。あれは何もないところを掘って池をつくり、その土でランドスケープをつくる。コロンブスの生誕五〇〇年記念でしたので、各国の造船技術でパビリオンをつくり、その船で海を渡り池に泊めてパビリオンとするのです。そして会期終了後は、船がそれぞれの国に帰り、そこを自然の公園にしようという案でした。でも船でパビリオンをつくると、スペインの建設会社がやることがなくなってしまうので、大反対を受け、結局実現はしなかった。彼のプレゼンテーションは、工業デザインでも建築でも、すべてになぜこうなのか、ひとつひとつが理論的で、とてもわかりやすいんです。その影響が強いような気がします。

北山　ポンピドー・センター・メスがいろんな反対にあいながら、最後まで当初のコンセプトのまま実現できたのは、きちんと説明できる建物だったからじゃないでしょうか。説明ができないものだと、特に海外では、簡単につぶされてしまいかねない。

坂　そうなんです。理論がしっかりしてないと、ずるずるとブレーキがきかなくなってしまうんですね。そしていつの間にか違うものになってしまうんです。

北山　ただそんな坂さんでも、サッシやその他のディティールを見ていると、日本でつくる建築の切れ味のよさとは違う部分がいっぱいある。施工の技術には限界があるのかなと思いました。でもなぜパリのポンピドー・センターではあそこまでできたんでしょうか。

坂　フランスでも一流のゼネコンを使えば精密な施工も不可能ではないんです。ただ、役所と繋がっているような地元のゼネコンでは、クライアント、つまり役人はゼネコンの味方を

京都造形芸術大学災害支援センターでの活動の様子

しますので、施工図は一切出してこないし、僕たちのサインがない図面で勝手にどんどんつくってしまうんです。それに対しては徹底的に闘ったのですが、施主が承認してしまうので、意味がないんです。まだ未施工の部分やうまくいっていない部分がたくさんあるのですが、入場者数が予想以上に多く、六日間で五万人も入ったことに市長が大喜びで、追加工事をやろうと言ってくれています。

自然災害の現場から学ぶこと

——最近はハイチやラクイラなど、災害地へ向かわれることも多いですが、建築のあり様をどうお考えなのですか。

坂　僕はいつも学生と仕事をしていたいという気持ちがあります。北山さんはまさにそのよい例で、プロフェッサー・アーキテクトとして教えられていますが、僕もアメリカでそのような優秀な先生から教育を受けたので、その恩を学生に返したいんです。やはり教育の影響は大きいと思うんですよ。生活のためや、社会的な地位を得るために教えている人は当然どこの国にも多いわけですが、教えながら、同時に自分でも建築をつくることはすごく重要だと思います。建築家として活躍していなかったら学生もついてきてくれませんしね。それに学生は聞いちゃいけないと思うようなことも平気で聞いてくるし、手が抜けない。学生に伝えるためにもわかりやすい建築というのは大事だと思います。北山さんの建築も既成の部材を多用されたり、すごくわかりやすいですね。僕は海外で、さまざまな文化の人たちに説明しやすいよう教育を受けてきましたが、それは別にアメリカだからという話ではなくて……。

北山　当たり前の態度ですよね。倫理感というか、社会性というか。建築というのは特別なものじゃなくて、普通に社会に存在するものとしてきちんとつくっていくということではないかなと思います。

坂　僕もそう思います。そういう共通の認識があるから、北山さんに今回見ていただきたかった。でもそういう建築家は世界的に見てもすごく少ないですね。

北山　ただ社会に存在するものとしての倫理感が、建築家からだんだんなくなってきているのかなという気がしますね。生活という日常に対応する住宅を、非日常的な形にするために、不条理な構造を使って、無理に不安定にして、そのためにすごくお金がかかっているというような住宅が雑誌で取り上げられます。

坂　われわれ建築家はお金持ちの家や政治家のモニュメントをつくって、政治力と財力という、目に見えないものを視覚化するために建築をつくってきたわけです。さらに二〇世紀の後半からは、デベロッパーのブランドネームとして使われ始めました。モニュメントだけではなく、付加価値として建築家のデザインと名前が使われるようになるという、新しい時代がきてしまったわけです。だからといって、今さら僕も医者や弁護士になれるわけではないので、なんとか自分の職能を使って、社会に少しでも還元できるような仕事をしたいと思って災害支援の仕事を始めました。でも当時は仕事がたくさんあったり、賞をもらったりしている同世代の建築家が当然すごく羨ましかったし、ひがんでいたんですよ。それで当時、北山さんにもずいぶん辛辣なことを言ったようなんですが……（笑）。ただ、それでも自分なりに信じる方向に一所懸命やってみて、「紙の教会」で毎日デザイン賞をいただいた。あれは建

左・右／ボランティアによる紙の教会 神戸建設の様子

築の賞ではないのですが、三宅一生さんや倉俣史朗さんなど、自分の尊敬する人が貰っているので、すごく嬉しかった。その時に「僕はこういう方向でいけばよいんだな」と思うことができました。それからは人が大きい仕事もらったり、賞を取ったりしているのが気にならなくなりました。それで今も続けられているんです。

――当時の辛辣な言葉というのは覚えていらっしゃいますか。

北山　覚えていますよ。まだ三人で事務所をやっている頃、僕の事務所の近くで坂さんにばったり会って、事務所に遊びに来た。その時に僕らの、確か商業建築だったかな、プロジェクトを見て、「こういう堕落した建築をつくっちゃやだめだ」と言われたんですが、僕はそう言われてよかったと思ったんですよ。批評するということは概念を公的にするということですから。その後、僕は住宅を中心とした日常の設計をする方に向かいました。坂さんが立ち上げた、Voluntary Architects' Network［ＶＡＮ］の活動を僕はすごくいいと思っています。そういう活動の場にスタッフとして飛び込んだ学生も、人間的に成長していくんですよね。

坂　北山さんとは一九九五年に横浜国立大学の講師に呼んでいただいた時から親しく付き合うようになったんですが、一九九五年の阪神・淡路大震災時の「紙の教会」は、ボランティアで参加してくれたほとんどが、横浜国立大学の学生だったんです。

北山　多くの生徒が参加しましたよね。その中には大学を中退したやつもいるし……。親にお金を出してもらって、なんとなく学校生活を過ごしていた学生たちが、そうした活動をきっかけに建築をもっと真剣なものとして理解できたんだと思います。今、坂さんの活動は、たいへんなことに取り組んでいるなと思っています。なかなか理解されないことも多いし、遊びではない厳しい災害現場でやっているわけですから。そういうたいへんな現場の経験が、建築のつくり方に戻ってきているんだと思います。甘えた建築はつくれないと現場で体得しているのではないでしょうか。

坂 災害支援をしながら、片方で甘えた建築をつくっていたら、なんだこいつはと思われますからね（笑）。

北山 そのふたつが繋がって見えなかったらこの対談もできなかったかもしれません。実際、すごくフェイクのように見えた屋根も、レストランを屋上に設けるなど、ルーフを生かしきれればよかったのでしょうが、法的な問題などが原因でできなかったのは残念ですが。

坂さんの建築は常にある種の普遍性というか、それ自身がプロトタイプのような、切れ味のよい案を提示しますよね。真似したいけど、もう坂さんがやってしまっている、というものをつくってしまう。今回はそういうプロトタイプではなく、特殊解に見えているところが気になりました。

坂 確かにそうですね。今回はプロトタイプはなくて、プロトタイプを使った集合体なんです（笑）。シャッターで内外を繋げたり、屋根や、ピクチャー・ウィンドウなど、今までのプロトタイプを全部集めてコンペに臨んだのです。

北山 確かにそうかもしれないね。シャッターを建築の重要な装置として使うのも、あまりやらない手法ですからね。

坂 僕は、元々あるものに、違う使い方、あるいは違う機能や意味を見つけたいという思いがあります。たとえば内外を仕切る際、引き戸だと結局大きくなって、重くて使わない、と

ポンピドー・センター-メス 内観

いうことがある。だから大きな開口をつくる際、シャッターというのはうまく使えるんです。今回使ったのもドイツ製の既製品のシャッターです。

海外で建築をつくること

――では今後のプロジェクトというのはどういうものがありますか。

坂 今はほとんど海外でしか仕事がありませんね(笑)。

北山 でも日本の建築家が海外でこれだけ市民に評価され、尊敬されているのは、なかなか得難いことじゃないでしょうか。

坂 現地に事務所を構えて、ずっと現場に通っていたからできたということは言えますね。そのための苦労や、経済的なリスクもありますが、実際に行って、そこに拠点を持つことの意味はすごく大きいんです。これが日本にいて、ローカルアーキテクトを通じてやっていたら同じようにはできなかったと思います。その分日本での仕事はなくなってしまいましたが……(笑)。

それから、ヨーロッパで仕事をするのはすごく楽しいんです。逆に、日本とアメリカでは限界を感じてしまいます。まずアメリカの大きな問題点は、マニュファクチャー[製造者]がいないことです。だから新しいものがつくれない。レンゾ・ピアノのようにお金をかけられるプロジェクトはヨーロッパでつくったものを持ってきて組み立てればよいんですが、お金のないプロジェクトではそういかない。もうひとつはライアビリティ[法的責任]の問題です。何かあるとすぐ訴えられてしまうので、実験的なことや新しいことができないのです。日本の場合、マニュファクチャーはいますし、施工能力もあるのですが、遠い島国だから、外国の材料を自由に使ったり、海外のエンジニアと組むことが簡単にできない。その点ヨーロッパでは、構造はスイスに、施工はドイツに、木はフィンランドから、エンジニアはイギリス人を、とすべて地続きなので、ヨーロッパ中のよいものを使えるんですよ。それが醍醐味ですね。

それからフランスのすごいところは、僕みたいに美術館もこんな大規模の建築の経験もない建築家でも、選んでチャンスをくれるところです。実績のない人にそういうチャンスを与えるというのは、日本にはもちろんありませんし、アメリカでもない。ポンピドー・センターのレンゾ・ピアノとリチャード・ロジャースもコンペ当時は三〇代でしたが、これはフランス独特のことだと思います。もちろんチャンスと同じくらい苦労も付いてきますが……(笑)。そういう意味でヨーロッパは訓練の場というか、チャンスも苦労もあって、いろんな人と仕事ができるので好きですね。日本で建築家として安定した社会的な地位を確立していくのではなくて、いつも訓練されるような場所に自分をおいておかないと、建築家として終わってしまうんじゃないかなと思っているんです。まだまだ勉強の時期ですから。

［二〇一〇年六月八日、architecture WORKSHOPにて］

モダンさと韓国の伝統の狭間で

ヘスリー・ナインブリッジズ・ゴルフクラブ［2010］

正直なところ、ゴルフをほとんどやったことのない［子どもの頃父に連れられて練習した「打ち放し」と「パターマット」程度］私にとって、ゴルフ場のクラブハウスを設計することは、建物のプログラムを理解してないという意味では難しいプロジェクトであった。さらに施主から、モダンでありながら韓国の伝統が意識できるデザインにしてほしいという難しい要求が出された。

当時、ポンピドー・センター-メスの設計中であったこともあり、木造の屋根をつくりたいという純粋な気持ちと、さらにシンプルなイメージとして、子どもの頃使った木製「ゴルフティー」のキノコ状の形が頭に思い浮かんだ。そこで、メスと同じ六角形と三角形が組み合わさったジオメトリーによる木造グリッド連続アーチのユニバーサルな大屋根をつくり、その下にクラブハウスに必要なさまざまな機能を配置することにした。このジオメトリーは、韓国のパートナーであるユン・キョンシク氏より韓国の伝統的な夏に使う竹製寝まくら「Bamboo Wife」と同じパターンであることも教えられた。この六角形と三角形のジオメトリーは、ひとつの交点に二方向の線材しか交差しないので、ジョイントが複雑にならない上、面剛性が取れる合理的なパターンである。ポンピドー・センター-メスの場合木造屋根が鉄骨タワーからの吊り構造であるため、木のジョイントの断面欠損をなくすと同時に、メカニカルなジョイントをなくすため、ジオメトリーを構成する集成材をずらして重ねて、交点を六角形の木製束を貫通させ固定した。それに対して今回は、曲

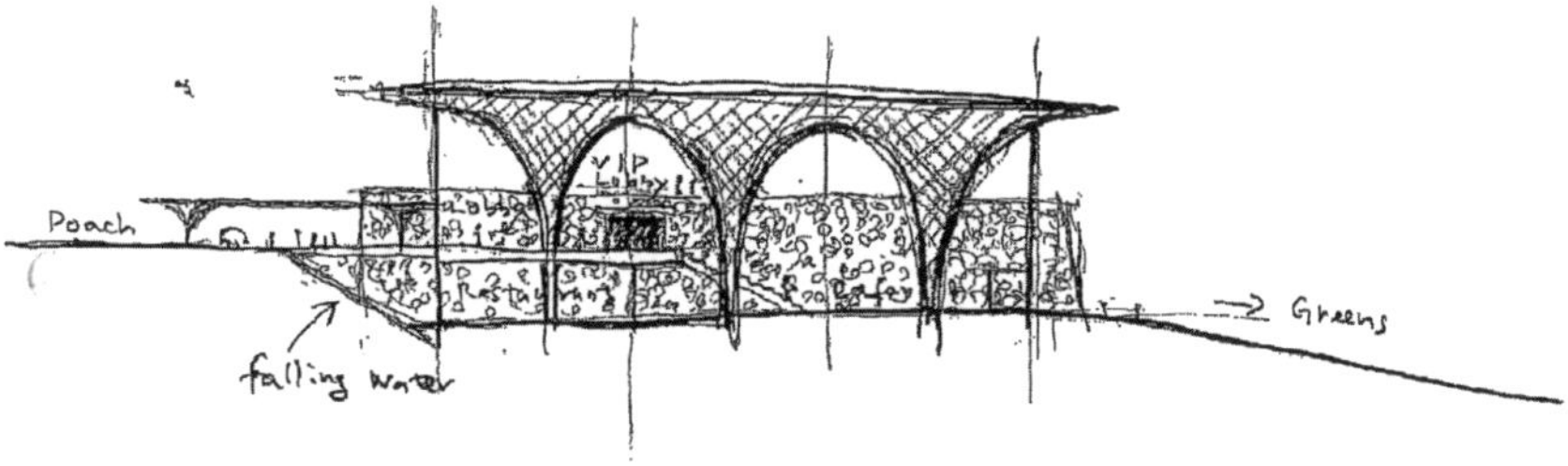

外観スケッチ

げ応力を最小限にした圧縮アーチ構造であるので、木の各部材にほぞを彫って同一面上でジョイントしている。ゴシック建築の石造連続尖頭アーチでは、天井のグリッドのパターンが力の流れを示すように、そのまま視覚的にアーティキュレートされた線材の束として柱が形づくられている。実際は、線材のように見える部材の束は水平に積み重ねられた一体の組積造にもかかわらずである。今回の木造グリッド連続アーチでは、その純粋な力学の原理通り、個々の木の線材を一二本束ねて一本の柱としている。

韓国の伝統を意識するデザインという意味で、慶州の古建築を回った時、日本の木造建築と比べ多く石が基壇部に使われているという強い印象を持った。これは寺院の基壇部＝俗世界、寺院の上部＝天上界という世界観に基づくらしい。現実的に今回の敷地のように斜面に建築を載せる場合、石の基壇を使うことは非常に都合がよい。そこで、木造の軽快なアーチと対比して、更衣室や風呂場などの閉鎖的な空間［俗世界］を、石の基壇部に配した。

このクラブでは、VIPレセプションとスパ、そしてVIP用ロッカールームを兼ねたスイート・ルームをそれぞれ別棟としてクラブハウスに付随させた。それぞれの棟はメインの建物と対比させるため、プログラムに適した別々の構造形式を選んだ。VIPレセプションは鉄筋コンクリート打ち放しで壁状の柱を床からキャンティレバーとし、その上に集成材の大梁を載せた。スイート・ルーム棟は十字状の鉄骨柱でタータングリッドのプランをつくり、住宅的機能を配置した。

クラブハウスの建設が始まった頃、フランク・ロイド・ライトの落水荘のそばにある同じライト設計の住宅 Kentuck Knob をはじめて訪れた。住宅は斜面に石の基壇がつくられ、

木造フレームのディティール

Kentuck Knob

その上に六角形［と三角形］のジオメトリーのプランと屋根が大きな庇となって載っていた。

これはデジャブとしかいいようがない体験であった。

内観

外観

ヴィラ・ヴィスタ [2010]

三つのヴィスタ

二〇〇四年末のスマトラ沖地震による津波によって破壊されたスリランカ南部の漁村キリンダに、四五軒の復興住宅を建設した［キリンダ村復興支援］。その縁で首都コロンボにあるジェフリー・バワの代表作イナ・デ・シルバ邸に住むベルギー人実業家家族と出会い、ヴィラの設計を依頼された。スリランカを訪れるたびにこのデ・シルバ邸に滞在し、また他のバワによる作品を多く見て回ることで、スリランカの温暖な気候ならではの生活スタイルを楽しむ設計手法や、地元の素材の生かし方を学んだ。海に面する高台に位置する敷地を訪れた時、その素晴らしい景色に圧倒されながらも、三つの違った特色を持つ景色を切り取るスポットを見つけた。ひとつ目は、少し内地に入った既存の住宅から海に向かって谷沿いに歩いて海が見えた瞬間の、ココナッツの木、海、対岸の陸、そして空を垂直に細長く切り取った景色。次に、高台の頂上に登った時に見える、海と空とがパノラマ状に見える景色。そして、水平な景色が見える場所から45度右を見ると、海岸線が湾状にU字を描く景色で、正方形のフレームに入れるとバランスのよい構図となる。この三つのシーンを、シークエンスとして体験していく建築を構想し、ランドスケープ化した。

外観

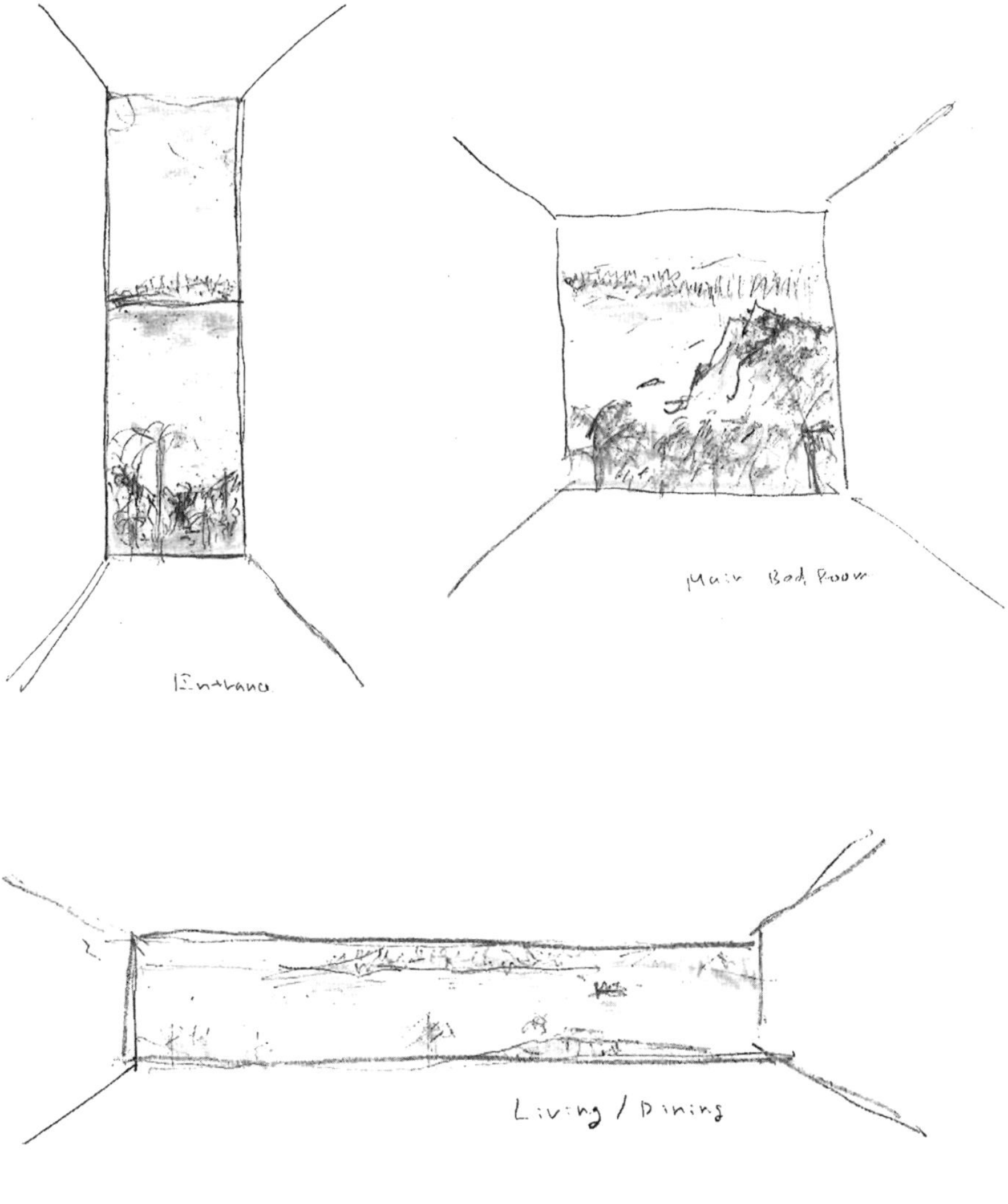

3つのヴィスタのスケッチ

自分のできる範囲の災害支援

海水と泥の怪獣

これまで多くの被災地や避難所を訪れ支援活動をしてきた。一九九四〜九八年ルワンダ難民キャンプ、一九九五年阪神・淡路大震災、一九九九年トルコ地震、二〇〇一年インド西部地震、二〇〇四年新潟県中越地震、二〇〇四年スマトラ島沖地震の津波被災地スリランカ、二〇〇五年福岡県西方沖地震、二〇〇八年四川大地震、二〇〇五年ハリケーン「カトリーナ」のニューオリンズ、二〇〇九年イタリア中部ラクイラ地震、二〇一〇年ハイチ地震。そして二〇一一年東日本大地震とそれに伴う津波。三月二四日から避難所回りを始めた。

これまで訪れた被災地の中でも今回の様子は、他とは比べものにならないほど悲惨な破壊状況であった。あたかも、海水と泥でできた巨大な怪獣が建物を、そして町全体を踏み潰し、車や船をそこら中に投げ飛ばし、そして口から炎を吐いて一面を火の海にし、最後には放射性物質を撒き散らして地獄のような廃墟と地上を化したようだ。三月一一日、ちょうど仕事で訪れたカリブ海のセントバーツ島から飛行機でパリに着いた時に、この日本の悲劇を知った。セントバーツ島で見たあんなに美しい同じ海が、何故あそこまで凶暴な怪獣と化してしまうのか、まったく想像がつかなかった。そして町一面を被った泥の化け物は、未だに一万五〇〇〇人近くの行方不明者をその内に飲み込んだままわれわれの前に居座り、復旧の邪魔をする。岩手県の被災地大槌町では泥の山の上を絶望しきった人びとが無表情にいなくなった家族と、何か思い出の品を捜して歩き回っている姿を見た。車の窓からそ

ハリケーン「カトリーナ」後の復興住宅

ラクイラ地震復興支援仮設音楽ホール内観

れを眺める自分と外の現実のギャップは、テレビでそれを見ているのと変わらないとも言える。しかし、テレビでそのような場面を見るように、次のニュースの画面に変わったり、スイッチを消してその悲劇から一瞬にして自分を傍観者の立場に戻せるのとは違い、自分はあえてその現実問題に関わりにわざわざここへ来たという立場を思い武者震いがした。

間仕切りシステムのデベロップメント

一九九五年の阪神・淡路大震災の時は神戸の長田区で、ベトナム難民の方々のために「紙のログハウス 神戸」と「紙の教会 神戸」をつくった。その時に訪れた避難所の体育館で初めプライバシーがない中で多くの避難者が精神的に疲れ、自分たちで段ボールの粗末な低い間仕切りをつくり、隣の家族と少しでも空間的、そして視覚的な遊離を試みている現実を見た。

二〇〇四年新潟県中越地震では、慶應義塾大学SFCの私の研究室でつくったペーパーハニカム板の壁と紙管と紙の屋根でできた3m角の「紙の家」を長岡の避難所に数軒設置させてもらった。そこでは避難所のさまざまな現実の要望と自分のつくったものとのギャップのせいで、子どもの遊び場や更衣室兼授乳室としてのみ使われた。結果としてここまで閉鎖的である必要はなく、さまざまな家族のサイズに合わせられる必要があり、もっと簡単に誰にでもつくれ、安価でなければならないと知った。二〇〇五年の福岡県西方沖地震の避難所ではペーパーハニカム板をL字型にガムテープで止めるだけの簡易な間仕切りをつくったが、役人はそのようなものは必要ないと避難所にも入ることを許してくれなかった。そんな時、視察に来られた民主党岡田克也代表に駐車場でその間仕切りを見ていた

福岡県西方沖地震時のPPS

中央・右／新潟県中越地震避難所用「紙の家」

だいた。しかし、このときはまったく関心を持っていただけなかった。

二〇〇六年、これまでの避難所の活動の経験により、①簡単に誰でも組み立てられる、②簡単に解体でき、解体後リサイクルできる、③十分にプライバシーが確保できる、④自由に開け閉めができる——ように改善し、大学のある藤沢市で防災の日にデモンストレーションを行った同じ直径の紙管を合板でつくったコネクターで連結し、ロープで筋交いを入れて固定し、開閉が自由な布で仕切りを入れた。

三月一一日、パリで日本から入るニュースに釘付けになり、仕事など手につく状態ではなかったが、これほど未曾有の被害になるとは夢にも思わなかった。そこですぐ慶應義塾大学SFCの私の研究室のOBを招集して、避難所の情報収集と避難所用間仕切り試作を私の帰国前に依頼した。ところが以前から合板ジョイントの製作を協力してくれていた工場が倒産していて、安価で緊急にコネクターを生産できないことが判明した。そこで、合板のコネクターなしに紙管の柱・梁をジョイントする方法を考えた。直径10㎝の柱用紙管に穴を開けてそこに直径57㎜の梁用紙管を貫通させることにより、コネクターが不要な上、リジッドなジョイントとなり筋交いも不要となった。また、家族の大きさにより自由にサイズをアジャストできる。これで材料費が大幅に安くなり、すべての部材を外注することなく用意できるようになった。

三月二四日、事前の情報でわれわれの間仕切りに興味を持っていただいた避難所でデモンストレーションをするため、間仕切りの材料をワゴン車に積めるだけ積んで第一回目のキャラバンへ出発した。過去の震災時の避難所での経験から、避難所の責任者［地元の行政］がまず実物を見て、避難者の意見を聞いて採用するかどうか決めるというのが常であ

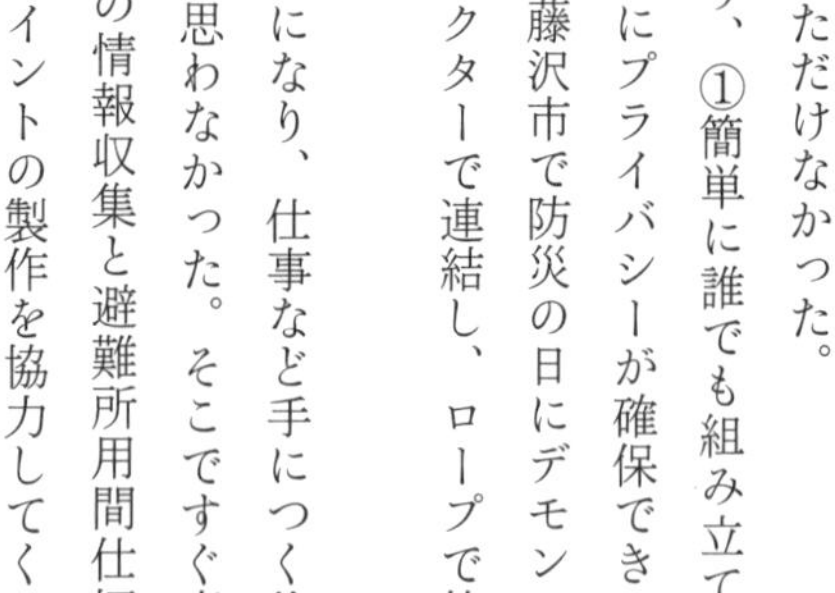

PPS4のジョイント部

る。宇都宮市姿川生涯学習センター付属体育館、栃木グリーンパーク茂原、長岡市新産体育館、山形市総合スポーツセンター、これらの避難所には原発30㎞圏内から避難した人たちが生活していた。町が壊滅した岩手県大槌町大槌高校体育館では町長をはじめとして多くの役場職員が津波で亡くなり、行政機能がなくなったため大槌高校の避難所は同校の物理の先生が取り仕切っていた。また、大槌町弓道場は土間の上にビニールシートと布団を敷き、水道も電気もない避難生活が続いていた。もちろん内地に移れば環境のましな避難所はあるのだが。まだ家族が発見されていない状況で、不便な生活を強いられてもそのそばから離れたくない気持ちは十分に理解できる。それらの避難所を一軒一軒回り、間仕切りづくりのデモンストレーションを続けた。デモンストレーションは実際に避難者に見ていただくため皆さんが生活している場で行うようにしているが、山形県のスポーツセンターではそこを仕切る役所側から会議室など避難者の目に届きにくい所でデモンストレーションをやらされるケースもある。役所側はプライバシーの問題はわかっていても、「管理のしやすさ」という視点からできれば間仕切りを入れたくないという気持ちが見え隠れする。また避難者側もいろいろお世話になっているので、間仕切りがほしいなどとわがままを管理側に言いにくい雰囲気を感じている。そのような避難所ごとの、管理側と避難者側の力関係と管理者個人のリーダーシップの違いから更衣室として二軒だけほしいとか、全世帯分至急設営してください、というデモンストレーションを見た後の反応は大きく分かれる。山形市総合スポーツセンターでは最初は管理側の躊躇があった。ところが偶然にも市長や山形県知事らとともに民主党の岡田幹事長「こんどこそリベンジ！」が避難所の視察に来られた。そこで岡田幹事長に以前福岡県西方沖地震の避難所の前の駐車場で簡易間仕切

大槌高校体育館PPS設置前

大槌高校体育館PPS設置後

りを見ていただいたときのことを周りのＳＰを押しのけて話しかけたら、それを覚えていてくださり、避難所の外の廊下につくられた間仕切りを見に来てくださった。すると、市長も岡田氏も大変気に入ってくださり、市長が岡田氏の前でこれを全世帯分導入しますと宣言された。

第一回のデモンストレーションのキャラバンで宇都宮大学三橋伸夫教授と佐藤栄治准教授の研究室、長岡造形大学山下秀之教授と新海俊一准教授の研究室、山形の東北芸術工科大学の和田菜穂子准教授〔慶應義塾大学坂研究室ＯＧ〕と学生、山形の住宅メーカーの（株）シェルター、日本最大の医療ＮＧＯ・ＡＭＤＡ、岩手のボランティアグループ「ゆいっこ」など、各地の協力パートナーを見つけ、デモンストレーションに参加してもらうことにより、第二回のキャラバンでの本格的な量産、設営体制を整えた。四月二日から五日の第二回キャラバンでは、避難所計八カ所に合計２ｍ×２ｍの基本ユニット五〇〇個、一四五世帯分を設営した。

第二ステージ、仮設住宅、そして……

この避難所に間仕切りをつくる活動は、要望がある限り続ける計画で、四月一八日からの第三回キャラバンではこれまで行っていない宮城県と福島県沿岸部の避難所を回る予定である。しかし一日も早く仮設住宅が十分に建設され、間仕切りが不要となることを願っている。ところが報道によると、普段仮設住宅を供給するプレハブ建築協会加盟の建築業者では十分なキャパシティがなく、同協会に加盟しない内外の業者にも発注しなければならなくなった。さらに問題は被災した沿岸部には十分に広い平地がなく、被災者の希望の

女川町コンテナ多層仮設住宅（模型）

PPS蚊帳バージョン

地元での仮設住宅建設が難しいことである。これまでの仮設住宅では軽量鉄骨構造で二階建てしかできない構造システムである。そこで、ノマディック・ミュージアムで開発したシッピングコンテナを多層に積み上げて、狭い敷地でもまた斜面でも多くの部屋を確保できるシステムを考えた。コンテナをひとつ置きに市松模様状に積み上げることにより、コ

柱に梁を挿し込む

ジョイントを挿し込み梁を繋ぐ

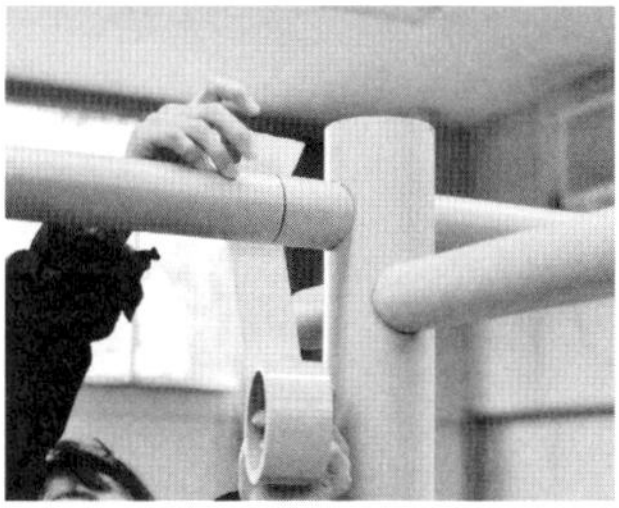

ガムテープで固定

梁に布を掛け、安全ピンで留める

プライバシーを確保するカーテン設置

カーテンは開閉可能

ンテナの量を半減させるだけでなく、比較的閉鎖的なコンテナの中には寝室とバスルームを入れ、その間に開放的なＬＤＫ空間をつくることができる。現在［二〇一一年］このシステムを行政に提案している。

現在さらなる二つのプロジェクトを計画中である。一つはわれわれの避難所回りのキャラバンに音楽家に同行してもらい、避難所で演奏をしていただく予定である。チャリティコンサートなどの非被災者向けのコンサートではなく、被災者の方々の目の前でさりげなく演奏していただくと、どれほど気持ちが和むことだろうか。二つ目は、坂本龍一氏が進める森を守る財団「More Trees」とルイ・ヴィトン・ジャパンの協力で、間伐材を使いテーブルをつくり、避難所や仮設住宅に寄付する計画である。避難所ではもちろん仮設住宅に入居してもまったく家具はなく、それを買うお金もない人たちが多く、段ボールの箱の上でやっと食事をしている。このテーブルは間伐材の天板と避難所の間仕切りに使った紙管の脚の組み合わせで低い卓袱台にも高いテーブルにも使えるようになっている。

災害の復興には時間とともにさまざまな段階がある。家を失った被災者は二〜六カ月間［今回はもう少し長い期間が予想される］の体育館などでの避難所生活、二〜四年間の仮設住宅生活を強いられ、その後住宅と町の再建をしていく。これらのフェーズ、フェーズごとにさまざまな不自由、不便がある。それらを少しでも心地よいものに改善する手助けはさまざまな人がさまざまな手立てでできる。それぞれの人たちが自分でできる範囲の方法で何かお手伝いをすればそれでいいのだと思う。そして重要なことは、その支援を継続していくことである。

左・右／More Treesとルイ・ヴィトンジャパンの協力によるテーブル

エルメスとの対比とハーモニー

メゾン・エルメス・パビリオン［2011］

今まで高級ファッションブランドには興味を持ったことがなく、店に入ってじっくり製品を見たこともなかった。ところが今回エルメスから、新しくデビューさせるエルメスの家具など住宅関連商品の新しいブランド〃エルメス・メゾン〃の最初のお披露目の展示パビリオンをミラノ・サローネでつくってほしいという依頼を、レンゾ・ピアノ氏から彼のパリ事務所でエルメス関係者を紹介される形でいただき、真剣にこのブランドについて勉強しようと考えた。

まずはパリ郊外にあるエルメスのアトリエで、革職人たちが実際鞄をつくる現場を見せてもらった。見るまではある程度機械化された近代的な工場のような場を想像していたが、実際は機械などまったくない昔ながらのすべて手作業で、職人ひとりひとりが、ひとつの鞄をすべての工程で責任を持って仕上げていく職人の技術と精神と誇りに圧倒される、非近代的な本当の「アトリエ」であった。当然今回展示される家具も同様のプロセスでつくられていく。このように、素材、デザイン、加工技術の高いレベルでのハーモニーとしてつくられた製品を、どうやって展示したらいいのか？ そして、このパビリオンはミラノの後、東京、ニューヨーク、上海など各都市を巡回移設することが要求された。

そこで、展示空間と展示品の間に「対比とハーモニー」を保つことを考えた。家具にもふんだんに使われている高級革、建築には使ったこともない高級な木とディティール、これらと対等な展示システムをつくることは、コスト的にも自分の普段の手法的にも意味が

外観

ないと考えた。そして、素晴らしい空間の質は、それらをつくり上げる素材の質とまったく関係ないことも建築体験を通じてわかっていた。そこで、いつも使っている再生紙の紙管を高級な製品の素材と対比として使い、同じ材でもさまざまな太さと密度を持たせ、それらをあたかも編み上げていくようなデリケートな組み合わせと、それを通した光と影を織り成すことで、エルメス製品とのハーモニーを持たせるよう試みた。

各地への輸送を考え、太さの違う紙管がそれぞれの中に収納できるよう四種類の紙管の径を使い、水平の合板の棚板で束ねることで、強度を持たせた。紙管と棚板の接合は木の細い棒状のピンを棚の上下に交差させて挿すことにより、組み立て・解体を容易にした。

内観

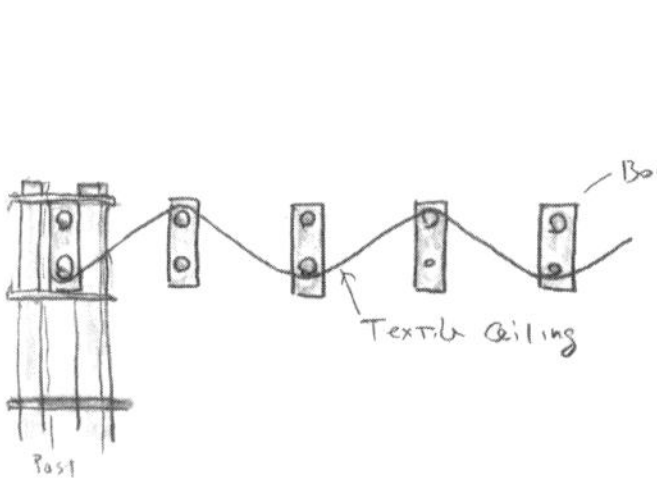

ディティールスケッチ

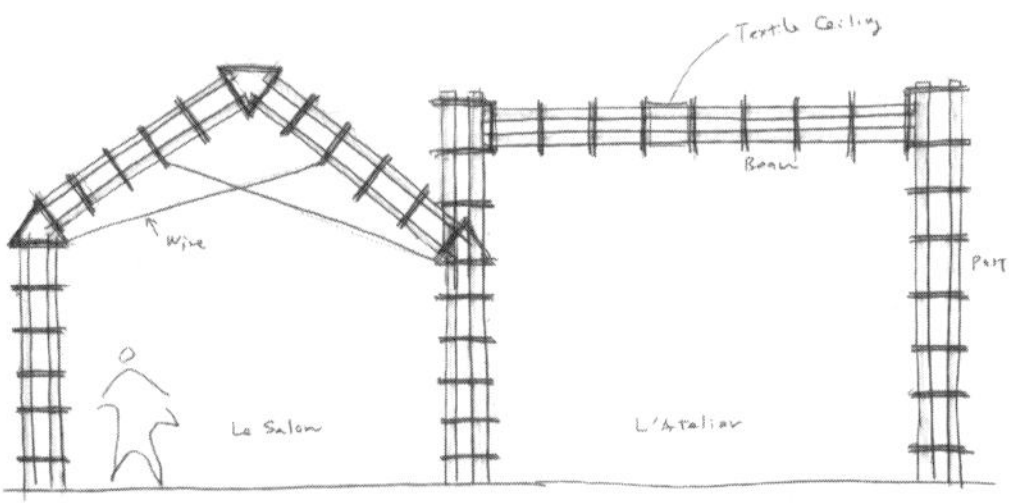

スケッチ

羽根木公園の家　桜 ［2009］

桜の木と緑の木々を家の中へ

二五坪の小さな土地は、道路を挟んで東側を全面羽根木公園の森に面し、北の角に立派な桜の木をもち、その緑をうまく工夫して家の中に取り込む、そんな装置になり得る場所である。

家の形状的には、厳しい北側斜線に従い取れるマキシマムに近いボリュームを、ふたつの頂点を曲げ加工にした集成材のフレームでジョイスト状にかたちづくった。必要とされた住宅用エレベータを、横力を負担しつつ、住宅の中心的コアとして全面に強調して、隣り合う桜のピンク色に配色した。

今回は、住宅の中の特殊な機能をもつ螺旋階段と家具は、当時慶應義塾大学ＳＦＣの私の研究室の学生たちに考案してもらった。

内観

外観

羽根木公園の家 景色の道 [2010]

代田小学校の正門の前を曲がり、緩やかな坂道を上がると、L字に道が左折する正面の角に空き地になった敷地はあった。

空き地の両側には住宅が建て込んでいて、その空き地からポッカリと羽根木公園の森が切り取られて見えた。ここに家を建てても、この坂道を登りながら見える羽根木公園の緑を塞いでしまいたくない、と咄嗟に思った。

敷地に立って今来た坂道を見ると、普段見慣れない直線状のとても長い街並みがとても印象的に見える。特に逆側羽根木公園の森を見ても、この景色を家の中にうまく取り込めば、あたかも森の中に住んでいるような気持ちになれるのではないかと考えた。しかし、この二つの対極的な景色をピクチャー・ウィンドウにするにはまったく違う形のフレームを用意する必要がありそうである。

厳しい北側斜線によって切り取られるマキシマムに近いボリュームをつくる。東側の直線的な街並みはあえて曲線のフレームで柔らかく切り取り、さらに水平に完全にガラスがなくなる窓で、その上の空を切り取る窓と街を切り取る窓に分けた。西側の公園の森は窓を全開できるようにすることにより、あえて抽象的な白いシャープな開口に。森の写真をあたかもコラージュしたような背景をつくった。それにより住宅の空間は、日常的な街での生活を、非日常的で異次元の森の空間に繋ぐ魔法のパッセージとなった。

内観

内観

外観

女川町コンテナ多層仮設住宅［2011］

次の震災に備えて

今、バリ島に向かう機内で『神様のカルテ』という映画を見た。地方の小さな町の病院で忙しく働く若い医師が都会の有名大学病院からの誘いを断り、地域のために生きていく、というストーリーである。

先日トルコのワン［VAN］で地震があり、その支援のために現地入りした日本人のNGOスタッフが余震のため倒壊したホテルで亡くなった。

今回の東日本大震災で壊滅的な被害を受けた宮城県女川町で一八九世帯の三階建仮設住宅が完成し、そのニュースを見たトルコ人建築家からワンでも同じような仮設住宅の建設支援に来てもらえないかというメールを受けた。支援の可能性を受け入れたが、トルコにすぐに入るのではなく、リゾートホテルのプロジェクトのためバリへ行くことを優先させた。東日本大震災後は避難所の間仕切りづくり、女川町の仮設住宅建設、そしてニュージーランド・クライストチャーチ地震後の仮設教会建設と、ボランティアの仕事で忙しい。

そんな時にリゾートホテルの話はとても魅力的であった。一九九四年のルワンダ難民用シェルター開発の仕事、そして九五年の阪神・淡路大震災後に始めた災害支援のボランティア活動と、建築作品をつくる仕事のバランスと意義を、一七年来の試行錯誤で、ある程度自分なりに確立できていたつもりでいたが、機内で見た映画のせいで、バリのプロジェクトを優先させたことに対して、再び自分の建築家としての生き方に迷いを持ってしまった。

全景

今回の震災直後から五〇カ所以上の避難所で、一八〇〇ユニット［２ｍ×２ｍユニット］以上の家族間のプライバシーを確保するための間仕切りをつくっている折に、町に十分な平地がなく、十分な数の仮設住宅が建設できないという悩みを女川町の安住宣孝町長から聞いた。そこでこれまで温めていた海上輸送用のコンテナを使った三階建仮設住宅を提案した。構造的にも防災的にも問題がないこのシステムも、前例がないということで建設許可が下りるのに予想以上の時間がかかってしまったが、町長の英断のおかげで実現することが可能となった。これまでもコンテナを使った建築は世界中にあったが、われわれのシステムの特色はコンテナを市松模様に積み、比較的狭いコンテナの中に子ども部屋とバス・トイレを入れ、コンテナとコンテナの間のオープンな空間に全面ガラスを入れ、開放的なＬＤＫをつくれることである。県の予算を使うため、室内の大きさは他の一般的平屋仮設住宅と同じ基準に合わせた。しかし一般仮設住宅は十分な収納がなく、家中に物や服があふれたり、後から買った家具だらけで室内が狭くなり、物と物の隙間で生活せざるを得ない状況である。それを解消し、美しく広々とした生活ができるようわれわれが集めた義援金を使って、ボランティアにつくり付け家具をつくってもらい、十分な収納がある、すっきりとした室内空間をつくった。

食卓は坂本龍一氏の守る森から出た間伐材を使いルイ・ヴィトン・ジャパンの援助で、紙管の脚でテーブルにも卓袱台にもなる机を備え付け、窓やつくり付け家具には良品計画寄付のカーテンで部屋をすっきりさせた。

また多層にすることにより、棟間隔を11ｍ余り取ることができ、町の要望の駐車場やコミュニティ施設として、集会所や日常的な買い物ができるマーケット［坂本龍一氏寄贈］、さ

接合金物によって連結されたコンテナ

建設風景

コンテナを市松状に組み上げる

まざまな教室ができるアトリエ［千住博氏寄贈］、さらに温泉を使った銭湯［通称ＡＫＢａｔｈ、秋元康氏寄贈］が仮設住宅の周りにでき、室内環境だけでなくコミュニティを形成しやすい周辺環境の充実を図った。

一九九五年の阪神・淡路大震災以来、プライバシーがなく人権をまったく無視した避難所や、住み心地の悪い貧しい仮設住宅が地震のたびに問題になるが、政府は単に被災者の忍耐力と、おとなしい日本人の国民性に甘えた無策を続けている。このままでは次に起こる震災後も同じことをやり続けるに違いない。しかしそんなことをこれ以上許しておくわけにはいかない。今回つくった避難所の間仕切りや仮設住宅は、そのレベルアップの突破口として政府を動かす実例として使っていく考えである。

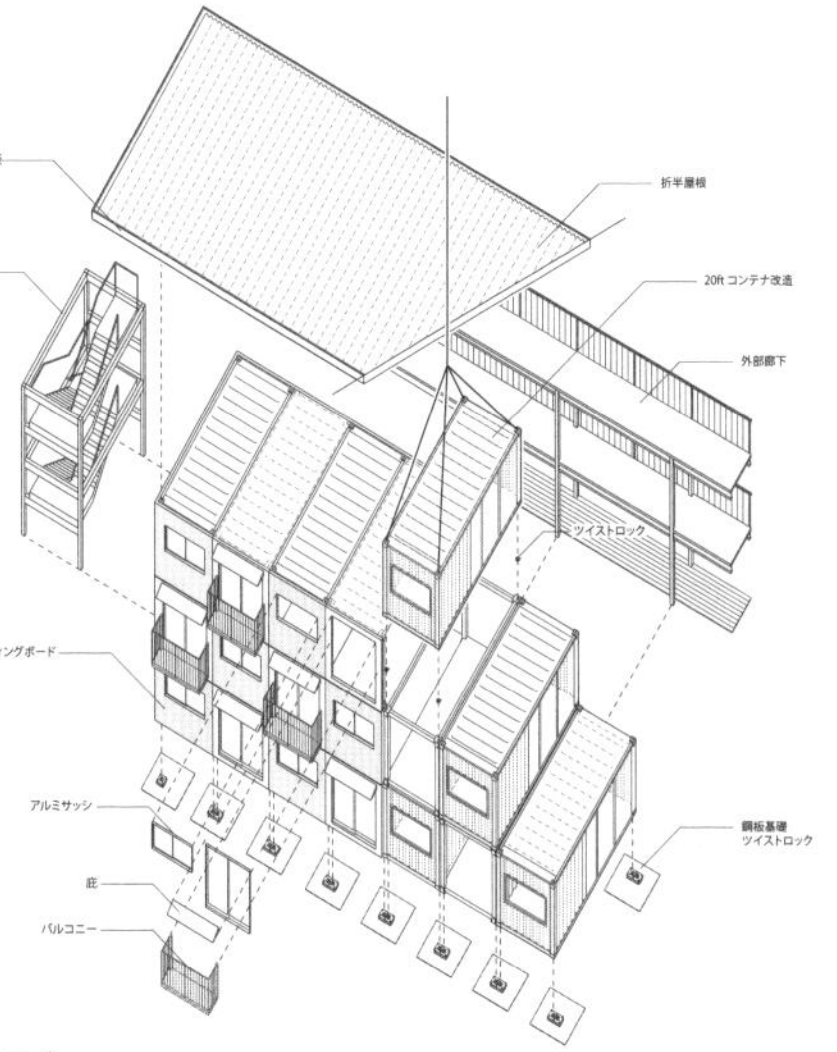

アクソメ

内観

中央・右／ボランティアによるつくり付け家具の作成と設置の様子

ラクイラ地震復興支援仮設音楽ホール［2011］

被災地に音楽を届けるホール

二〇〇九年四月六日午前三時、ローマの北東約100kmに位置するイタリア・アブルッツォ州、州都ラクイラをマグニチュード6・3の大地震が襲った。もっとも被害が大きかった旧市街の建物は九割以上倒壊し、全住民は避難させられ、町は完全に封鎖された。幸運にも地震発生が夜中だったため、大学、オフィスといった大型の建物や通りには人がおらず、建物の被害に比べ亡くなったのは三〇〇人弱と少なかった。しかしラクイラで有名なアブルッツォ州交響楽団とアルフレード・カゼッラ音楽院で共同使用していた古い教会を改装したコンサートホールも崩壊し、楽団員や学生や教職員も町を離れたり職を失いつつあった。ラクイラを訪れこの事実を知った私は、市長にお目にかかり、仮設音楽ホールの建設を提案した。すると市長は、土地は用意するので、建設資金を集めてもらったら是非やりましょうと言ってくださった。

震災直後、当時の首相ベルルスコーニ氏は、「海外からの支援はすべて断る」と断言し、また「被災者のテント生活はキャンピングのようで楽しそうだ」と失言を繰り返した。しかしその被害の大きさに気が付き、七月八日から自身の別荘があるマッダレーナ島で開催する予定にしていたG8サミットを急遽ラクイラで開催し、各国の支援を求めることを決めた。

仮設音楽ホールの設計と建設資金集めを同時に進めている時、幸いにもローマの安藤裕

外観

康大使から連絡をいただき、照明デザイナー石井幹子さん［娘さんの明理さんは、仮設音楽ホールの照明計画者］からわれわれの仮設音楽ホールの計画を聞き、日本政府として支援したい、との申し出を受けた。サミット当日、当時の首相麻生太郎氏が仮設音楽ホールの模型を持ち、隣でベルルスコーニ氏が紙管を持ち、プレスを前にわれわれの計画を発表してくださった。結果的に日本政府から震災支援金を一部寄付していただき、建設を始めることができた。

ホールの規模としては予算上二五〇席の小さなものとなったが、音響的には本格的な仕様が求められ、フランスを代表する音響コンサルタントのダニエル・カミンズ氏がボランティアで参加してくださった。ホールの遮音壁は通常コンクリート壁となるが、費用の問題と、将来必要であれば容易に解体でき、廃材もリサイクルできるように軽量鉄骨でフレームをつくり、中に砂袋を詰め、外側は赤いカーテンで被った。ホールの内壁はさまざまな直径の紙管を間隔を開けて二重に並べ、吸音と反射のバランスをコントロールした。

東日本大震災後、福島県相馬市にエル・システマ［貧困層の子どもたちに無料で音楽教育を行い、自立を推進するベネズエラで始まった運動］が、震災で困難な立場にある子どもたちが参加できるオーケストラを設立した。現在、この子どもオーケストラの拠点となる音楽ホールを相馬市につくる計画を進めている。将来ラクイラの学生と相馬の子どもたちが交流し、音楽を通した世界規模での被災地の交流へ発展することを夢見ている。

ホールでの演奏風景

メタル・シャッター・ハウス［2010］

国際既製品にこだわった物づくり

敷地があるニューヨーク市のチェルシー地区は元々倉庫が多く、一九八〇年代に家賃が高騰したソーホー地区から多くのギャラリーがそこに移転していた。それゆえに、間口が広い倉庫やギャラリーのウィンドウは、ほとんどがシャッターで覆われていた。その印象がこの地域のコンテクストである。

ギャラリーを運営するクライアントから、一階ギャラリーその上九層が各階一世帯ずつのコンドミニアムの平凡なプログラムを渡された。当然ビジネス的に許容延床面積いっぱいを使うことが求められるので、空間的にも遊びがないタイトな状況であった。その条件下豊かな空間をつくり出すため、全体の高さを元々の一〇層でなく一一層に分割し、許容延床面積を超えないよう二層吹き抜け空間を取り、すべてメゾネットタイプのボリューム構成をした。

階高が低くなった部分には、ベッドルームやバスルーム、キッチンを配置し、床厚をできる限り薄くするため、空調は天井でなく、つくり付け壁面収納にファンコイルユニットを入れ、横吹きさせた。平面上は、三分割のベイとして、各二層に一ベイ分の東ユニットと二ベイ分の西ユニットを取った。

二層吹抜けのリビングルームの外にはテラスがあり、二層分のファサードは、バイ・フォールディングドア［水平折戸］で全面開放できるようにした。原設計では、水平折戸でな

開放時外観

閉鎖時外観

く、これまで何度も使ったガラスシャッターを提案したが、アメリカで製造されておらず、その代わりにアメリカの空港の飛行機収納庫に使われている水平折戸に、ガラスサッシを組み込んで、アメリカ国内産のガラス水平折戸を開発した。現在アメリカにはほとんどマニュファクチャーが存在せず、ファサードも予算のあるプロジェクトはヨーロッパから、ない物件は中国から輸入し、ほとんどプロダクトを海外製に頼っているが、今回の仕事ではアメリカの国産製品にこだわった。

テラスの外には、チェルシーのギャラリーやブティックのストアフロントでよく使われているパンチングメタルのシャッターに今回はセキュリティと遮光効果を持たせ道路側ファサードをすべて覆った。これは夏の網戸代わりにもなる。

アメリカの建築界では、マニュファクチャーの不在と極端な訴訟社会になったため、新しい物の開発やイノベーティブな物づくりができなくなっている。その現状のなか、国産の既製品を利用しても新しい建築をつくることができると考え、それにチャレンジをしている。

フルオープンの内観

設計パートナーのDEAN MALTS［右］
（1999～ SHIGERU BAN ARCHITECTS AMERICA
設計パートナー）

タメディア新本社［2013］

スイスの木造の可能性と日本の限界

チューリッヒを中心に、スイスのドイツ語圏最大の新聞社、雑誌社を数々かかえるメディア企業タメディア［Tamedia］は、市中心部に隣接建物を買い、または新築し、各社の本社機能を集約してきた。この計画はその一環として、街区の北角の建物を解体し、七階建のオフィスと南隣の五階建既存建物の上に二層を増築するものである。

オーナー側の要望は三つ。従業員があたかも家のリビングルームで寛いでいるように仕事できる環境をつくる。コストは同等のオフィスビルから大きく上回らないこと。そしてマスメディア企業として透明感がある建物にする、というわかりやすいものであった。そこで、スイスのシャレーのような木造をカーテンウォールで包んだオフィスを考えた。

しかしチューリッヒでは、都市景観を守るため Baukollegium という委員会があり、計画段階でファサードのデザインチェックを受ける。委員会はとてもコンサバティブで、単純にガラスのファサードに難色を示すので、外部ロール・ブラインドが納まる水平無目と垂直のマリオンを使い、隣の様式建築のファサードのパターンを引き込むことにより、それをクリアした。

これまでもいくつか大きな木造建築を設計してきたが、常に考えている架構は、木造ならではの構造形式の提案である。近年多く見られる木構造は、スチールジョイントを使い、鉄骨造でもできる。あるいは鉄骨造の方が適切な構造形式で、単に部材を木にしただけの

木造ディティール

木造フレーム工事中

架構である。

　今回のタメディアでは、柱・梁の単純な架構をいかにスチールジョイントとブレースなしにリジッドなフレームをつくるかがテーマであった。そこで、柱を二枚の梁で挟み、それを楕円形断面の直行方向の梁で貫通しリジッドなジョイントをつくった。さらにフレーム全体の剛性を高めるため10・98mスパンの架構の両側には3・2mスパンの小さなフレーム空間を設けて、オフィスの個室や、外部と内部の中間的エリアとして各階を空間的に連続させる階段やガラスシャッターを開くと半屋外化するラウンジスペースを設けた。

　現在、ヨーロッパでいくつかの木造を使ったプロジェクトを手掛けているが、これらの木造構造はヨーロッパでしか実現できない。つまり、そのような木造建築は日本ではつくることができないことに大きな矛盾を感じる。日本での木造にはいくつもの問題がある。まずは制度面である。平成一二年の法改正により、耐火構造に〝燃え代設計〟の考え方が使えなくなったことが最大の問題「不条理」である「準耐火構造では可」。日本では大臣認定を受けた、石膏ボード「PB」やモルタルで燃え代の内側に燃え止まり層を設けた製品か、燃え代を難燃加工した木で構成するハイブリッド型の材を使わざるを得ず、もうこれらは純粋な木造とは呼べない上、今回タメディアで考えたような単純な接合をつくることも不可能である。次に、スイスやドイツで多用されている三次元のカッティングマシンを持つ木造加工メーカーが日本にはなく、また三次元の木造の設計ができる構造家もいないことで、日本での革新的木造の実践には限界があるのである。日本の火がスイスの火より強いわけでもないのに、過剰な法規制は、木造の振興や普及を妨げ、日本独自の木の文化は終焉を迎えつつある。それはいわゆる木造の「ガラパゴス化」とも言えるであろう。

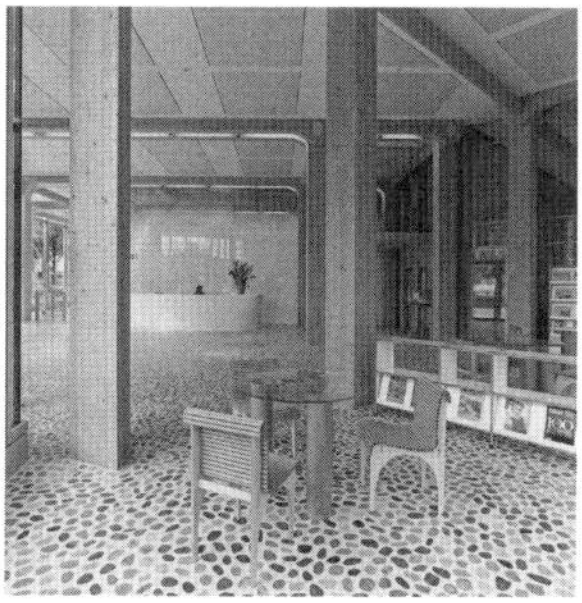
内観

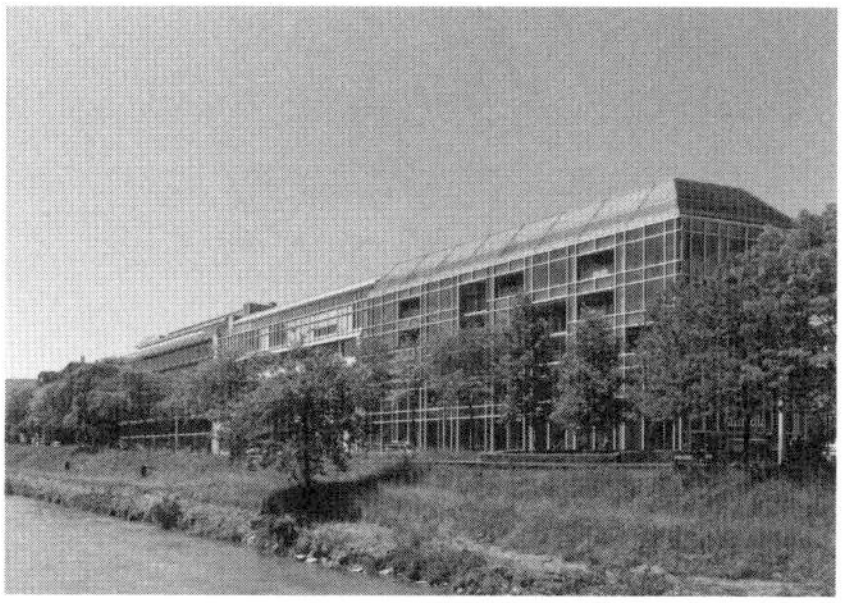
全景

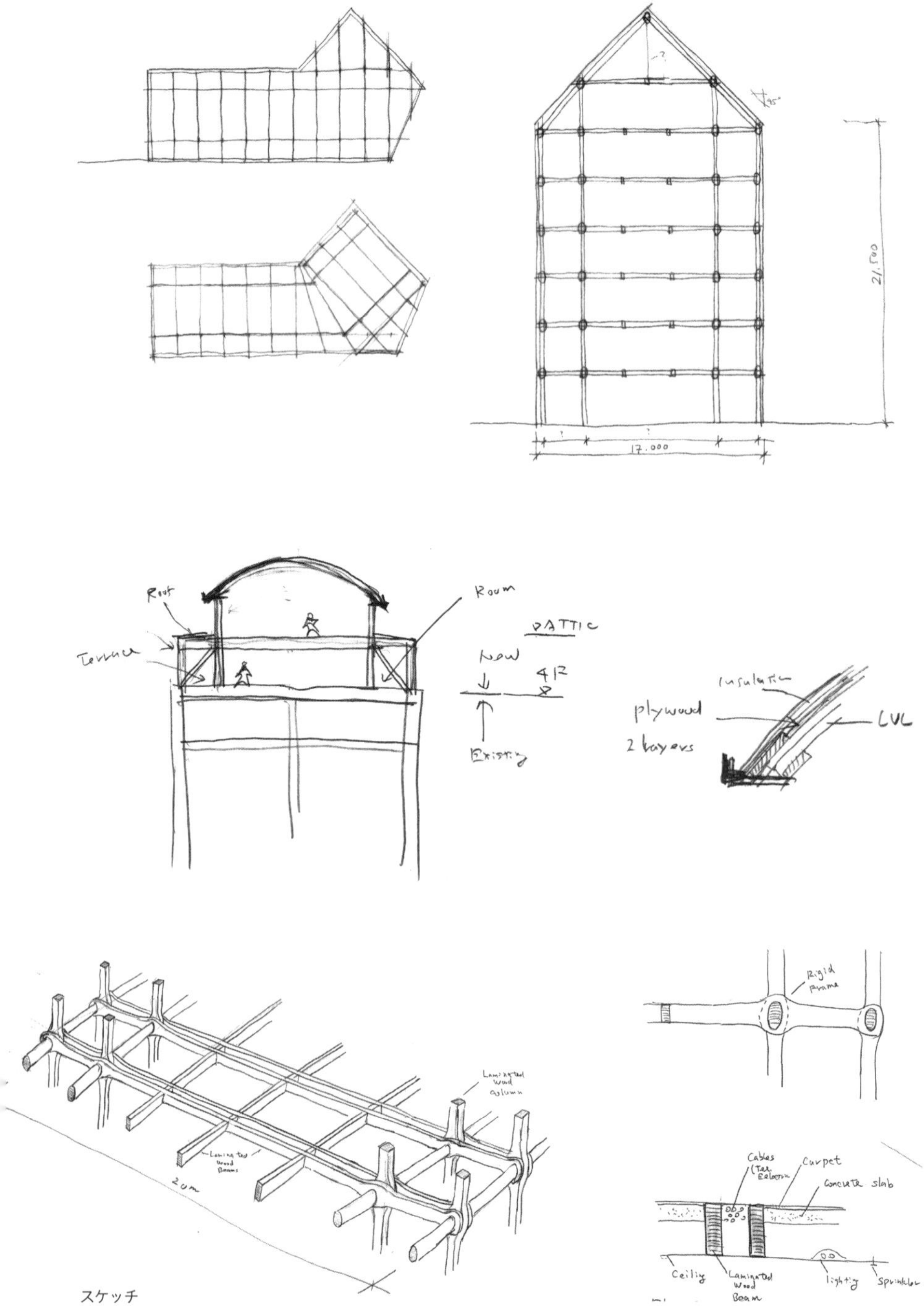

21,500
17.000
Roof
Room
Terrace
ATTIC
New
4F
Existing
Insulation
plywood
2 layers
LVL
Laminated Wood column
Laminated Wood Beams
20m
Rigid frame
Cables
Carpet
Concrete slab
Ceiling
Laminated Wood Beam
lighting
Sprinkler

スケッチ

5

2013-

紙の大聖堂 [2013]

モニュメントとしての災害支援

建築家は誰のためにあるか

やっと〝建築家〟としての自覚が持て始めた頃、「なんだわれわれ建築家はあまり社会の役に立っていないじゃないか!」とがっかりした。なぜなら、われわれはほとんど特権階級のクライアントの仕事をしているからである。歴史的にも貴族の館や宗教建築を建て、現代では富裕層の家や企業の本社、そして公共建築を設計している。つまり、財力や政治力・権力という目に見えない力を世間に見せつけるためのモニュメントをわれわれ建築家はつくっている。建築家は、一部の公団アパートを除いて一般民衆のためや、自然災害で家を失った人たちのための仮設住宅を設計してこなかった。彼らには建築家を雇う余裕もなければ、国は仮設住宅に住み心地のよさなど求めていないし、われわれも特権階級の仕事で大忙しだからである。〝自然災害〟は、今や〝人為的災害〟と言うべきであろう。たとえば、地震自体で人は死なない。人は建物が倒壊して死ぬのである。つまりそれはわれわれ建築家の責任でもあるのである。ところが、われわれは地震による街の壊滅により生まれる新しい仕事を楽しみにしても、仮設住宅の建設のお手伝いはしてこなかった。しかしわれわれ建築家が加わることにより、もっと住み心地のよい仮設住宅はつくれるのではないだろうか。

これまで、一九九四年のルワンダ内戦後の「国連難民高等弁務官事務所用の紙のシェルター」の開発に始まって、毎年のように世界中で起こる地震や津波で家を失った人たちの

地震で崩壊した旧大聖堂

ために避難所の改善、シェルターや仮設住宅の建設を行ってきた。その中にも、一九九五年の神戸の仮設礼拝堂兼コミュニティセンター「紙の教会」や、二〇〇九年イタリア・ラクイラの仮設音楽ホールなどの、少し規模が大きく［と言っても、紙の教会は150㎡］公共性のある災害後の仮設建築を建設したが、決してモニュメンタリティのある建築ではないし、小さなコミュニティのための施設であった。

クライストチャーチからのメール

今回のニュージーランド・クライストチャーチの仮設大聖堂の依頼は、二〇一一年五月東日本大震災後の避難所の家族間のプライバシーを確保するための間仕切りづくりのボランティアで大忙しだった頃、突然教会からのメールで届いた。クライストチャーチの大地震のニュースは、多くの日本人語学留学生が亡くなったこともあり、われわれ日本人の大きな関心事であったが、その一八日後、三月一一日の東日本大震災が起こってからはまったくニュース紙面からも、遺族の方々以外の頭からは忘れ去られたと言ってよいであろう。しかし私は、近年［ここ数年流れは大きく変わってきたが］日本人の若者の海外で勉強したり、働いたりする人たちがバブル期をピークに大幅に減少していることに危機感を感じていただけに、将来世界で活躍できる貴重な日本人留学生の命が失われ、それも前の年の地震でダメージを受け、構造補強の指摘を無視した建物での人為的な事故だけに、決して忘れられない災害であり、クライストチャーチは一度訪れたいと思っていたところであった。最初にもらったメールはクレッグ・ディクソン牧師から、「ニュージーランドのデザイン誌で神戸の「紙の教会」の記事を見たのだが、クライストチャーチの地震で倒壊した大聖堂

紙管工場

ステンドグラスのモックアップチェック

ボランティアによる紙管防水作業

を神戸のように仮設再建するためにはデザイン料はいくらかかりますか?」という質問であった。そこで、「もし仮設大聖堂が教会のセレモニーだけでなく、公共的な使用をされ、広く市民のための場となるのであれば、設計料はいただきません」とすぐに返事をした。するとできるだけ早くクライストチャーチを訪問してほしいと返信があり、二週間後、東北のボランティア活動の合間に現地を訪問した。

クライストチャーチ市中心部は、危険地帯として閉鎖され、われわれは特別な許可を取り消防団員に伴われて中に入り、倒壊した大聖堂を訪れた。この大聖堂は、ネオ・ゴシック様式の石造建築で、工事中三回地震に見舞われ、一九〇四年に完成したニュージーランドを代表する観光名所であった。しかし、余震によりステンドグラスの正面ローズウィンドウも含め、修復再建不可能な状態にまで倒壊し、震災後の巨大な鉄骨補強により辛うじて形を留めていた。しかしながら、正三角形の屋根の強いフォームにより形成されていた象徴的なファサードは感じ取ることができた。そこで、仮設大聖堂は、素材的にも形態的にも旧大聖堂とはまったく違ったものになるが、元の建築の平・立面計画を分析し、そこに使われているジオメトリーを新しい設計に使うことにより、建築的体験を広場に対して、そして町に対してのモニュメンタルな存在感を踏襲させる手法を取ることとした。

復興のシンボルとしてのモニュメント的建築

敷地は、市中心の危険地帯の外で、教会の所有する土地、民間の土地、そして市が所有する公園の池の中までさまざまな土地が次々に候補に挙がり二転三転を繰り返した。最終的には震災一周年の市のセレモニーが催されたラティマー・スクエアの正面で、偶然にも

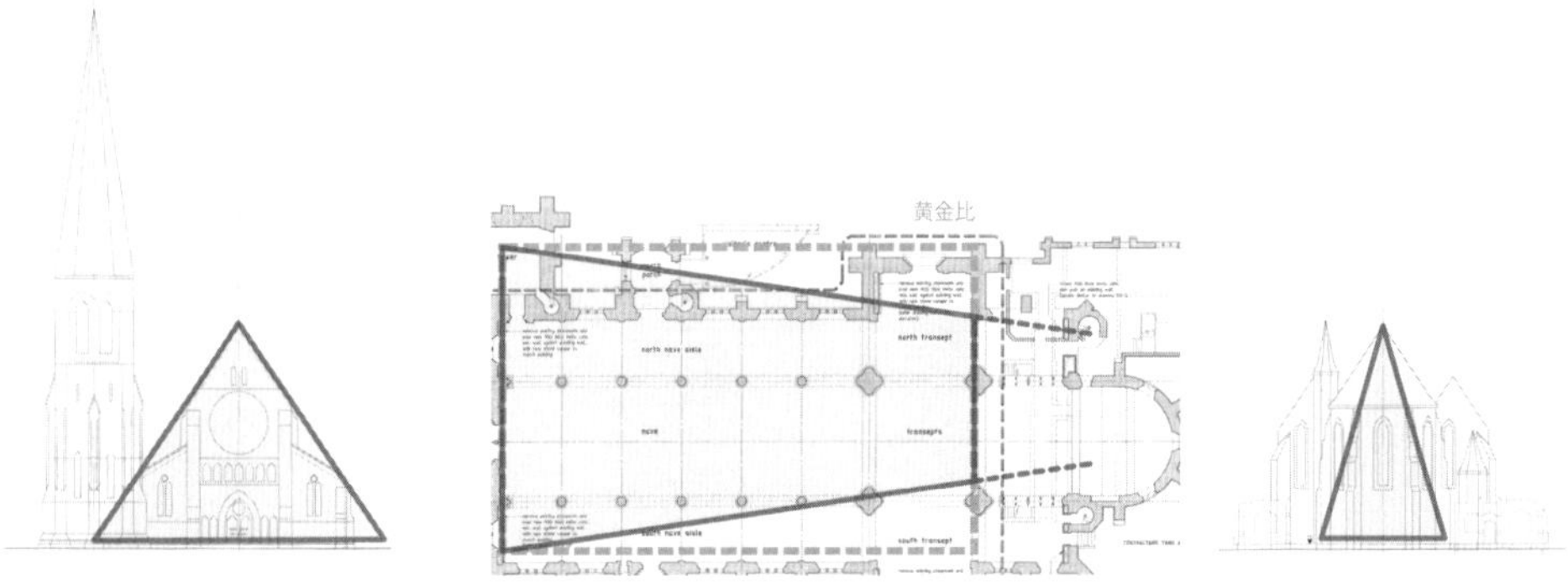

クライストチャーチ大聖堂 ジオメトリー

二八人の日本人留学生が犠牲になったＣＴＶビルの斜め前の教会関係の敷地に落ち着いた。構造・素材としては、教会側の当初からの要望もあり、紙管を想定していたが、幸運にも紙管工場がクライストチャーチにあることがわかった。紙管を使い、教会が要望する規模七〇〇席を満たす構造を短期間でローコストに建設する構法として、壁がそのまま屋根になる〝Ａ〟型のフレームを紙管で構成することにした。そしてＡフレームは、旧大聖堂の正面にあった正三角形と裏面の33度の二等辺三角形を形づくるのにもちょうどよい。平面的には、旧大聖堂にあった聖壇に向かって細る台形平面を下敷に、紙管の基礎となる準備室や小チャペルの聖壇が入る20フィート・コンテナを並べ、同じ長さ16・6ｍの紙管のＡフレームの角度を60度から33度へ狭めることにより、高さを19・4ｍから22・7ｍと徐々に高くし、聖壇に向かって空間的高揚感をつくり出した。

当初は、長さ16・6ｍ、直径88㎝、厚み15㎜の紙管を使い、紙管自体を構造として計画したが、ニュージーランドの紙管工場ではこのような紙管が製造できないことがわかった。しかし輸入までして構造的な純粋性を守ることより、紙管を継いで、内に集成材を入れ、構造を妥協してでも、地元で手に入る材料を使うことにプライオリティを置いた。

一九六本の紙管は15㎝の隙間を開けて配置され、屋根材の複層ポリカーボネート板から入る自然光と紙管によりつくられる陰の移り変わりとそれによる空間の質の変化を時間帯や季節によっても感じられるように計画した。

正三角形のファサードは重要な耐力壁であるが、それ全体を２・３ｍの小さい三角形に分割し、旧大聖堂の破壊されたローズウィンドウのモチーフを再構成した〝三角形のローズウィンドウ〟とした。

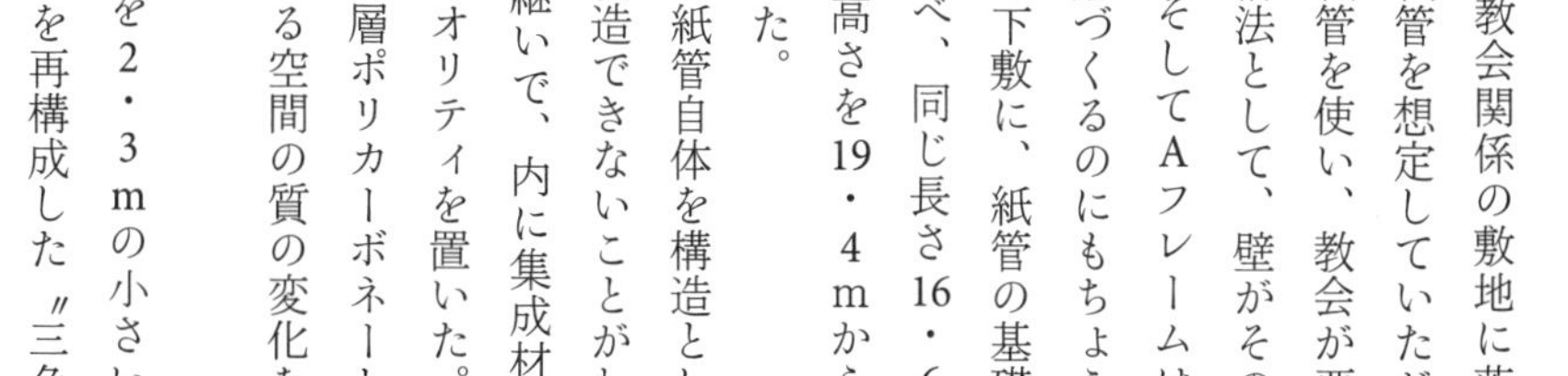

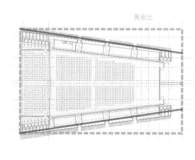

紙の大聖堂 ジオメトリー

完成は、敷地の確定の遅れと悪天候による工事の遅延により、二〇一三年七月末となった。しかしながら、震災後完成する最初の公共的建築として、また紙という素材のユニークさからニュージーランド中で、工事中から大きな話題となり、“Cardboard Cathedral［紙の大聖堂］”という愛称で呼ばれ、完成前からクライストチャーチ復興のシンボル的存在に自然となっていった。完成後、教会のセレモニーやコンサート、ディナーパーティなどさまざまな市民のイベントに使われ、復興のシンボルから町の新しい〝モニュメント〟として観光の名所となっている。

私自身も、特権階級のモニュメントをつくっているが、建築家の伝統的職能に対しての違和感から、災害支援のボランティア活動、仮設建築づくりを始めた。しかし、いつの間にか災害支援としても、特権階級のためでない市民に愛される〝モニュメント〟をつくることができたのではないかと実感し始めた。

商業建築は、たとえコンクリートでできていてもオーナーや経済状況変化により数十年で建て替えられる〝仮設建築〟である。しかし、神戸につくった「紙の教会」が人々に愛され一〇年間使われた後、台湾の被災地に移設され、パーマネントな建築として残っているように、たかが紙でつくっても人びとに愛されれば、建築はパーマネントになるのである。このクライストチャーチのモニュメントもいつまでも人びとに愛され、使われ続けてくれることを予感している。

現場で描いたスケッチ

内観

外観

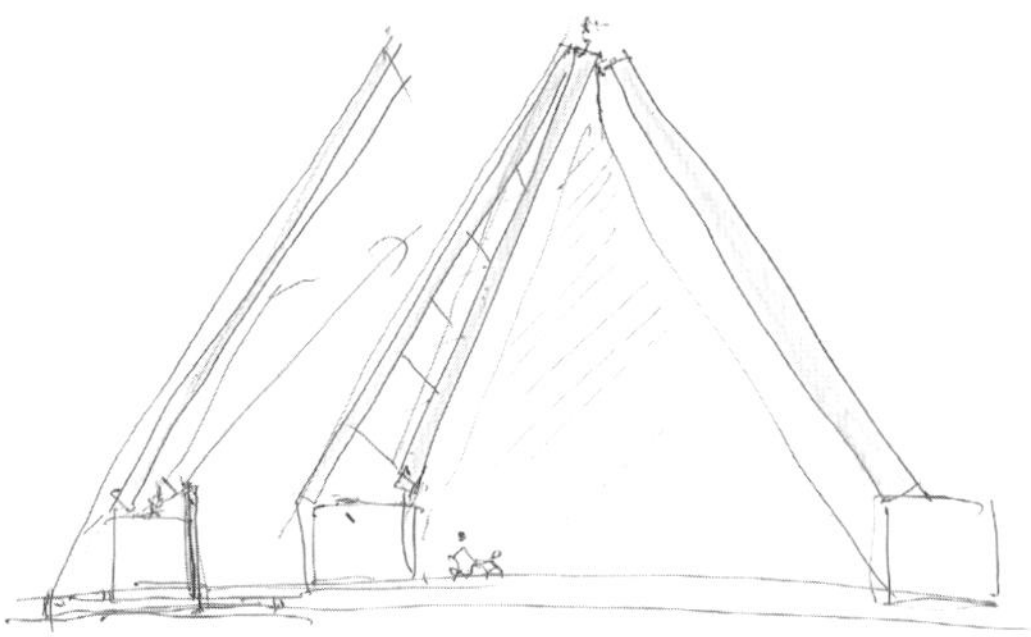
現場で描いたスケッチ

京都造形芸術大学 災害支援センター［2013］

学生による施工のデザイン・クライテリア

京都造形芸術大学で教えることとなり、慶應義塾大学SFCで教えていた時に続き、再び学生自身により仮設スタジオを「紙の構造」で建設した。

形態としては、SFCの時の半円形断面のアーチに対して、今回はジョイントの応力が最小限になるような円弧アーチにした。そして紙管と紙管のジョイントはSFCのものが木製ジョイントに紙管をラグスクリューで止めたのに対し、今回は移設可能なように［ラグスクリューは抜いた場合、穴が再使用できない］紙管両端のスチールジョイントをポストテンションを入れたスチールロッドで固定した。つまり、紙管は圧縮材としてのみ利かせている。アーチの面剛性は2・2m×1・2mの紙管グリッドに構造用合板を固定し、その上に断熱用発泡スチロールを敷き膜で防水した。構造用合板には丸い穴を開けて、発泡スチロールを通して自然光を室内に入れた。その穴を利用して、施工時にはアーチ下の足場から胴体を出して、屋根の上に登らなくても合板の固定作業ができるようにした。学生に建設作業を任せるためには、安全な施工方法、重機を使わない建て方と部材寸法、特殊技術が不要のディテールを考えることがデザインのクライテリアになる。

このスタジオはさまざまな災害支援活動のためのリサーチ、デザイン、試作が行われる拠点となる。

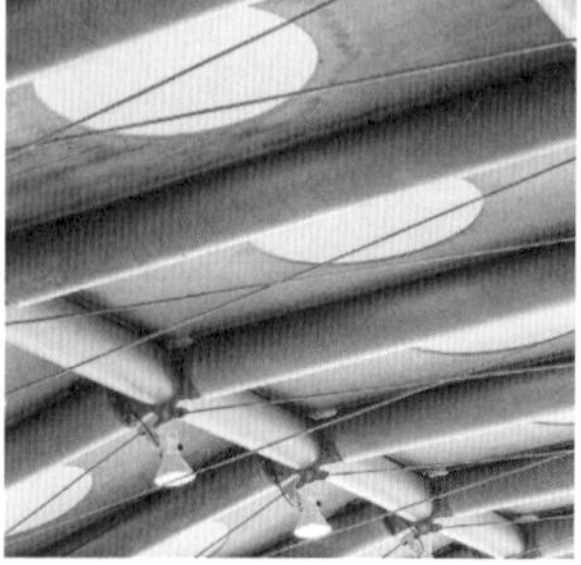

屋根見上げ

内観

災害支援活動の広がり

全国で避難所の間仕切りのデモンストレーション

東日本大震災直後、東北中の五〇以上の避難所を回り各家族間のプライバシーを確保するための紙管とカーテンの間仕切り［Paper Partition System-PPS］を一八〇〇ユニット以上設置した。しかし実際に回った避難所の数は七〇カ所近くになり、そこを管理する役人に見せても、拒絶されることが多かった。設置はすべてわれわれが集めた義援金を使い、われわれボランティアが行うにもかかわらずである。そこで、現在は次に起こり得る震災に備え、各地の防災の日のイベントとして間仕切りづくりのデモンストレーションをし、役人と市民に対して認知活動をしている。現在、京都市左京区をはじめ市内のいくつかの区で行った結果、京都市がわれわれの京都造形芸術大学と正式に「防災協定」を結び、避難所設置時は、京都市全域でわれわれが設置することとなった。次に東京都世田谷区から活動を始め、東京都との協定を目指し、全国に広げていく計画である。

新しい仮設住宅のシステム［New Temporary House（ＮＴＨ）］

東日本大震災時にわかったように、プレハブ協会加盟の会社だけでは十分な数の仮設住宅を供給するキャパシティはすでにない。まして仕様的にも断熱、遮音性能や住み心地はレベルが低すぎる。そこで、大和リース社と組んで新しい仮設住宅の開発を始めた。プレハブメーカーが十分な数の仮設住宅を供給できないのは、平常時に需要があまりないプレ

PPSのデモンストレーション

ハブ工場をキープしておけない事情がある。そこで、工場をこれからスラム街の再開発が見込まれるアジアの開発途上国につくり、地元の雇用を創出し、良品なローコスト住宅を供給する。そしていざ日本など近隣国で災害が起こった時は、その住宅を被災地に向けて供給する。開発途上国でも大きな投資と、特殊な技術者なしでも製造・組み立てができ、輸送がしやすいシステムとして、断熱発泡スチロールパネルの両面にグラスファイバーでコーティングしたモジュールパネルを採用した。

フィリピンの地震とスーパー台風の支援活動

二〇一三年一〇月フィリピンのボホール島を襲った地震により、ユネスコ世界遺産候補のサンペドロ教会など多くの聖堂が倒壊した。その教区より聖堂の仮設再建の依頼を受け現地視察をし、設計を開始した、一一月には、フィリピンを襲った大型台風により多くの住宅が倒壊した。現在［二〇一四年］セブ島のサンカルロス大学と共同で、仮設住宅の建設の準備を進めている。

東北の復興もこれからが本番であるが、次の震災に対する準備と、世界各地で次々と起こる自然災害へも、われわれの経験を生かす活動も持続させていく必要があり、グローバルな視点での取り組みが求められている。

フィリピンのボホール島での紙管仮設住宅

新仮設住宅システム（NTH）

仙石原の家［2013］

開放感をつくる二つの仕掛け

箱根の仙石原にある敷地は、間口は狭く奥に広い、周囲をリゾートマンションや民家に囲まれた土地である。特に眺望がきくわけでもなく、逆にこのような自然に囲まれた場所にもかかわらず、近隣の建物から見下ろされる可能性もある立地なので、独立したよい環境を得るために、周囲に閉鎖的な中庭を囲む建物の構成とした。

中庭の中心にあるシンボルツリーから木製ジョイスト梁と各室は放射状に配置され、野外用暖炉のあるテラスの南側に母屋を、北側にゲストのための諸室を置いた。そしてこの中庭に向かって開放的な空間を獲得するため、二つの仕掛けを考えた。

まずは放射状の木製ジョイスト梁の形である。木の梁の先端形状は、室内空間の中庭への開放感を強調するため、16度のシャープな三角形に切り1・5mの庇を出している。駐車場の上の梁は、最小限の水勾配でほぼ水平な屋根面から始まり、庇の根元を一定の高さのサッシュ上枠を軸として庇先端を徐々に下げ、時計回りに庇の底辺が水平になるまで20度屋根の勾配をつけることにより中二階のロフトスペースをつくり出している。

次に、中庭に向かって開放感を出すため、サッシュ部でジョイスト梁を受ける大梁をなくす仕掛けを考えた。ジョイスト梁の下に大梁を配して荷重を受ける代わりに、ジョイスト梁自身をトラス梁の垂直束状とし、それらを上・下弦材としてスチール・チャンネル材150㎜×75㎜挟み、フラットバーのブレースを入れることにより、見えない大梁をジョ

内観

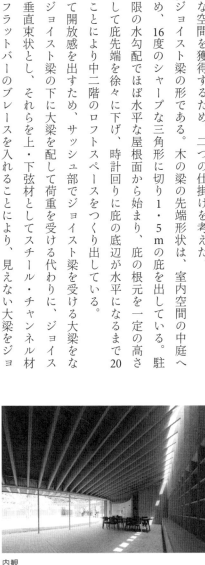

イスト梁の厚みの中につくり出したのである。

これまでの作品に共通した、ジオメトリーと構造のアイディアは、常に空間体験の中で、饒舌にならず、逆により姿を隠すことによりドミネートな存在になっている。

全景

庭に開き、空に開く

レストランCALYPSO [2013]

上海の高層ビル群の足元に、毛沢東が昔住んでいた切妻屋根の建物が保存されて残っている。その隣に二階建てのレストランを設計した。周囲の高層ビルとは強い対比を持たせ、しかし毛沢東の家とはあるバランスを持たせるように、本件地区には似たようなプロポーションと屋根を持たせた。

長手ファサードは「ガラス水平折戸」を開くことにより、レストラン内部とガーデンが連続した空間となる。水平折戸を開くと、それ自体が庇となり、ダイニング・フロアの延長となる中間的な領域をつくり出す。また、二階の屋外ダイニング・フロア上の屋根は開閉式の膜屋根で切妻を形成している。それを開くことにより、レストランは空と連続する。

「ガラス水平折戸」を開けた外観

外観

多様なコンテクストを読み取る

アスペン美術館［2014］

アスペンらしい建築

アメリカでもっとも有名なスキー・リゾートであるコロラド州のアスペンにあるクンストハレ［コレクションを持たない美術館］を、敷地を移し新築するコンペティションで設計者に選ばれた。新しい敷地は、アスペンのダウンタウンにある小さな975㎡のほぼ正方形の角地。そこに要求のプログラムを入れるのは平面的にも断面的にも大変タイトで、一階に十分なロビー空間すら取る余裕がなかった。そこにアスペンらしさや、この敷地ならではの美術館を提案したいと考えた。

スキー体験的動線計画

敷地に立つと、ダウンタウンの周囲の建物に囲われ、素敵な街並みも自然の景観もまったく見られない平凡な場所であった。しかし隣地の屋根に登ると、周囲に素晴らしいアスペンの山々とスキーゲレンデが見渡せる。そこで通常の美術館の動線計画である、

道路→入口→ロビー→ギャラリー

という順路をやめ、

道路↘入口→展望エレベータ↙屋上→ギャラリー
道路↙外部大階段——↘屋上→ギャラリー

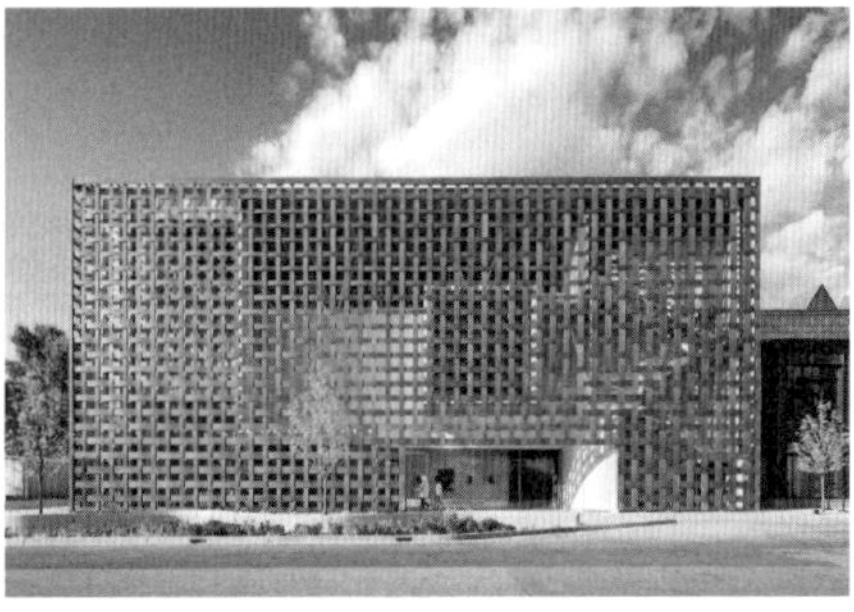

外観

というユニークな順路をつくった。これはスキー体験をシミュレートした動線の流れである。つまりスキーをする時には、まずリフトで山の頂上に登り、周囲の景色を楽しみ、そしてスキーで滑って下りる。この美術館ではまず外部階段かエレベータ［リフト］で屋上へ上り、周囲のアスペンの山々の景観を楽しみ、一階ずつ下りてギャラリーのアートを楽しむという順路である。

コンテクストに調和するファサード

この敷地があるアスペンのダウンタウンの街並みは、煉瓦または木のファサードでできた単純な箱型の茶色い建物が並んでいる。その一画の角地にあるこの美術館は、そのコンテクストを汲んで単純な茶色い箱型とした。ギャラリーのホワイトキューブや階段、エレベータ、諸室を使いやすいように並べ重ね、それにより偶然できたガタガタした形を、木のストリップのような帯を編んで単純な箱型をつくる。この木のようなストリップ材は、外部に露出されるに必要な耐久性能と不燃性能が要求された。そこで木を使うことを諦め、「プロディマ」と呼ばれる、再生紙をレズィン［接着剤］で固め表面に薄いベニヤ板を貼った厚み8㎜の板を現場で手で編んでファサードのスクリーンをつくった。編む密度は隣地側非常階段はそれを隠すため高密度にし、敷地角の展望エレベータに向かって徐々に開放的にしていった。

金属ジョイントなしの木製スペースフレーム

屋上階の半分は屋内空間として、柱の少ないフレキシブルな空間をつくるためスペース

内観

屋上

階段

フレームを採用した。柔らかくコロラド的な素材として木質系のファサードをつくったのと同じように、屋上の空間も木造スペースフレームをデザインした。常に木質構造を考える時、金属ジョイント［コネクター］を使わないようにしている。それはジョイントが金属であると、線材を鉄から木に代えても、木造である意味が弱くなると考えるからである。そこで八方向から線材が集まるジョイントは、柄を切って組ませた格子状の上・下弦材に、それを結ぶ波のようにカーブを持たせ連続した集成材の斜材を上下貫通ボルトで接合させる、とっても簡単な方法を考えた。

　このように動線計画、素材、構造のアイディアを、アスペンならではの多様なコンテクストから積極的に読み取って、アスペンらしい建築とした。

内観

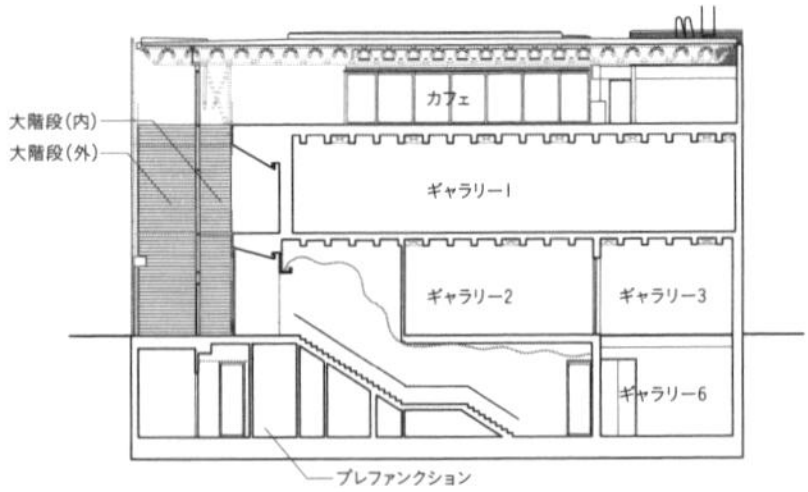

断面

市民に愛される〝ハコモノ〟建築を目指して
大分県立美術館［2015］

地方都市でタクシーから美術館や音楽ホールを見つけ、運転手に「あれは誰が〝つくった〟んですか?」と聞くと九九%の確率で、「あれは、鹿島です」とか「竹中です」という答えが返ってくる。建築家の名前を知っていて答えることはまずない。そして「あの美術館［音楽ホール］どうですか?」と聞くと高い確率で、「お客さんを連れて行くだけで、中には入ったことはないよ」、さらに「われわれの税金であんな豪華なもの建てて……」というネガティブな答えが返ってくることが多い。私がポンピドー・センター-メスを完成させた後メス市内を歩くと、見ず知らずの市民から「われわれの町にあんなに素晴らしい建物をつくってくれてありがとう」とよく声を掛けられる。もちろん一般市民に愛されない公共建築を設計する建築家側にも責任があるが、一般的に日本人は［公共］建築を自分たちの街の財産とは考えない傾向がある。政治家ですら建築を〝ハコモノ〟と否定的に呼んだり、〝コンクリートから人へ〟と建築を市民の敵のような言い方をする。その責任は施主である行政側にもあると思う。たとえば美術館や音楽ホールが特定の美術や音楽愛好家にしか利用されない施設になっているからである。さらにオープニングの際に予算を十分に掛け盛大なイベントを企画するが後が続かず、建物の稼動率が下がり、維持費に税金が使い続けられる。その要因のひとつに行政による事業の立案からのプロセスに大きな問題がある。これまで、日・米・欧で美術館を設計・竣工させてきた経験で、日本が欧米と大きく違う点は館長のプロジェクトへの係わり方で、日本のやり方には問題があると感

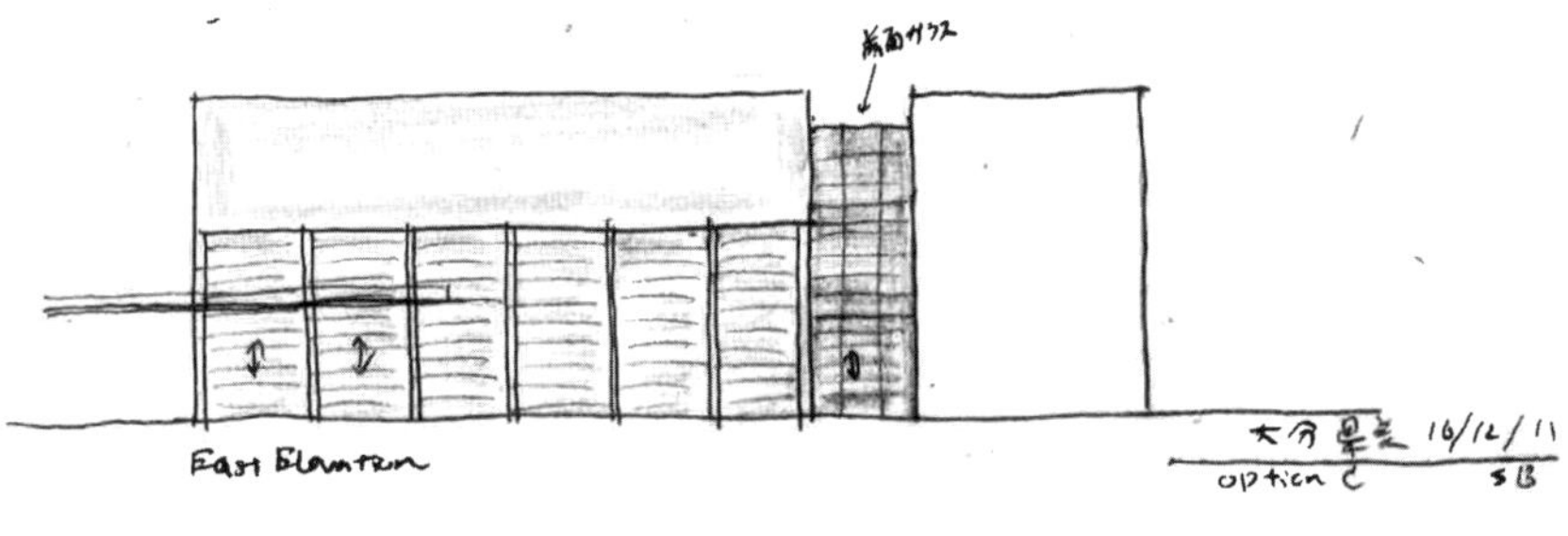

立面スケッチ

じた。日本とフランスはほとんど大きな美術館［博物館］は公共であり、アメリカはスミソニアンを除いてほとんどがプライベートである。しかし欧米の美術館は一〇〇％設計コンペを企画する前に館長がいて、どういう美術館をつくりたいか独自のアイディアがあり、それを実現するためコンペの内容にその方針が反映され、それに従って建築家が選ばれる。しかし日本の場合にはコンペ時には館長が選ばれていないことがほとんどであり、かと言って館長の選任プロセスに建築家が係わるわけでもない。そういう意味で欧米では館長がつくりたいような建築がつくられるが、日本の場合はその逆のプロセスを辿ることとなり、館長には大変な苦労が待ち受けるわけである。この大分県立美術館のコンペ時にも館長はまだ選ばれていなかったが、県側の立案した美術館設計コンセプトは以下のように明確であった。

1——敷地の国道を挟んで対面にある県立音楽ホール［iichiko総合文化センターとＯＡＳＩＳひろば21］との連動的な運用ができる。

2——県産材を使い〃大分らしさ〃を表現する。［これはすべての公共コンペで求められるが、その県らしさを表現するのはとても抽象的で、難しい］

3——県民が自分の家のリビングルームのように感じる居心地のよい空間。

上記の三つの県側の要望は、ちょうど私が考える美術館像を具体化するのにパーフェクトなものであった。

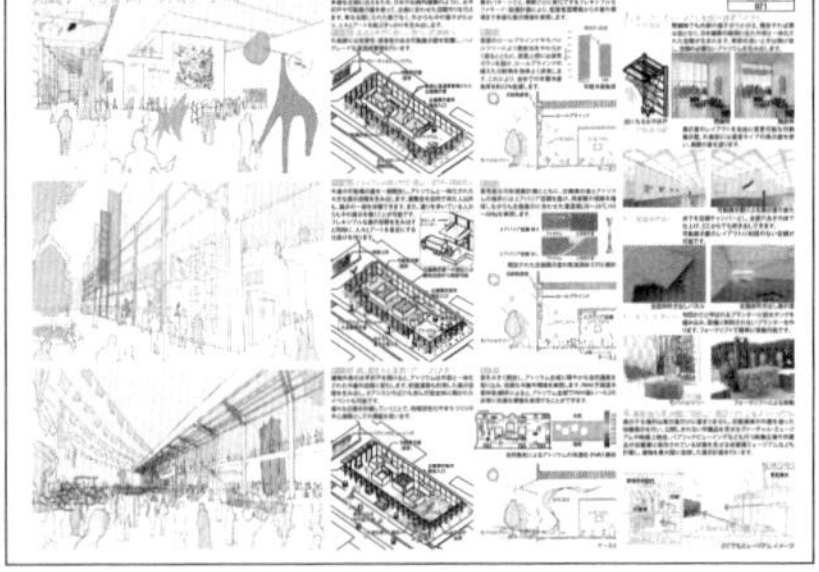

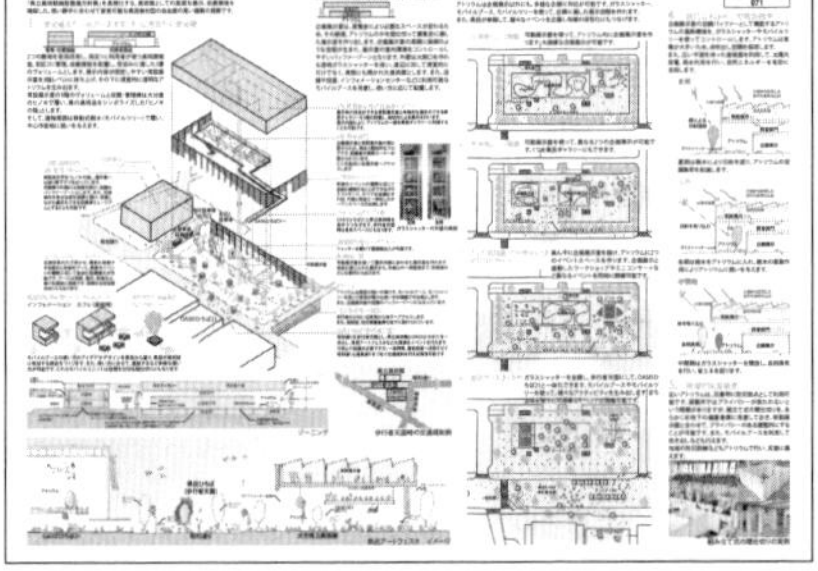

左・右／コンペ時のプロポーザルパネル

箱の解体――ブラックボックス、ホワイトキューブの開放

フレキシブルに使える美術館という意味で〝箱の解体〟を考えたが、コンテクスト的には敷地が国道沿いのオフィス街の延長にあるので、ストリートファブリックを汲み取り、敢えて純粋な箱型の建築とした。それはまず解体される前の箱を対比的に示すことにもなる。

欧米の人気美術館、たとえば、ポンピドー・センターやMoMAですら、入場者収入だけでは美術館を運営していけない。そこでさまざまなイベント［企業と連動したイベントや展示、プライベートパーティ等］にスペースを賃貸ししている。このような企画は美術館の収入を増やすだけでなく、普段から来場する美術愛好家以外の層のお客さんを美術館へ招く効果がある。本館においても、前面のガラス水平折戸を開くと、［歩行者天国にもなる］前面道路とアトリウム空間が連続し、さらに対面の音楽ホールと連動しさまざまなイベントを開催することができる。一般的に美術館はその性格上、外に閉じたブラックボックスで、目的を持って来場し入場料を払うまで中を見ることはできない。しかし前面がガラス張りで内で催されている展示も道路から自由に見られ、時には最近の家電量販店や大型ドラッグストアのようにガラス水平折戸を開くことにより通りがかりの人びとが気軽に館内に入り、カフェでお茶を飲んだり、ショップに立ち寄ったり、ギャラリーの展示を鑑賞したりできる。

一階の展示室はすべて可動壁で構成され、ホワイトキューブでない開放的な展示方法によりアトリウムと一体となった展示ができる。この可動壁は、高い気密性と断熱性を持たせ、展示品の展示条件によっては風除室を形成することもできる。

天気のいい時に水平折戸を開けば、中間期の冷暖房を止めランニングコストを抑えられる。さらに県側が求めた居心地のよいリビングルームというより、日本的な縁側空間がで

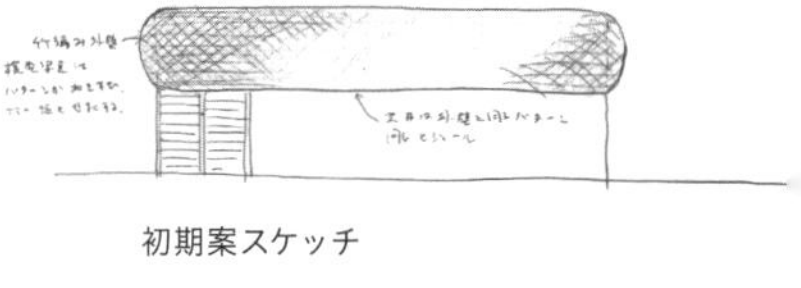

初期案スケッチ

全景

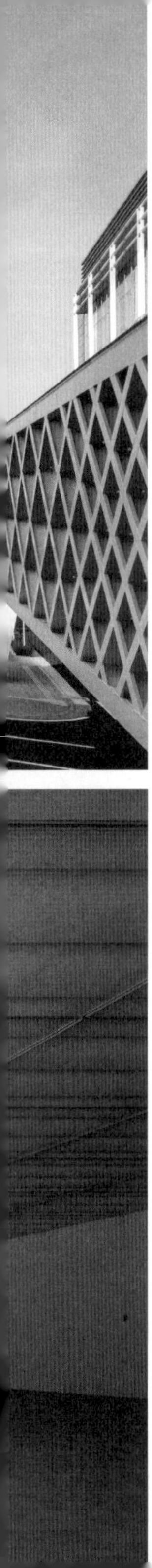

きあがる。

媚びすぎない「らしさ」の表現

県側の要望としてではなく、元々木の好きな私は、できるかぎり単に仕上げとしてだけでなく木造を一部にでも採用したいと考えている。展示室の構成として一階をフレキシブルな展示空間としたので、三階の展示室は、より高い空気清浄度を要求される常設・企画展や、工芸品コレクションの展示ができる閉鎖的なギャラリーとし、箱的な表現とした。箱をつくるため、常設コレクションにも多数ある大分の伝統工芸の竹細工の箱のような木の箱をイメージした。外壁の柱に既製品の木製ハイブリッド集成材を使い、県産杉材を筋交いとして上に重ね、その上にアルミサッシ枠を重ねた。

三階の周囲にギャラリーを配置し、その中央に外部展示ができる屋外展示スペースとそれを取り囲む自然光の入るホワイエと回廊を設けた。屋根のグリッドシェルは法規上鉄骨造にせざるを得なかったが、鉄骨の結露防止に県産杉材を使った。その他、床には県産の日田石や七島イをベンチの座面に使った。

これらの仕掛けにより、ブラックボックス、ホワイトキューブから脱却した、世界でもっともフレキシブルな美術館が誕生した。この多様な空間と装置を存分に使い、真に市民に愛される〝ハコモノ〟にするため、新見隆館長の腕力に期待したい。

新しい復興のコミュニティ施設へ

ＪＲ女川駅［2015］

間仕切りから仮設住宅を経て実現した、駅と温泉

二〇一一年三月の東日本大震災直後から、まず避難所で暮らす被災者の家族間のプライバシーを確保するための間仕切りを設置する活動を始め、三カ月余りで、五〇以上の避難所に一八〇〇ユニットを設置した。この活動は、二〇〇四年の中越地震から始めたものである。間仕切りづくりの作業と同時に進めていた活動は、住み心地がよく、効率的に多くの戸数が建てられる三階建て仮設住宅の提案である。５００㎞余りに及ぶ沿岸部の被災地では、従来の平屋の仮設住宅を建てるには十分な土地の確保が困難であろうと考え、また、将来の都市部での地震も想定し、多層の仮設住宅の提案を二〇一一年四月中にまとめ、仮設住宅の発注者である、岩手、宮城、福島の三県庁に、海運用コンテナを構造とする三階建て仮設住宅建設の業者登録を行った。その後、避難所の間仕切りを設置しに行くたびに、その町の首長に三階建て仮設住宅の模型を見せ、図面を配って回った。その中のひとつの町、宮城県女川町の安住宣孝町長［当時］より「女川町はあと一八九世帯の仮設住宅が必要なのだが、野球場しか残った土地がないので十分な敷地が確保できず困っている」という話を聞いた。そこで、野球場内に一八九世帯分の二、三階建て仮設住宅と、住民の要望通り家の前の駐車場、集会場、坂本龍一氏寄付によるマルシェ、千住博氏寄付による子ども図書館兼アトリエを建設した。三階建て仮設住宅は、面積も建設コストも他の一般の仮設住宅と同じ県の基準に従って建てたが、明らかに一般の仮設住宅より住み心地がよく、

千住博氏によるタイル壁画の浴室

外観

多くの住人は仮設期間が終わって家賃を払ってでもここに住み続けたいと感想を漏らした。

仮設住宅完成後、一般仮設住宅も含めた女川町の全仮設住宅住民に、住み心地、問題点、改善点の質問と、次にほしい施設についてアンケートを取った。すると仮設住宅のユニットバスでは足を伸ばせないし、子どもと一緒にお湯に浸かれないので〝銭湯〟がほしいという要望が圧倒的に多かった。そこで野球場近くにあった温泉源を使い、仮設銭湯の設計に取りかかった。しかし、仮設と言っても保健所から公衆衛生基準を満たす設備の設置を求められる。その予算は集められた寄付金を大きく上回るものとなり、さらなる寄付金集めに苦慮していた。そんな時、われわれの三階建て仮設住宅に住み、それを高く評価してくださった［後任の］須田善明町長から、津波で流された女川駅とそのそばにあった町営温浴施設ゆぽっぽを一体としたJR女川駅舎の設計を依頼していただいた。

女川湾に面した元の女川町の中心街は、津波ですべての建物が流されたため、復興計画に従い、浸水したエリアは、約7m土盛り嵩上げされた。駅のサイトはその一環で元の場所から山側に150m移動され、流された線路も敷き直された。駅からは軸上に海に向かい新たにプロムナードとしての商店街が計画されるも、今［二〇一五年］は何ひとつ建物が建ってない更地である。女川駅は石巻線の終着駅で、日本には二カ所しかない海が見える終着駅である。それもあって正面性が強い、シンメトリーな形態で、背景の山並みを意識した浅い切妻屋根とした。駅といっても一時間一本の汽車が石巻から到着し、観光客を除けば、一日の乗降客は平均三〇〇人程度で、この建物の九〇％は町営温泉温浴施設ゆぽっぽである。一階の入口からギャラリー、書籍コーナー、マッサージチェアコーナー、デイベッドコーナーと、スキップフロア状に上階へ上がり、木造グリッドの膜屋根から自然光

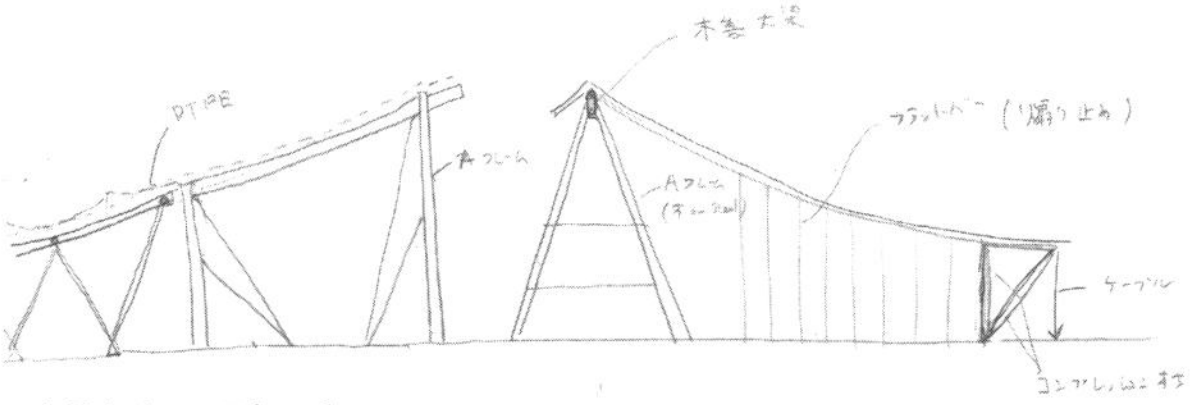
ストラクチャースケッチ

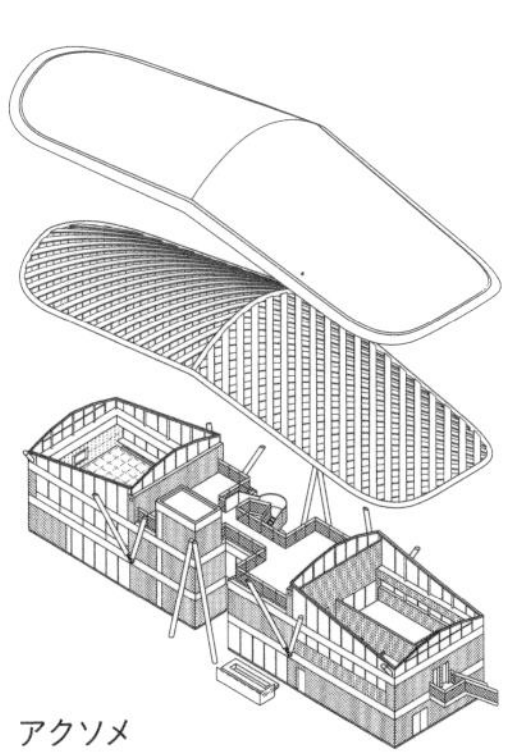
アクソメ

の差し込む二階のふたつのメインスペースである休憩室と浴室へと自然に導かれる。

この温浴施設は、女川の町民と観光客が出会い、交流する場として、使いやすく一般的なプログラムとしての解が求められた。そんな一般解のための手法として、大浴室の壁画［タイルアート］を日本画家の千住博氏に依頼した。〝依頼した〟と言ってもまったくのボランティアで、千住氏の浴室の絵と、一般公募した花の絵を千住氏の描いた木に構成して壁画を完成させる仕事をデザイナーの水戸岡鋭治氏にお願いした。これまで、古典的なやり方で建築の内装にアーティストとコラボレーションした経験はなかった。今回はじめて千住氏と作業をし、その威力に圧倒させられた。建物の内部模型と図面を見ながら、目の前でサラサラ筆を動かし始め、場面ごとに富士山や鹿のいる森のスケッチがあっという間に描かれていった。そしてそれらがタイルに焼き付けられ建築に納まった時、これこそ「画竜点睛」ということだ、と思い知らされた。

オープニングの日、見覚えのある、われわれの三階建て仮設住宅に住む被災者の方がたも来てくださった。そして「あんな住み心地のいい仮設住宅をつくってくれた坂さんの建物がまたできて本当に嬉しいです」と言っていただいた。これほど建築の仕事をやってきて幸せな瞬間はない。

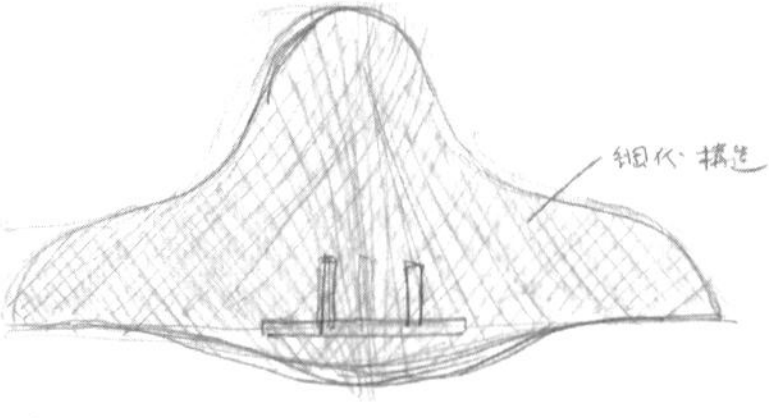

プライマリースケッチ

JR女川駅舎と周辺の整備風景

LVMH子どもアート・メゾン［2013］

建築療法

LVMH［ルイ・ヴィトン、モエ ヘネシー社］は、二〇一一年の東日本大震災直後から被災地の支援活動に取り組み、さまざまなプロジェクトに経済的なサポートをしてきた。われわれが取り組んだ宮城県女川町の三階建て仮設住宅にも家具などをつくる資金を提供してくださった。その一環で福島県相馬市とLVMHとの間で、震災やそれにより親族を亡くすなどのショックからPTSD［Post Traumatic Stress Disorder：心的外傷後ストレス障害］に落ち入った子どもたちの治療のための施設を建設する合意［相馬市が土地を提供しNPOと運営、LVMHが建設資金を寄付する］が結ばれた。それに伴い、これまで支援活動を共にしてきたわれわれにその設計を依頼してくださった。今度はボランティアでなく嬉しかった！

PTSDの子どもたちの治療施設ということで、本来は、自然の中に建てるなど、日常生活から少しでも遊離した環境で過ごせるようにできればよかったのだが、与えられた土地は高架道路と線路、そして倉庫と住宅に囲まれた、日常的な住宅街よりさらに乱雑なスポットであった。そこで、建築によって非日常的で周辺環境から遊離した空間をつくるため、楕円形のドーナツ状に内庭がある形態をつくった。北側の壁すべてを天井近くまである高い本棚でつくり、南側は野菜を室内で栽培する棚ですべてのガラス面を被い、室内を遮光しつつ外の乱雑な景色を隠した。それとは逆に内庭側すべてをガラス面としてコントロールされた屋外空間をつくり、ガラス扉や跳ね上げガラス戸で内外の空間を連続させた。

外観

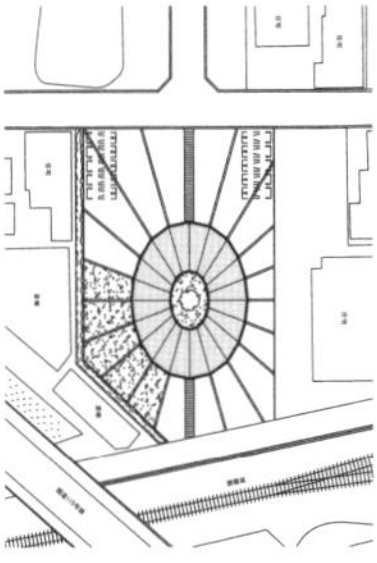
配置

子どもたちは、オープンキッチンで自分の育てた野菜のサラダをつくって食べたり、見たこともない紙の柱に驚いたり、楕円の空間を走り回ったり、内庭の芝生に寝転がって空を眺めてジェームズ・タレル体験をしたり、治療を受けなくてもここで過ごしていればいつの間にかPTSDなんて忘れてしまう、そんな空間になれば、と考えた。

アクソメ

内観

ネパール復興住宅プロジェクト 1 [2015]

災害支援活動の蓄積が可能にした迅速な対応

二〇一五年四月二五日、ネパールの首都カトマンズ近郊でマグニチュード7・8の地震が発生した。二〇年前の阪神・淡路大震災以来、世界各地で災害支援活動を続けてきた実績によって、どこかで大地震が発生すると必ず、知人や見ず知らずの方から支援のメールが自然に入るようになったが、今回のネパール地震はそのような連絡が今まで以上に多く世界中から寄せられた。たとえば東京在住のネパール人留学生、ネパールを愛する世界中の投資家・写真家・登山家・観光客、そしてNGO関係者など。それにより、私にとって未知の国ネパールへの関心は高まり、すぐに支援活動の準備に取りかかった。

まずは情報収集のため、東京在住のネパール人留学生たちに集まっていただいた。集まった八人は国立トリブハン大学の工学部出身の学生であった。そこで、毎回各国でやっているようにトリブハン大学の工学部長トリ・ラトナ・バジラチャリ教授に連絡を取り、日本からの支援物資の受託先になっていただき、われわれが現地に入った時の学生とのワークショップをアレンジしていただいた。

これまで紙管を使った緊急用シェルターを開発してきた。一九九四年からのルワンダにおける国連難民高等弁務官事務所［UNHCR］用には紙管とプラスチックのコネクター、二〇一〇年ハイチ地震では紙管と合板のコネクターをつくった。しかしどこの国でも安く手軽に既製品の紙管が手に入るのに対し、プラスチックや合板のコネクターは製造に手間

ネパールでの紙管シェルター組み立ての様子

がかかる。そこで今回ははじめてガムテープを使ったジョイントを試みた。一度日本で試作し、現地でネパール製紙管とガムテープを使い再度紙管シェルターを組み立てた。ワークショップ後の災害支援活動中心の講演会には、学生やネパールに集まった世界中のNGO関係者が五〇〇人以上集まり、具体的で実践的な質疑が続いた。

それと同時にこれまで共同で女川町の三階建て仮設住宅を開発したTSP太陽から、中古の運動会用テント一三〇張を寄付していただき、現地へ送る手配をした。それらの空輸とわれわれの現地入りの航空券の支援をタイ、シンガポール、香港のクライアントを通してタイ航空、シンガポール航空、キャセイパシフィック航空に依頼した［こういう時日本の航空会社は動きが遅い］。運動会用テントは屋根だけなので、それらの周囲を塞ぐシートを、社団法人海外建設協会を通じて各ゼネコンから寄付していただくことにした。この協力は、一九九九年トルコ地震の際に行った方法で、その時の実績からすぐ対応してくださった。

伝統を生かした簡易な工法

今回のネパール滞在中には、学生による短期的なプロジェクトとして紙管シェルター建設の準備と、中長期的な復興住宅の建設の計画を立案し、協力してくれる地元の建築家、そして復興事業に興味のある地元企業や、日本政府の援助窓口となる日本大使館と打ち合わせをした。滞在中にカトマンズ郊外の被災した集落や建材市場を回り、地元で手に入りやすい材料、伝統的工法やスタイル、そしてネパール被災地独自の問題を捜した。倒壊した建物のほとんどは焼成煉瓦と日干し煉瓦を幅50cm以上の厚い壁として積んだ単純な組積造である。被災者は、たとえ家が完全に倒壊していなくとも、地震体験のトラウマと余震

ゼネコンからの寄付のシートでつくったシェルター

を恐れ、外でテント生活をしている。彼らは二度と組積造の家には住みたくないと口を揃えて訴えてきた。そしてこの大量に山積みされた煉瓦をどうやって、どこに撤去するのか？　これが被災地の最大の問題である。一方、倒壊を免れた伝統的ネパール建築を見ると煉瓦の壁の中に塡め込まれている木彫が施された窓の木枠が特徴的で美しい。そんなネパール独自の伝統的建築を見た後、郊外の製材所を訪れた。そこでは製材の傍ら、標準品として木製窓枠・扉枠を簡単な工具でつくっていた。それを見た時、それまでに見た伝統的な窓枠、大量に放置された煉瓦とひとつの工法の提案に結びついた。それはモジュール化した木枠［90㎝×210㎝］を連続させ、釘やビスで固定し、その枠の中に倒壊した煉瓦を積んで壁をつくったり、必要な窓や扉を付けていく工法である。この工法であれば、素早く素人にでも木枠同士を固定させることができ、屋根［現地製紙管トラス小屋組み］を載せ、木枠に仮のシートでも張れば住み始めることができる。そして住人が徐々に木枠の中に煉瓦を積んで自分で完成させればよいのである。構造強度を確かめるため、試験体をつくり、このパネルでどれだけの横力が負担できるか実験をすることとした。二階建てにする場合は一階の必要な木枠内壁に合板を貼って追加の横力対策とする。この工法による一軒目の試作が［二〇一五年］九月上旬の完成を目指しカトマンズ市内の協力ホテルの敷地内で進んでいる。これが完成したら強度を確かめた上で、適切な敷地に長屋式タウンハウスとして建設する予定である。

ローコストプレファブ住宅の開発

ネパールでの長期的住宅プロジェクトとして、大和リースと共同でローコストプレファ

被災地でのテント生活の様子

ブ住宅の開発をフィリピンで開始した。これをネパールでも進める計画を国内外のインベスターと始めた。これは東日本大震災後に、国内のプレファブ住宅メーカーが、次の震災時に十分な仮設住宅が供給できないという実情から、より性能の高い仮設住宅を開発する必要性より計画したプロジェクトである。発泡スチレンボードのパネル両面にグラスファイバーを塗り、モジュールパネルとする構造であり、その工場を発展途上国につくり、地元の雇用創出をしつつ低所得者住宅を改善する。将来の地震の際には、アップグレードした仮設住宅供給策として日本などの近隣国に輸出する計画で、フィリピン工場では試作棟が完成した。この工場建設に、インドとネパールのインベスターからビジネスオファーをいただいたので、インドとネパールに工場建設を計画中である。

ネパール復興住宅プロジェクト 2 [2015-]

倒壊建物の煉瓦を再利用した耐震構造

昨年［二〇一四年］、ネパールの首都カトマンズ近郊で、四月二五日にマグニチュード7・8の地震、五月一二日にマグニチュード7・3の余震が発生した。亡くなった方は九〇〇〇人余りで、ほとんどが煉瓦造で耐震性がまったく考えられていない建物の倒壊により大

震災直後のネパールでの光景

きな被害となった。私は震災後現地へ行き、被害状況の調査、地元学生とシェルター建設のワークショップ、そして世界中から集まったＮＧＯスタッフ向けにこれまでの災害支援の経験を紹介する講演会を行った。そして、ネパールで手に入りやすい材料を使い、現地の伝統的建築からもアイディアを得て、耐震性のある復興住宅の構想を練った。

まず被災地の最大の問題は、崩れた建物から生まれた大量の煉瓦の処理である。人びとは二度と耐震性のない煉瓦造の家には住みたくないと言うが、鉄筋コンクリート造の建築をつくるほどの経済的余裕はないし、十分な資材や職人もない。片や倒壊を免れた伝統的な建築を見ると、美しい彫刻が施された扉や窓の木枠が特徴的であり魅力的である。そこで、地元でどのような木材が手に入るか調べるため製材所へ行くと、製材の傍らスタンダードな扉枠［０・９ｍ×２・１ｍ］をつくっていた。それを見て考えついたのが、その既製品の扉枠を並べて相互に固定し建物の外枠をつくり、枠の内側には合板を張り面剛性を確保し、枠の中には倒壊した建物から出た煉瓦を積んでいく。枠の中に積むのであれば、素人でも容易にできる。この構造システムが日本の耐震基準にも合うことを確認するため、構造家の手塚升氏の協力により、ポリテクカレッジ千葉において一ユニットパネルの破壊実験を行った。小屋組みはネパールにも工場がある紙管を使い設計したが、現在インドによる石油の輸入規制によりすべての工場は操業停止していて手に入らず、木造の小屋組みとした。屋根の防水は、小屋組みの上の合板に厚いビニールシートを敷き、断熱と周りの環境に馴染むように薄いレイヤーながら茅葺きとした。こうして一軒目の住宅は、インドからの石油輸入の規制によりすべての工程が遅れたが、一〇月一九日に世界中から集まるＮＧＯスタッフ、大使館員、メディアを集めお披露目を行った。

製材所でつくられる扉枠

ネパールの伝統的な煉瓦建築

復興の三プロジェクト

1――復興住宅

上記の復興住宅の第一期工事を施工するコミュニティとして、カトマンズから北東38kmのファクシーラ村をわれわれの現地パートナーが選んだ。この村は、幹線道路から離れた斜面にあり、村民のカーストがもっとも低いため、支援がまったく届いておらず、ほとんどの被災地で配られているテントすら配給がない。人びとは、ありあわせの波板の覆いの下で夜露をしのいで生活をしていた。まず第一フェーズとして、全体で五四世帯のうち斜面下半分の二〇世帯分の長屋を建設することとした。

2――クムジュン村小学校

震災直後、同志社大学山岳会OB会からわれわれに支援の要請をいただいた。同志社大学山岳会は過去にもクムジュン村の学校に支援を行っており、今回の震災でも被災した学校の再建を決め、われわれに設計の要請があった。この標高3800mの村には煉瓦工場はなく、すべての建物は石積みである。復興住宅のためにつくった工法は、システム的には学校の教室をつくることに問題はないが、煉瓦が手に入らない村なので代わりに石を使った壁パネルをつくる試作を研究室で行った。

3――シミガオン村の寺院

二〇一五年九月には、震災を実際に現地で体験され、直後から支援活動を続ける

坂 茂による現地説明会

復興住宅外観

登山家野口健さんから支援の要請があった。野口さんはこれまでクムジュン村などの被災者に三〇〇ものテントを配給してきたが、こんどは倒壊した寺院の再建を依頼された。建設地のシミガオン村は、標高1950mで、すべての建材を人とヤク、またはヘリコプターで運搬する必要がある。寺院はある程度のシンボリックな空間を必要とするので、軽量で運搬しやすい紙管の建築を計画している。

これらの三つのプロジェクト以外にも、ツーリズム復興のための仮設博物館建設［震災でカトマンズの博物館が倒壊したが、幸いにも多くの美術品は運び出され倉庫に入れられている］などの計画もある。しかし、昨年［二〇一四年］九月に建国初の憲法が公布されるも、インド政府の反発を買い経済封鎖が今も続いている。復興のプロセスはとてもスローであり、これからネパールと長い付き合いになりそうである。

シミガオン村の寺院（模型）

クムジュン村小学校（模型）

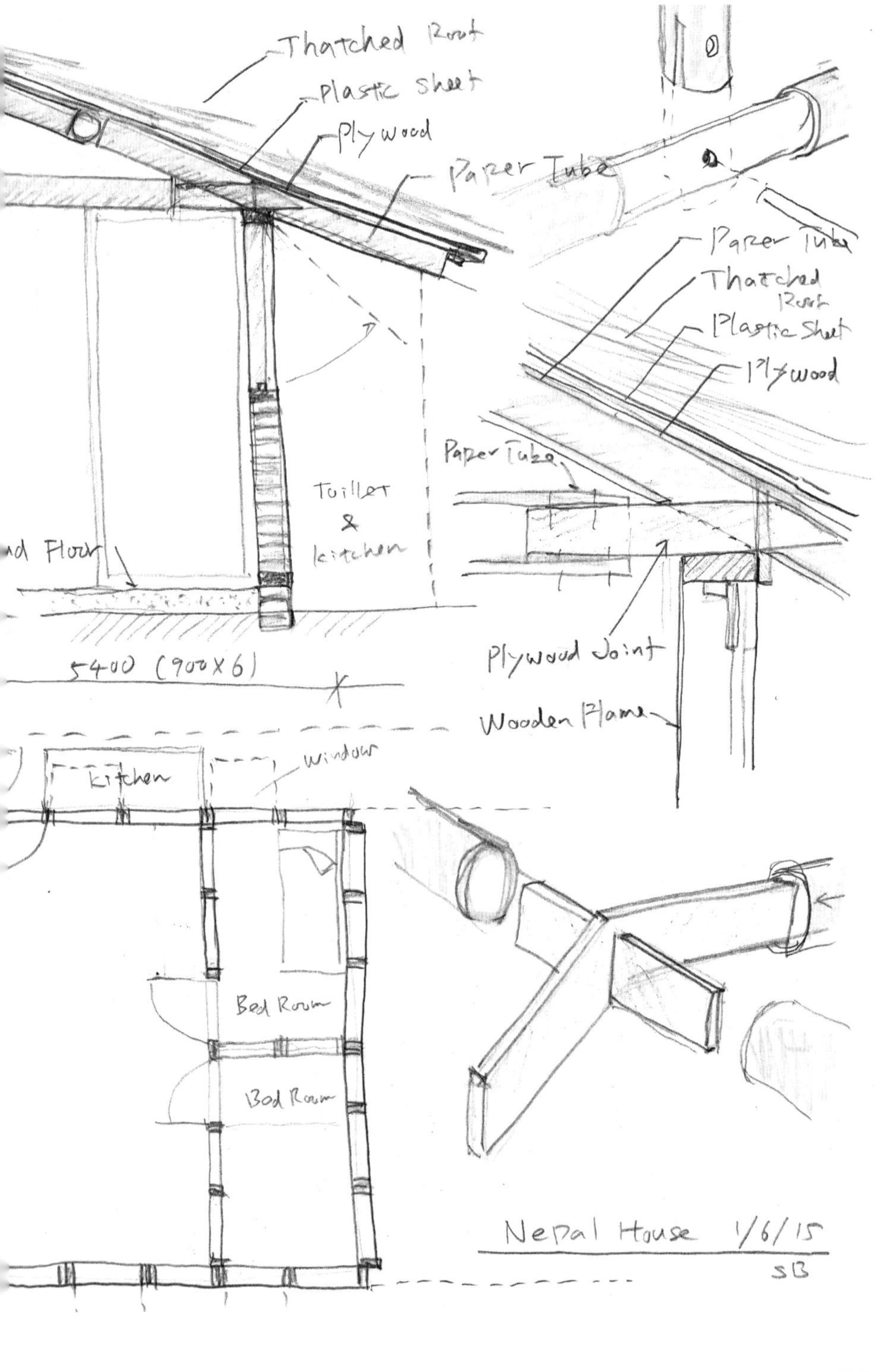

Thatched Roof
Plastic Sheet
Plywood
Paper Tube
Toillet & kitchen
nd Floor
5400 (900X6)
Paper Tube
Thatched Roof
Plastic Sheet
Plywood
Paper Tube
Plywood Joint
Wooden Flame
kitchen
window
Bed Room
Bed Room
Nepal House 1/6/15
SB

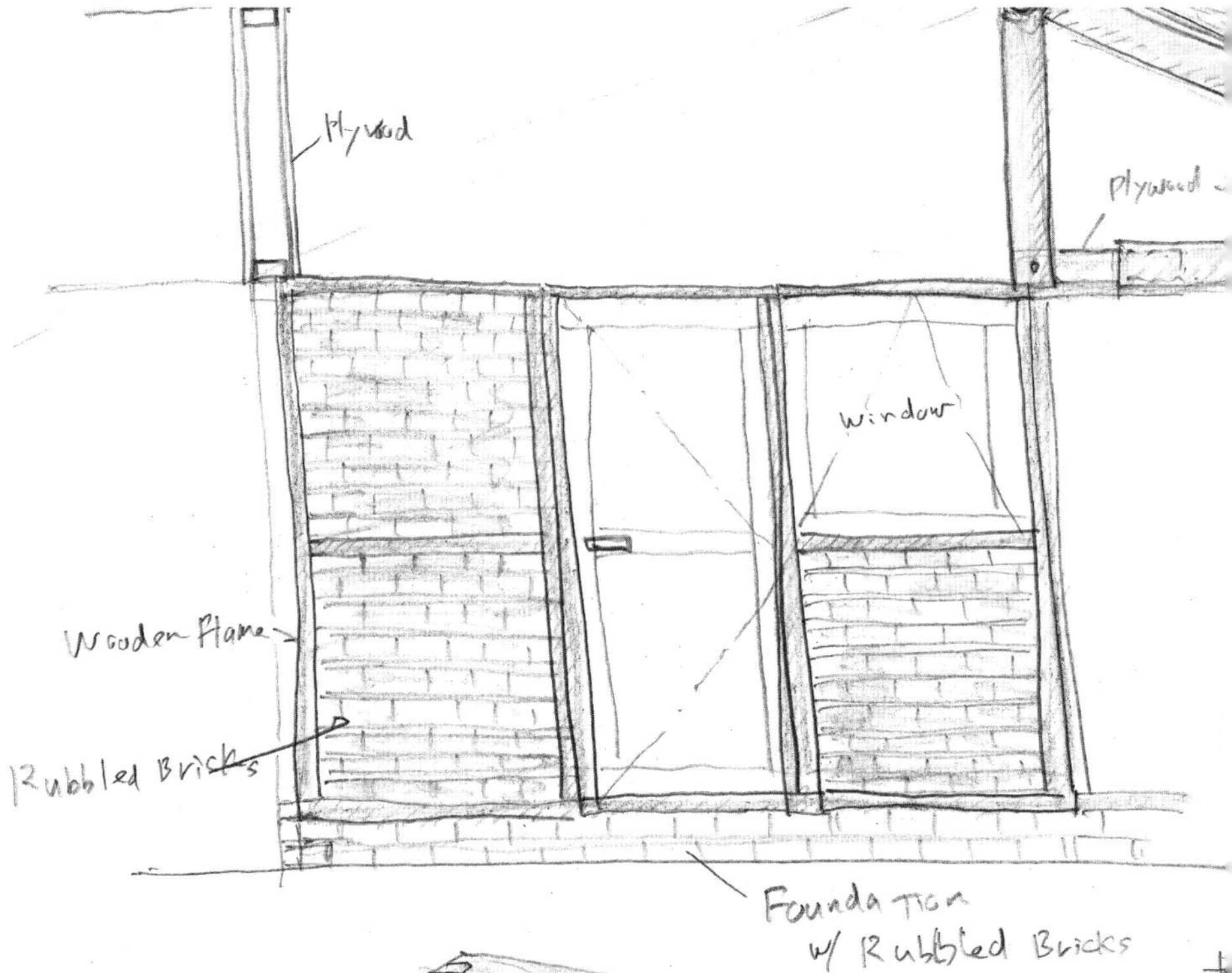
Plywood
Plywood
Window
Wooden Flame
Rubbled Bricks
Foundation
w/ Rubbled Bricks

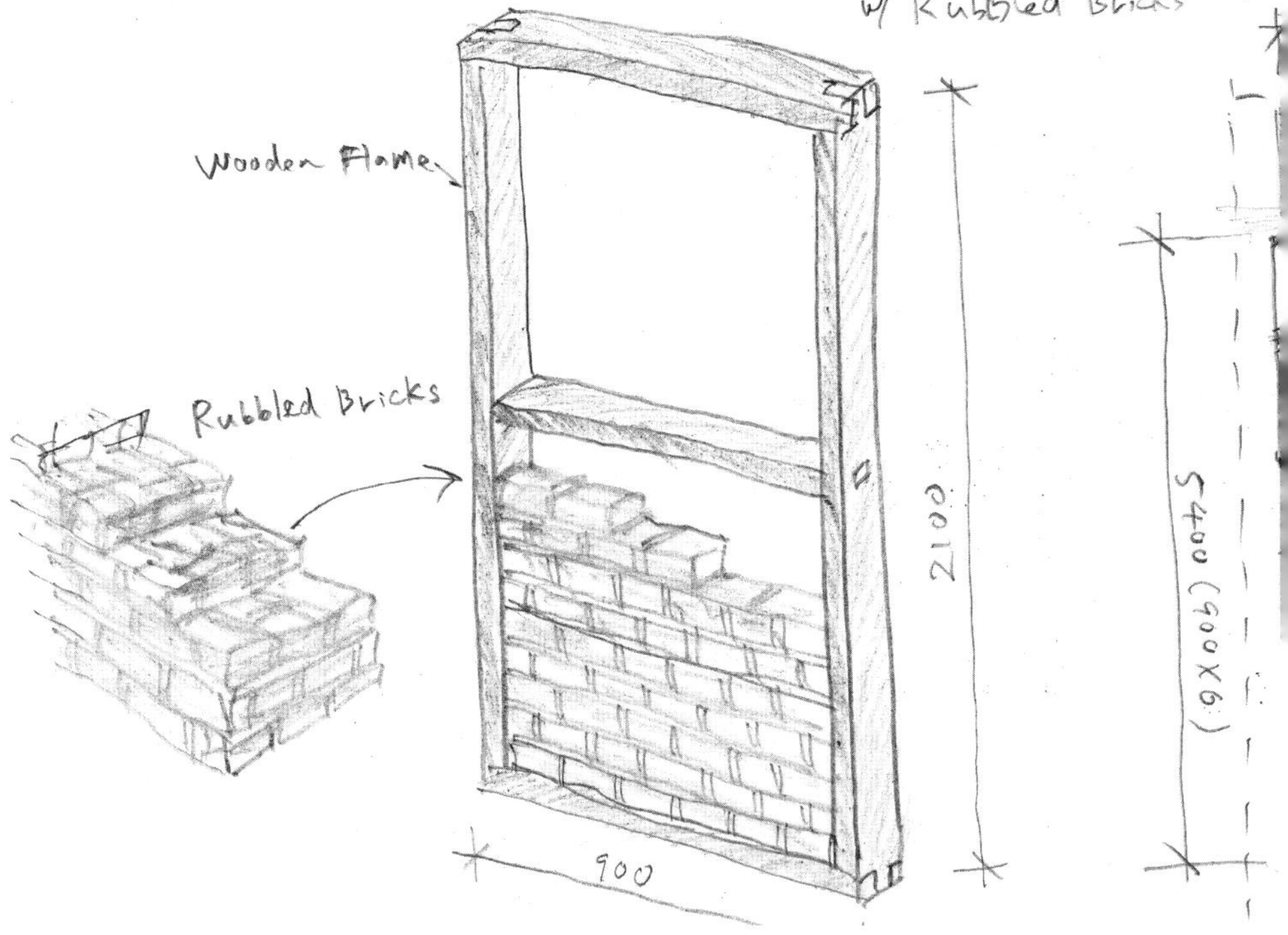
Wooden Flame
Rubbled Bricks
2100
900
5400 (900X6)

無垢杉の家 [2015]

これまでいくつかの作品で、ミース・ファン・デル・ローエの作品をテーマにコンセプトを練り上げてきた。たとえば〝ガラス・スカイスクレーパー計画〟[一九二二年]によって提案されたガラス・カーテンウォールの外皮を「カーテンウォールの家」では、ガラスの代わりに塩ビカーテンで内外の空間の連続と区分を試みた。また、〝バルセロナ・パビリオン〟[一九二九年]を分析し構造になりえる壁を非構造とし[一九八六年に復元された時、現在の法規に合わせ壁は耐力壁になった]、そのそばに常に柱を配置し主体構造とする構造のアンビバレンスさとは逆に、「家具の家No.1」では一切の構造壁と柱をなくし工場生産されたクロゼットと本棚にすべての横力と鉛直荷重を負担させた。そして同じ構造システムを使い「サガポナックの家[家具の家No.5]」では、未完の〝ブリック・カントリー・ハウス〟[一九二四年]の平面計画の読み直しによる構造家具の配置を行った。さらに「2/5ハウス」では二階のミース的ガラスの箱[ビジュアルに透明]の下に、日本的にビジュアルにもフィジカルにも透明な空間をつくった。今回の「無垢杉の家」もそのスタディの延長上のコンセプトで考えた。

一九九八年に建築基準法第三八条認定を取得したふたつ目の紙管構造の「紙のドーム」の施主であり施工者の池畑彰氏より、岐阜で120㎜角杉材が安く手に入るのでそれを使った木造を考えてほしい、との依頼を受けた。そこで、ミースがコンクリートそしてブリックを構造と、間仕切りとして使った壁を、内部空間からランドスケープへと空間のシー

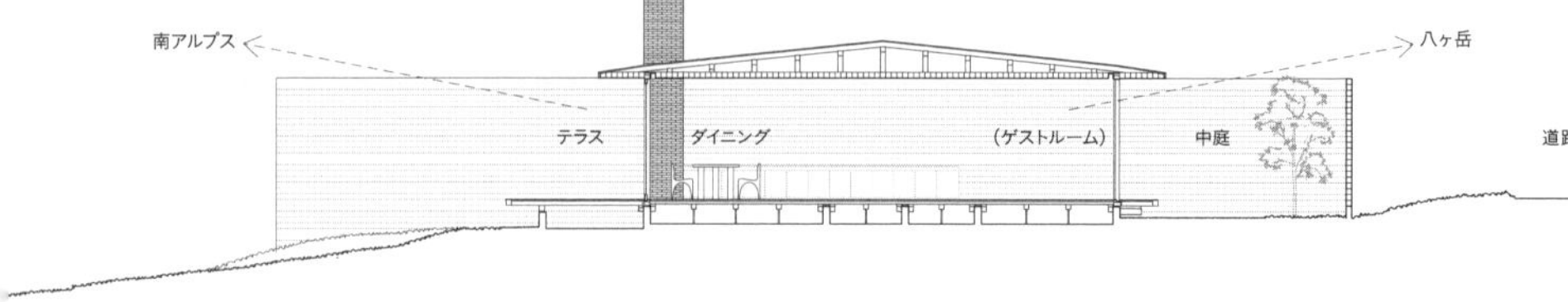

断面

クエンスを繋ぐ装置としたように、この作品では無垢の杉材の壁とスラブ［天井・屋根］によって部屋ごとにさまざまな景色を切り取った。壁は景色を切り取るだけでなく、この敷地では、隣家や道路を隠す役割も担っている。

ミースの作品の分析から生まれるコンセプトの展開はまだこれからも続きそうである。

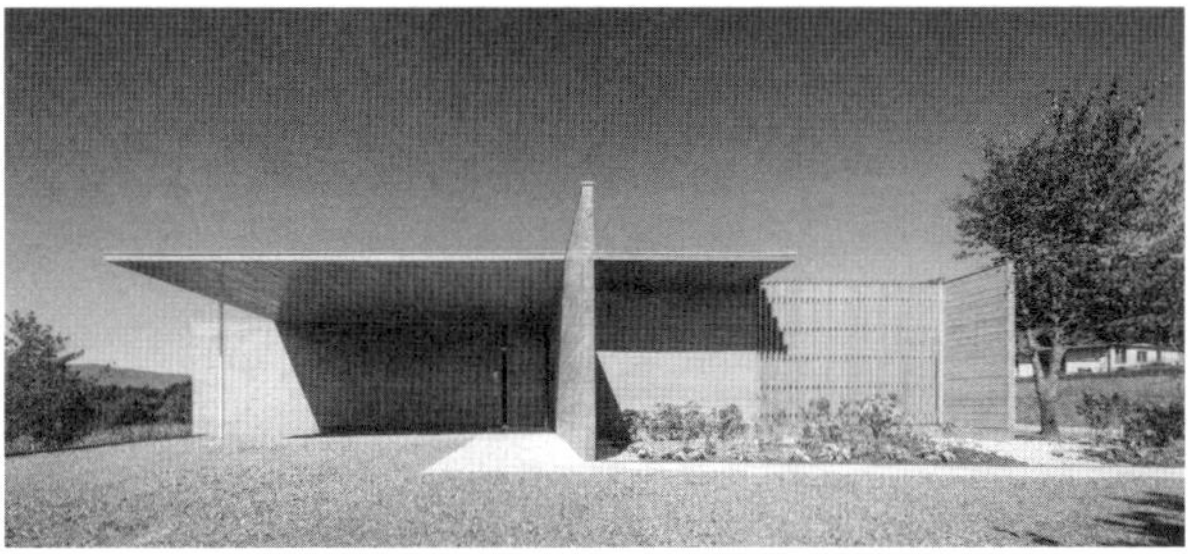

全景

内観

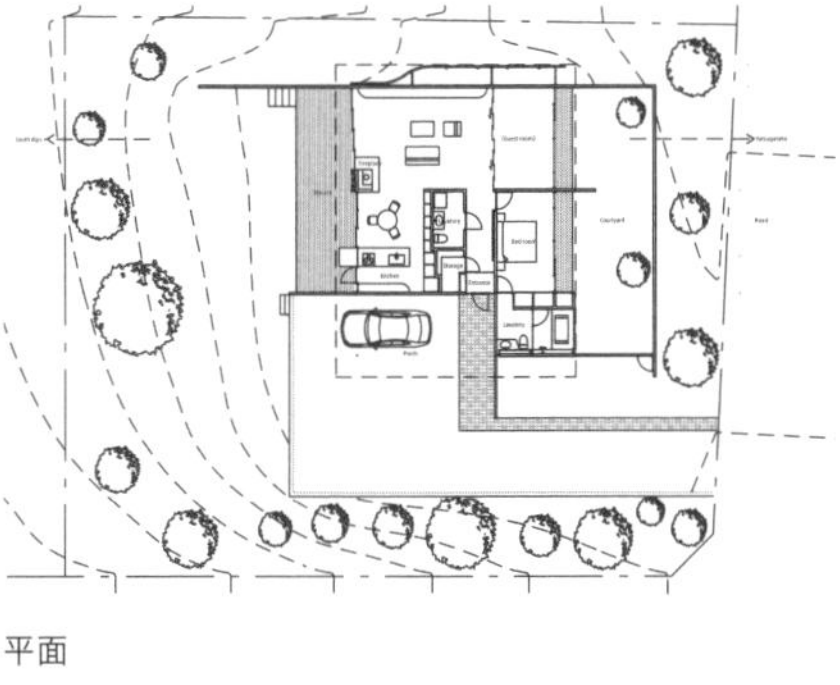

平面

スコルコボ ゴルフ クラブハウス〔2014〕

「仮設」クラブハウス

ジャック・ニクラウス設計のゴルフ場がモスクワの市内に計画され、われわれが韓国に設計した「ヘスリー・ナインブリッジズ・ゴルフクラブ」を見たオーナーから、クラブハウスの設計依頼をいただいた。計画は冬が長いモスクワでも一年中クラブハウスを多目的に使用できるように、インドアのプールやテニスコート、宿泊棟を伴った巨大な施設となった。しかしながらロシアの景気低迷も重なり、スケジュールの遅れにより、小さい〝仮設〟クラブハウスをまず建設することとなった。

すでに仮設の「ゴーリキー・パーク仮設美術館GARAGE」の建設がモスクワで始まっていて、クオリティの高い紙管をサンクトペテルブルクの工場から調達できることがわかっていたので、〝仮設〟ということで、ロシアの木造建築として伝統的ログハウスの工法を意識した「紙のログハウス」型式〔紙管の縦使い〕を考えた。敷地のコンターラインに沿って紙管の列柱を並べ、クラブハウスに到着した時まず紙管の列柱のスクリーンにより景色を隠し、スクリーンを通過し敷地の勾配に沿って下階に進むにつれてゴルフ場の美しい景色を体験するシークエンスをつくった。屋根の勾配も敷地の勾配に合わせ、駐車場側の環境と対比する列柱のスクリーンから、ゴルフ場側は環境に溶け込むよう配慮した。ところが、〝仮設〟クラブハウスのコンセプトデザインが承認された直後、経済状況上〝仮設〟というより多分長い間このクラブハウスを使うことになるだろうという判断が下され、

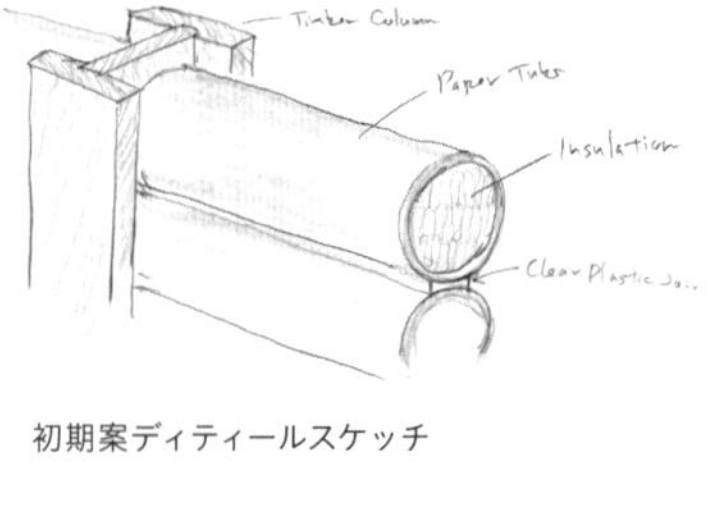

初期案ディティールスケッチ

外観

［紙管でもパーマネントに使えるのだが］施主より木造に変更してほしいとの要求が出てしまった。しかし新たに設計し直す時間もなく、紙管で設計した列柱をそのまま木の丸太に置き換えることとなった［別にネガティブな考えでなく］。

ロシアでは伝統的に木造ログハウスが一般的であったにもかかわらず、現在はレベルの高い木造の加工業者は現地にはなく、すべてをフィンランドから輸入することとなった。ロシア人にとって隣国で、元々占領していたフィンランドから物を入れることはごく自然なことで、よりクオリティが高い上に、自国の業者を使うより、より安心であるという事実には驚いた。

外観

内観

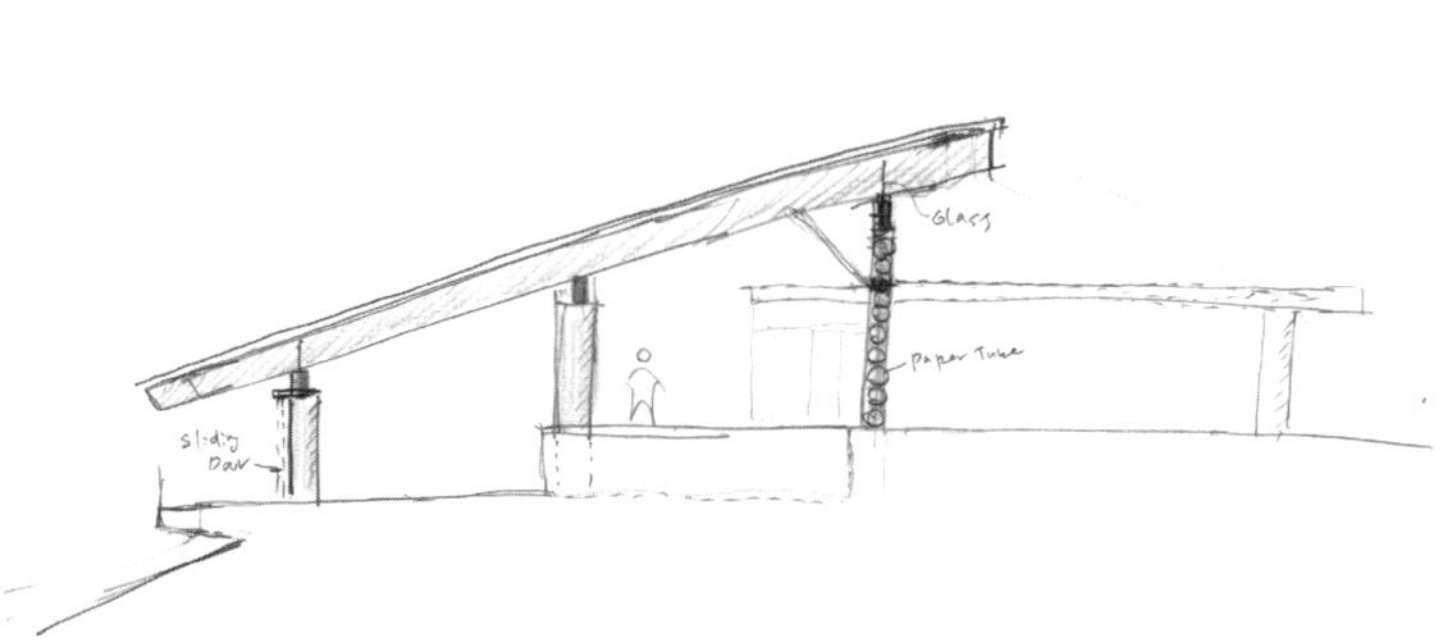

初期案断面スケッチ

ゴーリキー・パーク仮設美術館 GARAGE［2013］

構成主義のコンテクストの中に建つ、楕円のギャラリー

ロシアの世界的に著名なアートコレクターであるダーシャ・ズコバ女史［ご主人は、英国のサッカーチーム、チェルシーのオーナーでもあるロシアの実業家］によって二〇〇八年に設立された〝ガレージ〟センター現代文化センターがギャラリーとして使用していた、コンスタンチン・メーリニコフ［一八九〇〜一九七四年］設計のモスクワの旧バス〝ガレージ〟の使用期限が迫り、移転先を捜すことになった。そこで、モスクワ川東岸のメーリニコフによって計画された120haあるゴーリキー公園に、二〇年間以上放置されていたプレキャストコンクリート造のレストラン［5400㎡］を、レム・コールハースにより改修し移転を計画したが、計画は遅れ、その間のギャラリーが急遽必要となった。

敷地は、同じゴーリキー公園の池の辺りで、今は廃墟化したイヴァン・ゾルトフスキー設計のヘキサゴン・パビリオンの隣に位置する。ある意味〝仮設〟としてローコストで短期間で建設できることが前提であっても、これらのロシア構成主義のコンテクストのまっただ中に設計する緊張感は否が応にも感じた。

要求された800㎡のギャラリーを、単純な18m×45mの長方形と、その他の機能がちょうど納まる外周のベルニーニの楕円を紙管［直径618㎜、長さ6m、紙厚9㎜］の列柱で構成した。構造は、ギャラリーの長方形を単純な鉄骨造とし、梁を周囲にキャンティレバーで出して、そのたわみを紙管で受ける考えであったが、共産主義時代のイデオロギーが

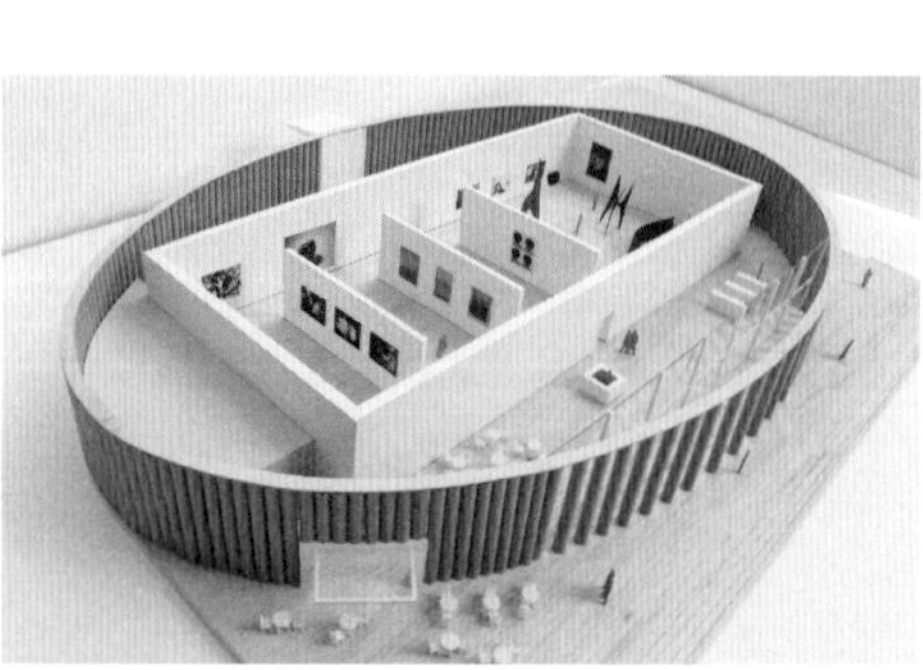

全体模型

抜けきらない役人は、紙管の柱でたわみを受けるだけでは納得せず、スケジュール上妥協しファサードの鉄骨の方立てなどで部分的に支えることにした。設計を進める上で予想外だったことは、ほとんどの国でローカルアーキテクトになり得る優秀な建築家やエンジニアは英語ができるが、ロシアは共産主義時代、敵国の言葉ということで、英語教育がまったくされておらず、コミュニケーションは非常に困難であった。

建設資材的には、ロシアのもうひとつのプロジェクトであるゴルフ場クラブハウス「スコルコボ・ゴルフ・クラブハウス」では、木材から内装材までほとんど輸入品に頼っていたのに対し、本プロジェクトでは紙管はサンクトペテルブルクに良質な工場があり、それ以外もすべて国産汎用品で設計した。工期は四カ月間の予定で進めたが、後半遅れが出たものの二四時間三交代で工期に間に合わせた。

外観

内観

外観

幅広の集成材で組む三層の門型フレーム

Vin Sante［2016］

最小限の金物利用でつくる木造ラーメン構造

最近流行のようになった木造建築は、本来鉄筋コンクリート造や鉄骨造のようには簡単に設計できるものではない［もちろんそれらも、その素材ごとの構造を追究すれば別だが］。つまり建築家、構造家共に木造設計の蓄積がないと〝意味ある〟木造をデザインすることは不可能である。しかしながら流行などで、意味不明の〝日本らしさ〟的なデコラティブな使い方や、本来は鉄骨造が適するような構造、特にスチールのジョイントを使い、線材を鉄から木に置き換えただけの木造屋根をよく目にする。さらに日本独自の〝燃え止まり〟という概念［法規］に合わせた耐火木材の〝ガラパゴス木造〟が開発されている。

また、日本は、木造のエンジニアと木造ファブリケーターのレベルや、エンジニアリング・ウッドの開発がヨーロッパ、特にスイスとドイツから大きく水をあけられている。それゆえ、今私がスイスのエンジニアとファブリケーターと取り組んでいる木造は日本では施工不可能である。そんなリミットの中で今回のプロジェクトは、日本でもつくれる金物の使用を最小限にした木造ラーメン構造の単純なジョイントを考えた。長手方向の柱・梁は幅広の集成材［柱：４５０㎜、梁：６００㎜］をずらして交差させ、そのオーバーラップした広い面［６００×４５０㎜］に八本のドリフトピンを打ち、それらの剪断力で剛接合とする。短手直行方向の梁も長手方向の梁とずらして柱に貫通させ、その飛び出た部分に直行方向の梁が乗るようにした。短手の梁のジョイント部は、木の三角形の梁受けを入れ、剛接合

内観

外観

とした。

今回外部に露出する木を雨から保護するために、屋根の笠木と窓枠の水切りを大きめに出し、さらに将来交換も可能な同材の30㎜厚の仕上げを貼った。

敷地は川を塞いだ緑道［サクラ並木］に面する角地である。そこで一階レストランは、角の柱をなくし、ガラス引き戸を両面全面に開くことにより、店内と外部テラスそして緑道と空間が連続するようにした。レストランの内装には、紙管でイス、ベンチシート、スクリーン、天井をつくった。

外観

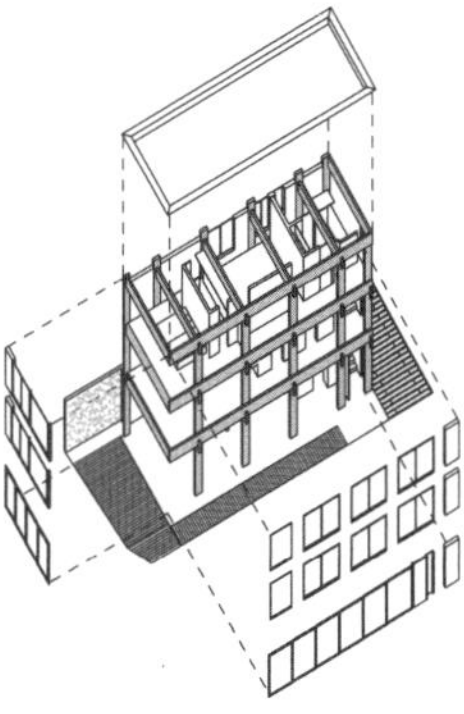
アクソメ

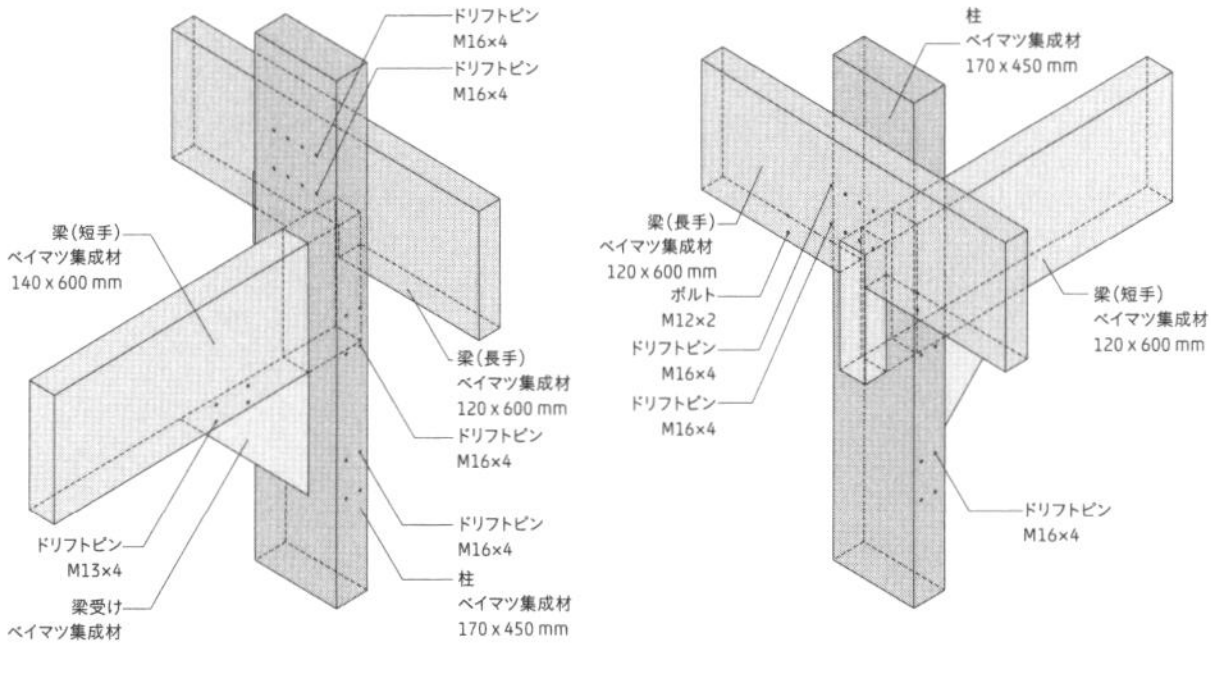

中央・右／ディティールアクソメ

あとがき

大変お恥ずかしい話であるが、この本をまとめようと考えたきっかけは、私の事務所のスタッフが、私の作品のコンセプトを十分に理解していない実態を知ったことから始まった。つまり、彼らは誌面上の写真だけ見て、私が作品を発表する時に書いた文章を読んでいないという事実である。スタッフでもそのような有様なので、一般の方々、もちろん建築関係者でも、坂は紙管で建築をつくったり、災害支援活動をしているとか、最近は木造に凝っているらしい、そして世界中で仕事をしているようだ、などと、表面的なイメージを持たれていてもいたしかたがないところである。しかしながら、これまでの各作品の解説を読んでいただくと、一見さまざまなテーマの作品の内に、一貫した流れがあることに気が付いていただけると思う。そのような機会として、これまでの作品解説文を一冊の本にしようとした。

高校時代に、ジョン・ヘイダックとクーパー・ユニオンに憧れアメリカ留学を決めた。そしてアメリカに着いてから、当時まったく情報がなかったクーパー・ユニオンが留学生を受け入れないことを知り、クーパーに編入するため偶然開校したばかりのサイアーク［Southern California Institute of Architecture］に入学した。その頃、バックミンスター・フラーやフライ・オットーの作品に出合い、彼らのように時代の流行のスタイルに影響されず、自分独自の素材や構造の開発をする建築家に将来なりたいと考えた。そしてサイアークがロサンゼルスにあったため、一連のケーススタディ住宅に興味を持ち積極的に見て回った。

その後、サイアークとは文化が違うクーパー・ユニオンで、そしてカリフォルニアとは〝異国〟のニューヨークというコンテクストで受けた教育、さらに教授であったジョン・ヘイダックやピーター・アイゼンマンの教えへの葛藤により、すべてが複雑にミキサーにかけられた。そして仕上げに、磯崎新アトリエでの一年間と、短い間ではあったが二川幸夫氏との建築をめぐる旅により、私は建築家としてのキャリアをスタートさせた。

クーパー・ユニオンを卒業し、まったく実務経験もないのに無謀にも日本で仕事を始めた。まずは展覧会の会場構成と、ジョン・ヘイダックの影響が強い住宅設計から抜け出すために、本来自分の興味であった、素材や構造的開発を松井源吾先生の無償の協力のおかげで自分独自の手法を見つけることができた。そして、それを決定づけたのが、ハノーバー国際博覧会2000日本館の設計のための、憧れのフライ・オットー氏との協働だった。

これからは、このような影響力の強い師がいなくなっても、いかに今のスタイルを持続し発展させていくか、そんな時、自分がこれまで書いた文章を読み返すことも必要かもしれないと考えながらこの本をまとめた。

この本を上梓するにあたり、新建築社、彰国社のご理解、真壁智治先生のお力添えに感謝します。

2017年2月

坂　茂

初出一覧

1｜1986-1995

紙の建築　『新建築』1991年6月号
ヴィラTCG [1986]　『住宅特集』1987年6月号
ヴィラK [1987]　『住宅特集』1988年2月号
三枚の壁 建築家のスタジオ [1988]　『新建築』1988年9月号
詩人の家の増築 [1988]　『住宅特集』1989年6月号
ぼくの建築武者修行　『住宅特集』1988年2月号
M邸 [1989]　『住宅特集』1989年6月号
水琴窟の東屋 [1989]　『新建築』1989年9月号
小田原パビリオン・メイン会場東ゲート [1990]　『建築文化』1990年8月号
いかに壁を自立させるか [1990]　『住宅特集』1991年4月号
声楽家の家 [1991]　『住宅特集』1991年8月号
Iハウス [1991]　『住宅特集』1991年11月号
建築の教育と体験　『住宅特集』1992年3月号
ヴィラクル [1991]　『住宅特集』1992年3月号
PCパイルの家 [1992]　『住宅特集』1992年9月号
石神井公園の集合住宅 [1992]　『新建築』1992年11月号
路線脇のコンプレックス [1992]　『新建築』1993年2月号
羽村の工場 電業社 [1993]　『新建築』1993年4月号
ダブル・ルーフの家 [1993]　『住宅特集』1993年10月号
紙のギャラリー [1994]　『新建築』1994年5月号
デンティストの家 [1994]　『住宅特集』1994年6月号
家具の家No.1 [1995]　『住宅特集』1995年6月号
カーテンウォールの家 [1995]　『住宅特集』1995年10月号

2｜1995-2000

紙の教会 神戸 [1995]　『新建築』1995年11月号
紙のログハウス 神戸 [1995]　『新建築』1995年11月号
ルワンダ難民シェルターから始まる災害支援活動　『新建築』1995年11月号
紙の家 [1995]　『住宅特集』1995年12月号
2／5ハウス [1995]　『住宅特集』1996年1月号
ノバ オーシマ 仮設ショールーム [1996]　『新建築』1997年1月号
NGOボランタリー・アーキテクツ・ネットワーク（VAN）設立　『新建築』1997年2月号
JR田沢湖駅 [1997]　『新建築』1997年5月号
壁のない家 [1997]　『住宅特集』1997年11月号
羽根木の森 [1997]　『新建築』1998年3月号
紙の舞台装置 [1997]　『新建築』1998年4月号
9スクウェア・グリッドの家 [1997]　『住宅特集』1998年5月号
アイビー・ストラクチャー 1 [1998]　『住宅特集』1998年9月号
家具の家 No.3 [1998]　『住宅特集』1998年9月号
ねむの木こども美術館 [1999]　『新建築』1999年9月号
トルコ西部地震緊急支援プロジェクト [1999-2000]　『新建築』1999年11月号
アイビー・ストラクチャー 2 [2000]　『新建築』2000年3月号

3｜2000-2006

ハノーバー国際博覧会2000日本館 [2000]　『新建築』2000年8月号
ジーシー大阪営業所 [2000]　書籍用に新たに書き下ろし
はだかの家 [2000]　『住宅特集』2001年1月号
今井病院付属託児所 [2001]　『新建築』2001年8月号
ベニヤ三角格子の家 [2001]　『住宅特集』2002年1月号
ピクチャー・ウィンドウの家 [2002]　『住宅特集』2002年8月号
竹の家具の家 [2002]　『建築文化』2002年10月号
今井篤記念体育館 [2002]　『新建築』2002年11月号
紙の資料館 特種製紙総合技術研究所 PAMB [2001]　書籍用に新たに書き下ろし
紙の資料館 特種製紙総合技術研究所 PAMA [2002]　『新建築』2003年1月号
ガラスシャッターの家 [2003]　『新建築』2003年10月号

写真家のシャッター・ハウス［2003］　『住宅特集』2004年3月号
ジーシー名古屋営業所［2004］　『新建築』2004年8月号
紙の仮設スタジオ［2004］　『新建築』2005年2月号
ノマディック美術館 ニューヨーク［2005］　『新建築』2005年4月号
ニコラス・G・ハイエックセンターコンペへの参加　『新建築』2005年4月号
ニコラス・G・ハイエックセンター［2007］　『新建築』2007年10月号
ブルゴーニュ運河博物館 ボートハウス［2004］資料館［2005］　『新建築』2006年1月号
ノマディック美術館 サンタモニカ［2006］　『新建築』2006年5月号
ガラス作家のアトリエ［2006］　書籍用に新たに書き下ろし
WTC跡地グラウンド・ゼロ コンペティション［2003］　『新建築』2006年10月号
羽根木の森 アネックス［2004］　『新建築』2006年10月号
成蹊大学情報図書館［2006］　『新建築』2006年11月号
ペーパーテイナー美術館［2006］　『新建築』2007年1月号
ポンピドー・センター - メス 設計での問題意識　『新建築』2007年1月号
対談1 駆け抜ける建築家　『新建築』2007年1月号
津波後のキリンダ村復興プロジェクト［2005］　『新建築』2008年1月号
災害後、建築家に何ができるのか　『新建築』2008年12月号

4 | 2006 - 2013

ノマディック美術館 東京［2007］　『新建築』2007年5月号
アルテック・パビリオン［2007］　『新建築』2007年9月号
紙の橋［2007］　『新建築』2007年9月号
メゾンE［2006］　『新建築』2007年12月号
フィレンデールな女子寮［2006］　『新建築』2008年3月号
カトリックたかとり教会［2007］　『新建築』2008年12月号
成都市華林小学校 紙管仮設校舎［2008］　『新建築』2008年12月号
楕円虚の家［2009］　『住宅特集』2009年10月号
三日月の家［2008］　『住宅特集』2009年10月号
ハイチ地震仮設シェルター建設ワークショップ　『新建築』2010年4月号
ハイチ地震支援活動 第二弾　『新建築』2010年12月号
植物学者の紙の家［2009］　『新建築』2010年5月号
ポンピドー・センター - メス［2010］　『新建築』2010年7月号
対談2 手の感覚を持ち続けること　『新建築』2010年7月号
ヘスリー・ナインブリッジズ・ゴルフクラブ［2010］　『新建築』2010年12月号
ヴィラ・ヴィスタ［2010］　『新建築』2011年3月号
自分のできる範囲の災害支援　『新建築』2011年5月号
メゾン・エルメス・パビリオン［2011］　『新建築』2011年7月号
羽根木公園の家 桜［2009］　『住宅特集』2011年8月号
羽根木公園の家 景色の道［2010］　『住宅特集』2011年8月号
女川町コンテナ多層仮設住宅［2011］　『新建築』2011年12月号
ラクイラ地震復興支援仮設音楽ホール［2011］　『新建築』2013年12月号
メタル・シャッター・ハウス［2010］　『新建築』2012年2月号
タメディア新本社［2013］　『新建築』2013年9月号

5 | 2013 -

紙の大聖堂［2013］　『新建築』2013年12月号
京都造形芸術大学 災害支援センター［2013］　『新建築』2013年12月号
災害支援活動の広がり　『新建築』2014年3月号
仙石原の家［2013］　『新建築』2014年3月号
レストランCALYPSO［2013］　『新建築』2014年11月号
アスペン美術館［2014］　『新建築』2014年11月号
大分県立美術館［2015］　『新建築』2015年7月号
JR女川駅［2015］　『新建築』2015年9月号
LVMH子どもアートメゾン［2013］　『新建築』2015年9月号
ネパール復興住宅プロジェクト1［2015］　『新建築』2015年9月号
ネパール復興住宅プロジェクト2［2015 -］　『新建築』2016年2月号
無垢杉の家［2015］　『新建築』2015年11月号
スコルコボ ゴルフ クラブハウス［2014］　『新建築』2016年4月号
ゴーリキー・パーク仮設美術館 GARAGE［2013］　『新建築』2016年4月号
Vin Sante［2016］　『新建築』2016年11月号

⑥長野県
⑦1,279.00㎡
⑧91.90㎡
⑨165.80㎡

PCパイルの家［1992］
①SBAT／坂 茂、前川忠則
③星野建築構造設計事務所
⑤石綿建設
⑥静岡県
⑦516.50㎡
⑧118.00㎡
⑨112.70㎡

石神井公園の集合住宅［1992］
①SBAT／坂 茂、山嵜雅雄
③松本構造設計室
④知久設備計画研究所
⑤平成建設
⑥東京都
⑦1,289.20㎡
⑧488.01㎡
⑨1,837.80㎡

路線脇のコンプレックス［1992］
①SBAT／坂 茂、清重年裕、山嵜雅雄
③松本構造設計室
④知久設備計画研究所
⑤巴コーポレーション
⑥東京都
⑦264.87㎡
⑧191.86㎡
⑨1,029.09㎡

羽村の工場 電業社［1993］
①SBAT／坂 茂、前川忠則、山越哲生
③星野建築構造設計事務所
④知久設備計画研究所
⑤三井建設・まつもとコーポレーション共同企業体
⑥東京都
⑦968.70㎡
⑧448.44㎡
⑨1,490.94㎡

ダブル・ルーフの家［1993］
①SBAT／坂 茂、山越哲生
③星野建築構造設計事務所
⑤丸格建築
⑥山梨県
⑦368.59㎡
⑧73.00㎡
⑨73.00㎡

紙のギャラリー［1994］
①SBAT／坂 茂、中川孝
③松井源吾、手塚升、
星野建築構造設計事務所
⑤乃村工藝社
⑥東京都
⑦128.08㎡
⑧86.90㎡
⑨86.90㎡

⑧61.68㎡
⑨148.53㎡

水琴窟の東屋［1989］
①SBAT／坂 茂、清重年裕
協力：アーキネットワーク 平賀信孝
③坪井善昭、松本構造設計室
⑤乃村工藝社
⑥愛知県
⑦8,730.00㎡
⑧22.40㎡
⑨22.40㎡

小田原パビリオン［1990］
①SBAT／坂 茂、佐藤威
③松井源吾、坪井善昭、
松本構造設計室、手塚升
④知久設備計画研究所
⑤小田原市建築協同組合
⑥神奈川県
⑦8,265.00㎡
⑧1,226.00㎡
⑨1,243.00㎡

メイン会場東ゲート［1990］
①SBAT/坂 茂、佐藤威
③松井源吾、手塚升
⑤商工美術
⑥神奈川県
⑧100.00㎡

声楽家の家［1991］
①SBAT／坂 茂、清重年裕
③松本建築構造設計室
④創設備設計事務所
⑤高木工務店
⑥東京都
⑦146.28㎡
⑧84.55㎡
⑨137.66㎡

ヴィラ トリイ［1990］
①SBAT／坂 茂、清重年裕
③手塚升
④アーバン設備設計室
⑤林友ホーム
⑥長野県
⑦1,209.60㎡
⑧103.20㎡
⑨167.00㎡

Iハウス［1991］
①SBAT／坂 茂、山嵜雅雄
③星野建築構造設計事務所
⑤サンケン工芸
⑥東京都
⑦120.92㎡
⑧48.21㎡
⑨89.08㎡

ヴィラ・クル［1991］
①SBAT／坂 茂、大草ひろみ
③星野建築構造設計事務所
④アーバン設備設計室
⑤東信土建

建築データ

［凡例］
①設計／担当者
②ローカルアーキテクト
③構造コンサルタント
④設備コンサルタント
⑤施工会社
⑥所在地
⑦敷地面積
⑧建築面積
⑨延床面積

［事務所名略称］
SBAT: Shigeru Ban Architects Tokyo
SBAE: Shigeru Ban Architects Europe
SBAA: Shigeru Ban Architects America
JDGA: Jean de Gastines Architectes
DMA: Dean Maltz Architects
VAN: Voluntary Architects' Network

ヴィラ TCG［1986］
①SBAT／坂 茂
③形象社
④アーバン設備設計室
⑤シェルター
⑥長野県
⑦1,139.53㎡
⑧109.57㎡
⑨150.20㎡

ヴィラ K［1987］
①SBAT／坂 茂
③形象社
④アーバン設備設計室
⑤平林工務店
⑥長野県
⑦1,219.80㎡
⑧88.40㎡
⑨115.20㎡

三枚の壁 建築家のスタジオ［1988］
①SBAT／坂 茂、斎藤順子
③形象社
④川口設備研究所
⑤まつもとコーポレーション
⑥東京都
⑦71.48㎡
⑧54.04㎡
⑨194.10㎡

詩人の家の増築［1988］
①SBAT／坂 茂
⑤葉山インテリア
⑥神奈川県
⑦7.60㎡

M邸［1989］
①SBAT／坂 茂、松森淳
③渡辺明建築設計事務所
④アーバン設備設計室
⑤平成建設
⑥東京都
⑦139.26㎡

⑧125.32 ㎡
⑨124.78 ㎡

アイビー・ストラクチャー1 [1998]
①SBAT／坂 茂、平木繁、松山達也
③星野建築構造設計事務所
⑤平成建設
⑥東京都
⑦216.48 ㎡
⑧108.23 ㎡
⑨211.38 ㎡

家具の家　No.3 [1998]
①SBAT／坂 茂、平木繁
③手塚升
星野建築構造設計事務所
⑤土谷建設
⑥神奈川県
⑦240.79 ㎡
⑧118.75 ㎡
⑨169.97 ㎡

ねむの木こども美術館 [1999]
①SBAT／坂 茂、石田摩美子
③播設計室
材料実験：手塚 升
④浜崎設備設計事務所
⑤TSP太陽
⑥静岡県
⑦1,464.00 ㎡
⑧320.20 ㎡
⑨299.71 ㎡

紙のログハウス トルコ [2000]
①SBAT／坂 茂、石岡桂奈
協力：モザイク社
②Mine Hashas
Hayim Beraha
Okan Bayikk
⑤ボランティア
⑥トルコ、カイナスリ

アイビー・ストラクチャー2 [2000]
①SBAT／坂 茂、平木繁
③星野建築構造設計事務所
⑤岩本組
⑥東京都
⑦429.10 ㎡
⑧253.70 ㎡
⑨760.38 ㎡

ハノーバー国際博覧会2000日本館 [2000]
①SBAT／坂 茂、平賀信孝、平木繁、
矢敷潤
Frei Otto [コンサルタント]
③Buro Happold
⑦Takenaka Europe GmbH
⑥ドイツ、ハノーバー
⑦5,450.00 ㎡
⑧3,090.00 ㎡
⑨3,015.80 ㎡

ジーシー大阪営業所 [2000]
①SBAT／坂 茂、平賀信孝、

2/5ハウス [1995]
①SBAT／坂 茂、中川孝
③星野建築構造設計事務所
④イーエスアソシエイツ
⑤まつもとコーポレーション
⑥西日本
⑧511.72 ㎡
⑨182.18 ㎡
⑩507.67 ㎡

ノバ オーシマ仮設ショールーム [1996]
①坂茂建築設計／坂 茂、中川陽子
⑤TSP太陽
⑥東京都
⑦500.00 ㎡
⑧289.00 ㎡
⑨289.00 ㎡

JR田沢湖駅 [1997]
①SBAT／坂 茂、中川孝
東日本旅客鉄道東北工事事務所
ジェイアール東日本建築設計事務所
③ジェイアール東日本建築設計事務所
松井源吾＋O. R. S. 事務所
④東日本旅客鉄道東北工事事務所
ジェイアール東日本建築設計事務所
イーエスアソシエイツ
日永設計
⑤第一建設工業
⑥秋田県
⑦4,423.74 ㎡
⑧761.73 ㎡
⑨991.75 ㎡

壁のない家 [1997]
①SBAT／坂 茂、平木繁
③星野建築構造設計事務所
④丸山工務店
⑥長野県
⑦330.17 ㎡
⑧85.80 ㎡
⑨60.80 ㎡

羽根木の森 [1997]
①SBAT／坂 茂、石田摩美子
③星野建築構造設計事務所
④佐藤秀
⑤佐藤秀
⑥東京都
⑦1,034.71 ㎡
⑧554.48 ㎡
⑨984.72 ㎡

紙の舞台装置 [1997]
①SBAT／坂 茂、松山達也
⑤歌舞伎座舞台 オカムラ
⑥東京都 [歌舞伎座]

9スクウェア・グリッドの家 [1997]
①SBAT／坂 茂、松山達也
③星野建築構造設計事務所
⑤石綿建設
⑥神奈川県
⑦335.91 ㎡

デンティストの家 [1994]
①SBAT／坂 茂、塚田眞樹子
③星野建築構造設計事務所
④イーエスアソシエイツ
⑤平成建設
⑥東京都
⑦183.13 ㎡
⑧75.58 ㎡
⑨223.65 ㎡

家具の家 No.1 [1995]
①SBAT／坂 茂、中川陽子
③松井源吾
手塚升
星野建築構造設計事務所
⑤丸格建築
⑥山梨県
⑦562.51 ㎡
⑧111.61 ㎡
⑨103.93 ㎡

カーテンウォールの家 [1995]
①SBAT／坂 茂、中川陽子、平木繁
③星野建築構造設計事務所
⑤平成建設
⑥東京都
⑦110.17 ㎡
⑧75.98 ㎡
⑨179.64 ㎡

紙の教会　神戸 [1995]
①SBAT／坂 茂、平木繁
③松井源吾
協力：星野建築構造設計事務所、
TSP太陽
⑤ボランティア、作間敬信
⑥兵庫県
⑧168.90 ㎡
⑨168.90 ㎡

紙のログハウス　神戸 [1995]
①SBAT／坂 茂、石田摩美子
③手塚升
⑤ボランティア、作間敬信
協力：TSP太陽
⑥兵庫県
⑧16.10 ㎡
⑨16.10 ㎡

国連難民高等弁務官事務所用の紙のシェルター [1999]
①SBAT／坂 茂、石岡桂奈
協力：ヴィトラ社
⑤ボランティア
⑥ルワンダ、ビュンバ難民キャンプ

紙の家 [1995]
①SBAT／坂 茂、平木繁
③松井源吾、手塚升
協力：伊東一夫、山田伸典
⑤丸格建築
⑥山梨県
⑦499.11 ㎡
⑧100.00 ㎡
⑨100.00 ㎡

ECOLE D'ARCHITECTURE DE PARIS LA VILETTE (Paris)、ACADEMIE CHARPENTIER (Paris)、BEZALEL ACADEMY OF ART (Jerusalem)、ECOLE D'ARCHITECTURE DE MARSEILLES LUMINY (Marseille)、UNIVERSITA DEGLI STUDI "G. D'ANNUNZIO" (Italy) ほか
協力：太陽工業
⑥フランス、パリ
⑦287.80 ㎡
⑧130.00 ㎡
⑨115.00 ㎡

ノマディック美術館 ニューヨーク [2005]
①SBAT／坂 茂、平賀信孝、石岡桂奈
DMA ／ Dean Maltz、Kelvin Lit
③Buro Happold
⑤MVN Associates
⑥米国、ニューヨーク
⑦5,574.00 ㎡
⑧4,180.00 ㎡
⑨3,020.00 ㎡

ニコラス・G・ハイエックセンター [2007]
①SBAT／坂 茂、平賀信孝、岡部太郎、入江嘉昭、鈴木グラント、松森淳、石岡桂奈、川原達也、クラウゼ・エレン
③Arup
④イーエスアソシエイツ
⑤鹿島建設、新成建設
⑥東京都
⑦473.76 ㎡
⑧412.08 ㎡
⑨5,697.27 ㎡

ブルゴーニュ運河博物館
ボートハウス [2004]・**資料館** [2005]
①SBAT／坂 茂、Anne Scheou
[ボートハウス・資料館]
②JDGA ／ Jean de Gatines, Damien Gaudin
[ボートハウス・資料館]
③Terrell Rooke et Associés
[ボートハウス・資料館]
Buro Happold [ボートハウス]
④Noble Ingenierie [資料館]
⑤分離発注 [ボートハウス・資料館]
⑥フランス、プイィ・オン・オクッソワ・ディジョン
⑧170.80 ㎡ [ボートハウス]、280 ㎡ [資料館]
⑨170.80 ㎡ [ボートハウス]、265 ㎡ [資料館]

ノマディック美術館　サンタモニカ [2006]
①SBAT／坂 茂、石岡桂奈
②SBAA
Gensler ／ David Gensler, Irwin Miller, Mick Johnson
⑥アメリカ、ロサンゼルス
③Arup
③TIS & Partners / 今川憲英
LSL材料接合部性能確認試験：手塚升
④イーエスアソシエイツ
⑤大林組
⑥秋田県
⑦2,041.90 ㎡
⑧940.60 ㎡
⑨980.90 ㎡

紙の資料館 特種製紙総合技術研究所 PAM A [2002] , **PAM B** [2001]
①SBAT／坂 茂、平賀信孝、川野眞裕、石岡桂奈、松森淳
③星野建築構造設計事務所
④知久設備計画研究所
⑤大林組
⑥静岡県
⑦6,277.69 ㎡
⑧ (A) 719.77 ㎡、(B) 942.76 ㎡
⑨ (A) 1,479.31㎡、(B) 942.76 ㎡

ガラスシャッターの家 [2003]
①SBAT／坂 茂、平賀信孝、菅井啓太
③星野建築構造設計事務所
④知久設備計画研究所
⑤平成建設
⑥東京都
⑦132.89 ㎡
⑧75.65 ㎡
⑨150.85 ㎡

写真家のシャッター・ハウス [2003]
①SBAT／坂 茂、平賀信孝、Anne Scheou、新田知生、日吉聰一郎
協力：中川孝建築事務所
③星野建築構造設計事務所
④イーエスアソシエイツ
⑤岩本組
⑥東京都
⑦291.51 ㎡
⑧142.16 ㎡
⑨464.59 ㎡

ジーシー名古屋営業所 [2004]
①SBAT／坂 茂、平賀信孝、菅井啓太
丸ノ内建築事務所
③星野建築構造設計事務所
④環境エンジニアリング
⑤鹿島建設
⑥愛知県
⑦682.38 ㎡
⑧350.12 ㎡
⑨1,087.25 ㎡

紙の仮設スタジオ [2004]
①SBAT／坂 茂、平賀信孝、石岡桂奈、鈴木グラント
SBAE ／ Elsa Neufville
②JDGA ／ Jean de Gastines
③手塚升
RFR／Jean Le Lay、Niccolo Baldassini、Andreas Pfadler
⑤本体工事：PTS・パリワークショップ
参加大学／慶應義塾大学SFC坂茂研究室、ESAG PENNINGHEN (Paris)、
日吉聰一郎
丸ノ内建築事務所
③播設計室 [基本設計]
丸ノ内建築事務所 [実施設計]
④丸ノ内建築事務所
⑤鹿島建設
⑥大阪府
⑦602.08 ㎡
⑧348.76 ㎡
⑨2,108.19 ㎡

はだかの家 [2000]
①SBAT／坂 茂、石田摩美子、Anne Scheou
③星野建築構造設計事務所
⑤三澤屋建設
⑥埼玉県
⑦516.20 ㎡
⑧183.00 ㎡
⑨138.50 ㎡

今井病院付属託児所 [2001]
①SBAT／坂 茂、平賀信孝、日吉聰一郎、菅井啓太
③TIS & Partners
LVL材料実験：手塚升
④イーエスアソシエイツ [機械]、環境トータルシステム [電気]
⑤シェルター [統括]、清水組 [建築]
⑥秋田県
⑦235.20 ㎡
⑧131.20 ㎡
⑨73.84 ㎡

ベニヤ三角格子の家 [2001]
①SBAT／坂 茂、石田摩美子、矢敷潤
③播設計室
⑤屋代工務店
⑥千葉県
⑦494.52 ㎡
⑧101.88 ㎡
⑨101.52 ㎡

ピクチャー・ウィンドウの家 [2002]
①SBAT／坂 茂、平賀信孝、矢敷潤
③星野建築構造設計事務所
④大同工業
⑥静岡県
⑦880.50 ㎡
⑧158.63 ㎡
⑨273.81 ㎡

竹の家具の家 [2002]
①SBAT／坂 茂、平賀信孝、石田摩美子、徳永和歌子
③手塚升
④SOHO China
⑤SOHO China
⑥中国、北京郊外
⑧415.00 ㎡
⑨250.00 ㎡

今井篤記念体育館 [2002]
①SBAT／坂 茂、平賀信孝、日吉聰一郎、菅井啓太

③星野建築構造設計事務所
④知久設備計画研究所［機械］、
神設備企画設計［電気］
⑤鹿島建設
⑥福島県
⑦1,811.97 ㎡
⑧987.02 ㎡
⑨1,120.52 ㎡

カトリックたかとり教会［2007］
①SBAT／坂 茂、平賀信孝、
石田摩美子、菅井啓太、石岡桂奈、
川原達也
③星野建築構造設計事務所
④知久設備計画研究所［機械］、
神設備企画設計［電気］
⑤清水建設
⑥兵庫県
⑦1,985.19 ㎡
⑧1,314.71 ㎡
⑨1,904.79 ㎡

成都市華林小学校 紙管仮設校舎
［2008］
①慶應義塾大学SFC坂茂研究室＋
松原弘典研究室／坂 茂、原野泰典、
松原弘典
③手塚升
⑤慶應義塾大学SFC坂茂研究室＋
松原弘典研究室、
西南交通大学［中国］、
成都市成華区教育局［中国］
⑥中華人民共和国四川省成都市
⑧614.40 ㎡
⑨614.40 ㎡

楕円虚の家［2009］
①SBAT／坂 茂、平賀信孝、松森淳、
加藤研介、桑原由起子
③星野構造建築設計事務所
④知久設備計画研究所［機械］、
神設備企画設計［電気］
⑤鹿島建設
⑥福島県
⑦728.93 ㎡
⑧362.14 ㎡
⑨543.73 ㎡

三日月の家［2008］
①SBAT／坂 茂、平賀信孝、
小高ちひろ、鈴木グラント
③星野建築構造設計事務所
④環境設備計画スタジオランプ
⑤蒲谷工務店
⑥静岡県
⑦1,152.74 ㎡
⑧246.68 ㎡
⑨184.24 ㎡

ハイチ地震復興支援　緊急シェルター
［2010］
①SBAT、慶應義塾大学SFC坂茂研究室、
VAN、ハーバード大学GSD学生、
UNIBE学生、
PUCMM Santiago／Santo Domingo学生

津波後のキリンダ村復興プロジェクト
［2005］
①SBAE／坂 茂、桑原由起子
慶應義塾大学SFC坂茂研究室／
原野泰典、田中真美子
②PWA Architects
③J.D.Pooranampillai
⑤DUMINDA BUILDERS
慶應義塾大学SFC坂茂研究室
⑥スリランカ、キリンダ
⑧71.00㎡
⑨71.00㎡

ノマディック美術館　東京［2007］
①SBAT／坂 茂、平賀信孝、松森淳、
石岡桂奈、楠寛子
③Arup
④イーアソシエイツ［機械］
環境トータルシステム［電気］
⑤TSP太陽
⑥東京都
⑦8,587.79 ㎡
⑧5,317.70㎡
⑨4,800.28 ㎡

アルテック・パビリオン［2007］
①SBAE／坂 茂、Jean de Gastines、
菅原大輔、Marc Ferrand
②Stefano Taglicarne
③Terrell International、Ce.A.S. S.r.l.
④Ce.A.Milano Progetti［電気］
⑤Institute of Design、Lahti Polytechnic
⑥イタリア、ミラノ
⑦185.38 ㎡
⑧185.38 ㎡
⑨185.38 ㎡

紙の橋［2007］
①SBAE、JDGA／坂 茂、
Jean de Gastines、Elsa Neufville、
Marc Ferrand、Albert Schrurs、
Leonard de Rham、Frederic Schwarz
③Terrell International
⑤OCTATUBE、
Architecture School of Montpellier、
慶應義塾大学SFC坂茂研究室
⑥フランス、ポン・デュ・ガール
⑦1,600,000.00 ㎡
⑧120.00 ㎡
⑨45.00 ㎡

メゾンE［2006］
①SBAT／坂 茂、平賀信孝、寺井珠生、
合屋統太
③星野建築構造設計事務所
④知久設備計画研究所
⑤鹿島建設
⑥福島県
⑦1,893.69 ㎡
⑧921.80 ㎡
⑨1,201.35 ㎡

フィレンデールな女子寮［2006］
①SBAT／坂 茂、平賀信孝、
鈴木グラント、楠寛子

⑤RMS Group
⑦6,770.00 ㎡
⑧5,574.00 ㎡

ガラス作家のアトリエ［2006］
①SBAT／坂 茂、平賀信孝、
小高ちひろ、粟田えりか
慶應義塾大学SFC坂茂研究室／
成松佳恵、内海慎一、久間哲二朗、
酒井康史、山口賢輔、渡部玲士、
石野可奈子、南雲英美
⑥東京都
③星野建築構造設計事務所
⑤平成建設＋
慶應義塾大学SFC坂茂研究室
⑦959.56 ㎡
⑧26.82 ㎡
⑨26.32 ㎡

WTC跡地 グラウンド・ゼロ
コンペティション［2003］
①SBAT／坂 茂
SBAA ／ Dean Maltz
Frederic Schwartz
Ken Smith
Rafael Viñoly
③Arup、Bruno Happold、Jorg Schlaich
⑥アメリカ、ニューヨーク

羽根木の森 アネックス［2004］
①SBAT／坂 茂、石田摩美子、
石岡桂奈
③星野建築構造設計事務所
⑤佐藤秀
⑥東京都
⑦230.15㎡
⑧110.60㎡
⑨214.34㎡

成蹊大学情報図書館［2006］
①SBAT／坂 茂、平賀信孝、菅井啓太、
新田知生、寺井珠生、岡部太郎、
加藤研介、合屋統太
三菱地所設計
③三菱地所設計、Arup（基本構想）
④三菱地所設計、Arup（基本構想）
⑤清水建設
⑥東京都
⑦174,899.07 ㎡
⑧2,197.29 ㎡
⑨11,955.95 ㎡

ペーパーテイナー美術館［2006］
①SBAT／坂 茂、平賀信孝、石岡桂奈
KACI International Inc.
③手塚升
SAMHYUN TG Deck
④SEAN E&C Co., Ltd.
⑤KOWON Construction &
Engineering Co., Ltd.
⑥韓国、ソウル
⑦14,214.00㎡
⑧3,454.81㎡
⑨3,454.81㎡

EDILIZIA MONTELAGHI VALTER
⑥イタリア、ラクイラ
⑦3,000.00 ㎡
⑧702.00 ㎡
⑨702.00 ㎡

メタル・シャッター・ハウス [2010]
①SBAT + SBAA ／坂 茂、平賀信孝、
鈴木グラント、Dean Maltz、
Nina Freedman、Chad Kraus、
Grady Gillies、Michael Joy、藤堂藍
③Robert Silman Associates
④ICOR Associates, LLC
⑤Quattro Construction Management, LLC
⑥アメリカ、ニューヨーク
⑦427.00 ㎡
⑧427.00 ㎡
⑨2,973.00 ㎡

タメディア新本社 [2013]
①SBAE ／坂 茂、Jean de Gastines、
浅見和宏、Gerardo Perez、石川崇之、
丸山真史
②Itten+Brechbühl AG
③Hermann Blumer
SJB.KEMPTER.FITZE
④3-PLAN HAUSTECHNIK
⑤HRS Real Estate AG
⑥スイス、チューリッヒ
⑦1,870.00 ㎡
⑧1,870.00 ㎡
⑨10,223.00 ㎡

紙の大聖堂 [2013]
①SBAE + VAN ／坂 茂、成松佳恵
②Warren and Mahoney
③手塚升
Holmes Consulting Group
④Powell Fenwick
⑤Naylor Love
⑥ニュージーランド、クライストチャーチ
⑦2,520.00 ㎡
⑧770.00 ㎡
⑨750.00 ㎡

京都造形芸術大学　災害支援センター [2013]
①SBAT ／坂 茂、原野泰典
③手塚升
⑤京都造形芸術大学 坂茂研究室
⑥京都府
⑦65,892.34 ㎡
⑧214.80 ㎡
⑨188.60 ㎡

仙石原の家 [2013]
①SBAT ／坂 茂、平賀信孝、松森淳、
坂木渡
③星野建築構造設計事務所
⑤箱根建設
⑥神奈川県
⑦1,770 .00㎡
⑧576.89 ㎡
⑨452.60 ㎡

③NCD Consultants
④Building Services Consultants
⑤Star Construction & Engineers
⑥スリランカ、ウェリガマ
⑦32,648.00㎡
⑧550.00㎡
⑨825.00㎡

メゾン・エルメス・パビリオン [2011]
①SBAE、JDGA／坂 茂、Jean de Gastines、
Marc Ferrand
⑤SODIFRA AGENCEMENT-France
⑥イタリア、ミラノ
東京都
⑦1,000.00 ㎡
⑧214.00 ㎡
⑨214.00 ㎡

羽根木公園の家　桜 [2009]
①SBAT ／坂 茂、平賀信孝、松森淳、
西久保雅紀、桑原由起子
③手塚升
シェルター
⑤シェルター
小川建設
⑥東京都
⑦83.11 ㎡
⑧55.39 ㎡
⑨101.15 ㎡

羽根木公園の家　景色の道 [2010]
①SBAT ／坂 茂、平賀信孝、松森淳、
三井嶺、鈴木グラント
③星野建築構造設計事務所
④環境設備計画スタジオランプ
⑤平成建設
⑥東京都
⑦99.74 ㎡
⑧59.71 ㎡
⑨144.26 ㎡

女川町コンテナ多層仮設住宅 [2011]
①VAN + SBA ／坂 茂、平賀信孝、
松森淳、原野泰典、渡部玲士
TSP 太陽
③Arup
④TSP 太陽
⑤TSP 太陽
⑥宮城県
⑦12,320.00 ㎡
⑧3,284.04 ㎡
⑨5,671.35 ㎡

ラクイラ地震復興支援仮設音楽ホール [2011]
①SBAT + VAN ／坂 茂、平賀信孝、
石岡桂奈
SBAE ／坂 茂、浅見和宏、石川崇之、
Alessandro Boldrini
②Aldo Benedetti、Paolo G. Rava、
Michele Amoroso、Rinaldo Semino
③手塚升
SERVIZI DI INGEGNERIA
④TECNO TRE
⑤CME Consorzio Imprenditori Edili

⑤SBAT、VAN、UNIBE 学生
⑥ハイチ、ポルト・プランス
⑧14.60㎡
⑨14.60㎡

植物学者の紙の家 [2009]
①SBAT ／坂 茂、平賀信孝、
鈴木グラント
③手塚升
④International Art Consultants
⑤International Art Consultants
伊藤達信 [施工管理]
⑥ポルトガル、アルガーヴ
⑦40,000.00 ㎡
⑧92.30 ㎡
⑨92.30 ㎡

ポンピドー・センター－メス [2010]
① [コンペ]
SBAT ／坂 茂、平賀信孝、
石田摩美子、木村麻子、
Toshi Kubota、Anne Scheou
JDGA ／ Jean de Gastines
Gumuchdjian Architects ／
Philip Gumuchdjian、Shinya Mohri、
Ralf Eikelberg
[設計]
SBAE ／坂 茂、平賀信孝、
Gerardo Perez、Marc Ferrand、
Jacques Marie、Fayçal Tiaïba、
Elsa Neufville、Vincent Laplante、
Alessandro Boldrini、Hiromi Okada、
Jeong Hoon Lee、Jae Whan Shin、
Jonathan Thornhill、Rahim Danto Barry
JDGA ／ Jean de Gastines
③ [1st Phase] Arup
[2nd Phase] Terrell
Hermann Blumer [木造屋根]
④Arup
Gec Ingénierie
⑤Demathieu & Bard
⑥フランス、メス市
⑦12,000.00 ㎡
⑧8,118.00 ㎡
⑨11,330.00 ㎡

ヘスリー・ナインブリッジズ・ゴルフクラブ [2010]
①SBAT ／坂 茂、平賀信孝、松森淳、
菅井啓太、石岡桂奈、楠寛子、
カンミンハ
②KACI International Inc
③CS Structural Engineering
④HANA CONSULTING ENGINEERS [電気]
SAHM-SHIN ENGINEER [機械]
⑤CJ Engineering & Construction
⑥大韓民国京畿道驪州郡
⑦1,128,370.00㎡
⑧4,299.28㎡
⑨20,995.64㎡

ヴィラ・ヴィスタ [2010]
①SBAE ／坂 茂
慶應義塾大学大学院／原野泰典
②PWA ARCHITECTS

カメラマンクレジット

清水行雄：011アルヴァ・アアルト展　**平井広行**：013詩人の書庫外観、015全景、017全景、019全景・内観、025全景、026内観、027、028外観、030～031、034外観・内観、036外観・内観、037内観、038外観2枚、039、040全景、046内観、049外観・発泡粒～、050～051、052PCパ～、053、054外観、057外観・内観、058内観、060、063外観・内観、065、066外観・全景、070、079外観、080内観、083屋上を～、ガラス～、084、085レンタ～、093、094家具の家～、100～101、103ダブル～、104、106めくり～、108木を活～、110全景・外観・内観、113、115、116、117内観、118全景、119内観、126全景、127内観、131布のテ～、132、134、136全景・内観、138、139内観、140-141内観、141外観、145全景・内観2枚、146、147外観、148、149内観、150ガラス～2枚、152、153全景、154内観、155～156、163～165、166グリッ～、172外観、176外観、177全景、179内観2枚、180外観、191、211SFC～、217、223内観、224、226～227、233、235外観・内観、274、282木造フ～、283～284、295～297、299内観、316新仮設～、317～319、325全景、326～328、330JR女～、331外観、332内観、343全景・内観、348、349外観　**Kenji Yamamori**：022坂茂～　**The Cooper Unioni for the Advancement of Science and Art**：022クーパ～、023　**作間敬信**：072全景、209紙の～　**RedR**：098　**Rakugeki Concours**：111舞台光景　**淺川敏**：142、143コート～、203　**Didier Boy de la Tour**：157外観、158、167全景、168、185、188左・中～、189左・右～、190バザレ～、200、213紙の橋、221外観・ポン・～、249全景、255、262～267、270～271、279、286ラクイ、300、304木造デ～、305、344外観、345外観・内観、347　**Michael Moran**：159、161、170外観・内観、186、194ノマデ～、302、303フルオ～、320～321、322内観　**Designhouse**：182～183、187ペーパ～、194ペーパ～　**National Arts Council, Singapore Biennale 2008**：187シンガ～　**Wouter and Joris Klinkenbijl**：190ペーパ～　**Jeroen Scheelings**：192　**Eresh Weerasuriya**：202、212キリン～　**Sabine Schweigert**：219　**Ecole d'architecture de Montpellier**：221学生に～　**Li Jun**：232竣工校～　**Harvard GSD**：241　**Alex Martinez**：245紙のシェルターの～、246中央　**Nicolas Gromond**：251パリ事～　**Didier Ghislain**：251コンペ～　**Creation-holz**：259　**Richard Davis**：268　**Rafael Longoria**：286ハリケ～　**Santi Caleca**：293、294内観　**FABIO MANTOVANI**：301　**Blumer-Lehmann AG**：304木造フ～　**Bridgit Anderson**：309、312内観　**Stephe Goodenough**：312～313外観　**表恒匡**：314屋根見～
特記以外、坂茂建築設計、Shigeru Ban Architects Europe、Shigeru Ban Architects America、Voluntary Architects' Network

ネパール復興住宅 [2015 -]
①VAN＋SBAT＋
慶應義塾大学SFC坂茂研究室／
坂 茂、原野泰典、Kunmi Park
②ARCHIPLAN. SBT
③手塚升
⑤Road & Building Construction Company
⑥ネパール、カトマンズ
⑧31.90 ㎡
⑨31.90 ㎡

無垢杉の家 [2015]
①SBAT／坂 茂、平賀信孝、松森淳、
山内晃洋
③ホルツストラ
④知久設備計画研究所
⑤工藝社 [建築]、池畑彰 [構造]
⑥山梨県
⑦904.56 ㎡
⑧144.60 ㎡
⑨155.80 ㎡

スコルコボ ゴルフ クラブハウス [2014]
①SBAT／坂 茂、平賀信孝、
鈴木グラント、田所真、
Hernan Concha Emmrich、
仲山佳菜子、Sunyoung Park
②Region Engineering
③Rakennussuunnittelu Mikkokoo [木造]
Region Engineering
[鉄筋コンクリート造、鉄骨造]
④Region Engineering [設備]
Alexander Samorodov [電気]
⑤Region Engineering [建築]
Peura [木工事]
Josef Goebel GmbH
[内装・造り付け家具]
⑥ロシア、モスクワ
⑧988.53 ㎡
⑨1,279.87 ㎡

ゴーリキー・パーク仮設美術館 GARAGE [2013]
①SBAE／坂 茂、成松佳恵
②TAMMVIS
③TAMMVIS、Werner Sobek Moskwa
⑤Design and Construction Company "KITOS"
⑥ロシア、モスクワ
⑦10,000.00 ㎡
⑧2,000.00 ㎡
⑨2,000.00 ㎡

Vin Sante [2016]
①SBAT／坂 茂、平賀信孝、
矢田康順、岸本吉正、西倉美祝、
岡崎瑠美、飯田勇介
③シェルター
④片岡設備研究所
⑤西本工務店 [建築]
工藤工務店 [店舗内装]
⑥東京都
⑦132.25㎡
⑧67.74㎡
⑨203.22㎡

レストラン CALYPSO [2013]
①SBAT／坂 茂、平賀信孝、
鈴木グラント、田所真、坂木渡、
渡部玲士、成塚一雅
②WONG & OUYANG LTD
③Arup
④PARSONS BRINCKERHOFF
⑤SHANGHAI CONSTRUCTION NO.1
⑥中国、上海市
⑦45,867.00㎡
⑧601.00㎡
⑨700.00㎡

アスペン美術館 [2014]
①SBAT／坂 茂、平賀信孝、
鈴木グラント
SBAE／石川崇之
SBAA／Dean Maltz, Nina Freedman,
Zachary Moreland, Ji Young Kim,
Mark Gausepohl, Jesse Levin,
Christian Tschoeke
②COTTLE CARR YAW
③KL&A Inc.
④Beaudin Ganze Consulting Engineers
⑤Turner Construction Company
⑥アメリカ、コロラド
⑦975.00 ㎡
⑧930.00 ㎡
⑨3,065.00 ㎡

大分県立美術館 [2015]
①SBAT／坂 茂、平賀信孝、菅井啓太、
三井嶺、渡部玲士、佐藤大介、
飯田勇介
③Arup
④Arup
⑤鹿島建設・梅林建設 建設共同企業体
⑥大分県
⑦13,517.74 ㎡
⑧4,806.18 ㎡
⑨17,213.37 ㎡

JR女川駅 [2015]
①SBAT／坂 茂、平賀信孝、松森淳、
原野泰典、佐藤大介、仲山佳菜子
③星野建築構造設計事務所
④知久設備計画研究所
⑤戸田建設
⑥宮城県
⑦4,250.61㎡
⑧599.91㎡
⑨899.51㎡

LVMH子どもアートメゾン [2013]
①SBAT／坂 茂、平賀信孝、
原野泰典、森藤文華、仲山佳菜子
③星野建築構造設計事務所
④知久設備計画研究所
⑤草野建設
⑥福島県
⑦1,525.60㎡
⑧273.71㎡
⑨291.48 ㎡

坂　茂（ばん・しげる）
1957年東京生まれ。84年クーパー・ユニオン建築学部（ニューヨーク）を卒業。82-83年、磯崎新アトリエに勤務。85年、坂茂建築設計を設立。95年から国連難民高等弁務官事務所（UNHCR）コンサルタント、同時に災害支援活動団体 ボランタリー・アーキテクツ・ネットワーク（VAN）設立。主な作品に、「ニコラス・G・ハイエック・センター」、「ポンピドー・センター -メス」、「大分県立美術館」などがある。これまでに、フランス建築アカデミー　ゴールドメダル（2004）、アーノルド・W・ブルーナー記念賞建築部門世界建築賞（2005）、日本建築学会賞作品部門（2009）、ミュンヘン工科大学　名誉博士号（2009）、フランス国家功労勲章オフィシエ（2010）、オーギュスト・ペレ賞（2011）、芸術選奨文部科学大臣賞（2012）、フランス芸術文化勲章コマンドゥール（2014）、プリツカー建築賞（2014）、JIA日本建築大賞（2015）など数々の賞を受賞。2001年から2008年まで、慶應義塾大学環境情報学部教授。ハーバード大学GSD客員教授、コーネル大学客員教授（2010）を務め2011年10月より京都造形芸術大学教授、2015年9月より慶應義塾大学環境情報学部特別招聘教授に着任。

特定非営利法人ボランタリー・アーキテクツ・ネットワークでは、災害支援活動に対して広く支援を募っております。みなさまのご協力のほどよろしくお願い申し上げます。

振込先：三菱東京UFJ銀行 東松原支店
口座番号：（普）0036997
口座名義人：トクヒ）ボランタリーアーキテクツネットワーク

お振込いただけた際には、お手数ですが下記メールアドレスまでご一報いただけますようお願い申し上げます。
van@shigerubanarchitects.com

坂 茂の建築現場

発行日　2017年3月1日　初版第1刷

著者　坂　茂
発行者　下中美都
発行所　株式会社平凡社
〒101-0051 東京都千代田区神田神保町3-29
電話（03）3230-6593［編集］
（03）3230-6573［営業］
振替 00180-0-29639
平凡社ホームページ　http://www.heibonsha.co.jp/
企画・監修　真壁智治
編集　今井章博、中野遥（坂茂建築設計）
ブックデザイン　okamoto tsuyoshi+（岡本健、遠藤勇人）
印刷　株式会社東京印書館
製本　大口製本印刷株式会社

ISBN978-4-582-54456-5　NDC分類番号521.8
A5判（21.0cm）　総ページ360